CH01270022

CAYO

JULIO CESAR

EN CASTELLANO.

TOMO I.

LOS COMENTARIOS

DE CAYO JULIO CESAR,

TRADUCIDOS

POR D. JOSEPH GOYA Y MUNIAIN,
PRESBITERO.

DE ÓRDEN SUPERIOR.

MADRID EN LA IMPRENTA REAL.
POR DON PEDRO JULIAN PEREYRA, IMPRESOR DE CÁMARA DE S. M.
AÑO DE 1798.

Ant.ᵒ Carnicero del.	Ferd.ᵒ Selma sculp.

AL REY.

SEÑOR:

Los Comentarios de César que traduge en Castellano siendo criado de V. Magestad en la Real Biblioteca, los presenté y dediqué entonces al Sr. Infante D. Gabriel Hermano de V. Magestad. No solo se dignó S. A. de leerlos, sino que llevado de su genial amor a todo genero de literatura; en que descolló tan universalmente, los quiso honrar imprimiendolos con hermosura y magnificencia igual a la de su mismo Salustio Español. Pero la temprana muerte de aquel Real Alumno y

Patrono de las Letras, hárto llorada de los Literatos Españoles, previno los nobles deseos de S. A., y dejó frustradas mis bien fundadas esperanzas.

Aora que despues de tantos años, salen a luz impresos y adornados con várias láminas de órden y a espensas de V. Magestad, pretenden llevar a la frente el Augusto Nombre de su muy liberal y magnífico Bienhechor. Y pues V. Magestad me tiene concedido el debido permiso para esto, y para que le pueda dedicar la obra; quedan indicados los títulos legítimos y causas poderosas porque a una con ella se ofrece y postra,

SEÑOR:

A L. R. P. D. V. M.

Joseph Goya y Muniain
Presbitero.

PROLOGO.

Considerando muchas veces para conmigo las prerogativas de la lengua Castellana, y cotejandola con otras lenguas segun el conocimiento que de ellas he adquirido; siempre me ha parecido acertado el dictamen de muchos Sabios, así Forasteros, como Nacionales; que a ninguna de las lenguas vivas conoce por superior la nuestra: antes bien se aventaja conocidamente a muchas por lo magestuoso, energico, y noble de sus espresiones y frases; por la riqueza, sonido y suavidad de las palabras; número y gracia de las clausulas armoniosas. Abraza en sí misma con total independencia de qualquier otra todo lo perteneciente a los tres grados o caractéres del estílo subido, mediano y sencillo: y eso con tal cumplimiento y perfeccion, que basta tener un poco de Buen gusto para quedar en cierta manera embelesado con sola la hermosura del estílo de un Luis de Granada, Luis de Leon, Luis de la Puente, Ribadeneyra, Mendoza, Cervantes, D. Diego Saavedra, y otros muchos, que aun dejando aparte lo sério e importante de las materias que tratan, la solidez de la dotrina, y el raciocinio ajustado con que las tratan segun el genio de la Nacion; basta la hermosura sola del lenguage para llevar tras sí las atenciones de todo verdadero Sabio, que alcanza a ponderar dignamente sus primores.

Ni dudaré decir que entre sus hermanas es la lengua Castellana la que mas se parece a su antigua ma-

dre, y la que retrata mejor en sí las perfecciones de ella. Los estrangeros mas interesados a favor de las dos hermanas de la Castellana, han confesado ser así verdad, como se podrá entender por los testimonios siguientes: el Autor del Discurso crítico sobre varios Autores modernos que tradugeron o comentaron a Tacito, y se lee al principio de la Moral del mismo Tacito por Mr. Amelot de la Houssaye, dice así: [1] 'Por lo que 'toca a estos tres Traductores, infiero que la lengua Es-'pañola es mas propia que la nuestra, para hacer ha-'blar a Tacito: porque es mas concisa, mas espresiva, 'y mas grave. Sé muy bien que dice uno de los me-'jores Escritores nuestros, que los Autores Españoles 'todos son difusos, y que su Lengua requiere mucha 'estension de pensamientos y palabras: pero tengo por 'cierto, que si éste hubiera cotejado las tres traduccio-'nes, de que hablo, facilmente concordaria con mi dic-'tamen.' Mr. de Pluche, donde trata de las Lenguas, acerca de la Española se esplica de esta manera: 'Entre 'todas las Lenguas vivas ésta es la mas armoniosa, y la 'que mas participa de las riquezas de la Griega; no me-'nos por la variedad de las formulas, y por la gran co-'pia de sus terminaciones en todo cumplidas, que por 'el nivél perfecto de sus palabras siempre sonoras.' Julian Goselini, erudito Italiano, que floreció en el siglo decimosesto, mal impresionado contra la lengua

---

[1] Esta autoridad y la siguiente de Mr. Pluche cita y copia puntualmente el Señor Infante en su Prologo al Salustio: y si yo las repito y doy traducidas, es con solo el fin de que ningun Español las ignore: antes bien con leerlas forme de su nativa preciosa Lengua el concepto que debe; siquiera oyendo a los Estrangeros Sabios el justisimo en que la tienen: y para esto véase el citado Prologo.

III

Española, manifestó amigablemente su sentimiento a D. Juan Sedeño Caballero Español: y habiendo sido desengañado por este, el Goselini le escribió de esta manera [2]: 'Muy magnífico Señor: no me pesa de haber 'provocado a V. S.; pues se defiende V. S. con tanta 'valentía. Quedó pagado de sus razones: y si valieron 'mis dudas para despertar su valor, no menos ha valido 'su respuesta para hacerme aprender a mí lo que no sa-'bía de su Lengua: la qual digna es por cierto de ser 'sabida: tan copiosa se muestra y tan capaz de qual-'quiera pensamiento, especialmente en la pluma del 'Señor Sedeño.' El P. Diego Lequile, sugeto bien conocido en Italia por sus muchas obras, en la que escribió *de la Casa de Austria* dice asi [3]: 'ofreceriala en 'lengua Latina, si, en medio de ser la Española hija 'suya, no escediese aun a su misma madre en la gra-'vedad de su caracter, en la posesion de su lacónica 'frase, en la magestad de sus palabras, y en lo esquisí-'to de sus peregrinos y vivaces conceptos.'

Ni solamente los antiguos Italianos reconocieron estas escelentes prerogativas de nuestra Lengua: confiésanlas tambien los modernos; y aquellos modernos, que saben no disimularnos defecto alguno; y aun suelen a las veces abultar, si ya no es que los forja su emulacion, y nos los imputa su malicia. Por los años de 1755. y 1756. viajó por España y otros Países un Religioso de la Congregacion de San Gerónimo en Lombardia, y publicó sus observaciones con este título: *Lettere d' un vago Italiano ad un suo amico*: las ta-

[2] Cartas de Goselini p. 39.
[3] D. Mateo Ibañez de Segovia Marques de Corpa cita y traduce asi este lugar del P. Lequile en el Prologo a su Q. Curcio traducido en Castellano.

IV

les cartas fueron muy bien recibidas, y no merecieron pocas alabanzas a los Italianos: los Franceses [4] las tradugeron en su Lengua; bien que cercenandolas en los pasages no conformes a su gusto. Nuestro erudito viajero Ponz descubrió al Autor, quitandole la máscara con que se habia disfrazado; publicó el verdadero nombre del P. Norberto Caimo, Milanes; y le impugnó en lo que el Viagero habló sin razon contra los Españoles, dejandole de contradecir quando el Italiano la tiene en su favor: 'que no es justo apadrinar 'la ignorancia, que no se debe por ningun motivo de-'fender; [5] sino dar muchas gracias al que nos la descu-'bre, para que huyamos de tan horrendo monstruo', como escribia el mismo Ponz en su Prologo al Tomo primero. Este Italiano, pues, hablando del lenguage Español en la carta octava parte prim., dice asi: 'La 'lengua Castellana es digna de ser estimada: tiene sus 'gracias, y no carece de belleza: es espresiva, noble, 'grave, y sentenciosa: hay en ella propiedad, armonía 'y abundancia; en que tal vez escede a la Francesa: 'pues que en ésta no se encuentran voces equivalen-'tes a muchas Españolas, siendo poquisimas las Fran-'cesas que no se puedan traducir por las Castellanas: 'pareceme que se acomoda muy bien a todo genero de 'estílo, y que es capaz de esplicarse en qualquiera ma-'teria sin pedir ni recibir nada prestado de otras Len-'guas. Por estas razones no dudaria yo preferirla a to-'das las demas, si la lengua Italiana no fuese la mas 'bella entre todas las Europeas.'

---

[4] El P. de Livoy Barnavita año de 1771.

[5] Léase á Ponz en el tomo primero de sus Viages.

V

Y quando no hubiese mas argumentos de esta verdad, sería bastante el Salustio Español para evidenciarla. Pues quién no vé allí, no comoquiera retratada muy al vivo a la madre anciana, sino tambien ataviada con arréos de perfeccion, en que la hija adulta la sobrepuja? Por lo mismo no se puede entender el consejo de aquellos Españoles, que con poco aprecio y estíma de las propias riquezas (si no es que ignoran por falta de averiguacion los mineros abundantisimos que tienen en su casa) piden prestadas a sus vecinos palabras y espresiones que ciertamente no las necesitan. Quéjase 6 Fr. Luis de Leon de estos tales por estas tan sentidas como graves palabras: 'Y no sé yo dedónde les nacerá el estar con 'su Lengua tan mal; que ni ella lo merece, ni ellos...' Y dando razon un poco mas adelante porqué quiso escribir su obra en Romance, concluye, que por abrir camino a que otros tomen su egemplo: 'No 'por la presuncion (dice) que tengo de mí, que sé 'bien la pequeñez de mis fuerzas; sino para que los 'que las tienen, se animen a tratar de aqui adelante 'su Lengua como los Sabios y Eloqüentes pasados, 'cuyas obras por tantos siglos viven, trataron las su- 'yas: y para que la igualen en esta parte, que le falta, 'con las Lenguas mejores: a las quales, segun mi jui- 'cio, vence ella en otras muchas virtudes.' Asi se esplicaba dentro del mismo siglo de oro del habla Española un varon doctisimo y modestisimo como Fr. Luis de Leon. Sinembargo, como siempre haya sido mayor y sea todavia el número de los que se dejan ar-

---

6 Prologo al lib. III. de los Nombres de Christo.

rastrar de la novedad y del mal gusto, que nó el de aquellos que saben dar su valor a la autoridad y al egemplo; no bastó el de muchos hombres insignes para que la lengua Española no fuese degenerando de dia en dia con la afectada mezcla de voces estrañas. Y fue en esto tan grande el desorden de varios Españoles a fines del siglo decimosesto y principios del siguiente, que D. Francisco Quevedo en su Dedicatoria de las Poesias del M. Leon al Conde Duque de Olivares tubo causa bastante para escribir de esta manera: 'De 'buena gana llóro la satisfaccion, con que se llaman 'hoy algunos Cultos, siendo temerarios y monstruo- 'sos; osando decir, que hoy se sabe hablar la lengua 'Castellana, quando no se sabe dónde se habla: y en 'las conversaciones, aun de los legos, tal algaravía se 'usa, que parece junta de diferentes naciones: y di- 'cen que la enriquecen los que la confunden.' Tal era el sentimiento de Quevedo contra el gusto malísimo de sus contemporaneos. Y cómo no tubiera gran compasion si hubiese alcanzado estos nuestros tiempos, en que parece se conspira por muchos, no ya a corromper o adulterar el lenguage Español, mas a destruirlo tambien, si pudieran, y aniquilarlo de todo punto? Asi se empeñan algunos en taracearlo de voces advenedizas y desconocidas frases, que a no ser él tan rico y tan constante, se mirára hoy anegado y sumido en la recia avenida de palabras forasteras, que han inundado a España.

Y qué dirian los Maestros de nuestra Lengua al ver que ya apenas se conoce el estílo llano, natural, fluido, sencillo; que fue con el que caracterizaron ellos e hicieron imortales sus escritos? En

ellos la dicción era grandiosa, propia, y hermosa, con aliño y con facilidad de tal casta, que ni se desautorizaba con lo vulgar, ni se hacia peregrina con lo impropio: en el dia, si es que acertamos a aborrecer el vulgo profano, quiero decir, si acertamos a huir la bageza de los vocablos, escogiendo las voces apartadas de la plebe, de suerte que podamos decir; *odi profanum vulgus et arceo*; pretendemos subir el estílo a tal punto de elevacion desmedida, que llegamos a hablar tan oscuro, que a malas penas nos entienden muy pocos de nuestros Paisanos. El estílo de nuestros mayores con magestad estudiada parece decente a lo magnífico de la sentencia, que ni ambiciosa se descubre o se derrama fuera del cuerpo de la oracion, ni tenebrosa se esconde en la viciosa brevedad: el nuestro, si tal vez quiere ir en pos de la sentencia y ajustarse a ella, viene a envolverse; mejor diré, que viene a perderse en la confusion afectada de figuras, y en la inundacion de palabras artificiosas, que no tienen mas caudal ni arte que el de la apariencia, ni mas valor que el del sonido. Queremos de industria que para ser entendidos, seamos escuchados y observados con atencion, y aun estudiados con diligencia. Por la presuncion de que seamos tenidos por Sabios, y por filosófico nuestro lenguage; usamoslo tan figurado y de consiguiente tan afectado, que apenas proferimos una proposicion en estílo llano, natural y claro. Los antiguos con su locucion esclarecida hacian tratables los retiramientos de las ideas, y daban luz a lo escondido y ciego de los conceptos, decorandolos simple y sencillamente, del mismo modo y manera que el alma los conce-

bia, sin buscar artificioso rodéo de palabras para encarecerlos por estremo. Esto fue lo que mandaron con imperio los que escribieron Artes de Poesia; y escribieron y hablaron de esta suerte los que tubieron señorío en las lenguas : y en todas ellas solos aquellos merecieron aclamacion universal, que dieron luz a lo oscuro y facilidad a lo dificultoso: 'que oscu-'recer lo claro, es borrar [7], y no escribir; y quien 'habla lo que otros no entienden, primero confiesa 'que no entiende lo que él habla.' Háse de menospreciar, dice Seneca, la facundia que antes envuelve la sentencia, que la declara. Y si los que afectan esta noche en sus obras y discursos, quieren alabanza por decir que tiene dificultad el escribir nudos ciegos y hablar intrincados enigmas; S. Gerónimo [8] los desnudará de tan desvariada presuncion, diciendoles: 'No hay cosa tan facil, como engañar el indocto con-'curso y la vil plebe con la taravilla de la lengua: 'porque la gente baja e ignorante mas admira lo que 'menos entiende.' Por lo comun no atinamos con el arte de acomodar la locucion al sugeto: nos desviamos del medio seguro, y echamos por sendas torcidas, que nos llevan a estremos viciosos; bien sea por propio ardimiento, bien sea por imitar con afectacion a los Estrangeros. No queremos persuadirnos a que los Maestros unicos que debemos consultar y proponernos por modelos, son los Sabios nacionales del siglo diez y seis; que ellos antes que los Estrangeros nos guiarán a la posesion de nuestra Lengua ataviada con todos los adornos de su preciosa recamara. No

---

[7] Quevedo en la Dedicat. que se citó. [8] Epist. ad Nepotianum.

acabamos de creer, que 'los Franceses (que estos son, por nombrarlos de una vez, los Estrangeros a cuya moda principalmente vestimos, hablamos, escribimos, y casi que andamos, pensamos y comemos) 'preten'diendo hacer su Lengua mas abundante, mas sonora 'y mas rica; la han despojado en gran parte de aque-' 'lla claridad y pureza, que con razon la hacia esti- ''mable entre los Sabios de todas las Naciones', como escribe Carlos Denina [9]: y mas abajo se citarán opiniones de Franceses, que nos pondrán a la vista su Lengua de forma que por su mismo dicho de ellos vengamos en conocimiento del ser y accidentes del idioma Frances cotejado con el Español.

No negaré yo, ni pudiera sin faltar a la verdad, decir que hoy no se encuentran en España muchos hombres sabios, que sirven de antídoto con su lenguage puro y obras castizas a la edad, preservandola de la irrupcion de las gerigonzas; y que florecen en nuestras Reales Academias y fuera de ellas Españoles muy doctos, que se esmeran en restituir la Lengua a la posesion de su ser y riquezas, facilitando el uso comun de aquellos Maestros nacionales, que mas digna y honrosamente la trataron. Esto es notorio : mas tambien es verdad averiguada, que la antigua queja de los buenos Españoles que se han citado, está en pie todavia segun el modo con que se habla y escribe; y que aun sube a punto mas alto de eficacia en vista del racional y fundado sentimiento que muestra el Serenísimo Señor Infante de España Don Gabriel de Borbon, quando en el Prólogo al Salustio di-

---

[9] Discorso de le Vicende de la Litteratura.

ce: 'No puede verse sin dolor, que se dexen cada 'dia de usar en España muchas palabras proprias, ener-'gicas, sonoras, y de una gravedad inimitable; y que 'se admitan en su lugar otras, que ni por su origen, 'ni por la analogia, ni por la fuerza, ni por el soni-'do, ni por el número son recomendables; ni tienen 'mas gracia que la novedad.'

Pagado pues yo de razones de tan grande autoridad, y animado con el Real y esclarecido egemplo de S. A. en su traduccion reciente del Salustio, determiné de hacer prueba y vér si para uso de la Noble juventud Española podria dar un Cesar en Castellano, que al Romano se le pareciese mas, que no se le parece algun otro, que tiempo ha se tradujo en España. Y si para emprender obra tan dificultosa tube que luchar primero conmigo, sospechando que fuese temeridad lo que mis deseos me proponian como posible; despues de metido en el empeño, toqué con las manos la dificultad, y enseñado ya por la esperiencia, la vine a conocer casi insuperable. De suerte que si persona de la mayor autoridad en la Republica de las Letras, y digna de todos mis respetos [10], no me hubiera sostenido en medio de mis desconfianzas; levantando mano de la obra, desistiera enteramente de lo comenzado.

No me parece gastar mucho tiempo y palabras en ponderar el merito y dignidad del Arte de traducir; ni en hacer vér la suma distancia que hay desde la especulacion a la práctica de sus reglas; ni en mos-

[10] El Ilmo. Sr. D. Francisco Perez Bayer del Consejo y Camara de S. M. Preceptor de los Señores Infantes, Bibliotecario Mayor, en carta desde Aranjuez a 20. de Mayo del año pasado de 1785.

trar lo mucho que contribuyen las traducciones bien hechas a enriquecer y hermosear las Lenguas vivas. Sobre cada uno de estos puntos triviales hay mucho escrito; y de manera que poco de nuevo ni mejor podria yo añadir: remito a los Letores al cultisimo Prologo de D. Francisco Cubillas Donyague sobre su traduccion de la Vida devota de S. Francisco de Sales, y al discretísimo de D. Gomez de la Rocha a la version que hizo de la *Filosofia Moral del Conde Emanuel Tesauro.* Léanse tambien, ademas del Prologo de Mr. Dacier a los Varones ilustres de Plutarco, dos escelentes piezas, que sobre esta materia se han escrito no ha mucho tiempo, a saber, la Memoria de la Academia de las Inscripciones de Paris pag. 107. del tomo XII, y la Disertacion de Mr. Bitaube pagin. 454. tomo de la Real Academia de Berlin correspondiente al año de 1779.

Habiendo traducido a Cesar para uso de la Noble juventud Española, en dos estados podemos a esta considerar: el uno, quando segun la costumbre asentada de toda Nacion de policía, comienza la cultura y egercicio de los talentos por el estudio de las Humanidades: el otro, quando templado ya y sazonado el ingenio con el sabor delicioso de las Bellas letras, emprende carrera mas séria y estable, quien de Estudios mayores, quien de Empleo militar. En uno y otro estado, y asi a los unos como a los otros podrá el Cesar Español serles de gran provecho. Y en quanto al estudio primero de las Letras humanas, no hay duda que, como se dirá mas abajo, Cesar es uno de los mejores Autores del siglo de oro sin el menor resabio de los vicios, que luego despues de

XII

Augusto estragaron el buen gusto de los Autores Latinos; y consiguientemente el mas apropósito para estrenar el ingenio de los principiantes con la mas pura y acendrada Latinidad. Pasando de aqui a los que inclinados a las Letras, se dedican a las Facultades mayores; hallarán en Cesar practicado el arte de razonar con juicio atinado, con hermosura, con claridad, y con una energía nativa inimitable. Pues los aficionados a la Historia, no se dúde, que encontrarán en las relaciones de Cesar toda aquella claridad, verdad, sencillez, pureza, y brevedad que se requieren en semejantes obras; puesto que los Comentarios no son mas que unos diarios o apuntamientos de un diligentisimo General, 'que con la pluma o punzon 'a la mano escribia de noche lo que con la lanza ha'cia de dia', como escribe el Autor del *Diálogo de las Lenguas*. Los que desean sobresalir en la gloria militar verán asimismo, sin mas trabajo que la letura, dibujado en él no solamente 'un General [11] dotado 'de la mayor prudencia en las resoluciones, de una 'presteza increible en la egecucion, de una constan'cia admirable en los lances mas arduos,' o, en breve; 'un Capitan prudentisimo, [12] animosisimo, valen'tisimo;' sino que observarán tambien trazado con la ultima perfeccion y acabado quanto de noble, de esclarecido, sabio y valeroso abraza en sí el egercicio de las armas en toda su estension, desde el grado supremo de General hasta el ínfimo de Soldado llano. Esto mismo pensaria Jacobo I Rey de Inglaterra; quan-

[11] Monsieur el Duque de Rohan en su Tratado que escribió del Perfecto Capitan, y lo publicó dedicandolo a Luis XIII su hermano.
[12] Cervantes en el Quijote Parte II. Lib. 5. capitulo segundo.

XIII

do en su ΒΑΣΙΛΙΚΟΝ ΔΩΡΟΝ, o Instruccion Regia que hizo para su hijo Primogenito y sucesor imediato Enrique, le dejó escrito el aviso siguiente: [13] 'Por lo que toca a Historias profanas, el primer lu-'gar en tu estimacion darás siempre a los Comentarios 'de Cesar; no menos por la dulzura del estílo, que por 'lo grande del asunto. Alomenos yo he sido siempre 'de opinion, que Cesar, él por sí solo, hace mu-'chos grados de ventaja, asi en el Arte militar como 'en su práctica, a quantos Generales y Emperadores 'paganos [14] o conoció la antigüedad, o hemos alcan-'zado en nuestros dias.'

Yo no sé si alguno tendrá a ponderacion escesiva de animo notablemente apasionado por Cesar lo que en una disertacion *de comparanda eloqüentia civili*, escribió Andres Bossio hablando de Cesar: 'su locucion, dice, tiene mucha gravedad sin rastro de afectacion; 'y su claridad es tanta, que no hay otra con quien 'compararla: en sentir de hombres grandes, aquel 'podrá ser de gran provecho en la Republica litera-'ria, que empiece temprano a gustar de su estílo: el 'que tarda en aficionársele, ofrecerá algun corto pro-'vecho, no mas: el que nunca, no promete ninguno: 'y a este tal, bien se le puede tener por inepto.' Pues qué diré del juicio que de estos Comentarios han hecho los Españoles asi modernos como antiguos? Marcial, Lucano, Silio Italico, Quintiliano, Seneca, y otros no acaban de elogiarlos al paso que los recomiendan encarecidamente. Luis Vives quisiera que tomando

---

13 Libro segundo.
14 Plutarco in Cæsare nombra a todos los Generales que precedieron a Cesar; y los considera inferiores a este, que siempre ha sido mirado como Generalisimo.

estos Comentarios desde la niñez, no se dejasen de las manos en la edad mas avanzada. Juan Costa dice, que en punto de Historiadores, debe ser imitado Cesar, como el Príncipe de todos ellos. Alfonso Garcia Matamoros los iguala con los escritos de Ciceron, los antepone a las obras de qualquier otro del siglo de oro, y encarga a los que desean adquirir Latinidad sencilla, pura, aliñada, castiza, y Aticamente breve, se dediquen a ellos: dice que su estílo es siempre igual, y siempre digno de un Noble Romano nacido para gloria del Imperio. Si los aficionados a estas cosas quisieren leer el juiciosisimo libro que el dicho Matamoros escribió *de formando stilo*; allí verán, que para igualar este Sabio a Terencio con Ciceron y Cesar, quiere se le perdonen al Poeta ciertas impropiedades a que le obligó el metro: para que se advierta, con qué crítica tan delicada examinaba Matamoros el merito de aquellos tres hombres, que fueron sin duda los que dieron un nuevo ser a la lengua Latina, abriendo las puertas al siglo de oro de la literatura Romana.

Supuestos los testimonios que déjo insinuados, por demas sería que yo buscáse otras alabanzas de Julio Cesar: por solo su nombre entienden los Sabios un sumario de las elegancias y primores de la lengua Latina; y aun los medianamente instruidos hacen justicia a su merito, estimandole como a uno de los mas aventajados del siglo de oro. Diré sí, que Julio Cesar, como el mas principal Heroe que en letras y armas produjo el Imperio Romano, supo perfectisimamente y muy al propio acomodar el estílo segun leyes de elocuencia, a la condicion de las co-

sas, que trataba y escribia. Por tanto, siendo lo que se contiene en los Comentarios unas como apuntaciones y Memorias en forma de Diario, para que, como escribe Hircio en el Prologo del Lib. VIII *de Bello Gallico*, no faltase a los Historiadores la noticia de hechos tan memorables; usó en ellos del estílo sencillo, claro y aliñado, como al asunto convenía. Asi lo atestigua Ciceron en su Libro a Bruto: donde hablando de estos Comentarios, dice; 'escribió 'unos Comentarios a todas luces muy estimables: son 'naturales, castizos y bellos; desnudos de todo ador-'no en la diccion, como de atavío superfluo: ver-'dad es que habiendose propuesto el juntar materia-'les para los que quisiesen escribir Historia; podrá 'ser que se lo agradezcan los necios, que piensan en-'galanarlos con bucles: pero a los hombres de sano 'juicio mas antes los ha arredrado de tomar la plu-'ma en el asunto.' Del mismo dictamen fue tambien Hircio en el Prologo arriba citado, donde afirma; que él como testigo de vista tubo razon de admirar mucho mas que los otros: 'porque los demas veen (dice) 'la propiedad y pureza del estílo con que estan es-'critos; pero yo vi tambien la suma facilidad y pres-'teza suya en escribirlos.'

Mas si con la elegancia de estos Comentarios quedaron atadas las manos de todo Historiador cuerdo; y perdída la esperanza de escribir una Historia, que tanto a ellos se aventajase, quanto por su naturaleza le convendria; tambien es verdad, que por la misma razon creció notablemente la dificultad de traducirlos en otra Lengua sin menoscábo de su hermosura. Sinembargo por quanto el Romance Castellano, segun

XVI

se ha dicho, admite sobre toda otra Lengua vulgar, brevedad, concision, energía de palabras y frases espresivas a par de claras y aseadas; en este lenguage mas que en ningun otro se puede hombre aventurar con esperanzas de salir con la empresa. Y siendo asi que los Doctos siguiendo a Ciceron, califican estos escritos por la concision, sencillez, claridad y aliño; desde luego me propuse a estas virtudes por blanco adonde debria enderezar todo mi estudio; conservando, en quanto lo permiten el sentido del Autor y el genio de la Lengua en que traduzco, brevedad casi igual al original, esplicacion llana, clara y aseada, sin artificios refinados, que incluyen impropiedad y afectacion. Por esta razon he procurado comenzar, proseguir y acabar atenido al Autor en un todo: no desviandome de él ni en los sentimientos, ni en la manera de esponerlos; contando, y casi pesando las palabras; midiendolas, y considerando el sonido de ellas; para que no solamente digan con claridad lo que se pretende decir, sino tambien con armonía, naturalidad y dulzura. Y esta es la causa porqué, repitiendo Cesar unas mismas frases y palabras en el testo; ha parecido tambien repetirlas en Castellano: que si repeticion semejante en sentir de Quintiliano [15] hace a las veces energicas y airosas las clausulas Latinas; no se vee razon porqué haya de hermosear o suavizar menos las Castellanas, como discretamente lo advirtió D. Vicente de los Rios en su juiciosa Analisis [16] del Quijote.

---

15 Lib. X. Inst. cap. quinto.
16 Num. 130. 'Suelen nues-'tros escritores caer en afectacion, 'queriendo evitar la repeticion y 'monotonía de voces, o bien usar 'un estílo desaliñado por huir de

XVII

Yo *tengo* para mí, que el esplicar a un Autor segun el ingenio propio de cada uno, nada es menos que traducirlo: porque quien espone glosando, aclara las cosas a medida de las luces que él mismo tiene, y sigue la manera suya de esplicarse sin estorbo que de fuera le avenga: mas el Traductor verdadero, que como tal, no puede apartarse de las leyes de la traduccion; se halla forzado a declarar precisamente los pensamientos de otro, y por la misma manera que aquel otro: y asi carece de una y otra ventaja, si quiere llegar a ser aquello que hace profesion de ser; es a saber, Traductor fiel, puntual y cumplido. Y si hay quien diga, que tasada la cosa por este arancel, encierra sugecion en sí misma; no se lo negaré yo; ni se lo negará otro alguno, que haya formado concepto cabal de lo que sea traduccion: antes bien le aseguro, que una tal sugecion, en la qual entra voluntariamente el traductor, y sin poderse dispensar por ningun recurso; supuesto su empeño, es la piedra de toque de su sufrimiento; y una como cadena honrada que lo tiene aprisionado y le aprieta, para que ni pensar pueda ni hablar segun la libertad del propio talento. De aqui tubo su origen aquel principio asentado entre los Maestros de esta facultad: que para que el Traductor desempéñe su obligacion, es menester que enagenado en cierta manera de sí, se revista del Autor y le embeba el alma. [17]

'esta compostura estudiada... Cer-
'vantes repite a veces en un pe-
'riodo los mismos terminos; pero
'de un modo tan suave y natural,
'que ni chocan al oido, ni alteran la
'energía y propiedad de su estílo.'

17 No puedo menos de copiar aquí lo que el mismo Señor Bayer me escribió a este proposito: ello, dice, 'para traducir bien a Cesar,

XVIII

Pero si ni esto bastáse para hacer entender el rigor de esta ley esencial (o llámese sugecion) y quántos sudores cuesta a quien se somete a ella; yo me remito a la esperiencia para demostracion de lo que llévo dicho. Lo qual juzgo tan cierta verdad, como es cierto que la libertad del propio pensar ha sido para algunos traductores la roca encubierta en que quebró su traduccion: y la obra que tiene este nombre, por semejante causa perdió el ser; reducida a esplicacion libre, glosa o paráfrasi, mas que traduccion. Asi acaeció por testimonio de sus mismos nacionales a los mas de los Traductores Franceses, como luego verémos; y acaecerá tambien a qualquiera, que no teniendo bastante señorío para contener el buelo libre de su viveza y ardimiento, anivelandolo al fiel de esta ley; sacáre de sus quicios la traduccion. Yo he procurado evitar este inconveniente, teniendo en menos el ser notado de escrupuloso por quien mira las cosas por la superficie; que nó faltar a lo que, segun todo verdadero apreciador, se debe a la traduccion legítima: que para resumirlo en una palabra, es, *no quitar nada ni añadir*.

Y tanto mas he debido pugnar por esto en Cesar, quanto me consideraba obligado mas estrechamente por las tres causas siguientes: primera, por estar firmemente persuadido de que, asi como llévo dicho, y no de otra manera, se cumple con las leyes de la traduccion: la segunda, por reparar que el doctisimo Daniel Huet en su libro *de Optimo ge-*

'es menester beberle el alma y el 'caracter: ser en esto otro Cesar. 'Míre Vmd. si es empeño! El ca-'racter pues de Cesar es la sencillez y la claridad, y esto lo que en 'él debe principalmente imitarse.'

nere interpretandi asienta; que si bien es indispensable fidelidad semejante en todas las versiones, todavia es mas necesaria interpretando a Historiadores: 'cuyo caracter (dice) asi se debe conservar, que 'aparezca claramente aun despues de la version: y 'tan facil es de desfigurarse, que una pequeña dife-'rencia será bastante a borrarlo enteramente': La otra causa es, el vér todo esto cumplidamente practicado por S. A. R. en el Salustio; que 'para traducirle con 'mayor exactitud, procuró seguir, no solo la letra, 'sino tambien el orden de las palabras, y la econo-'mía y distribucion de los periodos: dividiendolos 'como Salustio los divide, en quanto lo permite el 'sentido de la oracion, y el genio del idioma.'

He aquí los unicos y verdaderos principios de la traduccion: *esactitud* en interpretar; *estúdio* en seguir el orden de las palabras del original; *economía* y distribucion en los periodos, *dividiendolos* como el Autor, en quanto lo permite el sentido de la oracion, y *el genio del idioma* en que se traduce. Estas son en suma las reglas del Arte de traducir. Mas quántos sino muy pocos son capaces de practicarlas con puntualidad? Dado que los Sabios juzgan y reconocen por ciertos estos principios; son poquisimos los Traductores que se atienen a ellos. 'El Traduc-'tor (dice un Frances) ha de hacer lo mismo que 'el Dibujante; ponerse delante del modélo; conside-'rarlo atentamente hasta en las partes mas pequeñas, 'tomando despues las formas dellas con toda precau-'cion y escrupulo, para trasladarlas al lienzo. De esta 'fidelidad tan religiosa nace y depende el caracter pro-'pio e individual de la figura que ha de copiar. He-

XX

'cho esto, toma los colores, los rebuelve con el pin-
'cél, mézclalos unos con otros, y hace las tintas: y
'en esta ultima operacion es donde el Traductor pue-
'de dejar correr la indole de su Lengua. Aquí solo es
'donde puede jugar, si es licito esplicarme asi, con
'su obra: pero siempre debe ser con reserva, tien-
'to y moderacion, como si tubiera delante al Maestro
'que le está mirando.' [18] Puedo repetir que este es el
Arte verdadero de traducir, y tanta su exactitud a juicio de los mismos Franceses inteligentes: pero hoy dia los Traductores con el pretesto de *animar*, como ellos dicen, la traduccion, o hacerla mas armoniosa, sonora y brillante; hurtan el cuerpo a la carga, se alivian del trabajo que tomaron sobre sí; y de tal manera ofuscan y anublan a los Letores, que aunque mas buscan estos al Autor, nunca con él topan, ni lo descubren siquiera.

Bien sé yo que esta sobrada libertad es defendida por sus sequaces con várias dotrinas, que por mal entendidas, suelen interpretarlas a su gusto y bella voluntad. Unos se creen cubiertos con aquello de Horacio; *Nec verbum verbo curabis reddere, fidus Interpres*: otros se escudan con el dicho de Ciceron; *non verbum pro verbo necesse habui reddere, sed genus omnium verborum vimque servavi.* Este se abroquela

---

[18] He citado y traducido esta autoridad de Mr. Batteux en su Prologo al Horacio Francés, no porque me parece muy adequada la comparacion entre el Dibujante y el Traductor; sino porque Españoles y Franceses vean qué puntualidad tan estremada requieren los hombres de sano juicio en las traducciones. Verdad es que en mi dictamen puede, y aun debe, el Interprete tomarse alguna mas libertad de la que se concede aquí al Pintor méro copiante.

con la autoridad de S. Gerónimo, que en la carta a Pamaquio intitulada *de Optimo genere interpretandi* llama *cacozelia* al rigor destemplado, y nimiedad escrupulosa en las versiones: aquel se vale de lo que Justo Lipsio escribia a un Joven dedicado a traducir: *exorbita igitur; hoc erit rectam in vertendo viam tenere, viam non tenere.* Pero valga la verdad; examinémos brevemente lo que sugetos tan sabios como estos que acabamos de citar, sentían del Arte de traducir. Me parece que Justo Lipsio no aprobaba tanta licencia o libertad como algunos han creido a vista del pasage alegado. En la epistola 72. centur. 1. hablaba con Juan Moerentorfio: el qual como tradugese algunas obras del mismo Lipsio con tanta sugecion al Latin, que salía la version *arcta, adstricta, tenuis, sæpe obscura*, como allí se lee; aconsejábale el Autor mismo que sin tanto rigor en las palabras latinas, saliese un tanto quanto de aquel estrechisimo camino que llevaba, y siguiese otro mas holgado y espacioso: pero siempre con la debida reserva y circunspeccion.

De S. Geronimo no es justo que digamos lo que Rufino; '*in libello, quem de optimo genere interpretan-*'*di intitulavit, præter tituli annotationem, nihil opti-*'*mum, sed totum pessimum est.*' Lo que entiendo es, que el Santo Doctor solo reprehendia lo que con razon llama *cacozelia*, esto es, el nimio escrúpulo, la sugecion servil, la supersticiosa y tenaz adhesion a las palabras, sílabas y letras. Y asi en una parte dice; (Epist. 57. ad Pamm. cap. 6.) '*alii syllabas aucupentur* '*et litteras, tu quære sententias.*' En otra escribe; '*non* '*debemus sic verbum de verbo exprimere, ut dum syl-*'*labas sequimur, perdamus intelligentiam.*' En el libro

contra *Rufinum* se lee; '*omnis metaphora, si de alia* '*in aliam linguam transferatur ad verbum, quibusdam* '*quasi sentibus orationis sensus et germina suffocantur*': en otra parte previene; '*sciendum, quod hic locus in* '*Græco manifestior sit: dum autem in Latinum e verbo* '*transfertur ad verbum.... obscurum fit quod dicitur.*' El Doctor Santísimo condenaba solamente los traductores que andan a caza de letras, sílabas, puntos y comas; pero queria sin duda que el Traductor fiel se sugetase, bien como él mismo se sugetó, a la letra, a las palabras, a las leyes de esactitud y puntualidad legítima, siempre que se pueda hacer sin vicio ni oscuridad. Asi es que en una parte dice; '*si ob ne-* '*cessitatem aliquid in ordine vel in sermone mutavero,* '*ab interpretis videbor officio recessisse*': en otra afirma; '*mutare quippiam de Græco, non est vertentis, sed* '*evertentis*': a Paulino escribe; '*eam servavi mensuram,* '*ut nec adderem quid, nec demerem; Græcamque fi-* '*dem Latina integritate servarem.*' Por ultimo asegura que si no alcanza a esplicar de todo en todo el sentido palabra por palabra, y usa de algun rodéo o paráfrasi; esto lo hace a mas no poder: '*nos pro-* '*pter paupertatem linguæ et rerum novitatem, et sicut* '*quidam ait, quod sit Græcorum et sermo latior et lin-* '*gua felicior; conabimur non tam verbum transferre de* '*verbo, quod impossibile est, quam vim verbi quodam* '*explicare circuitu.*' En vista de esto, no comprendo porqué los traductores libres han de hacer a San Geronimo Maestro u Aprobante de sus licencias y demasías: dicen que el Santo *era de parecer, que en lo Dogmático se debe seguir la letra; pero en lo profano el sentido.* Yo a la verdad no sé dónde

se lee *éste* parecer o sentencia de San Gerónimo en palabras tan espresas. Comoquiera que esto sea, yo tengo al Santo Doctor por interprete fiel, puntual, esacto, en quanto vió que permitia el sentido del original y el genio de la Lengua en que traducia.

Por lo que toca al lugar que se cita de Ciceron, será bastante copiarlo todo entero para vér la mala inteligencia que algunos le dan. Al principio del Libro *de Optimo genere oratorum* dice así; 'converti... ex 'Atticis duorum eloquëntissimorum nobilissimas ora-'tiones inter se contrarias, Æschinis Demosthenis-'que: nec converti ut interpres, sed ut orator; sen-'tentiis iisdem et earum formis, tamquam figuris; 'verbis ad nostram consuetudinem aptis: in quibus 'non verbum pro verbo necesse habui reddere, sed 'genus omnium verborum vimque servavi: non enim 'ea me annumerare lectori putavi oportere, sed tam-'quam appendere.' Lo que se puede colegir de estas palabras es, que en sentir de Ciceron, quien sigue unicamente el concepto, le buelve en otra Lengua por palabras no ajustadas por cuenta ni medida, sino equivalentes o acomodadas al conjunto de las del original; ese hace por ventura oficio de orador, o sea de otro qualquiera: mas quien traduce sentencia por sentencia y palabra por palabra, casi contando su número; ese tal cúmple con la obligacion de Traductor verdadero. El mismo Ciceron previene que él, traduciendo aquellas oraciones, no hizo del Traductor o del Interprete, sino del Orador: *nec converti ut Interpres, sed ut Orator.* Y aun lo confiesa mas a las claras al fin del mismo Libro: 'Quæ (dice)

'si a Græcis omnia conversa non erunt, tamen ut ge-
'neris eiusdem sint, nos elaboravimus.'

En quanto a Horacio, parecerá por ventura que solo él destruye mi opinion. Oygase entero el periodo y la regla que en él da a los Poetas. Va enseñando cómo han de haberse en aquellos asuntos que ya Autores antiguos los trataron o preocuparon, y les dice:
'Publica materies privati juris erit, si
'Nec circa vilem patulúmque moraberis orbem;
'Nec verbum verbo curabis reddere, fidus=Interpres.'
En várias traducciones y comentarios que he visto de Horacio, se le entiende como que da reglas a los Traductores, mandandoles que no traduzcan *verbum verbo*. Yo dúdo que sea ese el verdadero sentido del Poeta. Lo que me parece cierto es, que en este pasage hablando con los Poetas que se ponen a *imitar* o representar como nuevo u original un argumento, que está ya tratado o prevenido por Homero u otro Poeta Griego; les manda que no hagan de meros Traductores, trasladando de suerte que antes sea traduccion material, *róbo* o *plágio* manifiesto, que nó *imitacion* artificiosa y licita: que se aprovechen sí de los conceptos y del conjunto de sentencias y palabras, y espresen el todo con nueva forma y figura de arte, que parezca haber hecho suyo propio u original aquello que *imitan*: mas que no lo presenten por el mismo orden, série y distribucion, palabra por palabra, como haria un *Interprete fiel*, que nada añade de su casa. Luego aquel será *Interprete fiel*, que siguiendo páso a páso al Autor, toma de él las sentencias por el mismo orden, economía y série que tienen,

y las traduce con fidelidad *verbum verbo*. Asi entendia yo este pasage; y parece que tambien lo entiende del mismo modo D. Tomas de Yriarte, quando los versos citados los buelve en castellano con estotros:

'De esta suerte el asunto,
'Que para todos es un campo abierto,
'Será ya tuyo propio: mas te advierto,
'No sigas (que esto es facil) el conjunto,
'La serie toda, el giro y digresiones,
'Que usa el original que te propones:
'Ni a la letra le robes y traduzcas,
'Como Interprete fiel que nada inventa.'

En resolucion, ni Horacio ni otro algun Sabio aprobará los Traductores λογοδαιδάλους, nimia y escrupulosamente serviles, rigidos, materiales, supersticiosos, que se pueden llamar *servum pecus*: pero todos los cuerdos e inteligentes convendrán en que para ser una traduccion legítima, verdadera y cumplida; debe ser literal, esacta, fiel, puntual, en quanto lo permita el sentido de la oracion y el genio de la Lengua en que se traduce. Empresa es ésta en realidad de verdad muy dificil, y negocio muy arduo, segun S. Geronimo: pero bien se podrá creer que han nacido, y todavía nacen [19] sugetos que tengan fuerzas para salir con ello.

Mas puesto que lo dicho hasta aqui sea incontestable, no me imagíno seguro de que los Traductores, especialmente Franceses, y tambien los Españoles sus

---

19 Hase dicho esto porque no parece muy fundada la opinion de cierto Escritor moderno Español, que mostrando celo por la Patria y por la Lengua, dice asi; *la Lengua está formada: los Traductores creo que son los que no han nacido.*

apasionados, no me hagan dos cargos: el uno podrá ser este: porqué razon pretendo yo que los Interpretes hayan de andar tan a una con los Autores, que casi sean otros ellos en concebir y esplicar los pensamientos? El segundo será; porqué afírmo con generalidad que los mas de los Traductores Franceses no han hecho traduccion segun ley y Arte: y que las que ellos llaman versiones, son antes esplicacion libre, glosa o paráfrasi; que nó versiones que merezcan este nombre?

Para satisfaccion del primer cargo me parece haber ya espuesto algunas razones no despreciables: si ellas no convencieren, valga la autoridad eficacisima, y dignisimo egemplo de uno de los principales Traductores de este siglo, el Señor Infante D. Gabriel. Y quando todo no báste a contentar a los Franceses, lean entre otros siquiera a estos quatro paisanos suyos, que seguramente son sugetos a quien no se les puede negar el voto en la materia. Daniel Huet en el Tratado que se citó: Mr. Dacier en el Prologo a su traduccion Francesa de los Varones Ilustres de Plutarco: Mr. de la Dixmeríe en la obra intitulada; Las dos edades del Gusto Francés en el Reynadó de Luis XIV. y Luis XV: Mr. Battevx en el Prefacio a su Horacio en Francés. Léanse estos quatro que he nombrado como principales; y júzguese despues si mis proposiciones acerca del oficio propio de Traductor, van tan descaminadas como parece a primera vista; o si voluntariamente y de bella gracia me he sugetado a ley alguna del Arte, que no esté ya prescrita por los Maestros de ella. Ojalá pudiera yo haber ajustado mi traduccion a la puntualidad de sus

preceptos! pero atenta la flaqueza de mis fuerzas, estoy bien lejos de pensar que lo he conseguido.

Al cargo segundo no se podria dar salida que fuese completa, sino con testimonio de los mismos Franceses. El espresado Daniel Huet, despues que en el Libro *de Optimo genere interpretandi* dibuja el perfecto Traductor, a mi juicio, con no menos arte que Ciceron formó su Orador en el Libro a Bruto; desciende en el *de claris interpretibus* a hablar de muchos Traductores de diversas naciones: y de sus paisanos al fin del Libro dice así; '*sed maxima (inter-*
'*pretum Gallicorum) pars pessimæ ætatis huius consue-*
'*tudini obsequuta, summa licentia et levissima fide se*
'*gessit; ut vix suum possit locum in interpretibus obti-*
'*nere.*' Asi escribia aquel sabio Obispo en un tiempo que las Letras en Francia habian llegado a su mayor auge por la proteccion que empezaron a lograr desde el gobierno de un ministro como el Cardenal de Richelieu, y la esperimentaban continuada en la sabiduria de un Monarca tan Grande como Luis XIV. No se ha traducido este pasage, para que asi quede el arbitrio de que lo interpréte cada uno segun le pareciere: solo quisiera yo que se me confesase que mi asercion no escede ni traspasa los límites de la verdad.

Y no se piense que los Franceses modernos han reformado en el siglo presente la mala costumbre de traducir de sus mayores en el pasado: he aqui el principio asentado entre ellos para hacer sus traducciones: 'Pour
'bien traduire, il faut que l' ame, enivrée des heureu-
'ses vapeurs qui s' élevent des sources féconds, (c'est-
'à-dire, des Auteurs qu' on traduit) se laisse ravir

XXVIII

'et transporter par cet enthousiasme étranger; qu' elle 'se le rende propre; et qu' elle produise des expres-'sions et des images tres-differentes, quoique sembla-'bles.' Estas palabras las copia Mr. Battevx en el lugar citado, riendose con razon de sus compatriotas, que las dicen en tóno de Oraculo: y luego sigue con estotras: 'Voilà de grandes paroles. Mais óu ira le 'traducteur dans cette ivresse? A quoi ressemblera 'sa traduction? à son texte? je le crois: à peu pres 'comme le statue équestre de Lovis XIII ressemble 'à celle de Henri IV.'

En efecto es asi, que la demasiada licencia que los Traductores se toman para esplicar a su modo los Autores que traducen, es el escollo donde se han estrellado las mas de sus obras. O si los Traductores quisieran entender esto! y que la bondad y perfeccion de las traducciones se mide unicamente por la fidelidad y puntualidad cuidadosa! qué diferentes serian las versiones! cómo gustariamos de oir hablar con sus propios modos, maneras y gracias a los antiguos! El que traduce debe y se empeña en cierta manera en hacer conciudadano aquel a quien traduce: pues porqué no procurará que el Autor ilustre a la Nacion con aquel aire mismo, gracia, compostura y figura propia con que enobleció a su Patria? Si como afirman los Maestros en el Arte, el Traductor no es sino un méro dibujante o retratador; dedónde le vendrá que al delinear el original, dé mas o menos pinceladas, tíre mas cortas o largas lineas, úse de mas o menos vivos colores a su puro antójo y sin mas regla que la propia fantasía? El tal que así retratáse, cumpliria con su oficio? o habria que esperar cosa

buena de su mano? Qué quieren añadir a la Venus de Apeles, a la Magiriscia de Pitias, al Jalíso de Protógenes, a la Dafne del Bernino, al Felipe IV. de Velazquez? *Ornari res ipsa vetat, contenta doceri.*

Pero aun quando los Franceses acertáran a sugetarse al Arte y sus reglas bien entendidas, queriendo traducir atenidos al Autor, sin olvidar el genio de la Lengua (pues claro es que se ha de tener mucha cuenta con él) no tienen, o dígase, que carecen visiblemente de los recursos que debieran esperar de ella. Tratan, por egemplo, de poner en Francés a Tacito, a Salustio, o bien a Horacio: ya que calan y penetran la sentencia del Autor; buelven los ojos a su Lengua para vaciarla en ella, y sucédeles encontrarla dura, terca, inflexible en tanto grado, que se vén precisados o bien a acomodar al Autor idiotismos nacionales, o bien a vestirlo de adornos postizos que inventa su imaginacion. Quéjanse de esto los mismos Franceses por estas palabras, que tambien me ha parecido citarlas originales. Habla Huet de las traducciones Francesas de Tacito al fin de su libro *de claris Interpretibus*; y de la de Claudio Falchet dice asi; 'Plus ad Tacitum patrio 'sermone referendum a natura et studio instrumenti 'habuit Claudius Falchetus: cuius copiam et uberta- 'tem Tacito parum convenire qui causabitur, is asse- 'qui tantam ieiunitatem non posse Gallicam loque- 'lam, neutiquam videbitur advertisse.' Mr. Guerin, declarando su método en la traduccion del mismo Tacito despues de Ablancourt y Amelot de la Houssaye, se esplica de esta manera; 'Je me'attends bien que quelques uns me reprocheront que j'ai un peu

XXX

'enflé mon style. Mais on doit faire reflexion. 1. Qu'il
'n'y a point de traduction qui ne contienne plus de
'lignes que le texte... d'autant plus que notre langue
'est ennemie plus qu'aucune autre de cette diction
'brusque et coupée, qui lui oteroit toute l'harmonie
'dont elle est susceptible.' Ya saben los Eruditos que
en el siglo presente muchos Franceses, y no Franceses, pretenden demostrar por el contrario (no harian poco en probar) que aqüellas clausulas cortadas, aquel imaginado laconismo y oscuridad afectada por su aire filosofico, es un distintivo particular de la Lengua Francesa, que la hace mas armoniosa, mas sonora, y aun mas concísa que ninguna otra de las vulgares. Pero Mr. Dacier en el Prologo que se citó habla asi de su lengua Francesa: 'Notre langue est
'sur-tout capricieuse en une chose; c'est qu'elle prend
'souvent plaisir a s'eloigner de la regle: et l'on peut
'dire que souvent rien n'est plus François que ce
'qui est irregulier. Autre chose est parler François,
'et autre chose parler selon les regles de la Gram-
'maire.' Mas adelante, refiriendo la manera que siguió traduciendo los versos Griegos esparcidos en Plutarco, dice haberlos trasladado en prosa.... 'à cau-
'se de la grande difficulté, ou pour mieux dire, de
'l' impossibilité qu' il y a de conserver dans notre pöesie
'ce goût simple et antique, qui fait la plus grande
'beauté des vers Grecs.' Añade el mismo, que si en esto fueron felices algunos Poetas Latinos, lo pudieron conseguir por la *riqueza* de su lenguage; pero que eso no pueden los Franceses hacer por la *pobreza* del suyo.

No ha mucho que el sabio Brosses, Presidente del Parlamento de Dijon, y de las Academias de las Ins-

cripciones y Bellas Letras de Paris, dió a luz su muy cumplida Historia de la República Romana, sacada de todas las obras de Salustio; unas veces componiendo y zurciendo sus fragmentos, otras traduciendo obras enteras, ilustrandolas siempre con Notas de esquisíta erudicion. En el Prologo da razon de lo mucho que le ha costado lo que él llama *composicion*, esto es, el enlazar los fragmentos y formar de ellos narracion seguida: pero hablando de la traduccion de Salustio, confiesa haberle sido, 'beaucoup plus difficile' que la composicion: 'ce n' est (prosigue) pas une tache me'diocre que d' avoir à rendre en notre Langue, bien 'moins concise et moins mâle que la sienne, un auteur 'qui n' eut jamais d' egal en precision et energie.' En el año de 1763. publicó Mr. Battevx su famosa version de Horacio en prosa; pero trabajada con esactitud poco acostumbrada en Francia. En el Prologo, que es muy digno de que lo lean los traductores de todas las Lenguas, dice espresamente; que la Latina es flexible y docil; pero que la suya 'est quinteuse et rebelle:' que sinembargo se ha dejado tratar y manejar suavemente de Corneille, Racine, Moliere, Despreaux, la Fontaine. Asi será, ni yo negaré que estos Sabios habrán hallado blandura en su Lengua para hacer de ella lo que han querido: pero acaso será igualmente cierto lo que siete años despues de Battevx escribió Mr. de la Dixmerie en su citada obra de *Las dos edades*. En una parte dice, que hasta aora ningun Francés ha traducido bien ni fielmente el Horacio: en otra se queja de la penuria, y pobreza de su Lengua: y concluye con estas palabras, 'il fallait trop de génie pour suppleer aux défec'tuosités de notre Langue. Nous eûmes de bons tra-

'ducteurs lors qu' on leur eût fourni l' equivalent de 'l' idiome qu' ils vouloient traduire.'

No sé yo si los Españoles podrán tener quejas igualmente fundadas contra su habla Castellana. Léa quien guste el *Dialogo de las Lenguas* escrito en el siglo XVI; y sabrá que el sabio Autor anónimo dice así; 'la len-'gua Castellana es tan elegante y tan gentil como la 'Toscana:' y un poco mas abajo añade 'que es Len-'gua muy noble, entera, gentil y abundante.' D. Gregorio Mayans en sus Origenes de la lengua Castellana trae un dicho de Joseph Escaligero harto apreciable, como lo es entre los Eruditos quanto escribió aquel Crítico. Decia pues en una Carta a Isaac Casaubon, haber él enriquecido el Lexicon de Lebrija con dos mil palabras, y añade lo siguiente; 'y con to-'do eso me parece que he hecho nada, siempre que 'léo libros Españoles. Es tanta la abundancia de aquel 'lenguage, que quanto mas aprendo en él, tanto mas 'se van ofreciendo cosas que sin Maestro nunca las 'aprenderé.' Y lo que no tiene duda es, que várias Poesías de Horacio, trasladadas en verso Español por el Maestro Luis de Leon, hablan en Castellano como nacidas en él, sin haber perdido nada de su dulzura, armonía, número, fluidez, naturalidad y concision. El poner en Francés las Georgicas de Virgilio, dice el mismo Dixmerie ser empresa dificultosisima, llena de grandes obstaculos que se espera los venza solo el talento y genio poetico del famoso Lefranc de Pompiñan. Si aquel Francés hubiera visto la primera Georgica en Castellano por el mismo Luis de Leon, nos digera si es posible, que en ninguna Lengua vulgar, y mucho menos en la France-

sa, se guarden o nó las figuras del original y su donayre con la gracia, propiedad y lindeza que en Romance Castellano. Por lo que toca al Salustio, tómese en las manos la traduccion perfecta de S. A. R.; y si se coteja con el original Latino, forzoso será confesar que el Príncipe de los Historiadores Romanos no solo está retratado con la mayor viveza y propiedad por el mas sabio de los traductores Castellanos; sino que la copia Española escede en mil primores al original Romano. En quanto al Tacito, nada tengo que añadir a lo que ya dijo el juicioso Ingles Fray Leandro de San Martin de la Congregacion Benedictina y Maestro de Lengua Hebrea en la Universidad de Duay. Aquel Monge publicó en el año de 1629. la version Castellana de Tacito hecha por D. Carlos Colóma, y dedicandola al Autor mismo, dice asi; 'como ya hubiese leído 'las versiones de este Autor hechas por otros elocuen-'tisimos varones en várias Lenguas; cotejandolas con 'la Castellana, me pareció ésta tan propia, facil 'y clara en la esposicion de los conceptos preñados 'del Autor, acostumbrado a decir mucho en pocas 'palabras; y por otra parte tan allegada a la misma 'letra y estílo de Tacito, que me parece, que el mis-'mo Tacito no usára de otro lenguage, si escribiera 'en Español.' [20]

Y a la verdad que si el lenguage de Tacito es con razon calificado de grave, conciso, y un tanto quanto oscuro y por consiguiente algo que duro por afecta-

---

[20] Dúdo yo que el citado Escritor moderno tubiese presente esta autoridad quando escribia; *Si fuere posible que Salustio, Tacito y Seneca hablasen alguna vez en buen Romance, sería en Español. La Lengua está formada &c.*

XXXIV

do; en suma, si 'ce stile laconique et pittoresque
'en même temps, où au moyen de deux mots il ex-
'preme tant de choses, c'est ce qui merite l'imitation
'de nos auteurs; peu de paroles et beaucoup de sens.
'Voilà ce qui nos écrivains doivent se prescrire com-
'me la regle inviolable de leur productions. *Quot*
'*verba, tot pondera.* [21] Digo pues, que si en Cornelio
Tacito se encuentra el modelo de brevedad y concision que el gran Federico presentaba para sus obras a
los Escritores Prusianos; en rara de las Lenguas vulgares de Europa podrá ser el Politico tan bien imitado y
retratado al justo como en la Castellana. Porque es asi
que 'todo el bien hablar Castellano consiste en que
'digais lo que quereis con las menos palabras que pu-
'dieredes: de tal manera que esplicando bien el con-
'ceto de vuestro ánimo, y dando a entender lo que
'quereis decir, de las palabras que pusieredes en una
'clausula o razon, no se pueda quitar ninguna sin
'ofender a la sentencia o al encarescimiento o a la
'elegancia:' como dejó escrito el Autor del *Dialogo
de las Lenguas.*

Por la *precision* o *laconismo* de que hablaban el Rey
y Ministro de Prusia, entiendo yo lo mismo que si di-
geramos en Castellano *puntualidad, ajúste, esactitud,
conformidad, justa medida, encáge al cabal o al justo
del original;* en suma, esta bella *brevedad* tan apreciada
en las obras, y tan apetecida entre todos los Escritores.
Y segun lo que hasta aora hemos visto, semejantes vir-

---

[21] Este pasage se ha tomado de una conversacion familiar y erudita que se supone haber tenido el Rey de Prusia Federico II con su Ministro de Estado Conde de Ertzberg en Breslau. Véase el tomo de la Academia Real de Berlin correspondiente al año de *1779*.

tudes o calidades no hay para que buscarlas en los Intérpretes Franceses: y mucho menos en aquellos que han probado sus fuerzas en hacer hablar en Francés a un Autor tan lacónico como Tacito. En conformidad pues de esto, no se puede bien comprender cómo las traducciones de los Franceses, ni tal vez sus obras modernas, puedan ser propuestas como dechados a los Alemanes ni Prusianos: pudiendo temerse que salga cierto lo que se escribe en el *Discorso sopra le vicende della Litteratura* por el erudito Italiano Carlos Denina; quien al fin del capitulo sobre la literatura de los Alemanes dice así; 'Si es cierto, 'como parece, que la mayor parte de los escritores 'Alemanes se ciñen a imitar los dechados Franceses 'e Ingleses que presenta nuestro siglo; los Criticos 'tendrán mucho fundamento para creer que esta Na-'cion, por lo demas tan distinguida por la genero-'sidad y nobleza de sus pensamientos, nunca se hará 'en las Bellas Letras el lugar que las otras.'

Y volviendo a los Comentarios de Cesar, si quisieramos examinar las traducciones que de ellos han hecho los Franceses, siempre las hallariamos muy semejantes a las otras de quien hemos hablado. Yo he visto solas dos: una de Blas de Bigenere; otra de Perrot Señor de Ablancourt. De aquel báste saber que en sentir de Daniel Huet se grangeó muy poco favor y honra con sus traducciones: de este no digo mas de lo que se lee en el Diccionario de Moreri: 'se toma 'de tiempo en tiempo algunas libertades, apartando-'se no poco de su Autor: pero por lo común es-'presa el sentido del original.' Tengo noticia de otras dos traducciones Francesas de Cesar; una que de or-

den de Carlos VIII. hizo Roberto Gaguin; [22] la otra de Juan Du-Chesne hecha por mandado de Carlos Duque de Borgoña. Si estas no se trabajaron con mas puntualidad y menos licencia, bien podremos allegarlas a las mencionadas; y cerrar el catálogo de las *Libres* con la de Claudio Seysselio Obispo de Marsella, que, segun el mismo Huet, [23] tradújo los Comentarios de Cesar *fide pessima*, bien como hizo con várias obras de Ciceron.

En vista pues de los testimonios alegados parece se puede dar por bien sentada la proposicion de ser los mas de los Franceses demasiadamente Libres en sus versiones: ya sea esto por falta de Arte, o ya sea por defectos en la misma Lengua. No creo que se podrá decir otro tanto de las traducciones de los Italianos. Segun lo que he observado en ellas, se encuentra mas esactitud en practicar las reglas de traducir: y no hay duda en que los Intérpretes Italianos tienen en su Lengua la dulzura, copia, blandura y docilidad que se requiere para trasladar o volver en ella qualquier Autor, sea Griego, sea Latino. Sí que a las veces he solido echar de menos en algunas de las traducciones Italianas aquella *concision* de que blasonan [24] como *il bel privilegio* de su Lengua respeto de las demas, sin esceptuar la Latina.

Y para que Cesar en Castellano consérve, quanto cabe en mí, el ser y las calidades del Cesar Romano; conformandome al Real dechado del Salustio Es-

---

[22] Véase el tomo XVII. pagina 758. de la Academia de las Inscripciones.

[23] Al fin del mismo libro *de Claris interpretibus.*

[24] Raccolta d'Opusculi Scientifici, e Filologici, tomo primo pagin. 472.

pañol, [25] me ha parecido que debo usar el Romance del *siglo decimosesto*, que fue sin duda el de oro de la lengua Castellana. Pues entonces fué quando desechadas todas las impropiedades y menguas de la balbuciente y menor edad; llegó a la varonil y perfecta, sin necesidad de ninguna otra para hacer alarde de su ser cumplido y hermoso: y en aquella edad mas que en otra ninguna es proporcionada para representar en sí (como por el Traductor no quéde) todos los primores y gracias que a su anciana madre pudo comunicar el que mas noblemente la supo tratar.

Mas no sé yo si alguno de los Autores Españoles que cerraron aquella gloriosa epoca de la lengua Castellana, al ver que asomaba cierto gusto de agudezas de poco tomo, retruecanos, artificios refinados y afectacion manifiesta; dijo tal vez de ella lo mismo que Ciceron dejó escrito de la elocuencia Romana; 'la 'gloria de los Oradores ha subido por manera de lo 'mas ínfimo a lo sumo; que ya, como de ordinario 'acontece en todas las cosas, parece que vá decayen-'do, y dentro de poco parará en nada.' La solidez y nobleza de los pensamientos esplicados segun la diversidad de las materias; unas veces con diccion magestuosa, grave, clara y vigorosa, mas no hinchada; otras con galana, elegante, florida, y de cierta energía natural, pero sin resábio de afectacion; y otras

---

25 Dice S. A. R. en el Prologo; 'en quanto al estílo y frase, 'me he propuesto seguir las hue-'llas de nuestros Escritores del Si-'glo XVI, reconocidos general-'mente por Maestros de la Lengua; y evitar con la atencion po-'sible las expresiones y vocablos de 'otros Idiomas que muchos usan 'sin necesidad; no debiendo esto 'hacerse sino quando en Español 'no se halla su equivalente &c.'

enfin con sencilla, pura, aliñada y propia sin bageza; caracterízan aquella edad abundante de hombres grandes en toda virtud, doctrina y Letras. Por donde se vee, quán conforme sea a toda razon el que Varones como estos, y que ilustraron tanto a la Nacion con su vida, doctrina y habla, sean propuestos a todo buen compatriota por modelo de imitacion asi en el bien vivir, como en el hablar escelente: pues lo uno acompaña las mas veces a lo otro, saliendo por la boca el concierto, la elegancia y el aséo del alma. Lo qual además de haberlo atestiguado en su Santo Evangelio [26] la Suma y Eterna Verdad; hasta los mismos Gentiles lo entendieron con sola la lumbre natural. Y asi Lucio Seneca [27] dice, haber sido adagio vulgar entre los Griegos; *Qual fue la vida de los hombres, tal era su lenguage:* 'talis hominibus fuit 'oratio, qualis vita.' Conclúyese de aquí ser acertado el consejo de usar el Romance de aquella su mejor edad para traducir a Cesar en Castellano.

Y comoquiera que algunas voces, frases y maneras parezcan antiguas, siempre serán preferidas por mí a las modernas que no fueren de buen cuño Castellano: sin que me detenga la nota de mostrarme singularmente aficionado por la antigüedad. Mas no lo soy tanto, que o deséche algun otro adorno solido y estimable que en nuestros tiempos pueda haber adquirido la Lengua, o bórre de la memoria el documento que Cesar queria que se tragese siempre en la mente, a saber; 'que

---

26 Matth. XII. 34. Luc. VI. 45.
27 Epit. 114. Donde Justo Lipsio trae el proverbio tomado de Platon ὅιος ὁ λόγος τοιοῦτος ὁ τρόπος. Y nuestro Quintiliano decia tambien; *Benedicere non potest nisi bonus*: Institut. Lib. 11. cap. 16.

XXXIX

'se húya como escollo todo vocablo que no sea usa-
'do y corriente.' He tenido a la vista lo que del Padre
Mariana dijo el atinado político Saavedra; 'afecta
'antigüedad: y como otros se tiñen las barbas por pa-
'recer mozos, él por hacerse viejo.' Ni he olvidado
tampoco la observacion [28] que en Cesar tenía hecha
Ciceron: 'de haber él con destreza trocado en mo-
'derna y mas agradable manera de hablar la que en su
'tiempo se miraba ya como anticuada o ráncia.' Y ya
se sabe que no es lo mismo ser un vocablo antiguo
que anticuado. En el uso de los de este genero la
buena razon ordena que haya todo miramiento y
parsimonia. Mas de los vocablos antiguos no hay pre-
cepto autorizado que nos vede usarlos con discrecion. Porque considerando la facilidad y poca crítica
con que se dan por anticuadas várias frases y palabras Españolas por solo que *no se usan*; he llegado a
creer que ni entendemos bien el valor del *uso*, ni
hasta dónde alcanza su poder y fueros.

El *uso* en materia de Lenguas es, segun Quintiliano, [29] 'la conformidad de los hombres sabios; bien
'asi como en las costumbres se llama *uso* el de los hom-
'bres buenos.' Segun esto, parece claro que para gra-
duar una voz de anticuada o corriente, hemos de atender, no al vulgo ignorante; sino aquellos sugetos que
con su locucion y estílo merecen y se hacen lugar en
la Republica de las Letras. Y quiénes son estos en nuestros dias? Yo señalára algunos, si me atreviera a ello:
porque siempre los hay en España, y mas que algunos:
pero,' *vivorum ut magna admiratio, ita censura diffi-*

[28] In Bruto. [29] Lib. 1. Inst. cap. 10.

'*cilis*,' que decia Paterculo. Por otra parte nombrar unos, y pasar en silencio otros que igualmente sean sabios, pero que yo no los conozca; eso sería poner de manifiesto mi ignorancia, y dejar quejosa en muchos la razon y la justicia. Asi pues, entretanto que otro mas autorizado que yo, o alguno de la edad venidera haga el indice y elógio de los tales Sabios contemporaneos nuestros, a mí me será licito decir; que los Españoles antiguos, cuyo uso de hablar y escribir debemos atender y seguir, son por lo menos estos; Luis de Granada, Luis de Leon, Luis de la Puente, Ribadeneyra, Mariana, Hernando del Castillo, Cervantes, Mendoza, los Argensolas, Mateo Aleman, Saavedra, y algunos otros mas. Porque quando nuestra Real Academia y otros sugetos amantes de la Patria y de la Lengua, hacen resucitar y poner en nuestras manos las obras de esos insignes Españoles, quieren que los imitemos o nó? Quiérenlo por cierto: y pretenden que pues ellos fueron y estan reputados por Maestros del Idioma Español; lo estudiémos y aprendamos en sus obras. Y si nó, a qué fin recomendarlas y reimprimirlas con tanta diligencia y costa? Dirame alguno que sibien debemos imitar por lo general el estílo de esos Maestros, pero que se encuentra en ellos una porcion de voces que ya se miran como anticuadas, y no serían hoy bien admitidas por desconocerlas el uso. A esto se podria replicar; o hemos inventado otras voces equivalentes de igual energía, propiedad y significacion que las anticuadas; o hemoslas tomado prestadas de los estrangeros sin haberlas menester? Si las hemos inventado con arte y segun es permitido, cosa bien hecha será; y nuestro estudio,

que loablemente puede tentar y esforzarse a nuevos descubrimientos, será digno de alabanza. Mas si mendigamos sin necesidad, no damos a entender que estamos mal con nuestra Lengua sin ella merecerlo? y que vamos pidiendo por capricho a quien no puede suministrarnos prestado ni la mitad de lo que tenemos en casa; y lo menospreciamos por no mas de porque es nuestro propio y no estraño? Usamos (decia Quintiliano) 'de palabras y frases claramente 'Griegas quando nos faltan las Latinas; bien como 'los Griegos usan de las nuestras.' Usense tambien en España voces estrangeras, sean del lenguage o pais que fueren; pero úsense a mas no poder; quando ni en nuestros tiempos, ni en los medios, ni en los antiguos encontráremos las que necesitamos y buscamos.

No se hábla aquí de las voces facultativas o artisticas; 'cuyo emprestito de unas naciones a otras es in-'dispensable,' como escribe [30] el Rmo. Feijoo, siguiendo a Ciceron, que en el libro primero de las Qüestiones Academicas dejó dicho lo mismo. Nunca estubo el Latin en estado mas floreciente que en tiempo de Ciceron: nobstante se queja éste en varios lugares de sus obras Filosoficas de la penuria de su lengua Latina para hablar en ella. Lo mismo diria si quisiera hablar en cosas de Matematicas, Medicas, Anatómicas, Fisicas, y otras muchas. Y de hecho la lengua Latina apenas tiene vocablo propio suyo en esas Artes y Ciencias; pues muchisimos de ellos son puramente Griegos. Lo qual provino de que habiendo nacido, si

[30] Tom. 1. Discurso 15.

así podemos decir, entre los Griegos o cultivádose primero las tales Artes y Ciencias; por eso hubieron ellos de inventar tambien las voces necesarias y oportunas. Estudiaronlas los Latinos en Griego, como hoy dia los Españoles y otros en Latin; quisieron despues enseñarlas en Latin; hallaronse sin voces; y como ya las tenian forjadas en Griego, las adoptaron e ingirieron en el Latin, o por aorrar el trabajo de inventarlas nuevamente, o por no introducir novedades. Mas no siempre hicieron eso; porque algunas veces formaron voces nuevas para esplicar las Griegas, como se vee en Ciceron y otros: y si en todas hubieran practicado lo mismo, estubiera sin duda mas puro el Latin. Lo qual tiene mas fuerza en las Lenguas que son hijas de Latin, como la Castellana, Francesa, e Italiana.

Tampoco se puede negar que en los modos comunes de hablar muchas veces la razon cede al uso; y que éste como árbitro legítimo de los aciertos de la Lengua, pone y quita como quiere aquella congruencia que halla el oído entre las voces y lo que significan: esto es cierto: y asi no pretendo rebajar un punto la autoridad decisiva de Horacio: sí que fuera bien que estimasemos con equidad los privilegios iguales del uso. Sucede que para tachar una voz de antigua o calificar de arcaismo una locucion, luego echamos mano del dicho de Horacio: pero ofrézcase revocar una palabra (como por egemplo ésta de *revocar* que se ha dicho), nadie se acuerda de la tal sentencia. En verdad pues, que el Poeta en igual grado concede al uso sus fueros de *poner* y *quitar:* y aun si entre ellos cabe antelacion, pare-

XLIII

ce que se la da al *poner, restituir, renovar, revocar:*

'*Multa renascentur, quæ jam cecidére, cadentque*
'*Quæ nunc sunt in honore vocabula, si volet usus;*
'*Quem penes arbitrium est et jus et norma loqüendi*':
que el ingenioso D. Tomas de Yriarte pasa en Castellano con estos versos;

    Muchas voces verémos renovadas,
    Que el tiempo destructor borrado habia;
    Y al contrario, olvidadas
    Otras muchas que privan en el dia:
    Pues nada puede haber que no se altére
    Quando el uso lo quiere,
    Que es de las lenguas dueño, juez y guía.

Para entender sin equivocacion hasta dónde se estienden los decantados privilegios del uso, se podria leer la hermosa disertacion del Academico de Berlin Mr. Thiebault en el tomo correspondiente al año de 1781. pag. 534: y tambien se debria dar entero credito a Quintiliano quando dice: [31] '*verba vetustate repe-*
'*tita, non solum magnos assertores habent, sed etiam*
'*afferunt orationi maiestatem aliquam non sine delecta-*
'*tione: nam et auctoritatem antiquitatis habent, et, quia*
'*intermissa sunt, gratiam novitati similem parant.*' 'La
'lengua Española (dice bien Denina en la obra citada) se vió perfectamente formada y arreada en el
'siglo decimosesto; y en el mismo estado se mantie-
'ne hoy sin hacerse vieja ni ráncia: lo qual sin duda
'proviene del caracter de la Nacion constante por
'naturaleza, o de la Lengua misma, muy buena y

[31] En el lib. y cap. cit.

'muy solida para estar espuesta a las alteraciones que
'padecen todas las demas de Europa.'

En efecto es así que el Castellano que hoy escriben
y hablan los Españoles de juicio, en el fondo, valor
y sustancia es el mismo del siglo XVI; esceptuando
tal qual adicion ligera, alguna diminucion pequeña, y
una muy accidental variedad. Leemos con gusto y entendemos sin dificultad todos nuestros Escritores de
aquel siglo, y procuramos imitarlos en todo, como
solemos hacer con Ciceron y los de su tiempo respeto
del Latin; sin que por la mediacion de mas de diez
y ocho siglos, tengamos por desusada ninguna locucion del Imperio de Augusto. No es el lenguage Español como el Francés; cuyas continuas mudanzas
se atribuyen al genio voluble de la Nacion por el
Autor de las Actas de los Erudítos de Leipsic, tómo del año de 1686. pag. 222: ni es como el Inglés,
que en menos de medio siglo de tal suerte se muda
de arriba abajo, y tanto suele variar aun en la sustancia misma, que [32] el famoso Waller en el siglo
pasado, y el célebre Pope en el presente, han temido con razon que su lenguage, sus obras y las de
sus contemporaneos no sean entendidas dentro de pocos años.

Si pensarán los estrangeros por lo dicho hasta
aquí, que nuestra Lengua es docil sí, blanda y acomodada a materias o asuntos medianos; pero que tal
vez no alcanza los rasgos de la Oratoria, por carecer de
riquezas, adornos y figuras con que amplificar, hermosear, decorar y sublimar los objetos quando lo re-

---

32 M. l' Abbé Yart sobre el origen y progresos de la lengua Inglesa.

quiere el sugeto y su naturaleza? Yo les probára ser hecho de verdad lo que dice nuestro D. Antonio Solis; [33] que la lengua Castellana es capaz de toda la propiedad que corresponde a la esencia de las cosas, y de todo el ornato que alguna vez es necesario para endulzar lo util de la oracion: hariales ver con Luis de Leon [34] que la lengua Española no es dura ni pobre, sino de cera versatil, blanda y abundante para los que la saben tratar; que es capaz y recibe en sí quanto se le encomienda. Diriales con Pedro Simon Abril; 'que 'no es menos copiosa que qualquier otra Lengua, aun'que sea Latina o Griega, para decir y tratar en ella 'qualquier genero de letras y qualquier manera de 'negocios.' Y mejor debemos creer a estos grandes Maestros, que nó al Escritor moderno, que tal vez sin haber conocido ni esperimentado bien la docilidad y blandura de la lengua Castellana; estampó la decisiva sentencia siguiente; 'Desengañémonos, nuestras 'lenguas vulgares son muy esteriles, encogidas y as'peras para hacer que Demóstenes, Salustio y Cice'rón hablen con su propia elocuencia en Francés, en 'Inglés, en Aleman, en Italiano o en Español.'

Las arriba citadas y muchas autoridades mas se podrian alegar a los Estrangeros: pero ellos que estan enseñados a menospreciar todo lo que no es suyo, tendrian en poco o no creerian lo que demostrasen los Españoles. Mejor será citar el dictamen de algunos hombres sabios, cuyo voto se respéte sin duda en contrario. Tal a mi parecer es el Cardenal Sforcia Palavicino, cuya sola Historia del Concilio Tri-

---

[33] Prologo de la Conquista de Mejico. [34] Prologo a sus Poesias.

dentino basta a imortalizar su nombre. Este pues, hablando de los Oradores Españoles en el *Arte de la perfeccion christiana* se esplicaba asi: 'Es [35] marabillo-
'sa la elocuencia de los Predicadores Españoles; no
'estudiada, sino nacida: como es la que vémos en
'muchos de ellos dotados por naturaleza de tal gra-
'cia y valentía de lenguage; de una voz tan a punto
'flexible, suave y robusta: de un gesto tan elegante,
'moderado y ajustado a las palabras, que sin tener
'obligacion al maestro ni al Arte, hacen vér con los
'ojos eso mismo que refieren, creer lo que afirman:
'llegan hasta encantar los oyentes: y tal vez este
'echizo de su Lengua es tan poderoso, que si consi-
'guen el ser oidos, fuerzan a ser amados. Aora bien; la
'Nacion Española, naturalmente ingeniosa, viva, pron-
'ta y generosa, es abundante de semejantes hombres;
'y en los Pulpitos, que hoy dia son el teatro de los
'Oradores christianos, es donde con especialidad triun-
'fa su lenguage y su accion mas de lo que puede con-
'cebir quien no los hubiere oído. Uno de los mas es-
'celentes se puso un dia a pintar el juicio universal...
'Hizo tan fuerte impresion en los oyentes, que le-
'vantaron el grito como si el juicio final no les fue-
'ra representado sino presente.' Véase si mas se pue-
de decir de la Lengua mas rica, noble, escelente, espresiva, afectuosa y sublime.

A Sforcia Palavicino alleguemos otro Escritor no menos célebre por la estension de sus obras, que por la delicada crítica que reyna en todas ellas. Es Isaac

[35] Lib. 1. cap. 4. Arte della Perfeccione: Maravigliosa è la eloquenza des Predicatori Spagnuoli, non mica imparata, ma innata, etc.

Vossio. Este en el erudito y harto raro Tratado que escribió, callando su nombre bájo el de Cosmolita, intitulandolo *De Poëmatum cantu et viribus Rythmi*, y se imprimió en Oxford año de 1673; despues que en la pag. 44. dijo; *Longe a me abest ut linguarum velim instituere censuram, aliasque aliis multum præferri debere odiose contendam*: y no obstante que en la pag. 50. hablando del juicio que se debe hacer de las Lenguas vulgares, protesta ser cosa muy odiosa el anteponer una lengua a otra; *ut tamen quid de singulis hodiernis linguis statuendum sit*, se pone a examinar los constitutivos particulares de cada Lengua, descendiendo a ponderar hasta las vocales y consonantes de las palabras, y sus terminaciones mas o menos gratas, segun la mayor o menor gentileza, donosura, galanía o lindeza de las palabras, silabas y letras. Trata primero de la lengua Griega y sus dialectos: da el segundo lugar a la Latina como discipula de la Griega. En la pag. 55. anuda el hilo roto de las vulgares; y no sé porqué motivo de particular aficion que el Autor muestra al descuido para con la Española, dice primeramente, *Fastum et ingenitam Hispanorum gravitatem horum quoque inesse sermoni facile quis deprehendet, siquis crebram repetitionem literæ A vocalium longe magnificentissimæ, ac item prolixa illorum spectet vocabula. Sed et crebra finalis clausula in O vel OS grande quid sonat....* y en la 57. acaba diciendo; *in lingua Hispanorum vocabula ut plurimum terminantur anapæsto aut spondeo. Nec tamen destituitur aliis pedibus, uti dactylis, iambis, trochæis et aliis; sed cum isti priores præcipue personent, minime mirum videri debet, horum idioma tantam præseferre maiestatem, ut*

non modo alias dialectos a Latino sermone prognatas, sed et omnium gentium linguas superet longissime. Italorum lingua miram habet pedum varietatem ... solaque propemodum est quæ cæterarum nostri temporis linguarum dotes continere videatur. Gravitate quidem nonnihil cedit Hispanicæ, cultu vero superat.....

Sea norabuena asi que la lengua Española conozca ventajas a la Italiana en todo aquello que Vossio entiende bajo la voz *cultu*, como sea tambien asi que a la lengua Española se le ampáre y mantenga en la posesion en que está de ser magnífica, grandiosa, grave y magestuosa sobre quantas Lenguas hablan las Naciones conocidas: que por el *fastum* que Vossio encontraba en nuestro lenguage, no se ha de entender aquel *fasto o hinchazon* que empalaga, *y que algunos han querido injustamente atribuir al Castellano*, como escribe el Sr. Infante; sino la *gravedad, mesura y seriedad* que en él resplandecen quando el caso requiere estas sólidas y bizarras calidades. El Abate Expilly, que como Secretario de Embajada Francesa cerca de vários Monarcas, recorriendo diferentes Naciones y examinando diligentemente sus calidades, pudo juzgar derecha y atinadamente del lenguage de muchas; tocante al Español, escribia asi.... (pero permítaseme copiar algo mas de lo tocante al lenguage Español; que todo ello no es tan largo que cause enfado): escribia pues el Francés Expilly en su Geografía manual; 'Les Es-
'pagnols sont naturellement graves, habiles, politi-
'ques, bons Cavaliers, bons Soldats, intrépides, pa-
'tiens dans les travaux, sobres dans leur boire et leur
'manger. Ils ont de grands sentiments d'honneur et
'de Religion, et beaucoup de goût et de capacité

'pur les Arts et les Sciences. Il n' y a point en Es-
'pagne d'autre Religion que la Catholique Romaine;
'et on n' y connoît point d'autre volonté que celle
'du Roi, qui ne veut que la glorie de Dieu, le bon-
'heur de ses Peuples, et la tranquillité de ses Etats.
'La langue Espagnole est sublime et majestueuse; elle
'dérive de la Latine, et tient de l' Arabe dans la pro-
'nonciation de plusieurs mots &c.' Que en nuestro
'Castellano viene a decir; 'Son los Españoles por
'naturaleza graves, habiles, atentos, buenos soldados,
'esforzados, sufridos en los trabajos, en el beber y
'comer parcos. Son muy hombres de bien y religio-
'sos, dotados de buen gusto y grande capacidad para
'las Artes y Ciencias. No hay en España mas Reli-
'gion que la Catolica Romana; ni otra voluntad que
'la del Rey, que solo mira por la gloria de Dios,
'por la felicidad del Pueblo y sosiego de sus Esta-
'dos. La lengua Española es sublime y magestuosa: es
'hija de la Latina, y muchas de sus palabras se pro-
'nuncian al Arabesco &c.'

Quanto a la ortografía Castellana de esta mi traduccion, he procurado en lo posible acomodar la escritura a la natural y facil pronunciacion, teniendo presentes dos cosas: una, vér a nuestra Real Academia
Española [36] tan justa y sabiamente inclinada a la pronunciacion simple y suave, que no satisfecha de se-
ñalarla por primera y la mas atendible regla de todas;
aun se dá a entender que la estableceria por unica y
universal, si hallára medio de abandonar las otras del
uso y del origen: la segunda es, el saber que Julio

[36] Véase la ultima edicion año de 1779. desde la pag. 2.

L

Cesar fue tan amante de la pronunciacion facil y en todo correspondiente a la escritura, que ademas de haber compuesto sobre esto los libros de Analogía, donde mostró su esactitud en estas que parecen y no son menudencias como dice Quintiliano; [37] quiso tambien que de algunos vocablos se quitasen letras, se trocasen en otros, y siendo necesario, se introdugese en el Abecedario Latino el digama Eolico, [38] para que la *u* vocal no se equivocáse en la pronunciacion con la *v* consonante.

Estudio fue éste muy digno de la puntualidad de Cesar, que quiso llevar su lengua Latina hasta el ultimo grado de perfeccion; y estudio que tampoco olvidaron los antiguos Españoles. Quevedo escribiendo sobre esto [39] al Conde Duque de Olivares dice; 'en 'mi poder tengo un libro grande del Infante D. En-'rique de Villena, manuscrito digno de grande esti-'macion.... entre otras obras suyas de grande utilidad 'y elegancia hay una de la *Gaya ciencia*, que es el 'Arte de escribir versos; doctrina y trabajo digno de 'admiracion, por vér con quánto cuidado en aquel 'tiempo se estudiaba la lengua Castellana, y el rigor 'y diligencia con que se pulían las palabras, y se fa-'cilitaba la pronunciacion quando por mal acompaña-'das vocales sonaban asperas, u eran equívocas u de-'jativas a la Lengua o al numero, añadiendo y qui-'tando letras.' Conforme a esto, porque advierto que en las mas costosas y esactas ediciones modernas de los Maestros de nuestra Lengua se leen unidos

---

[37] Institut. Lib. 1 cap. 12.
[38] Figura del digama Eolico F, segun Prisciano.
[39] Dedicatoria de las Poesias del Maestro Luis de Leon al Conde Duque de Olivares.

por sinalefa los vocablos *estotro*, *esotro*, *entretanto*, *asimismo* &c.: y porque este modo de escribir se funda en la advertencia que hace la Academia en su Gramatica de la lengua Castellana, [40] los he escrito yo en igual forma. Y de buena gana escribiera juntas tambien estas voces *dellos*, *dellas*, *destos*, *desas*, *nostante*, *sibien*, *yaque*, *paraque*, *alomenos*, *aproposito*, *comoquiera* &c.; pareciendome ser éste uno de los adornos de nuestra Lengua en los tiempos que mas floreció: bien al contrario de lo que hoy erradamente se estila escribir y decir, *de el* hombre, *a el* hombre.

He puesto tanto cuidado y estudio como el que voy diciendo en conformar mi traduccion con el original, y aun con el genio de Cesar, porque he visto el sumo respeto con que hombres muy sabios han tratado siempre qualquiera parte de sus obras y merito. El qual si se ha de medir por el numero y condicion de los que han empleado su talento y caudal por darlo a conocer a los amantes de las letras; en verdad que no será facil encontrar Autor alguno ni Griego ni Latino, antiguo u moderno que se le iguale, ni aun siquiera se le acerque. Por lo [41] menos son veinte los que he visto en esta Real Biblioteca que desde el siglo XV hasta el presente lo han comentado o aclarado con Notas e ilustraciones. Entre ellos merecen lugar muy distinguido los dos

---

[40] Part. 1. cap. 4. Artic. 2. y 3.

[41] Juan Relicano, Enrico Glareano, Juan Glandorpio, Joaquin Camerario, Miguel Bruto, Juan Sambuco, Fulvio Ursino, Pedro Chacon, Antonio Agustin, Juan Brancio, Gotofredo Yungermano, Dionisio de Vossio, Juan Davies, Samuel Clarke, Francisco Oudendorpio, Aldo Manucio, y otros diferentes.

grandes Españoles Antonio Agustin y Pedro Chacon: aquel recogió, y despues Fulvio Ursino dió a luz emendados algunos fragmentos apreciables de Cesar: este le puso Notas eruditisimas, que los Sabios asi estrangeros como nacionales tienen en mucha estíma. Pues los que por el modelo de Cesar han trazado un General grande son, a lo que yo sé, cinco sin contar a Pedro Ramus, que escribió un tomo entero de *Militia Cæsaris*. El primero que creyó encontrar en Cesar y sus escritos todas las partes y dotes que hacen un perfecto General, fue el Español D. Diego Gracian: [42] siguieron despues esta su idea y egemplo Gabriel Simeon Florentino, [43] Monsieur el Duque de Rohan, [44] el Baron de Auchi D. Carlos Bonieres, [45] y D. Diego Enriquez Villegas: [46] los quales no pudieron hallar entre tantos famosos Capitanes de la antigüedad ni uno solo que tan de lleno en lleno uniese en su persona y conducta las dotes que consideraron necesarias para formar un Héroe o Capitan a todas luces cabal y cumplido, como lo fue Julio Cesar.

[42] Véase el Lib. 11. de su Onosandro Platonico impreso en Barcelona año de 1567.

[43] El año de 1570. publicó un pequeño Comentario de los Libros de la Guerra de las Galias en obsequio al Delfin de Francia, a quien lo dedicó.

[44] Queda citado en su Obra del Perfecto Capitan año de 1640.

[45] Escribió un Epítome Floreado de Cesar año de 1647.

[46] En el año de 1649. publicó su *Aula Militar y politicas ideas deducidas de las Acciones de Julio Cesar:* y la dedicó a Felipe IV. Acaba el tomo con la guerra de los Helvecios: y aunque dice al fin de él que *se prosigue en la segunda Aula Militar con la Guerra de Ariovisto, y consecutivamente con todas las demas*; yo ignoro que esto se verificáse.

LIII

Pues las versiones que de sus Comentarios se han hecho en diversas Lenguas son muchas. Las que yo he visto en la Biblioteca Real son las siguientes; una sola Española; dos Francesas; [47] quatro Italianas; [48] una Griega. [49] Ninguna de todas estas ni otras que por caso habrán visto los curiosos y habiles Oficiales modernos [50] Carlos Guischardt y Mr. Lo-Looz, satisfacen sus deseos de que hubiese alguna bien hecha de Autor tan clásico. La unica Castellana es de D. Fr. Diego Lopez de Toledo Comendador de Castilnovo: quien siendo como él dice, de edad de 17 años, y criandose en Palacio en compañia del Príncipe D. Juan hijo de los Reyes Catolicos; la trabajó por los años de 1494, y la dedicó al mismo Príncipe. De las circunstancias de este Traductor, su version y las várias ediciones que de ella se han hecho asi fuera como dentro de España, dá puntuales y apreciables noticias D. Juan Antonio Pellicer. [51] Hablando de la traduccion dice asi; 'es defectuosa, 'y su estílo oscuro y poco culto, lo que se debe dis-'culpar con la tierna edad del Intérprete, y con la 'ninguna luz que Julio Cesar habia recibido aun de 'sus Comentadores: pues esta version no solo es an-

---

[47] La de Blas de Vigenere año de 1589: la de Perrot de Ablancourt en 1658.

[48] Es a saber, la de Agustin Urtica, Francisco Baldelli, Andres Palladio, y Hermolao Albricio.

[49] Está al fin de la edicion que de varios Comentadores de Cesar hizo Gotofredo Yungermano año de 1606. un tomo en 4.º

[50] Guischardt escribió unas *Memorias Militares*, sacadas de Escritores Griegos y Romanos año de 1760. Lo-Looz ha publicado nuevas averiguaciones contra Guischardt año de 1772.

[51] Enságo para una Biblioteca de Traductores Españoles desde la pag. 52. en adelante.

'terior a estos, sino que es la primera que de las 'Lenguas vulgares se ha dado a la imprenta.'

Por lo que toca a la traduccion del Comendador debo añadir que sería facil hacer vér sus defectos en la inteligencia, sus errores en la version, sus faltas en el lenguage, y su ningun arréglo al testo, y menos a los preceptos del Arte: pero todo eso se le debe perdonar a nuestro Traductor en atencion a su corta edad, tiempo en que trabajó su obra, y las demas circunstancias que no eran muy favorables. 'De 'lo dicho se entiende (prosigue Pellicer) que falta 'un Cesar bien traducido al Castellano.' Y concluye; 'el que emprendiere una nueva traduccion de 'Cesar al Castellano, proponiendose por modelo y 'disfrutando ésta de Albricio, haria una cosa loable.' La version Italiana que Hermolao Albrici publicó en el año de 1736. no parece suya de él mismo, sino otra antigua manuscrita que él alteró algun tanto para acomodarla al estílo moderno, como tambien advierte el mismo Pellicer. Y dado que la prefiere a las otras tres Italianas por circunstancias que verdaderamente la hacen superior a ellas; todavia yo para hacer esta mia, ni la he tenido por modelo, ni menos la he disfrutado en el punto esencial de traduccion: porque, a mi juicio, la Albriciana no se ajusta al testo de Cesar tanto como debiera. No se entienda por esto que la he desechado en un todo: antes confieso ingenuamente que ésta y las demas, bien asi como los Comentadores y Anotadores que he podido ver, todos me han ayudado sobremanera para entender y calar segun mis luces la sentencia de Cesar.

LV

Ya se deja conocer por lo dicho, que pues tantos y tan grandes hombres han empleado sus estudios, vigilias, trabaos y letras en esplicar a Cesar; sin duda será ilustre y muy distinguido su merito de este. Mas falta aun todavia que hagamos digna memoria de quatro personages de primer orden, que ilustrando con sus tareas literarias al mas sabio y valeroso de los ciudadanos Romanos; han venido a colocarlo por el hecho mismo en lugar elevadisimo. Escribe Juan Bodino, [52] que deseando Selim I. (el mayor Emperador que han tenido los Turcos) domesticar y amansar las fieras costumbres de sus vasallos con que se dedicasen a leer Historia; él por sí mismo trasladó a la Lengua vulgar los Comentarios de Cesar, anteponiendolos a quantas Historias hallaria él conducentes a su proposito. El Señor Felipe III. hizo tanto aprécio de estos libros, que tradujo várias trozos escribiendo de su Real mano ya en las margenes, ya entre renglones de la edicion de Leon año de 1574. las frases Castellanas que responden a las Latinas. [53] Juan Alberto Fabricio [54] afirma, que tambien Enrique IV. tradujo parte de estos Comentarios. Y saben todos los Eruditos que Luis XIV. hizo una elegante version Francesa [55] del Lib. 1. *de Bello Gallico*, donde cuenta Cesar su guerra con los Helvecios, conocidos hoy por el nombre de Suizos. Y no solo la adornó con láminas de gusto delicadisimo, mas la ilustró tambien con sucintas, pero esquisitas Notas.

[52] En el Prefacio al *Metodo para la Historia*.

[53] Se guarda el manuscrito en esta Biblioteca Real.

[54] Bibliot. Lat. pag. 174. tom. 1.

[55] Se imprimió en el año de 1661. en folio, y está en la B. R.

LVI

Y si a estos quatro Monarcas allegamos los Señores Infantes de España D. Gabriel y Doña Carlota, Hijo digno y digna Nieta de nuestro amable Rey y Señor D. Carlos III, qué gloria no resultará a Cesar y sus Comentarios? Si el autor los viera en tanta estíma de personas de tanta gerarquía, no se diera ya por satisfecha y aun saciada su ambicion inmensa? Qué ufano estubiera al entender que su largo y bien meditado discurso [56] hecho a presencia del Senado Romano en la causa de Catilina, lleva en Castellano notablemente mejoradas y mucho mas energicas todas las razones y palabras que él supo acomodar a su voto en Latin? Se prometeria por ventura que hasta el mismo Caton cediese a su oracion Española, el que solo entre todos los Senadores Romanos no quiso rendirse a la Latina. [57] Ni dudaré tampoco que renunciaria él toda la gran gloria de haber vencido a Pompeyo por la que le resulta de que sus Comentarios anden tan entre las manos de la Señora Infanta Carlota: [58] quien tanto mas los colma de loor y alabanza, quanto es mas notorio lo marabilloso de su talento felizmente cultivado. En atencion pues a lo dicho, se me permitirá repetir por conclusion; que el merito de los Comentarios de Cesar, medido sea por el numero de los Sabios que han puesto mano en ellos, sea por la condicion y categoría del autor, no tiene igual, ni hay otro que se le acerque.

---

[56] Conjuracion de Catilina en el Salustio de S. A. pag. 66. al 75.

[57] Véase alli mismo el dictamen contrario de Marco Caton.

[58] Bien publico es quánto estíma S. A. R. los Comentarios de Cesar; y que por ellos ha querido se examináse su mucha inteligencia en los mejores Autores Latinos del siglo de Augusto.

LVII

Esta ha sido la causa principal porque los Impresores mas célebres de Europa, sin reparar en gastos, aunque mas escesivos fuesen, han echado el resto de su habilidad y caudal en imprimir los Comentarios de Cesar como ellos lo merecen. Podrianse citar en razon de esto muchas y muy preciosas ediciones que abundan en esta Biblioteca de S. M.; pero bastará nombrar solamente cinco, que son las mas señaladas: la Elzeviriana de Leyden año de 1661. muy segura y correcta que sigo yo comunmente; y si sucede apartarme de ella algunas veces, me valgo de la costosisima y magnífica de Londres del año de 1712: la riquisima y bellisima de Glasgua de 1750: y las dos muy esactas y bien trabajadas de Leyden por Francisco Oudendorpio en los años de 1737. y 1750.

En atencion a la mayor dignidad y limpieza de la obra, he juzgado conveniente omitir la traduccion, y consiguientemente la edicion de aquellos libros, que no siendo de Cesar, suelen sinembargo imprimirse a una con sus Comentarios por via de Suplemento de los mismos en lo que les falta de las cosas de Cesar. Esto no ha sido para mí razon suficiente para tomar un tercio mas de trabajo por alargar otrotanto mas la obra; y sobre todo para juntar con el puro puro Cesar uno o mas Autores postizos que desdicen no poco de la elegancia singular de aquel, ni tienen que ver nada con su hermosura. Y no es pensamiento este que se me haya de calificar por nuevo u singular; pues tiene en su apoyo razon, autoridad y consejo. Tiene razon; lo uno porque asi como es cosa sentada entre los Críticos

que Cesar es el Autor de los siete primeros libros de la Guerra Galicana y los tres de la Civil; asi es incierto quién lo sea de los restantes. Ni tampoco se sabe si fue uno solo o muchos. En cuya conformidad no sería buen consejo el confundir los Comentarios conocidos de Cesar con los dudosos de qualquier otro Autor, pegando a una riquisima tela de oro un pedazo de gerga. Lo segundo, porque estos Libros añadidos nunca merecen ir a la par con los de Cesar, ni aun mucho mas atrás, por la visible diferencia que entre unos y otros han notado los Críticos de juicio perspicaz y sano. Citaré no mas de dos, y esos Españoles. El insigne Luis Vives hablando con los Maestros de letras Humanas, les advierte, [59] que para enseñar a los discipulos el estílo llano, familiar y castízo, pongan en sus manos los Comentarios de Cesar y las Epistolas de Ciceron: mas les previene que los Comentarios añadidos bien sea por Hircio bien por Opio, son muy diferentes de los de Cesar: 'porque '(dice él) son menos castízos y graves: por ma-'nera que se echa de vér que los escritos por Cesar 'son obra de Príncipe, como los otros de algun par-'ticular.' El Conde de Portalegre, que con tanta destreza suplió la Guerra de Granada escrita por Don Diego Mendoza, [60] dice; 'que en su adicion imitó 'antes a Floro con Livio, que a Hircio con Cesar: 'pues no le bastó ser tan docto, tan curioso testigo 'de sus empresas y camarada, para que no se vea 'clara la ventaja que hace el estílo de los Comenta-

---

59 Lib. IV. *de Trad. discipl. minus et puritatis habent et maiestatis; ut Cæsarianos a principe scriptos appareat, alteros a privato.*

60 Véase el Discurso que sirve de Prólogo.

'rios al suyo.' Y no parezca singular el voto de los Españoles: véanse las quejas repetidas, las fuertes notas y censuras acres de Guischardt y Lo-Looz contra el continuador de los Comentarios; y se conocerá quánta diferencia vá de estos a los suplementos en dictamen de estos Críticos.

Tambien tiene mi pensamiento en su favor la autoridad. Tradúcense estos Comentarios en lengua Griega; y el Autor (que se ignora) dá punto a su traduccion al fin del septimo Libro de la Guerra Galicana. Reimprímense en Brujas año de 1491. y no se pasa al Libro octavo ni los demas suplementos. [61] Estudia y tradúcelos el Señor Felipe III; y solo pone su Real mano en los siete primeros Libros de B. G. y los tres de B. C. levantandola sin dar plumada en los demas que no son, ni S. M. los tenia por de Cesar. Pero quando no fuesen bastantes estas autoridades, no podia menos de ser para mí en estremo obligatoria la del Señor Infante Don Gabriel. S. A. R. no tradujo en Español las obras todas que se tienen comunmente por de Salustio; sino las principales, o las que a juicio de todos los Sabios son de aquel Historiador Romano.

A la razon y autoridad quise se allegára tambien el consejo de Españoles inteligentes en la materia, a quienes tube por conveniente consultar. Uniformemente me respondieron todos que debia omitir la traduccion de obra que no fuese de Cesar. Y aun por eso me ha parecido dar tambien en Castellano las pocas cartas suyas que entre las de Ciceron han llega-

---

61 Puede verse ésta edicion en la Biblioteca Real.

do enteras a nosotros, y segun el juicio de los Críticos son reputadas por de Cesar. Y no hay duda sino que hasta en composiciones tan cortas y familiares se trasluce aquel ayre, tono, buen gusto y caracter privativo que entre todos los Sabios y cortesanos de Roma distinguian aquel singularisimo Ciudadano entre los Romanos, y celeberrimo General entre los mas afamados de la antigüedad.

Demas de esto nunca fue mi intento traducir en Castellano todo lo que Cesar hizo, sino todo lo que escribió: y esto se contiene (por lo que ha llegado a nuestra noticia) en los siete Libros de la Guerra Galicana, en los tres de la Civil, y las referidas Cartas que se ponen al fin. Nobstante para satisfacer al deseo de algunos que tal vez gustarán de leer no solo las proezas de este Héroe del paganismo escritas por él, sino tambien otras acciones de su condicion nobilisima y vasto talento en el arte de gobernar, y en el conocimiento de las ciencias; he pensado suplir lo que falta en esta parte a los Comentarios por medio mas breve, y al parecer oportuno; con entresacar de la vida que de Cesar escribió Suetonio un sumario de lo mas digno de saberse acerca de esto, acabando con el fin desastrado y tragico de su vida ruidosisima. Paraque haya uniformidad no solo en toda la obra, mas tambien en lo que se añade en la forma dicha como perteneciente a ella, he traducido los lugares de Suetonio que sirven de suplemento, como se muestra al pie de la edicion. Y por haber leido en la misma vida de Cesar escrita por Plutarco algunas circunstancias de ella que no me parecieron para omitidas; las he entre-

verado en el Suplemento donde no rompiesen el hilo de la Historia; llevando puesta la mira a que la Juventud Española dada al estudio de la literatura, se instruya de paso en una Lengua tan armoniosa, rica y necesaria qual es la Griega. Por lo que toca a los fragmentos o trozos sueltos de Cesar, por lo mismo que dejan de ser piezas enteras, he creido que no deben entrar en cuenta de la traduccion.

Sírvome de algunas Notas remitidas al fin de la edicion, paraque mejor se aclaren algunos lugares a cuya cabal inteligencia no alcanza la mera traduccion. He puesto particular cuidado en abreviar su numero y en que vayan aligeradas de sobrada erudicion, como de carga inutil: pues siendo enderezadas a satisfacer lo que se debe asi a los Sabios como a los que aspiran a serlo; la muchedumbre en el numero y la proligidad en el adorno de la erudicion, serian fuera de proposito para unos y otros. Porque los primeros que tienen mente robusta para digerir de por sí las cosas cientificas, no gustan de vianda muy manída: y a los segundos que pretenden instruirse, no quedaria campo bastante para egercitar su propia industria y aplicacion. Se remiten al fin ya por guardar el debido respeto a la segura y Real Guia del Salustio Español; ya porque la obra proceda seguida en su cuerpo, y vaya esenta la impresion de todo retazo de Notas, ora puestas a la margen, ora pegadas al pie de las paginas: pues con ambas cosas desmereceria no poco la impresion, y quedaria desfigurada su hermosura.

Véase lo demas en las Advertencias que preceden al tomo segundo.

C. IULIUS CAESAR

Ex Marmore antiquo Neapoli in Aedibus Palatinis

C. IULII CÆSARIS

COMMENTARIA

DE BELLO GALLICO.

LOS COMENTARIOS

DE C. JULIO CESAR

DE LA GUERRA DE LAS GALIAS.

C. IULII CÆSARIS

COMMENTARIORUM

DE BELLO GALLICO

LIBER I.

Gallia est omnis divisa in partes tres: quarum unam incolunt Belgæ, aliam Aquitani, tertiam qui ipsorum lingua Celtæ, nostra Galli appellantur. Hi omnes lingua, institutis, legibus inter se differunt. Gallos ab Aquitanis Garumna flumen, a Belgis Matrona et Sequana dividit. Horum omnium fortissimi sunt Belgæ: propterea quod a cultu atque humanitate provinciæ longissime absunt, minimeque ad eos mercatores sæpe commeant, atque ea, quæ ad effeminandos animos pertinent, important: proximique sunt Germanis, qui trans Rhenum incolunt, quibuscum continenter bellum gerunt. Qua de causa Helvetii quoque reliquos Gallos virtute præcedunt; quod fere quotidianis prœliis cum Germanis contendunt, quum aut suis finibus eos prohibent, aut ipsi in eorum finibus bellum gerunt. Eorum una pars, quam Gallos obtinere dictum est, initium capit a flumine Rhodano; continetur Garumna flumine, Oceano, finibus Belgarum; attingit etiam a Sequanis et Helvetiis flumen Rhenum: vergit ad Septemtriones. Belgæ ab extremis Galliæ finibus oriuntur: pertinent ad inferiorem partem fluminis Rheni: spectant in Septemtriones et Orientem solem. Aquitania a Garumna flumine ad Pyrinæos montes, et eam partem Oceani, quæ ad Hispaniam pertinet, spectat inter occasum solis et Septemtriones.

Lugdunum
Albiniana
Rhenus
BATAVORUM INSULA
plenior descriptio
Milliaria Romana
Mosa
Vahalis
MEN
Noviomagus
Batavorum oppid
Colonia Trajana
SEGUSIANI
Novaria
Mediolanum
Vercellæ
Ticinum
Eporedia
Padus
Vellavi
Dertona
Asta
Apenninus M.
Genua
HELVII
Arausio
Albium Ingaunum
Gallinaria I.
Nemausus
Ambrussum
Sinus ad Gradus
Massiliense ostium
ALLICUS S
Helena
Pyrenæam
CORSICA
22
26
27
28
43
44
45

COMENTARIOS[1]

DE C. JULIO CESAR[2]

DE LA GUERRA DE LAS GALIAS.

LIBRO I.

La Galia[3] está toda dividida en tres partes[4]: una que habitan los Belgas; otra los Aquitanos; la tercera los que en su lengua se llaman Celtas, y en la nuestra Galos[5]. Todos estos se diferencian entre sí en lenguage, costumbres, y leyes. A los Galos separa de los Aquitanos el rio Garona, de los Belgas el Marna y Sena. Los mas valientes de todos son los Belgas, porque viven muy remotos del fausto y delicadeza de nuestra provincia[6]; y rarisima vez llegan alla mercaderes con cosas aproposito para enflaquecer los brios; y por estar vecinos a los Germanos, que moran a la otra parte del Rin, con quienes traen continua guerra. Esta es tambien la causa porque los Helvecios se aventajan en valor a los otros[7] Galos; pues casi todos los dias vienen a las manos con los Germanos, ya cubriendo sus propias fronteras, ya invadiendo las agenas. La parte, que hemos dicho ocupan los Galos, comienza del rio Ródano; confina con el Garona, el Océano, y el pais de los Belgas: por el de los Sequanos y Helvecios toca en el Rin, inclinandose al Norte. Los Belgas toman su principio de los ultimos limites de la Galia; dilatanse hasta el Bajo-Rin, mirando al Setentrion y al Oriente. La Aquitania entre Poniente y Norte por el rio Garona se estiende hasta los montes Pirineos, y aquella parte del Océano que baña la España.

Apud Helvetios longe nobilissimus et ditissimus fuit Orgetorix. Is, Marco Messalla et Marco Pisone consulibus, regni cupiditate inductus, coniurationem nobilitatis fecit; et civitati persuasit, 'ut de finibus suis cum 'omnibus copiis exirent: perfacile esse, quum virtute 'omnibus praestarent, totius Galliae imperio potiri.' Id hoc facilius eis persuasit, quod undique loci natura Helvetii continentur; una ex parte, flumine Rheno latissimo atque altissimo, qui agrum Helvetium a Germanis dividit; altera ex parte, monte Iura altissimo, qui est inter Sequanos et Helvetios; tertia, lacu Lemanno, et flumine Rhodano, qui provinciam nostram ab Helvetiis dividit: his rebus fiebat, ut et minus late vagarentur, et minus facile finitimis bellum inferre possent: qua de causa homines bellandi cupidi magno dolore afficiebantur. Pro multitudine autem hominum, et pro gloria belli atque fortitudinis, angustos se fines habere arbitrabantur, qui in longitudinem millia passuum ducentorum quadraginta, in latitudinem centum octaginta patebant. His rebus adducti, et auctoritate Orgetorigis permoti, constituerunt ea, quae ad proficiscendum pertinerent, comparare, iumentorum et carrorum quam maximum numerum coemere, sementes quam maximas facere, ut in itinere copia frumenti suppeteret; cum proximis civitatibus pacem et amicitiam confirmare. Ad eas res conficiendas biennium sibi satis esse duxerunt; in tertium annum profectionem lege confirmant. Ad eas res conficiendas Orgetorix deligitur: is sibi legationem ad civitates suscepit. In eo itinere persuadet Castico Catamantaledis filio, Sequano (cuius pater regnum in Sequanis multos annos obtinuerat, et a S. P. Q. R. amicus appellatus erat), ut regnum in civitate sua occuparet, quod pater ante habuerat. Itemque Dumnorigi Aeduo, fratri Divitiaci, (qui

Entre los Helvecios fue sin disputa el mas noble y el mas rico Orgetórige. Este, siendo consules [8] Marco Mesála y Márco Pison, llevado de la ambicion de reynar, ganó a la nobleza, y persuadio al pueblo [9] 'a salir de su patria con 'todo lo que tenian; diciendo que les era muy facil, por la 'ventaja que hacian a todos en fuerzas, señorearse de toda 'la Galia.' Poco le costó persuadirselo; porque los Helvecios por su situacion estan cerrados por todas partes: de una por el Rin, rio muy ancho y muy profundo, que divide el país Helvetico de la Germania: de otra por el altisimo monte Iura, que lo separa de los Sequanos: de la tercera por el lago Lemáno y el Ródano, que parte terminos entre nuestra provincia y los Helvecios. Por cuya causa tenian menos libertad de hacer correrias, y menos comodidad para mover guerra contra sus vecinos: cosa de gran pena para gente tan belicosa. Demas que para tanto numero de habitantes, para la reputacion de sus hazañas militares y valor, les parecia termino estrecho el de doscientas quarenta millas [10] de largo, con ciento ochenta de ancho. En fuerza de estos motivos, y del credito de Orgetórige, se concertaron de apercibir todo lo necesario para la espedicion, comprando acemilas y carros quantos se hallasen; haciendo sementeras copiosisimas, atrueque de estar bien provistos de trigo en el viage; asentando paz y alianza con los pueblos comarcanos. A fin de efectuarlo, pareciendoles que para todo esto bastaria el espacio de dos años, fijaron el tercero con decreto en fuerza de ley por plazo de su partida. Para el manejo de todo este negocio eligen a Orgetórige, quien tomó a su cuenta los tratados con las otras naciones; y de camino persuade a Castico, Sequano, hijo de Catamantáledes (Rey que habia sido muchos años de los Sequanos, y honrado por el Senado y Pueblo Romano con el titulo de Amigo) que ocupase el trono en que antes habia es-

eo tempore principatum in civitate sua obtinebat, ac maxime plebi acceptus erat) ut idem conaretur, persuadet: eique filiam suam in matrimonium dat. 'Perfaci-'le factu esse illis probat, conata perficere; propterea 'quod ipse suæ civitatis imperium obtenturus esset, non 'esse dubium, quin totius Galliæ plurimum Helvetii pos-'sent: se suis copiis suoque exercitu illis regna concilia-'turum,' confirmat. Hac oratione adducti, inter se fidem et iusiurandum dant, et regno occupato, per tres potentissimos ac firmissimos populos, totius Galliæ sese potiri posse sperant.

Ea res ut est Helvetiis per indicium enuntiata, moribus suis Orgetorigem ex vinculis causam dicere coegerunt: damnatum pœnam sequi oportebat, ut igni cremaretur: die constituta causæ dictionis, Orgetorix ad iudicium omnem suam familiam, ad hominum millia decem, undique coegit; et omnes clientes obæratosque suos, quorum magnum numerum habebat, eodem conduxit: per eos, ne causam diceret, se eripuit. Quum civitas, ob eam rem incitata, armis ius suum exsequi conaretur, multitudinemque hominum ex agris magistratus cogerent; Orgetorix mortuus est: neque abest suspicio, ut Helvetii arbitrantur, quin ipse sibi mortem consciverit. Post eius mortem nihilominus Helvetii id, quod constituerant, facere conantur, ut e finibus suis exeant. Ubi iam se ad eam rem paratos esse arbitrati sunt, oppida sua omnia, numero ad duodecim, vicos ad quadringentos, reliqua privata ædificia incendunt. Frumentum omne, præter quod secum portaturi erant, comburunt; ut, domum reditionis spe sublata, paratiores ad omnia pericula subeunda essent: trium mensium molita cibaria sibi quemque domo efferre iubent. Persuadent Rauracis, et Tulingis, et Latobri-

tado su padre: lo mismo persuade a Dumnórige Eduo, hermano de Diviciaco, (que a la sazon era la primera persona de su patria, muy bien quisto del pueblo) y le casa con una hija suya. 'Representabales llana la empresa, pues'to que, habiendo él de obtener el mando de los Helve'cios, y siendo estos sin duda los mas poderosos de toda la 'Galia, con sus fuerzas y egercito los aseguraria en la po'sesion de los reynos.' Convencidos del discurso, se juramentan entre sí; esperando, que afianzada su soberania, y unidas tres naciones poderosisimas y fortisimas, podrian apoderarse de toda la Galia.

Luego que los Helvecios tuvieron por algunos indicios noticia de la trama, obligaron a Orgetórige a que diese sus descargos aprisionado [11] segun estilo. Una vez condenado, sin remedio habia de ser quemado vivo. Aplazado el dia de la citacion, Orgetórige comparecio en juicio, acompañado de toda su familia, que acudio de todas partes a su llamamiento en numero de diez mil personas [12], juntamente con todos sus dependientes y adeudados, que no eran pocos: por su intervencion atajó el proceso. Mientras el pueblo irritado de tal tropelia trataba de mantener con las armas su derecho, y los Magistrados juntaban las milicias de las aldeas, vino a morir Orgetórige, no sin sospecha en opinion de los Helvecios, de que se dio él a sí mismo la muerte [13]. No por eso dejaron ellos de llevar adelante la resolucion concertada de salir de su comarca [14]. Quando les parecio estar ya todo a punto, ponen fuego a todas sus ciudades, que eran doce, y a quatrocientas aldeas con los demas caserios: queman todo el grano, salvo el que podian llevar consigo, para que perdída la esperanza [15] de volver a su patria, estuviesen mas prontos a todos los trances. Mandan que cada qual se provea de harina [16] para tres meses. Inducen a sus rayanos los Rauracos, Tulingos, La-

gis finitimis, uti eodem usi consilio, oppidis suis vicisque exustis, una cum iis proficiscantur: Boiosque, qui trans Rhenum incoluerant, et in agrum Noricum transierant, Noricamque oppugnarant, receptos ad se socios sibi adsciscunt.

Erant omnino itinera duo, quibus itineribus domo exire possent: unum per Sequanos angustum et difficile inter montem Iuram et flumen Rhodanum, quo vix singuli carri ducerentur; mons autem altissimus impendebat, ut facile perpauci prohibere possent: alterum per provinciam nostram multo facilius atque expeditius; propterea quod Helvetiorum inter fines et Allobrogum, qui nuper pacati erant, Rhodanus fluit, isque nonnullis locis vado transitur. Extremum oppidum Allobrogum est, proximumque Helvetiorum finibus Geneva. Ex eo oppido pons ad Helvetios pertinet. Allobrogibus sese vel persuasuros, quod nondum bono animo in populum Romanum viderentur, existimabant, vel vi coacturos, ut per suos fines eos ire paterentur. Omnibus rebus ad profectionem comparatis, diem dicunt, qua die ad ripam Rhodani omnes conveniant. Is dies erat, a. d. v. kal. Apr. Lucio Pisone, Aulo Gabinio consulibus.

Cæsari quum id nuntiatum esset, eos per provinciam nostram iter facere conari, maturat ab urbe proficisci, et quam maximis itineribus potest, in Galliam ulteriorem contendit, et ad Genevam pervenit. Provinciæ toti quam maximum militum numerum imperat. Erat omnino in Gallia ulteriore legio una. Pontem, qui erat ad Genevam, iubet rescindi. Ubi de eius adventu Helvetii certiores facti sunt, legatos ad eum mittunt nobilissimos civitatis; cuius legationis Numeius et Verodoctius principem locum obtinebant; qui dicerent, 'sibi 'esse in animo, sine ullo maleficio iter per provinciam fa-

tobrigos a que sigan su egemplo, y quemando las poblaciones, se pongan en marcha con ellos: y a los Boyos, que establecidos a la otra parte del Rin, y adelantandose hasta el pais de los Noricos, tenian sitiada su capital, empeñandolos en la faccion, los reciben por compañeros.

Por dos caminos tan solamente podian salir de su tierra: uno por los Sequanos estrecho y escabroso entre el Iura y el Ródano, por donde apenas podia pasar un carro, y señoreado de una elevadisima cordillera, de la qual muy pocos podian embarazar el paso: el otro por nuestra provincia mas llano y ancho; a causa de que corriendo el Ródano entre los Helvecios y Alóbroges, con quien poco antes [17] se habian hecho paces, por algunas partes es vadeable. Junto a la raya de los Helvecios está Ginebra, ultima ciudad de los Alóbroges, donde hay un puente que remata en tierra de los Helvecios. Daban por hecho, que o ganarian a los Alóbroges, por parecerles no del todo sincera su reconciliacion con los Romanos; o los obligarian por fuerza a franquearles el paso. Aparejado todo para la marcha, señalan el dia fijo, en que todos se debian congregar a las riberas del Ródano. Era este el 28. de Marzo en el consulado de Lucio Pison y Aulo Gabinio.

Informado Cesar de que pretendian hacer su marcha por nuestra provincia, parte aceleradamente de Roma; y encaminandose a marchas forzadas [18] a la Galia ulterior, se planta en Ginebra. Da luego orden a toda la provincia de aprestarle el mayor numero posible de milicias; pues no habia en la Galia ulterior sino una legion sola. Manda cortar el puente de junto a Ginebra. Quando los Helvecios supieron su venida, despachanle al punto embajadores de la gente mas distinguida de su nacion; cuya voz llevaban Numeyo y Verodocio, para proponerle: 'que su intencion era 'pasar por la provincia sin agravio de nadie, por no haber

'cere, propterea quod aliud iter haberent nullum: rogare,
'ut eius voluntate id sibi facere liceat.' Cæsar quod memoria tenebat, Lucium Cassium Consulem occisum, exercitumque eius ab Helvetiis pulsum, et sub iugum missum, concedendum non putabat. Neque homines inimico animo, data facultate per provinciam itineris faciundi, temperaturos ab iniuria et maleficio existimabat. Tamen, ut spatium intercedere posset, dum milites, quos imperaverat, convenirent, legatis respondit, 'diem se ad deli-
'berandum sumturum; si quid vellent, a. d. Idus Apr.
'reverterentur.' Interea ea legione, quam secum habebat, militibusque, qui ex provincia convenerant, a lacu Lemanno, quem flumen Rhodanum influit, ad montem Iuram, qui fines Sequanorum ab Helvetiis dividit, millia passuum decem novem murum in altitudinem pedum sexdecim, fossamque perducit. Eo opere perfecto, præsidia disponit, castella communit; quo facilius, si se invito transire conarentur, prohiberi possent. Ubi ea dies, quam constituerat cum legatis, venit, et legati ad eum reverterunt; 'negat, se more et exemplo populi Romani
'posse iter ulli per provinciam dare. Et, si vim facere
'conentur, prohibiturum ostendit.' Helvetii ea spe deiecti, navibus iunctis, ratibusque compluribus factis alii; alii vadis Rhodani, qua minima altitudo fluminis erat, non numquam interdiu, sæpius noctu, si perrumpere possent, conati, operis munitione et militum concursu et telis repulsi, hoc conatu destiterunt.

Relinquebatur una per Sequanos via, qua, Sequanis invitis, propter angustias ire non poterant. Iis quum sua sponte persuadere non possent, legatos ad Dumnorigem Æduum mittunt, ut eo deprecatore a Sequanis hoc impetrarent. Dumnorix gratia et largitione apud Sequanos plurimum poterat, et Helvetiis erat amicus, quod

'otro camino; que le pedian lo llevase a bien.' Cesar no lo juzgaba conveniente, acordandose del atentado de los Helvecios quando mataron al consul Lucio Casio, derrotaron su egercito, y lo hicieron pasar bajo del yugo [19]: ni creia que hombres de tan mal corazon, dandoles paso franco por la provincia, se contuviesen de hacer mal y daño. Sin embargo por dar lugar a que se juntasen las milicias provinciales, respondio a los embiados: 'que tomaria tiempo [20] para pen'sarlo; que si gustaban, volviesen por la respuesta el 13. 'de Abril.' Entretanto con la legion que tenia consigo y con los soldados que llegaban de la provincia desde el lago Lemáno, que se ceba del Ródano, hasta el Iura, que separa los Sequanos de los Helvecios, tira un vallado a manera de muro [21] de diez y nueve millas en largo, diez y seis pies en alto, y su foso correspondiente: pone guardias de trecho en trecho, y guarnece los cubos, para rechazar mas facilmente a los enemigos, caso que por fuerza intentasen el transito. Llegado el plazo señalado a los embajadores, y presentados estos, responde: 'que segun costumbre y práctica del Pueblo 'Romano, él a nadie puede permitir el paso por la provincia: 'que si ellos presumen abrirselo por sí, protesta oponerse.' Los Helvecios, viendo frustrada su pretension, parte en barcas y muchas balsas [22] que formaron; parte tentando vadear el Ródano por donde corria mas somero, unas veces de dia y las mas de noche, forcejando por romper adelante, siempre rebatidos por la fortificacion y vigorosa resistencia de la tropa, hubieron de cejar al cabo.

 Quedabales solo el camino por los Sequanos; mas sin el consentimiento de estos era imposible atravesarlo, siendo tan angosto. Como no pudiesen ganarlos por sí, embian legados al Eduo Dumnórige para recabar por su intercesion el beneplacito de los Sequanos; con quienes podia él mucho, y los tenia obligados con sus liberalidades; y era tam-

ex ea civitate Orgetorigis filiam in matrimonium duxerat; et cupiditate regni adductus, novis rebus studebat, et quam plurimas civitates suo sibi beneficio habere obstrictas volebat. Itaque rem suscipit; et a Sequanis impetrat, ut per fines suos Helvetios ire patiantur; obsidesque uti inter sese dent, perficit: Sequani, ne itinere Helvetios prohibeant; Helvetii, ut sine maleficio et iniuria transeant. Caesari nuntiatur, Helvetiis esse in animo per agrum Sequanorum et Æduorum iter in Santonum fines facere, qui non longe a Tolosatium finibus absunt; quae civitas est in provincia. Id si fieret, intelligebat magno cum provinciae periculo futurum, ut homines bellicosos, populi Romani inimicos, locis patentibus maximeque frumentariis finitimos haberet. Ob eas causas ei munitioni, quam fecerat, Titum Labienum legatum praefecit: ipse in Italiam magnis itineribus contendit: duasque ibi legiones conscribit; et tres, quae circum Aquileiam hiemabant, ex hibernis educit; et, qua proximum iter in ulteriorem Galliam per Alpes erat, cum his quinque legionibus ire contendit. Ibi Centrones, et Graioceli, et Caturiges, locis superioribus occupatis, itinere exercitum prohibere conantur. Compluribus his proeliis pulsis, ab Ocelo, quod est citerioris provinciae extremum, in fines Vocontiorum ulterioris provinciae die septimo pervenit: inde in Allobrogum fines, ab Allobrogibus in Segusianos exercitum ducit: hi sunt extra provinciam trans Rhodanum primi. Helvetii iam per angustias, et fines Sequanorum suas copias transduxerant, et in Æduorum fines pervenerant, eorumque agros populabantur. Ædui quum se suaque ab his defendere non possent, legatos ad Caesarem mittunt rogatum auxilium: 'ita se omni tempore de populo Romano meritos esse,

bien afecto a los Helvecios, por estar casado con muger de su pais, hija de Orgetórige: y al paso que por la ambicion de reynar intentaba novedades, procuraba con beneficios grangearse las voluntades de quantos pueblos podia. Toma pues a su cargo el negocio, y logra que los Sequanos dejen el paso libre a los Helvecios por sus tierras, dando y recibiendo rehenes en seguridad de que los Sequanos no embarazarán la marcha, y de que los Helvecios la egecutarán sin causar daño ni mal alguno. Avisan a Cesar que los Helvecios estan resueltos a marchar por el pais de los Sequanos y Eduos ácia el de los Santones, poco distantes de los Tolosanos, que caen dentro de nuestra jurisdicion. Si tal sucediese, echaba de ver el gran riesgo de la provincia con la vecindad de hombres tan feroces y enemigos del Pueblo Romano en aquellas regiones abiertas y sumamente fertiles. Por estos motivos, dejando el gobierno de las fortificaciones hechas a su legado Tito Labieno, él mismo en persona a grandes jornadas vuelve a Italia, donde alista dos legiones: saca de los quarteles otras tres que ibernaban en los contornos de Aquileya, y con todas cinco, atravesando los Alpes por el camino mas corto, marcha en diligencia ácia la Galia ulterior. Oponense al paso del egercito los Centrones, Grayocelos y Caturiges ocupando las alturas: rebatidos todos en varios rencuentros, desde Ocelo, ultimo lugar de la Galia Cisalpina, en siete dias se puso en los Voconcios, territorio de la Transalpina: desde alli conduce su egercito a los Alóbroges; de los Alóbroges a los Segusianos, que son los primeros del Ródano para alla fuera de la provincia. Al tanto los Helvecios, trasportadas sus tropas por los desfiladeros y confines de los Sequanos, habian ya penetrado por el pais de los Eduos, y le corrian. Los Eduos no pudiendo defenderse de la violencia, embian a pedir socorro a Cesar, representandole: 'haber sido siempre tan leales al

'ut, pæne in conspectu exercitus nostri, agri vastari,
'liberi eorum in servitutem abduci, oppida expugnari
'non debuerint.' Eodem tempore, quo Ædui, Ambarri
quoque necessarii et consanguinei Æduorum, Cæsarem
certiorem faciunt, sese, depopulatis agris, non facile ab oppidis vim hostium prohibere. Item Allobroges,
qui trans Rhodanum vicos possessionesque habebant,
fuga se ad Cæsarem recipiunt, et demonstrant, sibi
præter agri solum nihil esse reliqui. Quibus rebus adductus Cæsar non exspectandum sibi statuit, dum omnibus fortunis sociorum consumtis, in Santones Helvetii
pervenirent.

Flumen est Arar, quod per fines Æduorum et Sequanorum in Rhodanum influit, incredibili lenitate, ita
ut oculis, in utram partem fluat, iudicari non possit.
Id Helvetii ratibus ac lintribus iunctis transibant. Ubi
per exploratores Cæsar certior factus est, tres iam copiarum partes Helvetios id flumen traduxisse, quartam
vero partem citra flumen Ararim reliquam esse ; de tertia vigilia cum legionibus tribus e castris profectus, ad
eam partem pervenit, quæ nondum flumen transierat.
Eos impeditos et inopinantes aggressus, magnam partem
eorum concidit: reliqui sese fugæ mandarunt, atque in
proximas silvas abdiderunt. Is pagus appellabatur Tigurinus. Nam omnis civitas Helvetia in quatuor pagos
divisa est: hic pagus unus, quum domo exisset patrum
nostrorum memoria, Lucium Cassium consulem interfecerat, et eius exercitum sub iugum miserat. Ita, sive casu,
sive consilio deorum immortalium, quæ pars civitatis
Helvetiæ insignem calamitatem populo Romano intulerat,
ea princeps pœnas persolvit. Qua in re Cæsar non solum
publicas, sed etiam privatas iniurias ultus est, quod
eius soceri Lucii Pisonis avum Lucium Pisonem lega-

'Pueblo Romano, que no debiera sufrirse, que casi a vista 'de nuestro egercito sus labranzas fuesen destruidas, cauti-'vados sus hijos, y sus pueblos asolados.' Al mismo tiempo que los Eduos, sus aliados y parientes los Ambarros dan parte a Cesar, como arrasadas ya sus heredades, a duras penas defienden los lugares del furor enemigo: igualmente los Alóbroges, que tenian haciendas y granjas al otro lado del Ródano, van a ampararse de Cesar, diciendo que nada les queda de lo suyo sino el suelo desnudo [23] de sus campos y heredades. Cesar, en vista de tantos desafueros, no quiso aguardar a que los Helvecios, despues de una desolacion general de los paises aliados, llegasen sin contraste a los Santones.

Iban los Helvecios pasando en balsas y barcones el rio Arar, el qual desagua en el Ródano, corriendo por tierras de los Eduos y Sequanos tan mansamente [24], que no pueden discernir los ojos ácia qué parte corre. Mas informado Cesar por sus espias, que los Helvecios habian ya pasado tres partes de sus tropas al otro lado del rio, quedando de este la quarta sola; sobre la media noche [25] moviendo con tres legiones, alcanzó aquel trozo, que aun estaba por pasar el rio: y acometiendolos en el mayor calor de esta maniobra, deshizo una gran [26] parte de ellos: los demas echaron a huir, escondiendose dentro de los bosques cercanos. Este era el canton Tigurino, uno de los quatro [27] en que está dividida toda la Helvecia; y aquel mismo, que habiendo salido solo de su tierra en tiempo de nuestros padres, mató al consul Lucio Casio, y sujetó su egercito a la ignominia del yugo. Asi, o por acaso o por acuerdo de los Dioses imortales, la parte del cuerpo Helvetico, que tanto mal hizo al Pueblo Romano, esa fue la primera que pagó la pena: con la qual vengó Cesar las injurias no solo de la Republica, sino tambien las suyas propias; pues los Tigurinos habian muerto al legado Lucio Pison, abuelo de su suegro, del propio nom-

tum Tigurini eodem prœlio, quo Cassium, interfecerant.

Hoc prœlio facto, reliquas copias Helvetiorum ut consequi posset, pontem in Arare faciendum curat, atque ita exercitum transducit. Helvetii, repentino eius adventu commoti, quum id, quod ipsi diebus viginti ægerrime confecerant, ut flumen transirent, illum uno die fecisse intelligerent, legatos ad eum mittunt: cuius legationis Divico Princeps fuit, qui bello Cassiano dux Helvetiorum fuerat. Is ita cum Cæsare egit: 'si pacem 'Populus Romanus cum Helvetiis faceret, in eam par-'tem ituros, atque ibi futuros Helvetios, ubi eos Cæsar 'constituisset, atque esse voluisset. Sin bello persequi 'perseveraret; reminisceretur et veteris incommodi popu-'li Romani, et pristinæ virtutis Helvetiorum: quod im-'proviso unum pagum adortus esset, quum ii, qui flumen 'transissent, suis auxilium ferre non possent; ne ob eam 'rem aut suæ magnopere virtuti tribueret, aut ipsos 'despiceret. Se ita a patribus maioribusque suis didi-'cisse, ut magis virtute, quam dolo contenderent, aut 'insidiis niterentur. Quare, ne committeret, ut is locus, 'ubi constitisset, ex calamitate populi Romani et in-'ternecione exercitus nomen caperet, ac memoriam pro-'deret.' His Cæsar ita respondit: 'eo sibi minus dubita-'tionis dari, quod eas res, quas legati Helvetii com-'memorassent, memoria teneret: atque eo gravius ferre, 'quo minus merito populi Romani accidisset. Qui si ali-'cuius iniuriæ sibi conscius fuisset; non fuisse difficile ca-'vere. Sed eo deceptum, quod neque commissum a se in-'telligeret quare timeret; neque sine causa timendum pu-'taret. Quod si veteris contumeliæ oblivisci vellet; num 'etiam recentium iniuriarum, quod eo invito, iter per 'provinciam per vim tentassent, quod Æduos, quod 'Ambarros, quod Allobroges vexassent, memoriam de-

bre, en la misma batalla en que mataron a Casio.

Despues de esta accion, a fin de poder dar alcance a las demas tropas enemigas, dispone echar un puente sobre el Arar, y por él conduce su egercito a la otra parte. Los Helvecios, espantados de su repentino arribo, viendo egecutado por él en un dia el pasage del rio, que apenas y con sumo trabajo pudieron ellos en veinte; despachanle una embajada, y por gefe de ella a Divicon, que acaudilló a los Helvecios en la guerra contra Casio; y habló a Cesar en esta sustancia: 'que si el Pueblo Romano hacia paz con los 'Helvecios, estaban ellos prontos a ir y morar donde Cesar 'lo mandase y tuviese por conveniente: mas si persistia en 'hacerles guerra, se acordase de la rota del egercito Roma-'no y del valor de los Helvecios. Que la sorpresa de un 'canton solo en sazon que los otros de la orilla opuesta no 'podian socorrerle, ni era motivo para presumir de su pro-'pia valentia, ni para menospreciarlos a ellos: que tenian por 'maxima recibida de padres a hijos confiar en los combates 'mas de la fortaleza propia, que no de ardides y estratage-'mas. Por tanto no diese lugar a que el sitio donde se ha-'llaba se hiciese famoso por una calamidad del Pueblo Ro-'mano, y testificase a la posteridad la derrota de su eger-'cito.' A estas razones respondio Cesar: 'que tenia muy pre-'sente [18] quanto decian los embajadores Helvecios; y que 'por lo mismo hallaba menos motivos para vacilar en su re-'solucion: solo sí grandes de sentimiento; tanto mayor, quan-'to menos se lo habia merecido el Pueblo Romano: quien, 'si se creyera culpado, hubiera facilmente evitado el golpe: 'pero fue lastimosamente engañado, por estar cierto de no 'haber cometido cosa de que temer, y pensar que no debia 'recelarse sin causa. Y quando quisiese olvidar el antiguo 'desacato, cómo era posible borrar la memoria de las presen-'tes injurias, quales eran, haber intentado el paso por la pro-

'ponere posset? quod sua victoria tam insolenter glo-
'riarentur, quodque tam diu se impune tulisse iniurias
'admirarentur, eodem pertinere. Consuesse enim deos im-
'mortales, quo gravius homines ex commutatione rerum
'doleant, quos pro scelere eorum ulcisci velint, his se-
'cundiores interdum res, et diuturniorem impunitatem
'concedere. Quum ea ita sint, tamen si obsides ab iis
'sibi dentur, uti ea, quæ polliceantur, facturos intel-
'ligat; et si Æduis de iniuriis, quas ipsis, sociisque
'eorum intulerint, item si Allobrogibus satisfaciant, se-
'se cum iis pacem esse facturum.' Divico respondit: 'ita
'Helvetios a maioribus suis institutos esse, uti obsides
'accipere, non dare, consueverint: eius rei populum Ro-
'manum esse testem.' Hoc responso dato, discessit. Postero die castra ex eo loco movent. Idem Cæsar facit;
equitatumque omnem, ad numerum quatuor millium, quem
ex omni provincia, et Æduis, atque eorum sociis coactum habebat, præmittit; qui videant, quas in partes hostes iter faciant. Qui cupidius novissimum agmen
insecuti, alieno loco cum equitatu Helvetiorum prælium
committunt; et pauci de nostris cadunt. Quo prælio
sublati Helvetii, quod quingentis equitibus tantam multitudinem equitum propulerant, audacius subsistere, nonnumquam ex novissimo agmine prælio nostros lacessere
cœperunt. Cæsar suos a prælio continebat; ac satis
habebat in præsentia hostem rapinis, pabulationibus,
populationibusque prohibere. Ita dies circiter quindecim iter fecerunt, uti inter novissimum hostium agmen
et nostrum primum non amplius quinis aut senis millibus passuum interesset.

Interim quotidie Cæsar Æduos frumentum, quod
essent publice polliciti, flagitare. Nam propter frigora, quod Gallia sub Septemtrionibus, ut ante di-

'vincia mal de su grado, y las vejaciones hechas a los Eduos,
'a los Ambarros, a los Alóbroges? Que tanta insolencia en
'gloriarse de su victoria, y el estrañar que por tanto tiempo
'se tolerasen sin castigo sus atentados, dimanaba de un mis-
'mo principio: pues que suelen [29] los Dioses imortales, quan-
'do quieren descargar su ira sobre los hombres en vengan-
'za de sus maldades, concederles tal vez mayor prosperidad
'con impunidad mas prolongada, para que despues les cau-
'se mayor tormento el trastorno de su fortuna. Con todo eso
'hara paz con ellos, si le aseguran con rehenes que cumpli-
'ran lo prometido, y si reparan los daños hechos a los Eduos,
'a sus aliados, y a los Alóbroges.' Respondio Divicon: 'que
'de sus mayores habian los Helvecios aprendido la costum-
'bre de recibir rehenes, no de darlos; de que los Romanos [30]
'eran testigos.' Dicho esto, se despidio. Al dia siguiente alzan los reales de aquel puesto. Hace lo propio Cesar; embiando delante la caballeria compuesta de quatro mil hombres que habia juntado en toda la provincia, en los Eduos,
y los confederados de estos, para que observasen ácia dónde marchaban los enemigos. Mas como diesen tras ellos con
demasiado ardimiento, vienen a trabarse en un mal paso con
la caballeria de los Helvecios, y mueren algunos de los nuestros. Engreidos ellos con esta ventaja, pues con quinientos
caballos habian hecho retroceder a quatro mil, empezaron
a esperar a los nuestros con mayor osadia, y a provocarlos a
combate vuelta de frente la retaguardia. Cesar reprimia el
ardor de los suyos, contentandose por entonces con estorbar al enemigo los robos, forrages y talas. De este modo
anduvieron cerca de quince dias, no distando su retaguardia de la vanguardia nuestra mas de cinco a seis millas.

Mientras tanto instaba Cesar todos los dias a los Eduos
por el trigo que por acuerdo de la Republica le tenian ofrecido: y es, que a causa de los frios de aquel clima, que

ctum est, posita est, non modo frumenta in agris matura non erant, sed ne pabuli quidem satis magna copia suppetebat. Eo autem frumento, quod flumine Arare navibus subvexerat, propterea minus uti poterat, quod iter ab Arare Helvetii averterant; a quibus discedere nolebat. Diem ex die ducere Ædui, conferri, comportari, adesse, dicere. Ubi se diutius duci intellexit, et diem instare, quo die frumentum militibus metiri oporteret; convocatis eorum principibus, quorum magnam copiam in castris habebat, in his Divitiaco, et Lisco, qui summo magistratu præerat, (quem Vergobretum appellant Ædui, qui creatur annuus, et vitæ necisque in suos habet potestatem) graviter eos accusat; quod, quum neque emi, neque ex agris sumi posset, tam necessario tempore, tam propinquis hostibus, ab iis non sublevetur; præsertim quum magna ex parte eorum precibus adductus, bellum susceperit; multo etiam gravius, quod sit destitutus, queritur. Tum demum Liscus oratione Cæsaris adductus, quod antea tacuerat, proponit: 'esse nonnullos, quorum auctoritas apud plebem 'plurimum valeat, qui privati plus possint, quam 'ipsi magistratus: hos seditiosa atque improba oratio- 'ne multitudinem deterrere, ne frumentum conferant; 'quod præstare dicant, si iam principatum Gal- 'liæ obtinere non possint, Gallorum, quam Romano- 'rum, imperia perferre: neque dubitare debeant, quin, 'si Helvetios superaverint Romani, una cum reli- 'qua Gallia Æduis libertatem sint erepturi. Ab iis- 'dem nostra consilia, quæque in castris gerantur, ho- 'stibus enuntiari: hos a se coerceri non posse. Quin 'etiam, quod necessario rem Cæsari enuntiarit, in- 'telligere sese, quanto id cum periculo fecerit; et ob

como antes se dijo, es muy setentrional, no solo no estaba
sazonado, pero ni aun alcanzaba el forrage: y no podia
tampoco servirse del trigo conducido en barcas por el Arar,
porque los Helvecios se habian desviado de este rio, y él
no queria perderlos de vista. Dabanle largas los Eduos con
decir, que lo estaban acopiando, que ya venía en camino,
que luego llegaba. Advirtiendo él que era entretenerlo no
mas [31], y que apuraba el plazo en que debia repartir las
raciones de pan a los soldados, habiendo convocado a los
principales de la nacion, que militaban muchos en su campo, y tambien a Diviciaco y Lisco, que tenia el supremo
Magistrado [32] (que los Eduos llaman Vergobreto, y es
anual con derecho sobre la vida y muerte de sus nacionales) quéjase de ellos agriamente, porqué no pudiendo
haber trigo por compra ni cosecha, en tiempo de tanta necesidad, y con los enemigos a la vista, no cuidaban de remediarle: que habiendo él emprendido aquella guerra obligado en gran parte de sus ruegos, todavia sentia mas el verse asi abandonado. Enfin Lisco, movido del discurso de
Cesar, descubre lo que hasta entonces habia callado: y era,
'la mucha mano que algunos de su nacion tenian con la
'gente menuda: los quales, con ser unos meros particulares,
'mandaban mas que los mismos Magistrados: esos eran los
'que vertiendo especies sediciosas y malignas, disuadian al
'pueblo, que no aprontase el trigo, diciendo que, pues no
'pueden hacerse señores de la Galia, les vale mas ser vasa-
'llos de los Galos, que de los Romanos: siendo cosa sin du-
'da, que si una vez vencen los Romanos a los Helvecios,
'han de quitar la libertad a los Eduos no menos que al res-
'to de la Galia: que los mismos descubrian a los enemigos
'nuestras trazas, y quanto acaecia en los reales; y él no po-
'dia irles a la mano: antes estaba previendo el gran riesgo
'que corria su persona por habérselo manifestado a mas no

'eam causam, quam diu potuerit, tacuisse.' Cæsar hac oratione Lisci Dumnorigem Divitiaci fratrem designari sentiebat: sed, quod pluribus præsentibus eas res iactari nolebat, celeriter concilium dimittit; Liscum retinet. Quærit ex solo ea, quæ in conventu dixerat. Dicit liberius atque audacius. Eadem secreto ab aliis reperit esse vera. 'Ipsum esse 'Dumnorigem, summa audacia, magna apud plebem 'propter liberalitatem gratia, cupidum rerum nova-'rum, complures annos portoria, reliquaque omnia 'Æduorum vectigalia parvo pretio redemta habe-'re: propterea quod illo licente, contra liceri audeat 'nemo. His rebus et suam rem familiarem auxis-'se, et facultates ad largiendum magnas comparas-'se: magnum numerum equitatus suo sumtu semper 'alere, et circum se habere. Neque solum domi, sed 'etiam apud finitimas civitates largiter posse. At-'que huius potentiæ causa, matrem in Biturigibus, 'homini illic nobilissimo ac potentissimo, collocasse: 'ipsum ex Helvetiis uxorem habere: sororem ex ma-'tre, et propinquas suas nuptum in alias civitates 'collocasse. Favere, et cupere Helvetiis propter eam 'affinitatem: odisse etiam suo nomine Cæsarem et 'Romanos; quod eorum adventu potentia eius demi-'nuta, et Divitiacus frater in antiquum locum gra-'tiæ atque honoris sit restitutus. Si quid accidat 'Romanis, summam in spem regni per Helvetios ob-'tinendi venire: imperio Populi Romani non modo 'de regno, sed etiam de ea, quam habeat, gra-'tia desperare.' Reperiebat etiam Cæsar in quærendo, quod prœlium equestre adversum paucis ante diebus esset factum, initium eius fugæ a Dumnorige, atque eius equitibus factum esse (nam equita-

'poder; y por eso mientras pudo, habia disimulado.' Bien conocia Cesar, que las espresiones de Lisco tildaban a Dumnórige, hermano de Diviciaco: mas no queriendo tratar este punto en presencia de tanta gente, despide luego a los de la junta, menos a Lisco: examinale a solas sobre lo dicho: esplícase él con mayor libertad y franqueza: por informes secretos tomados de otros halla ser la pura verdad: 'que Dum-
'nórige era el tal; hombre por estremo osado, de gran se-
'quito popular por su liberalidad, amigo de novedades: que
'de muchos años atras tenia en arriendo bien barato el por-
'tazgo y todas las demas alcabalas de los Eduos, porque ha-
'ciendo él postura, nadie se atrevia a pujarla. Con semejan-
'tes arbitrios habia engrosado su hacienda, y amontonado
'grandes caudales para desahogo de sus profusiones: susten-
'taba siempre a su sueldo un gran cuerpo de caballeria, y
'andaba acompañado de él: con sus larguezas dominaba no
'solo en su patria, sino tambien en las naciones confinantes:
'que por asegurar este predominio habia casado a su madre
'entre los Bituriges con un señor de la primera nobleza y au-
'toridad: su muger era Helvecia: una hermana suya por
'parte de madre, y varias parientas tenian maridos estrange-
'ros: por estas conexiones favorecia y procuraba el bien de
'los Helvecios: por su interes particular aborrecia igualmen-
'te a Cesar y a los Romanos; porque con su venida le ha-
'bian cercenado el poder, y restituido al hermano Diviciaco
'el antiguo credito y lustre. Que si aconteciese algun azar
'a los Romanos, entraba en grandes esperanzas de alzarse con
'el reyno con ayuda de los Helvecios: durante el imperio
'Romano, no comoquiera desconfiaba de llegar al trono, si-
'no aun de mantener el sequito adquirido.' Averiguó tambien Cesar en estas pesquisas que Dumnórige y su caballeria (mandaba él la que los Eduos embiaron de socorro a Cesar) fueron los primeros a huir en aquel encuentro mal sos-

tu, quem auxilio Cæsari Ædui miserant, Dumnorix præerat): eorumque fuga reliquum esse equitatum perterritum. Quibus rebus cognitis, quum ad has suspiciones certissimæ res accederent: quod per fines Sequarum Helvetios traduxisset: quod obsides inter eos dandos curasset: quod ea omnia non modo iniussu suo et civitatis, sed etiam inscientibus ipsis fecisset: quod a magistratu Æduorum accusaretur: satis esse causæ arbitraretur, quare in eum aut ipse animadverteret, aut civitatem animadvertere iuberet. His omnibus unum repugnabat, quod Divitiaci fratris summum in Populum Romanum studium, summam in se voluntatem, egregiam fidem, iustitiam, temperantiam cognoverat. Nam, ne eius supplicio Divitiaci animum offenderet, verebatur. Itaque, prius quam quidquam conaretur, Divitiacum ad se vocari iubet, et, quotidianis interpretibus remotis, per Caium Valerium Procillum, principem Galliæ provinciæ, familiarem suum, cui summam rerum omnium fidem habebat, cum eo colloquitur: simul commonefacit, quæ ipso præsente in concilio Gallorum de Dumnorige sint dicta: quæ separatim quisque de eo apud se dixerit. Petit, atque hortatur, ut sine eius offensione animi, vel ipse de eo, causa cognita, statuat, vel civitatem statuere iubeat. Divitiacus multis cum lacrimis Cæsarem complexus, obsecrare cœpit, 'ne quid gravius in fratrem statueret: scire se illa 'esse vera: nec quemquam ex eo plus, quam se, do- 'loris capere: propterea quod, quum ipse gratia plu- 'rimum domi, atque in reliqua Gallia, ille mini- 'mum propter adolescentiam posset, per se crevisset. 'Quibus opibus ac nervis, non solum ad minuendam 'gratiam, sed pæne ad perniciem suam uteretur: se-

tenido pocos dias antes, y que con su fuga se desordenaron los demas esquadrones. Hechas estas averiguaciones, y confirmados los indicios con otras pruebas evidentisimas de haber sido él promotor del transito de los Helvecios por los Sequanos, y de la entrega reciproca de sus rehenes: todo no solo sin aprobacion de Cesar y del Gobierno, pero aun sin noticia de ellos: y enfin siendo su acusador el juez supremo de los Eduos, pareciale a Cesar sobrada razon para castigarle o por sí mismo, o por sentencia del tribunal de la nacion. La unica cosa que le detenia era el haber esperimentado en su hermano Diviciaco una grande aficion al Pueblo Romano, y para consigo una voluntad muy fina, lealtad estremada, rectitud, moderacion: y temia que con el suplicio de Dumnórige no se diese por agraviado Diviciaco. Por lo qual antes de tomar ninguna resolucion, manda llamar a Diviciaco, y dejados los interpretes ordinarios, por medio de Cayo Valerio Procílo, persona principal de nuestra provincia, amigo íntimo suyo, y de quien se fiaba en un todo; le declara sus sentimientos, trayendole a la memoria los cargos que a su presencia resultaron contra Dumnórige en el consejo de los Galos, y lo que cada uno en particular habia depuesto contra este. Le ruega y amonesta no lleve a mal que o él mismo, sustanciado el proceso, sentencie al reo, o dé comision de hacerlo a los jueces de la nacion. Diviciaco abrazandose con Cesar, deshecho en lagrimas, se puso a suplicarle: 'que no hiciese alguna demostracion rui'dosa con su hermano: que bien sabía ser cierto lo que le 'achacaban; y nadie sentia mas vivamente que él los pro'cederes de aquel hermano, a quien quando por su poca 'edad no hacia figura en la nacion, le habia valído él con 'la mucha autoridad que tenia con los del pueblo y fuera 'de él, para elevarlo al auge de poder en que aora se ha'lla, y de que se vale no solo para desacreditarle, sino para

'se tamen et amore fraterno, et existimatione vulgi 'commoveri. Quod si quid ei a Cæsare gravius ac'cidisset, quum ipse eum locum amicitiæ apud eum te'neret, neminem existimaturum non sua voluntate fa'ctum; qua ex re futurum, uti totius Galliæ animi 'a se averterentur.' Hæc quum pluribus verbis flens a Cæsare peteret, Cæsar eius dexteram prehendit. Consolatus, rogat finem orandi faciat: tanti eius apud se gratiam esse ostendit, uti et reipublicæ iniuriam, et suum dolorem eius voluntati ac precibus condonet. Dumnorigem ad se vocat, fratrem adhibet: quæ in eo reprehendat, ostendit: quæ ipse intelligat, quæ civitas queratur, proponit: monet, ut in reliquum tempus omnes suspiciones vitet. Præterita se Divitiaco fratri condonare, dicit. Dumnorigi custodes ponit; ut, quæ agat, quibuscum loquatur, scire posset.

Eodem die ab exploratoribus certior factus, hostes sub montem consedisse, millia passuum ab ipsius castris octo; qualis esset natura montis, et qualis in circuitu adscensus, qui cognoscerent, misit. Renuntiatum est, facilem esse. De tertia vigilia Titum Labienum legatum pro Prætore cum duabus legionibus, et iisdem ducibus, qui iter cognoverant, summum iugum montis adscendere iubet: quid sui consilii sit, ostendit. Ipse de quarta vigilia eodem itinere, quo hostes ierant, ad eos contendit; equitatumque omnem ante mittit. Publius Considius, qui rei militaris peritissimus habebatur, et in exercitu Lucii Syllæ, et postea in Marci Crassi fuerat, cum exploratoribus præmittitur. Prima luce, quum summus mons a Tito Labieno teneretur, ipse ab hostium castris non longius mille et quingentis passibus abesset; neque, ut postea ex captivis com-

'destruirle si pudiera. Sin embargo podia mas consigo el
'amor de hermano, y el qué dirán las gentes: siendo claro,
'que qualquiera demostracion fuerte de Cesar la tendrian
'todos por suya, a causa de la mucha cabida que con él
'tiene; por donde vendria él mismo a malquistarse con to-
'dos los pueblos de la Galia.' Repitiendo estas súplicas con
tantas lagrimas como palabras, tómale Cesar de la mano,
y consolandolo le ruega no hable mas en el asunto: asegú-
rale, que aprecia tanto su amistad, que por ella perdona las
injurias hechas a la Republica y a su persona. Luego hace
venir a su presencia a Dumnórige; y delante de su hermano le echa en cara las quejas de este, las de toda la nacion, y lo que él mismo habia averiguado por sí. Encárgale no dé ocasion a mas sospechas en adelante, diciendo
que le perdona lo pasado por atencion a su hermano Diviciaco: y le pone espías para observar todos sus movimientos y tratos.

Sabiendo ese mismo dia de los batidores, que los enemigos habian hecho alto a la falda de un monte, distante
ocho millas de su campo; destacó algunos a reconocer aquel
sitio, y qué tal era la subida por la ladera del monte. In-
formaronle no ser agria. Con eso sobre la media noche ordena al primer comandante [33] Tito Labieno, que con dos legiones, y guiado de los practicos en la senda, suba a la cima, comunicandole su designio. Pasadas tres horas, marcha
él en seguimiento de los enemigos por la vereda misma que
llevaban, precedido de la caballeria, y destacando antes con
los batidores a Publio Considio, tenido por muy esperto en
las artes de la guerra, como quien habia servido en el egér-
cito de Lucio Sila, y despues en el de Marco Craso. Al amanecer, quando ya Labieno estaba en la cumbre del monte, y
Cesar a milla y media del campo enemigo, sin que se traslu-
ciese su venida ni la de Labieno, como supo despues de los

*perit, aut ipsius adventus, aut Labieni cognitus esset;
Considius, equo admisso, ad eum accurrit: dicit, 'mon-
'tem, quem a Labieno occupari voluerit, ab hostibus te-
'neri: id se a Gallicis armis atque insignibus cognovisse.'
Cæsar suas copias in proximum collem subducit; aciem
instruit. Labienus, ut erat ei præceptum a Cæsare, ne
prælium committeret, nisi ipsius copiæ prope hostium
castra visæ essent, ut undique uno tempore in hostes
impetus fieret; monte occupato, nostros exspectabat,
prælioque abstinebat. Multo denique die per exploratores cognovit, et montem a suis teneri, et hostes castra
movisse, et Considium timore perterritum, quod non vidisset, pro viso sibi renuntiasse. Eo die, quo consuerat
intervallo, hostes sequitur, et millia passuum tria ab
eorum castris castra ponit.*

*Postridie eius diei; quod omnino biduum supererat,
quum exercitu frumentum metiri oporteret; et quod a
Bibracte oppido Æduorum longe maximo ac copio-
sissimo, non amplius millibus passuum octodecim aberat, rei frumentariæ prospiciendum existimavit; iter
ab Helvetiis avertit, ac Bibracte ire contendit. Ea
res per fugitivos Lucii Æmilii, Decurionis equitum
Gallorum, hostibus nuntiatur. Helvetii, seu quod timore perterritos Romanos discedere existimarent, eo
magis, quod pridie, superioribus locis occupatis, prælium non commisissent; sive quod re frumentaria in-
tercludi posse confiderent; commutato consilio, atque
itinere converso, nostros a novissimo agmine insequi
ac lacessere cœperunt. Postquam id animadvertit, copias suas Cæsar in proximum collem subducit; equitatumque, qui sustineret hostium impetum, misit. Ipse
interim in colle medio triplicem aciem instruxit legionum quatuor veteranarum, ita, uti supra se in sum-*

prisioneros, viene a él a carrera abierta Considio con la noticia de 'que los enemigos ocupan el monte que habia de to-
'mar Labieno, como le habian cerciorado sus armas y divisas.'
Cesar recoge luego sus tropas al collado mas imediato, y las ordena en batalla. Como Labieno estaba prevenido con la orden de no pelear mientras no viese a Cesar con los suyos sobre el egercito enemigo, a fin de cargarle a un tiempo por todas partes; dueño del monte, se mantenia sin entrar en accion, aguardando a los nuestros. En conclusion era ya muy entrado el dia quando los esploradores informaron a Cesar, que era su gente la que ocupaba el monte; que los enemigos continuaban su marcha; y Considio en su relacion supuso de miedo lo que no habia visto. Conque Cesar aquel dia fue siguiendo al enemigo con interposicion del trecho acostumbrado, y se acampó a tres millas de sus reales.

Al dia siguiente, atento que solo restaban dos de termino para repartir las raciones de pan a los soldados, y que Bibracte, ciudad muy populosa y abundante de los Eduos, no distaba de alli mas de diez y ocho millas, juzgó conveniente cuidar de la provision del trigo: por eso dejando de seguir a los Helvecios, tuerce ácia Bibracte: resolucion que luego supieron los enemigos por ciertos esclavos de Lucio Emilio, Decurion [34] de la caballeria Galicana. Los Helvecios, o creyendo que los Romanos se retiraban de cobardes, mayormente quando apostados el dia antes en sitio tan ventajoso habian rehusado la batalla; o confiando de poder interceptarles los viveres; mudando de idea y de ruta, comenzaron a perseguir y picar nuestra retaguardia. Luego que Cesar lo advirtio, recoge su infanteria en un collado vecino, y hace avanzar la caballeria con el fin de reprimir la furia enemiga. El mientras tanto ácia la mitad del collado dividio en tres tercios las quatro legiones de veteranos: por manera que colocadas en la cumbre y a la parte superior de las suyas las dos nueva-

mo iugo duas legiones, quas in Gallia citeriore proxime conscripserat, et omnia auxilia, collocaret, ac totum montem hominibus compleret. Interea sarcinas in unum locum conferri, et eum ab iis, qui in superiore acie constiterant, muniri iussit. Helvetii, cum omnibus suis carris secuti, impedimenta in unum locum contulerunt. Ipsi confertissima acie, reiecto nostro equitatu, phalange facta, sub primam nostram aciem successerunt. Caesar, primum suo, deinde omnium e conspectu remotis equis, ut, aequato periculo, spem fugae tolleret, cohortatus suos, proelium commisit. Milites, e loco superiore pilis missis, facile hostium phalangem perfregerunt. Ea disiecta, gladiis districtis, in eos impetum fecerunt. Gallis magno ad pugnam erat impedimento, quod, pluribus eorum scutis uno ictu pilorum transfixis et colligatis, quum ferrum se inflexisset, neque evellere, neque, sinistra impedita, satis commode pugnare poterant; multi ut, diu iactato brachio, praeoptarent scutum manu emittere, et nudo corpore pugnare. Tandem, vulneribus defessi, et pedem referre, et, quod mons suberat circiter millia passuum, eo se recipere coeperunt. Capto monte, et succedentibus nostris, Boii, et Tulingi, qui hominum millibus circiter quindecim agmen hostium claudebant, et novissimis praesidio erant, ex itinere nostros latere aperto aggressi, circumvenire: et id conspicati Helvetii, qui in montem sese receperant, rursus instare, et proelium redintegrare coeperunt. Romani conversa signa tripartito intulerunt: prima, ac secunda acies, ut victis, ac submotis resisteret; tertia, ut venientes exciperet. Ita, ancipiti proelio, diu atque acriter pugnatum est. Diutius quum nostrorum impetum sustinere non possent; alteri se, ut coeperant, in

mente alistadas en la Galia Cisalpina y todas las tropas auxiliares, el cerro venía a quedar cubierto todo de gente. Dispuso sin perder tiempo, que todo el bagage se amontonase en un mismo sitio bajo la escolta de los que ocupaban la cima. Los Helvecios, que llegaron despues con todo su carruage, lo acomodaron tambien en un mismo lugar, y formados en batalla, muy cerrados los esquadrones, rechazaron nuestra caballeria; y luego haciendo empavesada [35] arremetieron a la vanguardia. Cesar haciendo retirar del campo de batalla todos los caballos, primero el suyo, y luego los de los otros, para que siendo igual en todos el peligro, nadie pensase en huir, animando a los suyos trabó el choque. Los soldados disparando de alto a bajo sus dardos, rompieron facilmente la empavesada enemiga: la qual desordenada, se arrojaron sobre ellos espada en mano. Sucediales a los Galos una cosa de sumo embarazo en el combate, y era que tal vez un dardo de los nuestros atravesaba de un golpe varias de sus rodelas, las quales ensartadas en el hastil y lengüeta del dardo retorcido, ni podian desprenderlas, ni pelear sin mucha incomodidad, teniendo sin juego la izquierda: de suerte que muchos despues de repetidos inutiles esfuerzos se reducian a soltar el broquel, y pelear a cuerpo descubierto. Finalmente desfallecidos de las heridas empezaron a cejar, y retirarse a un monte distante cerca de una milla. Acogidos a él, yendo los nuestros en su alcancance; los Boyos y Tulingos, que en numero de casi quince mil cerraban el egercito enemigo, cubriendo su retaguardia, asaltaron sobre la marcha el flanco [36] de los nuestros, tentando cogerlos en medio. Los Helvecios retirados al monte que tal vieron, cobrando nuevos brios, volvieron otra vez a la refriega. Los Romanos se vieron precisados a combatirlos dando tres frentes al egercito; oponiendo el primero y el segundo contra los vencidos y derrotados, y el tercero contra los que venian de refresco.

montem receperunt, alteri ad impedimenta et carros suos se contulerunt: nam hoc toto prœlio, quum ab hora septima ad vesperam pugnatum sit, aversum hostem videre nemo potuit. Ad multam noctem etiam ad impedimenta pugnatum est: propterea quod pro vallo carros obiecerant, et e loco superiore in nostros venientes tela coniiciebant, et nonnulli inter carros rotasque mataras, ac tragulas subiiciebant, nostrosque vulnerabant. Diu quum esset pugnatum, impedimentis castrisque nostri potiti sunt. Ibi Orgetorigis filia, atque unus e filiis captus est. Ex eo prœlio circiter millia hominum centum triginta superfuerunt: eaque tota nocte continenter ierunt: nullam partem noctis itinere intermisso, in fines Lingonum die quarto pervenerunt, quum et propter vulnera militum, et propter sepulturam occisorum, nostri triduum morati, eos sequi non potuissent. Cæsar ad Lingones literas, nuntiosque misit, 'ne 'eos frumento, neve alia re, iuvarent: qui si iuvis-'sent, se eodem loco illos, quo Helvetios, habiturum.' Ipse, triduo intermisso, cum omnibus copiis eos sequi cœpit. Helvetii, omnium rerum inopia adducti, legatos de deditione ad eum miserunt. Qui quum eum in itinere convenissent; seque ad pedes proiecissent; suppliciterque locuti, flentes pacem petissent; atque eos in eo loco, quo tum essent, suum adventum exspectare iussisset, paruerunt. Eo postquam Cæsar pervenit, obsides, arma, servos, qui ad eos perfugissent, poposcit. Dum ea conquiruntur, et conferuntur, nocte intermissa, circiter hominum millia sex eius pagi, qui Urbigenus appellatur, sive timore perterriti, ne, armis traditis, supplicio afficerentur, sive spe salutis inducti, quod in tanta multitudine dedititiorum, suam fugam aut occultari, aut omnino ignorari posse exi-

Asi en doble batalla [37] estuvieron peleando gran rato con igual ardor: hastaque no pudiendo los enemigos resistir por mas tiempo al esfuerzo de los nuestros, los unos se refugiaron al monte, como antes; los otros se retiraron al lugar de sus fardos y carruage: por lo demas en todo el discurso de la batalla, dado que duró desde las siete de la mañana hasta bien caida la tarde, nadie pudo ver las espaldas al enemigo: y gran parte de la noche duró todavia el combate donde tenian el bagage puestos alrededor de él por barrera los carros; desde los quales disparaban con ventaja a los que se arrimaban de los nuestros; y algunos por entre las pértigas y ruedas los herian con [38] pasadores y lanzas. Enfin despues de un porfiado combate los nuestros se apoderaron de los reales, y en ellos de una hija y un hijo de Orgetórige. De esta jornada se salvaron al pie de ciento treinta mil de los enemigos: los quales huyeron sin parar toda la noche; y no interrumpiendo un punto su marcha, al quarto dia llegaron a tierra de Langres, sin que los nuestros pudiesen seguirlos, por haberse detenido tres dias a curar los heridos y enterrar los muertos. Entretanto Cesar despachó correos con cartas a los Langreses, intimandoles 'no los socorriesen con bastimen'tos, ni cosa alguna, sopena de ser tratados como los Hel'vecios:' y pasados los tres dias marchó él mismo con todo el egercito en su seguimiento. Ellos, apretados con la falta de todas las cosas, le embiaron diputados a tratar de la entrega: los quales presentandosele al paso, y postrados a sus pies, como le instasen por la paz con súplicas y llantos, y respondiese él, le aguardasen en el lugar en que a la sazon se hallaban, obedecieron. Llegado alla Cesar, a mas de la entrega de rehenes y armas, pidio la restitucion de los esclavos fugitivos. Mientras se andaba en estas diligencias cerró la noche; y a poco despues unos seis mil del canton llamado Urbigeno, escabullendose del campo de los Helvecios,

existimarent; prima noctis vigilia, e castris Helvetiorum egressi, ad Rhenum finesque Germanorum contenderunt. Quod ubi Cæsar rescivit; quorum per fines ierant, his, uti conquirerent, et reducerent, si sibi purgati esse vellent, imperavit: reductos in hostium numero habuit. Reliquos omnes, obsidibus, armis, perfugis traditis, in deditionem accepit. Helvetios, Tulingos, Latobrigos in fines suos, unde erant profecti, reverti iussit; et, quod omnibus frugibus amissis, domi nihil erat, quo famem tolerarent, Allobrogibus imperavit, ut his frumenti copiam facerent: ipsos, oppida vicosque, quos incenderant, restituere iussit. Id ea maxime ratione fecit, quod noluit eum locum, unde Helvetii discesserant, vacare; ne propter bonitatem agrorum, Germani, qui trans Rhenum incolunt, e suis finibus in Helvetiorum fines transirent, et finitimi Galliæ provinciæ, Allobrogibusque essent. Boios, petentibus Æduis, quod egregia virtute erant, ut in finibus suis collocarent, concessit: quibus illi agros dederunt; quosque postea in parem iuris libertatisque conditionem atque ipsi erant receperunt. In castris Helvetiorum tabulæ repertæ sunt literis Græcis confectæ, et ad Cæsarem perlatæ: quibus in tabulis nominatim ratio confecta erat, qui numerus domo exisset eorum, qui arma ferre possent; et item separatim pueri, senes, mulieresque. Quarum omnium rerum summa erat, capitum Helvetiorum millia ducentorum sexaginta trium, Tulingorum millia triginta sex, Latobrigorum quatuordecim, Rauracorum viginti tria, Boiorum triginta duo: ex his, qui arma ferre possent, ad millia nonaginta duo: summa omnium fuerunt ad millia trecentorum sexaginta octo. Eorum, qui domum redierunt, censu ha-

se retiraron ácia el Rin y las fronteras de Germania, o temiendo no los matasen despues de desarmarlos, o confiando salvar las vidas, persuadidos a que entre tantos prisioneros se podria encubrir su fuga, o ignorar totalmente. Cesar, que lo entendio, mandó a todos aquellos, por cuyas tierras habian ido, que si querian justificarse con él, fuesen tras ellos, y los hiciesen volver: vueltos ya, tratólos como a enemigos: a todos los demas, hecha la entrega de rehenes, armas y desertores, los recibio bajo su proteccion. A los Helvecios, Tulingos y Latóbrigos mandó volviesen [39] a poblar sus tierras abandonadas: y átento que por haber perdido los abastos, no tenian en su patria conqué vivir, ordenó a los Alóbroges los proveyesen de granos; obligando a ellos mismos a reedificar las ciudades y aldeas quemadas. La principal mira que en esto llevó, fue no querer que aquel pais desamparado de los Helvecios quedase baldío: no fuese que los Germanos de la otra parte del Rin, atraidos de la fertilidad del terreno, pasasen de su tierra a la de los Helvecios, e hiciesen con eso mala vecindad a nuestra provincia y a los Alóbroges. A peticion de los Eduos les otorgó que en sus estados diesen establecimiento a los Boyos, por ser gente de conocido valor: y en conseqüencia los hicieron por igual participantes en sus tierras, fueros y esenciones. Hallaronse en los reales Helvecios unas memorias, escritas con caracteres [40] griegos, que presentadas a Cesar, se vio contenian por menor la cuenta de los que salieron de la patria en edad de tomar armas; y en lista aparte los niños, viejos y mugeres. La suma total de personas era: de los Helvecios doscientos sesenta y tres mil; de los Tulingos treinta y seis mil; de los Latóbrigos catorce mil; de los Rauracos veinte y dos mil; de los Boyos treinta y dos mil; los de armas llevar eran noventa y dos mil: entre todos componian trescientos sesenta y ocho mil. Los que volvieron

bito, ut Cæsar imperaverat, repertus est numerus millium centum et decem.

Bello Helvetiorum cónfecto, totius fere Galliæ legati, principes civitatum ad Cæsarem gratulatum convenerunt: intelligere sese, tametsi, pro veteribus Helvetiorum iniuriis, Populus Romanus ab iis pœnas bello repetisset, tamen eam rem non minus ex usu terræ Galliæ, quam Populi Romani accidisse: propterea quod eo consilio, florentissimis rebus, domos suas Helvetii reliquissent, ut toti Galliæ bellum inferrent, imperioque potirentur, locumque domicilio ex magna copia deligerent, quem ex omni Gallia opportunissimum ac fructuosissimum iudicassent, reliquasque civitates stipendiarias haberent. Petierunt, uti sibi concilium totius Galliæ in diem certam indicere, idque Cæsaris voluntate facere, liceret: sese habere quasdam res, quas e communi consensu ab eo petere vellent. Ea re permissa, diem concilio constituerunt, et iureiurando, ne quis enuntiaret, nisi, quibus communi consilio mandatum esset, inter se sanxerunt. Eo concilio dimisso, iidem principes civitatum, qui ante fuerant ad Cæsarem, reverterunt; petieruntque, uti sibi secreto de sua omniumque salute cum eo agere liceret. Ea re impetrata, sese omnes flentes Cæsari ad pedes proiecerunt: 'non minus 'se id contendere et laborare, ne ea, quæ dixissent, 'enuntiarentur, quam uti ea, quæ vellent, impetra-'rent: propterea quod, si enuntiatum esset, summum 'in cruciatum se venturos viderent.' Locutus est pro his Divitiacus Æduus: 'Galliæ totius factiones esse 'duas: harum alterius principatum tenere Æduos, al-'terius Arvernos. Hi quum tantopere de potentatu in-'ter se multos annos contenderent, factum esse, uti ab 'Arvernis Sequanisque Germani mercede arcesserentur.

a sus patrias, hecho el recuento por orden de Cesar, fueron ciento diez mil cabales.

Terminada la guerra de los Helvecios, vinieron legados de casi toda la Galia los primeros personages de cada republica a congratularse con Cesar; diciendo, que si bien el Pueblo Romano era el que con las armas habia tomado la debida venganza de las injurias antiguas de los Helvecios; sin embargo el fruto de la victoria redundaba en utilidad no menos de la Galia, que del Pueblo Romano: siendo cierto, que los Helvecios en el mayor auge de su fortuna habian abandonado su patria con intencion de guerrear con toda la Galia, señorearse de ella, escoger entre tantos para su habitacion el pais que mas cómodo y abundante les pareciese, y hacer tributarias a las demas naciones. Suplicaronle que les concediese grata licencia para convocar en un dia señalado cortes generales de todos los estados de la Galia, pues tenian que tratar ciertas cosas, que de comun acuerdo querian pedirle. Otorgado el permiso, aplazaron el dia; y se obligaron con juramento a no divulgar lo tratado fuera de los que tuviesen comision de diputados. Despedida la junta, volvieron a Cesar los mismos personages de antes, y le pidieron les permitiese conferenciar con él a solas de cosas en que se interesaba su vida y la de todos. Otorgada tambien la demanda, echaronsele todos llorando a los pies, y le protestan: 'que 'no tenian menos empeño y solicitud sobre que no se publi- 'casen las cosas que iban a confiarle, que sobre conseguir lo 'que pretendian; previendo, que al mas leve indicio incur- 'ririan en penas atrocisimas.' Tomóles la palabra Diviciaco, y dijo: 'estar la Galia toda dividida en dos bandos: que del 'uno eran cabeza los Eduos, del otro los Alvernos. Que ha- 'biendo disputado muchos años obstinadamente la primacia, 'vino a suceder que los Alvernos unidos con los Sequanos 'llamaron en su socorro algunas gentes de la Germania: de

'Horum primo circiter millia quindecim Rhenum transisse:
'posteaquam agros et cultum et copias Gallorum homines
'feri ac barbari adamassent, transductos plures: nunc
'esse in Gallia ad centum et viginti millium numerum:
'cum his Æduos eorumque clientes semel atque iterum
'armis contendisse: magnam calamitatem pulsos accepis-
'se, omnem nobilitatem, omnem Senatum, omnem equita-
'tum amisisse. Quibus prœliis calamitatibusque fractos,
'qui et sua virtute, et Populi Romani hospitio atque
'amicitia plurimum ante in Gallia potuissent, coactos
'esse Sequanis obsides dare nobilissimos civitatis, et iure-
'iurando civitatem obstringere, sese neque obsides repe-
'tituros, neque auxilium a Populo Romano imploraturos,
'neque recusaturos, quo minus perpetuo sub illorum ditio-
'ne atque imperio essent. Unum se esse ex omni civitate
'Æduorum, qui adduci non potuerit ut iuraret, aut
'suos liberos obsides daret. Ob eam rem se ex civitate
'profugisse, et Romam ad Senatum venisse auxilium po-
'stulatum; quod solus neque iureiurando, neque obsidibus
'teneretur. Sed peius victoribus Sequanis, quam Æduis
'victis accidisse, propterea quod Ariovistus rex Germa-
'norum in eorum finibus consedisset, tertiamque partem
'agri Sequani, qui esset optimus totius Galliæ, occupa-
'visset, et nunc de altera parte tertia Sequanos dece-
'dere iuberet; propterea quod, paucis mensibus ante, Ha-
'rudum millia hominum viginti quatuor ad eum venis-
'sent; quibus locus ac sedes pararentur. Futurum esse
'paucis annis, uti omnes a Galliæ finibus pellerentur,
'atque omnes Germani Rhenum transirent: neque enim
'conferendum esse Gallicum cum Germanorum agro, neque
'hanc consuetudinem victus cum illa comparandam. Ario-
'vistum autem, ut semel Gallorum copias prœlio vicerit,
'quod prœlium factum sit Amagetobriæ, superbe et cru-

'donde al principio pasaron el Rin como quince mil hom-
'bres. Mas despues que, sin embargo de ser tan fieros y bar-
'baros, se aficionaron al clima, a la cultura y conveniencias
'de los Galos, trasmigraron muchos mas: al presente sube
'su numero en la Galia a ciento veinte mil: con estos han
'peleado los Eduos y sus parciales de poder a poder repeti-
'das veces; y siendo vencidos, se hallan en gran miseria con
'la pérdida de toda la nobleza, de todo el Senado, de toda
'la caballeria. Abatidos enfin con sucesos tan desastrados los
'que antes, asi por su valentia como por el arrimo y amis-
'tad del Pueblo Romano, eran los mas poderosos de la Ga-
'lia, se han visto reducidos a dar en prendas a los Sequanos
'las personas mas calificadas de su nacion, empeñandose con
'juramento a no pedir jamas su recóbro, y mucho menos im-
'plorar el auxilio del Pueblo Romano, ni tampoco sacudir
'el impuesto yugo de perpetua sujecion y servidumbre.
'Que de todos los Eduos él era el unico a quien nunca pu-
'dieron reducir a jurar, o dar sus hijos en rehenes: que hu-
'yendo por esta razon de su patria, fue a Roma a solicitar
'socorro del Senado; como quien solo ni estaba ligado con
'juramento, ni con otra prenda. Con todo eso ha cabido
'peor suerte a los vencedores Sequanos que a los Eduos ven-
'cidos; pues que Ariovisto, Rey de los Germanos, avecin-
'dandose alli, habia ocupado la tercera parte de su pais, el
'mas pingüe de toda la Galia; y aora les mandaba evacuar
'otra tercera parte, dando por razon que pocos meses ha le
'han llegado veinte y quatro mil Harudes, a quien es for-
'zoso preparar alojamiento. Asique dentro de pocos años
'todos vendran a ser desterrados de la Galia, y los Germa-
'nos a pasar el Rin; pues no tiene que ver el terreno de la
'Galia con el de Germania, ni nuestro trato con el suyo.
'Sobre todo Ariovisto, despues de la completa victoria que
'consiguio de los Galos en la batalla de Amagetóbria, eger-

'deliter imperare, obsides nobilissimi cuiusque liberos po-
'scere; et in eos omnia exempla cruciatus edere, si qua
'res non ad nutum aut ad voluntatem eius facta sit.
'Hominem esse barbarum, iracundum, temerarium: non
'posse eius imperia diutius sustineri: nisi quid in Cæ-
'sare Populoque Romano sit auxilii, omnibus Galiis idem
'esse faciendum, quod Helvetii fecerunt, ut domo emi-
'grent; aliud domicilium, alias sedes, remotas a Ger-
'manis, petant; fortunamque, quæcumque accidat, ex-
'periantur. Hæc si enuntiata Ariovisto sint, non dubi-
'tare, quin de omnibus obsidibus, qui apud eum sint,
'gravissimum supplicium sumat: Cæsarem vel auctori-
'tate sua atque exercitus, vel recenti victoria, vel no-
'mine Populi Romani deterrere posse, ne maior multi-
'tudo Germanorum Rhenum transducatur, Galliamque
'omnem ab Ariovisti iniuria posse defendere.'

Hac oratione a Divitiaco habita, omnes, qui aderant, magno fletu auxilium a Cæsare petere cœperunt. Animadvertit Cæsar, unos ex omnibus Sequanos
nihil earum rerum facere, quas ceteri facerent; sed
tristes, capite demisso, terram intueri. Eius rei quæ
causa esset, miratus, ex ipsis quæsivit. Nihil Sequani
respondere, sed in eadem tristitia taciti permanere.
Quum ab iis sæpius quæreret, neque ullam omnino vo-
cem exprimere posset; idem Divitiacus Æduus respondit; 'hoc esse miseriorem gravioremque fortunam Se-
'quanorum, quam reliquorum, quod soli nec in occulto
'quidem queri, nec auxilium implorare auderent; ab-
'sentisque Ariovisti crudelitatem, velut si coram ad-
'esset, horrerent: propterea quod reliquis tamen fugæ
'facultas daretur; Sequanis vero, qui intra fines suos
'Ariovistum recepissent, quorum oppida omnia in pot-
'estate eius essent, omnes cruciatus essent perferendi.'

'ce un imperio tiranico, exigiendo en parias los hijos de la
'primera nobleza; y si estos se desmandan en algo que no
'sea conforme a su antojo, los trata con la mas cruel inhu-
'manidad: es un hombre barbaro, iracundo, temerario: no
'se puede aguantar ya su despotismo: si Cesar y los Ro-
'manos no ponen remedio, todos los Galos se veran forza-
'dos a dejar, como los Helvecios, su patria, e ir a domici-
'liarse en otras regiones distantes de los Germanos, y pro-
'bar fortuna, sea la que fuere. Y si las cosas aqui dichas
'llegan a noticia de Ariovisto, tomará la mas cruel vengan-
'za de todos los rehenes que tiene en su poder. Cesar es
'quien, o con su autoridad y el terror de su egercito, o por
'la victoria recien ganada, o en nombre del Pueblo Roma-
'no, puede intimidar a los Germanos, para que no pase ya
'mas gente los limites del Rin, y librar a toda la Galia de
'la tirania de Ariovisto.'

Apenas cesó de hablar Diviciaco, todos los presentes empezaron con sollozos a implorar el auxilio de Cesar, quien
reparó, que los Sequanos entre todos eran los unicos que a
nada contestaban de lo que hacian los demas; sino que tristes y cabizbajos miraban al suelo. Admirado Cesar de esta
singularidad, les preguntó la causa. Nada respondian ellos,
poseidos siempre de la misma tristeza, y obstinados en ca-
llar. Repitiendo muchas veces la misma pregunta, sin po-
derles sacar una palabra, respondio por ellos el mismo Diviciaco: 'aqui se ve quánto mas lastimosa y acerba es la
'desventura de los Sequanos, que la de los otros: pues so-
'los esos ni aun en secreto osan a quejarse, ni pedir ayuda,
'temblando de la crueldad de Ariovisto ausente, como si
'le tuvieran delante: y es que los demas pueden alomenos
'hallar modo de huir; mas estos con haberle recibido en sus
'tierras y puesto en sus manos todas las ciudades, no pueden
'menos de quedar espuestos a todo el rigor de su tirania.'

His rebus cognitis, Cæsar Gallorum animos verbis confirmavit: pollicitusque est, sibi eam rem curæ futuram: magnam se habere spem, et beneficio suo et auctoritate adductum Ariovistum, finem iniuriis facturum. Hac oratione habita, concilium dimisit. Et secundum ea multæ res eum hortabantur, quare sibi eam rem cogitandam et suscipiendam putaret: in primis, quod Æduos, fratres consanguineosque sæpenumero a senatu appellatos, in servitute atque in ditione videbat Germanorum teneri; eorumque obsides esse apud Ariovistum ac Sequanos intelligebat: quod in tanto imperio Populi Romani turpissimum sibi et Reipublicæ esse arbitrabatur. Paullatim autem Germanos consuescere Rhenum transire, et in Galliam magnam eorum multitudinem venire, Populo Romano periculosum videbat: neque sibi homines feros ac barbaros temperaturos existimabat, quin, quum omnem Galliam occupassent, ut ante Cimbri Teutonique fecissent, in provinciam exirent, atque inde in Italiam contenderent: præsertim quum Sequanos a provincia nostra Rhodanus divideret. Quibus rebus quam maturrime occurrendum putabat. Ipse autem Ariovistus tantos sibi spiritus, tantam arrogantiam sumserat, ut ferendus non videretur.

Quamobrem placuit ei, ut ad Ariovistum legatos mitteret, qui ab eo postularent; 'ut aliquem locum medium 'utriusque colloquio deligeret: velle sese de Republica, et 'summis utriusque rebus cum eo agere.' Ei legationi Ariovistus respondit: 'Siquid ipsi a Cæsare opus esset, sese 'ad eum venturum fuisse: siquid ille se velit, illum ad 'se venire oportere. Præterea se neque sine exercitu in 'eas partes Galliæ venire audere, quas Cæsar posside- 'ret, neque exercitum sine magno commeatu atque emolu- 'mento in unum locum contrahere posse: sibi autem mirum

Enterado Cesar del estado deplorable de los Galos, procuró consolarlos con buenas razones, prometiendoles tomar el negocio por su cuenta: que concebia firme esperanza de que Ariovisto, en atencion a sus beneficios y autoridad, pondria fin a tantas violencias. Dicho esto, despidio la audiencia: y en conformidad se le ofrecian muchos motivos que le persuadian a pensar seriamente, y encargarse de esta empresa. Primeramente por ver a los Eduos, tantas veces distinguidos por el Senado con el timbre de parientes y hermanos, avasallados por los Germanos, y a sus hijos en manos de Ariovisto y de los Sequanos: cosa que atenta la magestad del Pueblo Romano, era de sumo desdoro para su persona, no menos que para la Republica. Consideraba ademas, que acostumbrandose los Germanos poco a poco a pasar el Rin y a inundar de gente la Galia, no estaba seguro su imperio: que no era verosimil que hombres tan fieros y barbaros, ocupada una vez la Galia, dejasen de acometer, como antiguamente lo hicieron los Cimbros y Teutones [41], a la provincia, y de ella penetrar la Italia: mayormente no habiendo de por medio entre los Sequanos y nuestra provincia sino el Ródano: inconvenientes, que se debian atajar sin la menor dilacion. Y enfin habia ya Ariovisto cobrado tantos humos y tanto orgullo, que no se le debia sufrir mas.

Por tanto determinó embiarle una embajada con la demanda de que 'se sirviese de señalar algun sitio proporciona-'do donde se avistasen: que deseaba tratar con él del bien 'publico, y de asuntos a entrambos sumamente importantes.' A esta embajada respondio Ariovisto: 'que si por su parte 'pretendiese algo de Cesar [42], hubiera ido en persona a bus-'carle: si él tenia alguna pretension consigo, le tocaba ir a 'proponersela. Fuera de que no se arriesgaba sin egercito a ir 'a parte alguna de la Galia, cuyo dueño fuese Cesar, ni po-'dia mover el egercito a otro lugar sin grandes preparativos

'videri, quid in sua Gallia, quam bello vicisset, aut Cæ-
'sari, aut omnino Populo Romano negotii esset.' His re-
sponsis ad Cæsarem relatis, iterum ad eum Cæsar legatos
cum his mandatis mittit : 'Quoniam tanto suo Populique
'Romani beneficio affectus, quum in consulatu suo rex at-
'que amicus a senatu appellatus esset; hanc sibi Popu-
'loque Romano gratiam referret, ut in colloquium venire
'invitatus gravaretur, neque de communi re dicendum
'sibi et cognoscendum putaret; hæc esse, quæ ab eo po-
'stularet: primum, nequam multitudinem hominum am-
'plius trans Rhenum in Galliam transduceret: deinde ob-
'sides, quos haberet ab Æduis, redderet: Sequanisque
'permitteret, ut, quos illi haberent, voluntate eius redde-
're illis liceret: neve Æduos iniuria lacesseret: neve his
'sociisve eorum bellum inferret. Si id fecisset, sibi, Po-
'puloque Romano perpetuam gratiam atque amicitiam cum
'eo futuram: si non impetraret, quoniam Marco Messalla,
'Marco Pisone Consulibus, Senatus censuisset, uti, quicum-
'que Galliam provinciam obtineret, quod commodo Reipu-
'blicæ facere posset, Æduos ceterosque amicos Populi Ro-
'mani defenderet, se Æduorum iniurias non neglecturum.'
Ad hæc Ariovistus respondit: 'Ius esse belli, ut, qui vi-
'cissent, iis, quos vicissent, quemadmodum vellent, impe-
'rarent: item Populum Romanum victis non ad alterius
'præscriptum, sed ad suum arbitrium, imperare consuesse.
'Si ipse Populo Romano non præscriberet quemadmodum
'suo iure uteretur; non oportere se a Populo Romano in
'suo iure impediri. Æduos sibi, quoniam belli fortunam
'tentassent, et armis congressi, ac superati essent, sti-
'pendiarios esse factos. Magnam Cæsarem iniuriam fa-
'cere, qui suo adventu vectigalia sibi deteriora faceret.
'Æduis se obsides redditurum non esse: neque iis, neque
'eorum sociis iniuria bellum illaturum, si in eo manerent

'y gastos: no comprendia que Cesar ni el Pueblo Romano
'tuviesen quéhacer en la Galia, que por conquista era suya.'
Cesar en vista de estas respuestas repitio la embajada, re-
plicando asi: 'ya que despues de recibido un tan singular
'beneficio suyo [43] y del Pueblo Romano, como el titulo
'de Rey y Amigo, conferido por el Senado en su consula-
'do, se lo pagaba aora con desdeñarse de acetar el convite
'de una conferencia, desentendiendose de proponer y oir
'lo que a todos interesaba; supiese, que sus demandas eran
'estas; primera, que no condugese ya mas tropas de Ger-
'mania a la Galia: segunda, que restituyese a los Eduos los
'rehenes que tenia en prendas, y permitiese a los Sequanos
'soltar los que les tenian: en suma, no hiciese mas agravios
'a los Eduos, ni tampoco guerra contra ellos o sus aliados.
'Si esto hacia, Cesar y el Pueblo Romano mantendrian con
'él perpetua paz y amistad: si lo rehusaba, no disimularia
'las injurias de los Eduos; por haber decretado el Senado,
'siendo consules Marco Mesála y Marco Pison, que qual-
'quiera que tuviese el gobierno de la Galia, en quanto pu-
'diera buenamente, protegiese a los Eduos y a los demas
'confederados del Pueblo Romano.' Respondiole Ariovisto: 'ser derecho de la guerra, que los vencedores diesen leyes
'a su arbitrio a los vencidos: tal era el estilo del Pueblo Ro-
'mano, disponiendo de los vencidos, no a arbitrio y voluntad
'agena, sino a la suya. Y pues que él no prescribia al Pue-
'blo Romano el modo de usar de su derecho, tampoco era
'razon que viniese el Pueblo Romano a entremeterse en el
'suyo. Los Eduos, por haberse aventurado a moverle guer-
'ra, y dar batalla, en que quedaron vencidos, se hicieron
'tributarios suyos. Que Cesar le hacia grande agravio en
'pretender con su venida minorarle las rentas. El no pensa-
'ba en restituir los rehenes a los Eduos: bienque ni a estos
'ni a sus aliados haria guerra injustä, mientras estuviesen

'quod convenisset, stipendiumque quotannis penderent: si 'id non fecissent, longe ab his fraternum nomen Populi 'Romani abfuturum. Quod sibi Caesar denuntiaret, se 'Aeduorum iniurias non neglecturum; neminem secum sine 'sua pernicie contendisse. Quum vellet, congrederetur: 'intellecturum, quid invicti Germani, exercitatissimi in 'armis, qui inter annos quatuordecim tectum non subis- 'sent, virtute possent.' Haec eodem tempore Caesari mandata referebantur, et legati ab Aeduis et Treviris veniebant. Aedui questum, quod Harudes, qui nuper in Galliam transportati essent, fines eorum popularentur: sese ne obsidibus quidem datis pacem Ariovisti redimere potuisse. Treviri autem, pagos centum Suevorum ad ripam Rheni consedisse; qui Rhenum transire conarentur: iis praeesse Nasuam et Cimberium fratres. Quibus rebus Caesar vehementer commotus, maturandum sibi existimavit, ne si nova manus Suevorum cum veteribus copiis Ariovisti sese coniunxisset, minus facile resisti posset. Itaque, re frumentaria, quam celerrime potuit, comparata, magnis itineribus ad Ariovistum contendit. Quum tridui viam processisset, nuntiatum est ei, Ariovistum cum suis omnibus copiis ad occupandum Vesontionem, quod est oppidum maximum Sequanorum, contendere, triduique viam a suis finibus processisse. Id ne accideret, magnopere praecavendum sibi Caesar existimabat. Namque omnium rerum, quae ad bellum usui erant, summa erat in eo oppido facultas: idque natura loci sic muniebatur, ut magnam ad ducendum bellum daret facultatem: propterea quod flumen Dubis, ut circino circumductum, paene totum oppidum cingit: reliquum spatium, quod non est amplius pedum sexcentorum, qua flumen intermittit, mons continet magna altitudine ita, ut radices eius montis ex utraque parte ripae fluminis contingant. Hunc

'a lo convenido, y pagasen el tributo anual: donde no, de
'muy poco les serviria la hermandad del Pueblo Romano.
'Al reto de Cesar sobre no disimular las injurias de los Eduos,
'dice, que nadie ha medido las fuerzas con él que no que-
'dase escarmentado: siempre que quiera, haga la prueba, y
'verá quál es la bravura de los invencibles Germanos, dies-
'trisimos en el manejo de las armas, y que de catorce años
'a esta parte nunca se han guarecido bajo de techado.' Al
mismo tiempo que contaban a Cesar esta contra-réplica,
sobrevienen mensageros de los Eduos y Trevirenses. Los
Eduos a quejarse de que los Harudes nuevamente trasplan-
tados a la Galia talaban su territorio, sin que les hayan
servido de nada los rehenes dados a Ariovisto por redimir
la vejacion. Los Trevirenses a participarle, cómo las milicias de cien cantones Suevos cubrian las riberas del Rin con
intento de pasarle: cuyos caudillos eran dos hermanos Na-
sua y Cimberio. Irritado Cesar con tales noticias, resolvio
anticiparse, temiendo que, si la nueva soldadesca de los
Suevos se unia con la vieja de Ariovisto, no sería tan facil
contrastarlos. Por eso proveyendose lo mas presto que pudo de bastimentos, a grandes jornadas marchó al encuentro
de Ariovisto. A tres dias de marcha tuvo aviso de que
Ariovisto iba con todo su egercito a sorprender a Besanzon,
plaza muy principal de los Sequanos, y que habia ya caminado tres jornadas desde sus quarteles. Juzgaba Cesar
que debia precaver con el mayor empeño no se apoderase
de aquella ciudad, abastecida qual ninguna de todo genero
de municiones, y tan bien fortificada por su situacion, que
ofrecia gran comodidad para mantener la guerra, ciñen-
dola casi toda el rio Dubis [44] como tirado a compás: y por
donde no la baña el rio, que viene a ser un espacio de
seiscientos pies no mas, la cierra un monte muy empinado,
cuyas faldas toca el rio por las dos puntas. El muro que

murus circumdatus arcem efficit, et cum oppido coniungit. Huc Cæsar magnis diurnis nocturnisque itineribus contendit; occupatoque oppido, ibi præsidium collocat.

Dum paucos dies ad Vesontionem rei frumentariæ commeatusque causa moratur, ex percontatione nostrorum vocibusque Gallorum ac mercatorum, qui ingenti magnitudine corporum Germanos, incredibili virtute, atque exercitatione in armis esse prædicabant; sæpenumero sese cum iis congressos, ne vultum quidem atque aciem oculorum ferre potuisse; tantus subito timor omnem exercitum occupavit, ut non mediocriter omnium mentes animosque perturbaret. Hic primum ortus est a tribunis militum ac præfectis, reliquisque, qui ex urbe amicitiæ causa Cæsarem secuti, magnum periculum miserabantur, quod non magnum in re militari usum habebant: quorum alius, alia causa illata, quam sibi ad proficiscendum necessariam esse duceret, petebat, ut eius voluntate discedere liceret; nonnulli, pudore adducti, ut timoris suspicionem vitarent, remanebant. Hi neque vultum fingere, neque interdum lacrimas tenere poterant: abditi in tabernaculis, aut suum fatum querebantur, aut cum familiaribus suis commune periculum miserabantur. Vulgo totis castris testamenta obsignabantur. Horum vocibus, ac timore paullatim etiam ii, qui magnum in castris usum habebant, milites, centurionesque, quique equitatui præerant, perturbabantur. Qui se ex his minus timidos existimari volebant, non se hostem vereri, sed angustias itineris, et magnitudinem silvarum, quæ inter eos atque Ariovistum intercederent, aut rem frumentariam, ut satis commode supportari posset, timere dicebant. Nonnulli etiam Cæsari renuntiabant, quum castra moveri, ac signa ferri iussisset, non fore dicto audientes milites, neque propter timorem signa laturos. Hæc quum animad-

lo rodea, forma del monte un alcázar metido en el recinto de la plaza. Cesar, pues, marchando dia y noche la vuelta de esta ciudad, la tomó, y puso guarnicion en ella.

En los pocos dias que se detuvo aqui en hacer provisiones de trigo y demas viveres, con ocasion de las preguntas de los nuestros, y lo que oyeron exagerar a los Galos y negociantes la desmedida corpulencia de los Germanos, su increible valor y esperiencia en el manejo de las armas; y cómo en los choques habidos muchas veces con ellos ni aun osaban mirarles a la cara y a los ojos; derepente cayó tal pavor sobre todo el egercito, que consternó no poco los espiritus y corazones de todos. Los primeros a mostrarlo fueron los tribunos y prefectos de la milicia, con otros, que siguiendo desde Roma por amistad a Cesar, abultaban con voces lastimeras el peligro a medida de su corta esperiencia en los lances de la guerra. De estos pretestando unos una causa, otros otra de la necesidad de su vuelta, le pedian licencia para retirarse: algunos, picados de pundonor, por evitar la nota de medrosos, quedabanse sí, mas no acertaban a serenar bien el semblante, ni a veces a reprimir las lagrimas: cerrados en sus tiendas o maldecian su suerte, o con sus confidentes se lamentaban de la comun desgracia. No se pensaba sino en otorgar [45] testamentos. Con los quejidos y clamores de estos insensiblemente iba apoderandose el terror de los soldados mas aguerridos, los centuriones y los capitanes de caballeria. Los que se preciaban de menos timidos decian, no temer tanto al enemigo, como el mal camino, la espesura de los bosques intermedios, y la dificultad del transporte de los bastimentos. Ni faltaba quien diese a entender a Cesar que quando mandase alzar el campo y las banderas, no querrian obedecer los soldados, ni llevar los estandartes de puro miedo. Cesar a vista de esta consternacion, llamando a con-

vertisset Cæsar, convocato concilio, omniumque ordinum
ad id concilium adhibitis centurionibus, vehementer eos
incusavit: 'primum, quod aut quam in partem, aut
'quo consilio ducerentur, sibi quærendum aut cogitan-
'dum putarent. Ariovistum, se consule, cupidissime Po-
'puli Romani amicitiam appetisse. Cur hunc tam te-
'mere quisquam ab officio discessurum iudicaret? Sibi
'quidem persuaderi, cognitis suis postulatis, atque æqui-
'tate conditionum perspecta, eum neque suam, neque
'Populi Romani gratiam repudiaturum. Quod si furo-
're atque amentia impulsus bellum intulisset, quid tan-
'dem vererentur? aut cur de sua virtute, aut de ipsius
'diligentia desperarent? factum eius hostis periculum
'patrum nostrorum memoria, quum, Cimbris et Teuto-
'nis a Caio Mario pulsis, non minorem laudem exer-
'citus, quam ipse imperator, meritus videbatur. Fa-
'ctum etiam nuper in Italia, servili tumultu; quos ta-
'men aliquis usus ac disciplina, quam a nobis accepis-
'sent, sublevaret: ex quo iudicari posset, quantum ha-
'beret in se boni constantia: propterea quod, quos ali-
'quamdiu inermes sine causa timuissent, hos postea ar-
'matos ac victores superassent: denique hos esse Ger-
'manos, quibuscum sæpenumero Helvetii congressi, non
'solum in suis, sed etiam in illorum finibus plerumque
'superassent, qui tamen pares esse nostro exercitui non
'potuerint. Siquos adversum prœlium et fuga Gal-
'lorum commoveret, hos, si quærerent, reperire pos-
'se; diuturnitate belli defatigatis Gallis, Ariovistum,
'quum multos menses castris ac paludibus se continuis-
'set, neque sui potestatem fecisset, desperantes iam
'de pugna et dispersos subito adortum, magis ratione
'ac consilio, quam virtute, vicisse. Cui rationi contra
'homines barbaros atque imperitos locus fuisset; hac ne

sejo, a que hizo asistir los centuriones de todas clases, los reprendio asperamente: 'lo primero, porque se metian a in‑
'quirir el destino y obgeto de su jornada. Que si Ariovisto
'en su consulado solicitó con tantas veras el favor del Pue‑
'blo Romano, cómo cabia en seso de hombre juzgar, que
'tan sin mas ni mas faltase a su deber? Antes tenia por cierto
'que sabidas sus demandas, y examinada la equidad de sus
'condiciones, no habia de renunciar su amistad ni la del Pue‑
'blo Romano: mas dado que aquel hombre perdiese los es‑
'tribos y viniese a romper, de qué temblaban tanto? o por‑
'qué. desconfiaban de su propio esfuerzo o de la vigilancia
'del Capitan? Ya en tiempo de nuestros padres se hizo prue‑
'ba de semejantes enemigos, quando en ocasion de ser der‑
'rotados los Cimbros y Teutones por Cayo Mario, la vic‑
'toria, por opinion comun, se debio no menos al egercito
'que al General. Hízose tambien no ha mucho en Italia con
'motivo de la guerra ⁴⁶ servil; en medio de que los esclavos
'tenian a su favor la disciplina y pericia aprendida de noso‑
'tros: donde se pudo echar de ver quánto vale la constan‑
'cia: pues a estos, que desarmados llenaron al principio de
'un terror panico a los nuestros, despues los sojuzgaron ar‑
'mados y victoriosos. Por ultimo esos Germanos son aque‑
'llos mismos a quien los Helvecios han batido en varios en‑
'cuentros no solo en su pais, sino tambien dentro de la Ger‑
'mania misma; los Helvecios, digo, que no han podido con‑
'trarestar a nuestro egercito. Si algunos se desalientan por
'la derrota de los Galos, con averiguar el caso, podran cer‑
'tificarse de cómo Ariovisto al cabo de muchos meses que
'sin dejarse ver estuvo aquartelado, metido entre pantanos,
'viendo a los Galos aburridos de guerra tan larga, desespe‑
'ranzados ya de venir con él a las manos y dispersos; asal‑
'tandolos de improviso, los vencio mas con astucia y maña
'que por fuerza. Pero el arte, que le valio para con esa

'ipsum quidem sperare nostros exercitus capi posse. Qui
'suum timorem in rei frumentariæ simulationem, angu-
'stiasque itinerum conferrent, facere arroganter; quum
'aut de officio Imperatoris desperare, aut ei præscri-
'bere viderentur. Hæc sibi esse curæ: frumentum Se-
'quanos, Leucos, Lingones subministrare: iamque esse
'in agris frumenta matura: de itinere ipsos brevi tem-
'pore iudicaturos. Quod non fore dicto audientes, neque
'signa laturi dicantur, nihil se ea re commoveri: scire
'enim, quibuscumque exercitus dicto audiens non fue-
'rit; aut, male re gesta, fortunam defuisse; aut, ali-
'quo facinore comperto, avaritiam esse convictam: suam
'innocentiam perpetua vita, felicitatem Helvetiorum
'bello esse perspectam. Itaque se, quod in longiorem
'diem collaturus esset, repræsentaturum, et proxima
'nocte de quarta vigilia castra moturum, ut quam
'primum intelligere posset, utrum apud eos pudor atque
'officium, an timor plus valeret. Quod si præterea ne-
'mo sequatur, tamen se cum sola decima legione itu-
'rum, de qua non dubitaret; sibique eam prætoriam
'cohortem futuram.' Huic legioni Cæsar et indulserat præcipue, et propter virtutem confidebat maxime.
Hac oratione habita, mirum in modum conversæ sunt
omnium mentes, summaque alacritas et cupiditas belli
gerendi innata est: princepsque decima legio per tribunos militum ei gratias egit, quod de se optimum iudicium fecisset, seque esse ad bellum gerendum para-
tissimam confirmavit; inde reliquæ legiones per tribunos militum et primorum ordinum centuriones egerunt,
uti Cæsari satisfacerent: se neque umquam dubitas-
se, neque timuisse, neque de summa belli suum iudicium, sed Imperatoris esse, existimavisse. Eorum sa-
tisfactione accepta, et itinere exquisito per Divitiacum,

'gente ruda y simple, ni aun él mismo espera le pueda
'servir contra nosotros. Los que colorean su miedo con la
'dificultad de las provisiones y de los caminos, manifiestan
'bien su presuncion; mostrando, que o desconfian del Ge-
'neral, o quieren darle lecciones: que no vive él tan des-
'cuidado: los Sequanos, Leucos y Lingones estan prontos
'a suministrar trigo; y ya los frutos estan sazonados en los
'campos: qué tal sea el camino, ellos mismos lo veran presto.
'Decir que no habrá quien obedezca, ni quiera llevar los
'pendones, nada le imuta: sabiendo muy bien, que quando
'algunos gefes fueron desobedecidos de su egercito, eso pro-
'vino de que o les faltó la fortuna en algun mal lance, o por
'alguna estorsion manifiesta descubrieron la codicia. Su des-
'interés era conocido en toda la vida; notoria su felicidad en
'la guerra Helvecia. Asique iba a egecutar sin mas dilacion
'lo que tenia destinado para otro tiempo; y la noche ime-
'diata de madrugada moveria el campo para ver si podia
'mas con ellos el punto y su obligacion, que no el miedo.
'Y dado caso que nadie le siga, está resuelto a marchar con
'sola la legion decima, de cuya lealtad no duda; y esa será
'su compañia de guardias.' Esta legion le debia particulares
finezas, y él se prometia muchisimo de su valor. En virtud
de este discurso se trocaron maravillosamente los corazones
de todos, y concibieron gran denuedo con vivos deseos de
continuar la guerra. La legion decima fue la primera en
darle por sus tribunos las gracias por el concepto ventajo-
sisimo que tenia de ella; asegurando estar prontisima a la
empresa. Tras esta luego las demas por medio de sus cabos
y oficiales de primera graduacion dieron satisfaccion a Cesar, protestando, que jamas tuvieron ni recelo, ni temor, ni
pensaron sugetar a su juicio, sino al del General, la direccion de la campaña. Admitidas sus disculpas, y habiendo
tomado lengua del camino por medio de Diviciaco, de

quod ex aliis Gallis ei maximam fidem habebat, ut millium amplius quadraginta circuitu locis apertis exercitum duceret, de quarta vigilia, uti dixerat, profectus est. Septimo die, quum iter non intermitteret, ab exploratoribus certior factus est, Ariovisti copias a nostris millibus passuum quatuor et viginti abesse.

Cognito Cæsaris adventu, Ariovistus legatos ad eum mittit: quod antea de colloquio postulasset, id per se fieri licere, quoniam propius accessisset; seque id sine periculo facere posse existimaret. Non respuit conditionem Cæsar: iamque eum ad sanitatem reverti arbitrabatur, quum id, quod antea petenti denegasset, ultro polliceretur: magnamque in spem veniebat, pro suis tantis Populique Romani in eum beneficiis, cognitis suis postulatis, fore, uti pertinacia desisteret. Dies colloquio dictus est ex eo die quintus. Interim, quum sæpe ultro citroque legati inter eos mitterentur, Ariovistus postulavit, ne quem peditem ad colloquium Cæsar adduceret: vereri se, ne per insidias ab eo circumveniretur: uterque cum equitatu veniret: alia ratione se non esse venturum. Cæsar, quod nec colloquium, interposita causa, tolli volebat, neque salutem suam Gallorum equitatu committere audebat; commodissimum esse statuit, omnibus equis Gallis equitibus detractis, legionarios eo milites legionis decimæ, cui quam maxime confidebat, imponere; ut præsidium quam amicissimum, siquid opus facto esset, haberet. Quod quum fieret, non irridicule quidam ex militibus decimæ legionis dixit; 'plus, quam pollicitus esset, Cæsa-'rem facere: pollicitum in cohortis prætoriæ loco deci-'mam legionem habiturum, ad equum rescribere.'

Planities erat magna, et in ea tumulus terreus satis grandis. Hic locus æquo fere spatio ab castris utrisque aberat. Eo, ut erat dictum, ad colloquium venerunt.

quien se fiaba mas que de los otros Galos, con un rodeo de casi quarenta millas, atrueque de llevar el egercito por lo llano, al romper del alba, conforme habia dicho, se puso en marcha. Y como no la interrumpiese, al septimo dia le informaron los batidores que las tropas de Ariovisto distaban de las nuestras veinte y quatro millas.

Noticioso Ariovisto de la venida de Cesar, embiale una embajada, ofreciendose por su parte a la conferencia antes solicitada, ya que se habia él acercado, y juzgaba poderlo hacer sin riesgo de su persona. No se negó Cesar: y ya empezaba a creer que Ariovisto iba entrando en seso; pues de grado se ofrecia a lo que antes se habia resistido siendo rogado: y concebia grandes esperanzas de que a la luz de tantos beneficios suyos y del Pueblo Romano, oidas sus pretensiones, depondria enfin su terquedad. Aplazaronse las vistas para de alli a cinco dias. Mientras tanto, yendo y viniendo freqüentemente mensageros de un campo al otro, pidió Ariovisto, que Cesar no llevase consigo a la conferencia gente de apie: que se recelaba de alguna sorpresa: viniesen ambos con guardias montadas: que de otra suerte él no iria. Cesar, que ni queria se malograse la conferencia por ningun pretesto, ni osaba fiar su persona de la caballeria Galicana, tomó como mas seguro el partido de apear a los Galos de sus caballos, montando en ellos a los soldados de la legion decima, de quien estaba muy satisfecho, para tener en qualquiera lance una guardia de toda confianza. Al tiempo de montar dijo donosamente un soldado de la dicha legion: 'mucho mas hace Cesar de lo que pro-'metio: prometio hacernos guardias; y he aqui que nos ha-'ce [47] caballeros.'

Habia casi en medio de los dos egercitos una gran llanura, y en ella un altozano de capacidad competente. Aqui se juntaron a vistas segun lo acordado. Cesar colocó la le-

Legionem Cæsar, quam equis devexerat, passibus ducentis ab eo tumulo constituit: item equites Ariovisti pari intervallo constiterunt. Ariovistus, ut ex equis colloquerentur, et præter se denos ut ad colloquium adducerent, postulavit. Ubi eo ventum est, Cæsar initio orationis sua Senatusque in eum beneficia commemoravit; quod rex appellatus esset a Senatu, quod amicus; quod munera amplissima missa: quam rem et paucis contigisse, et a Romanis pro maximis hominum officiis consuevisse tribui docebat: illum, quum neque aditum, neque causam postulandi iustam haberet, beneficio ac liberalitate sua ac Senatus ea præmia consecutum. Docebat etiam, quam veteres, quamque iustæ causæ necessitudinis ipsis cum Æduis intercederent; quæ Senatusconsulta, quoties, quamque honorifica in eos facta essent: ut omni tempore totius Galliæ principatum Ædui tenuissent, prius etiam quam nostram amicitiam appetissent. Populi Romani hanc esse consuetudinem, ut socios, atque amicos non modo sui nihil deperdere, sed gratia, dignitate, honore auctos velit esse. Quod vero ad amicitiam Populi Romani attulissent, id iis eripi, quis pati posset? Postulavit deinde eadem, quæ legatis in mandatis dederat; ne aut Æduis, aut eorum sociis bellum inferret: obsides redderet: si nullam partem Germanorum domum remittere posset; at nequos amplius Rhenum transire pateretur. Ariovistus ad postulata Cæsaris pauca respondit; de suis virtutibus multa prædicavit: 'transisse 'Rhenum sese non sua sponte, sed rogatum, et arces- 'situm a Gallis: non sine magna spe magnisque præ- 'miis domum propinquosque reliquisse: sedes habere in 'Gallia ab ipsis concessas: obsides ipsorum voluntate 'datos; stipendium capere iure belli, quod victores vi-

gion montada a doscientos pasos de este sitio. A igual distancia se apostó Ariovisto con los suyos, pidiendo, que la conferencia fuese acaballo, y cada uno condugese a ella consigo diez soldados. Luego que alli se vieron, comenzó Cesar la platica, recordandole sus beneficios y los del Senado, como el haberle honrado con el titulo de Rey, de Amigo, embiandole esplendidos regalos [48]: distincion usada de los Romanos solamente con pocos, y esos muy benemeritos; quando él sin recomendacion ni motivo particular de pretenderlo, por mero favor y liberalidad suya y del Senado habia conseguido estas mercedes. Informabale asibien de los antiguos y razonables empeños contraidos con los Eduos: quántos decretos del Senado, quántas veces, y con qué terminos tan honorificos se habian promulgado en favor de ellos: cómo siempre los Eduos, aun antes de solicitar nuestra amistad, tuvieron la primacia de toda la Galia: ser costumbre del Pueblo Romano el procurar que sus aliados y amigos, lejos de padecer menoscabo alguno, medren en estimacion, dignidad y grandeza. Cómo, pues, se podria sufrir los despojasen de lo que habian llevado a la alianza con el Pueblo Romano? Finalmente insistio en pedir las mismas condiciones ya propuestas por sus embajadores: que no hiciese guerra a los Eduos ni a sus aliados: que les restituyese los rehenes: y caso que no pudiera despedir ninguna partida de los Germanos, alomenos no permitiese que pasasen otros el Rhin. Ariovisto respondio brevemente a las proposiciones de Cesar; y alargóse mucho en ensalzar sus hazañas: 'que habia pasado el Rin, no por propio antojo, sino 'a ruegos e instancias de los Galos; que tampoco abandonó 'su casa y familia sin esperanza bien fundada de grande re-'compensa: que tenia en la Galia las habitaciones concedi-'das por los mismos naturales; los rehenes dados voluntaria-'mente: por derecho de conquista cobraba el tributo que los

'ctis imponere consueverint: non sese Gallis, sed Gallos
'sibi bellum intulisse: omnes Galliæ civitates ad se op-
'pugnandum venisse, ac contra se castra habuisse: eas
'omnes copias uno ab se prœlio fusas ac superatas esse.
'Si iterum experiri velint, paratum se decertare. Sin
'pace uti malint, iniquum esse de stipendio recusare,
'quod sua voluntate ad id tempus pependerint. Amicitiam
'Populi Romani sibi ornamento et præsidio, non detri-
'mento esse oportere: idque se ea spe petisse. Si per
'Populum Romanum stipendium remittatur, et dedititii
'subtrahantur; non minus libenter sese recusaturum Po-
'puli Romani amicitiam, quam appetierit. Quod multitu-
'dinem Germanorum in Galliam transducat, id se sui
'muniendi, non Galliæ impugnandæ causa facere: eius
'rei testimonium esse, quod, nisi rogatus, non venerit,
'et quod bellum non intulerit, sed defenderit. Se prius in
'Galliam venisse, quam Populum Romanum: numquam an-
'te hoc tempus exercitum Populi Romani Galliæ provin-
'ciæ fines egressum. Quid sibi vellet? cur in suas posses-
'siones veniret? Provinciam suam esse hanc Galliam, si-
'cuti illam nostram. Ut sibi concedi non oporteret, si in
'nostros fines impetum faceret; sic iterum nos esse ini-
'quos, quod in suo iure se interpellaremus. Quod ex Se-
'natusconsulto Æduos appellatos amicos diceret; non se
'tam barbarum neque tam imperitum esse rerum, ut non
'sciret, neque bello Allobrogum proximo Æduos Roma-
'nis auxilium tulisse, neque ipsos in his contentionibus,
'quas Ædui secum et cum Sequanis habuissent, auxilio
'Populi Romani usos esse. Debere se suspicari, simula-
'ta Cæsarem amicitia, quod exercitum in Gallia habeat,
'sui opprimendi causa habere. Quod nisi decedat, aut
'exercitum deducat ex his regionibus, sese illum non
'pro amico, sed pro hoste habiturum: quod si eum inter-

'vencedores suelen imponer a los vencidos: que no movio
'él la guerra a los Galos, sino los Galos a él, conspirando
'aunados todos, y provocandole al combate: que todas es-
'tas tropas desbarató y vencio en sola una batalla: que si
'quieren otra vez tentar fortuna, está pronto a la contien-
'da: mas si prefieren la paz, no es justo le nieguen el tri-
'buto que habian pagado hasta entonces de su propia vo-
'luntad: que la amistad del Pueblo Romano debia redun-
'dar en honra y ventaja suya, no en menoscabo: que con
'ese fin la pretendio: que si los Romanos le quitan el tri-
'buto y los vasallos, tan presto renunciaria su amistad co-
'mo la habia solicitado: el conducir tropas de Germania
'era para su propia seguridad, no para la invasion de la
'Galia: prueba era de ello no haber venido sino llamado,
'y que su guerra no habia sido ofensiva, sino defensiva:
'que entró él en la Galia antes que el Pueblo Romano:
'que jamas hasta aora el egercito de los Romanos habia sa-
'lido de los confines de su provincia. Pues qué pretende?
'porqué se mete en sus posesiones? que tan suya es esta
'parte de la Galia, como es nuestra aquella: como él no
'tiene derecho a invadir nuestro distrito, asi tampoco le te-
'niamos nosotros para inquietarle dentro de su jurisdicion:
'en orden a lo que decia, que los Eduos por decreto del
'Senado gozaban el fuero de amigos, no se hallaba él tan
'ignorante de lo que pasaba por el mundo, que no supiese
'cómo ni los Eduos socorrieron a los Romanos en la ulti-
'ma guerra [49] con los Alóbroges, ni los Romanos a los
'Eduos en las que habian tenido con él y con los Sequa-
'nos: de que debia sospechar, que Cesar, con capa de amis-
'tad, mantiene su egercito en la Galia solo con el fin de
'oprimirle: que si no se retira, o saca las tropas de estos
'contornos, le tratará como a enemigo declarado: y si lo-
'gra el matarle, complacerá en ello a muchos caballeros

'fecerit, multis sese nobilibus principibusque Populi Ro-
'mani gratum esse facturum. Id se ab ipsis per eorum
'nuntios compertum habere; quorum omnium gratiam at-
'que amicitiam eius morte redimere posset. Quod si dis-
'cessisset, ac liberam sibi possessionem Galliæ tradidis-
'set, magno se illum præmio remuneraturum, et quæ-
'cumque bella geri vellet, sine ullo eius labore et peri-
'culo confecturum.' Multa a Cæsare in eam sententiam
dicta sunt, quare negotio desistere non posset, 'et neque
'suam, neque Populi Romani consuetudinem pati, ut opti-
'me meritos socios desereret; neque se iudicare Galliam
'potius esse Ariovisti, quam Populi Romani: bello su-
'peratos esse Arvernos et Rutenos a Quinto Fabio Ma-
'ximo; quibus Populus Romanus ignovisset, neque in pro-
'vinciam redegisset, neque stipendium imposuisset. Quod
'si antiquissimum quodque tempus spectari oporteret, Po-
'puli Romani iustissimum esse in Gallia imperium. Si
'iudicium Senatus servari oporteret, liberam debere esse
'Galliam, quam bello victam suis legibus uti voluis-
'set.' Dum hæc in colloquio geruntur, Cæsari nuntiatum
est, equites Ariovisti propius tumulum accedere, et
nostros adequitare, lapides telaque in nostros coniicere.
Cæsar loquendi finem fecit, seque ad suos recepit; suisque imperavit, nequod omnino telum in hostes reiice-
rent. Nam, etsi sine ullo periculo legionis delectæ cum
equitatu prælium fore videbat, tamen committendum non
putabat, ut, pulsis hostibus, dici posset, eos a se per
fidem in colloquio circumventos. Posteaquam in vulgus
militum elatum est, qua arrogantia in colloquio Ariovistus usus, omni Gallia Romanis interdixisset; impetumque in nostros eius equites fecissent; eaque res colloquium diremisset; multo maior alacritas studiumque
pugnandi maius exercitui iniectum est.

'y señores principales de Roma; que asi se lo tienen asegu-
'rado por sus espresos; y con su muerte se ganará la gracia
'y amistad de todos estos: pero si se retira, dejandole libre
'la posesion de la Galia, se lo pagará con grandes servicios:
'y quantas guerras se le ofrezcan, se las dará concluidas,
'sin que nada le cuesten.' Alegó Cesar muchas razones en
prueba de que no podia desistir de la empresa: 'que tam-
'poco era conforme a su proceder ni al del Pueblo Romano
'el desamparar unos aliados que se habian portado tan bien:
'ni entendia cómo la Galia fuese mas de Ariovisto, que del
'Pueblo Romano: sabía sí, que Quinto Fabio Maximo su-
'getó por armas a los de Alvernia y Ruerga; sibien por in-
'dulto y gracia que les hizo el Pueblo Romano no los re-
'dujo a provincia [50], ni hizo tributarios. Conque si se debe
'atender a la mayor antigüedad, el imperio Romano en la
'Galia se funda en justisimo derecho: si se ha de estar al
'juicio del Senado, la Galia debe ser libre; pues sinembar-
'go de la conquista quiso que se gobernase por sus leyes.'
En estas razones estaban quando avisaron a Cesar, que la
caballeria de Ariovisto acercandose a la colina, venía para
los nuestros arrojando piedras y dardos. Dejó Cesar la plá-
tica, y se retiró a los suyos; ordenandoles no disparasen ni
un tiro contra los enemigos: porque, sibien estaba cierto de
que con su legion escogida no tenia que temer a la caballeria de Ariovisto, todavia no juzgaba conveniente dar ocasion a que, batidos los contrarios, se pudiese decir, que por
fiarse de su palabra, fueron sorprendidos a traicion. Quando entre los soldados corrio la voz del orgullo con que Ariovisto escluia de toda la Galia a los Romanos; cómo sus caballos se habian desmandado contra los nuestros; y que con
tal insulto se cortó la conferencia; se encendio en el egercito mucho mayor corage, y deseo mas ardiente de venir
a las manos con el enemigo.

Biduo post Ariovistus legatos ad Cæsarem mittit, velle se de his rebus, quæ inter eos agi cœptæ, neque perfectæ essent, agere cum eo: uti aut iterum colloquio diem constitueret, aut, si id minus vellet, ex suis legatis aliquem ad se mitteret. Colloquendi Cæsari causa visa non est; et eo magis, quod pridie eius diei Germani retineri non potuerant, quin in nostros tela coniicerent. Legatum ex suis sese magno cum periculo ad eum missurum, et hominibus feris obiecturum existimabat. Commodissimum visum est, Caium Valerium Procillum Caii Valerii Caburi filium, summa virtute et humanitate adolescentem, (cuius pater a Caio Valerio Flacco civitate donatus erat) et propter fidem, et propter linguæ Gallicæ scientiam, qua multa iam Ariovistus, longinqua consuetudine, utebatur, et, quod in eo peccandi Germanis causa non esset, ad eum mittere; et Marcum Mettium, qui hospitio Ariovisti usus erat. His mandavit, ut, quæ diceret Ariovistus, cognoscerent, et ad se referrent. Quos quum apud se in castris Ariovistus conspexisset, exercitu suo præsente, clamavit: quid ad se venirent? an speculandi causa? conantes dicere prohibuit, et in catenas coniecit. Eodem die castra promovit, et millibus passuum sex a Cæsaris castris sub monte consedit. Postridie eius diei præter castra Cæsaris suas copias transduxit, et millibus passuum duobus ultra eum castra fecit eo consilio, uti frumento commeatuque, qui ex Sequanis et Æduis supportaretur, Cæsarem intercluderet. Ex eo die dies continuos quinque Cæsar pro castris suas copias produxit, et aciem instructam habuit, ut, si vellet Ariovistus prœlio contendere, ei potestas non deesset. Ariovistus his omnibus diebus exercitum castris continuit. Equestri prœlio quotidie contendit. Genus hoc erat pugnæ, quo se Ger-

Dos dias despues Ariovisto despachó a Cesar otra embajada sobre que queria tratar con él de las condiciones entre ambos entabladas y no concluidas: que de nuevo señalase dia para las vistas; o quando menos, le embiase alguno de sus lugar-tenientes. El avocarse con él no parecio del caso a Cesar: y mas quando el dia antes no pudieron los Germanos contenerse sin disparar contra los nuestros. Embiarle de los suyos un comisario, en su sentir era lo mismo que entregarlo a ojos vistas a las garras de hombres mas fieros que las fieras. Tuvo por mas acertado el valerse para esto de Cayo Valerio Procílo, hijo de Cayo Valerio Caburo, joven muy virtuoso y apacible (cuyo padre obtuvo de Cayo Valerio Flaco los derechos de ciudadano Romano) lo uno por su lealtad y pericia en la lengua Galicana, que ya por el largo uso era casi familiar a Ariovisto; y lo otro por ser persona a quien los Germanos no tenian motivo de hacer vejacion alguna, embiandolo con Marco Mecio, huesped que habia sido de Ariovisto. Encomendóles que se informasen de las pretensiones de Ariovisto, y volviesen con la razon de ellas. Ariovisto que los vio cerca de sí en los reales, dijo a voces, oyendolo su egercito: a qué venian alli? acaso por espias? Queriendo satisfacerle, los atajó y puso en prisiones. Ese dia levantó el campo, y se alojó a la falda de un monte a seis millas de los reales de Cesar. Al siguiente condujo sus tropas por delante del alojamiento de Cesar, y acampó dos millas mas allá con el fin de interceptar los viveres que venian de los Sequanos y Eduos. Cesar cinco dias consecutivos presentó el egercito armado y ordenadas las tropas, con la mira de que si Ariovisto quisiese dar batalla, no tuviese escusa. Todos esos dias mantuvo Ariovisto quieta su infanteria dentro de los reales; escaramuzando diariamente con la caballeria. El modo de pelear en que se habian industriado los Germanos era este;

mani exercuerant. Equitum millia erant sex, totidem numero pedites velocissimi ac fortissimi; quos ex omni copia singuli singulos suæ salutis causa delegerant. Cum his in prœliis versabantur: ad hos se equites recipiebant: hi, siquid erat durius, concurrebant: siqui, graviore vulnere accepto, equo deciderant, circumsistebant: si quo erat longius prodeundum, aut celerius recipiendum, tanta erat horum exercitatione celeritas, ut iubis equorum sublevati, cursum adæquarent. Ubi eum castris sese tenere Cæsar intellexit, ne diutius commeatu prohiberetur, ultra eum locum, quo in loco Germani consederant, circiter passus sexcentos ab his castris idoneum locum delegit; acieque triplici instructa, ad eum locum venit. Primam et secundam aciem in armis esse, tertiam castra munire iussit. Hic locus ab hoste circiter passus sexcentos, uti dictum est, aberat. Eo circiter hominum numerum sexdecim millia expedita cum omni equitatu Ariovistus misit; quæ copiæ nostros perterrerent, et munitione prohiberent. Nihilo secius Cæsar, ut ante constituerat, duas acies hostem propulsare, tertiam opus perficere iussit. Munitis castris, duas ibi legiones reliquit et partem auxiliorum; quatuor reliquas in castra maiora reduxit. Proximo die instituto suo Cæsar ex castris utrisque copias suas eduxit: paullulumque a maioribus progressus, aciem instruxit; hostibusque pugnandi potestatem fecit. Ubi ne tum quidem eos prodire intellexit, circiter meridiem exercitum in castra reduxit. Tum demum Ariovistus partem suarum copiarum, quæ castra minora oppugnaret, misit. Acriter utrimque usque ad vesperum pugnatum est. Solis occasu suas copias Ariovistus, multis et illatis, et acceptis vulneribus, in castra reduxit. Quum ex captivis quæreret Cæsar, quamobrem Ariovistus prœlio non decertaret, hanc reperiebat causam: quod apud Germanos ea consuetudo

seis mil caballos iban escoltados de otros tantos infantes los mas ligeros y bravos, que los mismos de acaballo elegian privadamente cada uno el suyo: con estos entraban en batalla: a estos se acogian: estos les socorrian en qualquier lance: si algunos, heridos gravemente, caian del caballo, luego estaban alli para cubrirlos: en las marchas forzadas, en las retiradas mas presurosas era tanta su ligereza por el continuo egercicio, que asídos de la clin de los caballos, corrian parejas con ellos. Viendo Cesar que Ariovisto se hacia fuerte en las trincheras, para que no prosiguiese en interceptarle los viveres, escogio lugar mas oportuno como seiscientos pasos mas allá de los Germanos: a donde fue con el egercito dividido en tres esquadrones. Al primero y segundo mandó estar sobre las armas, al tercero fortificar el campo, que, como se ha dicho, distaba del enemigo cosa de seiscientos pasos. Ariovisto destacó al punto contra él diez y seis mil soldados ligeros con toda su caballería, y con orden de dar un alarma a los nuestros, y estorbar los trabajos. Firme Cesar en su designio, encargó a los dos esquadrones, que rebatiesen al enemigo, mientras el tercero se ocupaba en trabajar. Fortificados estos reales, dejó en ellos dos legiones con parte de las tropas auxiliares, volviendose al alojamiento principal con las otras quatro. Al dia imediato Cesar, como lo tenia de costumbre, sacó de los dos campos su gente, la ordenó a pocos pasos del principal, y presentó batalla al enemigo: mas visto que ni por eso se movia, ya cerca del mediodia recogio los suyos a los reales. Entonces por fin Ariovisto destacó parte de sus tropas a forzar las trincheras de nuestro segundo campo. Peleóse con igual brio por ambas partes hasta la noche; quando Ariovisto, dadas y recibidas muchas heridas, tocó la retirada. Inquiriendo Cesar de los prisioneros la causa de no querer pelear Ariovisto, entendio ser cierta usanza de los

esset, ut matresfamilias eorum sortibus et vaticinationibus declararent, utrum prælium committi ex usu esset, nec ne: eas ita dicere; 'non esse fas Germanos superare, 'si ante novam lunam prælio contendissent.'

Postridie eius diei Cæsar præsidio utrisque castris, quod satis esse visum est, relicto, omnes alarios in conspectu hostium pro castris minoribus constituit; quod minus multitudine militum legionariorum, pro hostium numero, valebat, ut ad speciem alariis uteretur. Ipse, tripliti instructa acie, usque ad castra hostium accessit. Tum demum necessario Germani suas copias e castris eduxerunt, generatimque constituerunt, paribusque intervallis Harudes, Marcomanos, Triboccos, Vangiones, Nemetes, Sedusios, Suevos: omnemque aciem suam rhedis et carris circumdederunt, nequa spes in fuga relinqueretur. Eo mulieres imposuerunt, quæ in prælium proficiscentes milites passis crinibus flentes implorabant, ne se in servitutem Romanis traderent. Cæsar singulis legionibus singulos legatos, et quæstorem præfecit, uti eos testes suæ quisque virtutis haberet. Ipse a dextro cornu, quod eam partem minime firmam hostium esse animadverterat, prælium commisit. Ita nostri acriter in hostes, signo dato, impetum fecerunt. Itaque hostes repente celeriterque procurrerunt, ut spatium pila in hostes coniiciendi non daretur. Reiectis pilis, cominus gladiis pugnatum est. At Germani celeriter, ex consuetudine sua, phalange facta, impetus gladiorum exceperunt. Reperti sunt complures nostri milites, qui in phalangas insilirent, et scuta manibus revellerent, et desuper vulnerarent. Quum hostium acies a sinistro cornu pulsa, atque in fugam conversa esset; a dextro cornu vehementer multitudine suorum nostram aciem premebant.

esset,
nibus
nec ne
'si an

stris,
rios i
tuit;
pro h
uteret
hostiu
copias
parib.
boccos
que a
qua
runt,
nibus
nis t
tos,
que
parte
prœli
dato,
que
di no
tum
phal
pert
insil
nera
sa,
hem

Germanos [51] que sus mugeres hubiesen de decidir por suertes divinatorias, si convenia, o no, dar la batalla; y que al presente decian; 'no poder los Germanos ganar la victoria, 'si antes de la luna nueva daban la batalla.'

Al otro dia Cesar, dejando en los dos campos la guarnicion suficiente, colocó los auxiliares delante del segundo a vista del enemigo, para suplir en apariencia el numero de los soldados legionarios, que en la realidad era inferior al de los enemigos. Él mismo en persona, formado su egercito en tres colunas, fue avanzando hasta las trincheras contrarias. Los Germanos entonces a mas no poder salieron fuera, repartidos por naciones a trechos iguales, Harudes, Marcomanos, Tribócos, Vangiones, Nemétes, Sedusios y Suevos; cercando todas las tropas con carretas y carros, para que ninguno librase la esperanza en la fuga. Encima de los carros pusieron a las mugeres, las quales desmelenando el cabello y llorando amargamente, al desfilar los soldados, los conjuraban que no las abandonasen a la tirania de los Romanos. Cesar señaló a cada legion su Legado y su Qüestor [52], como por testigos del valor con que cada qual se portaba; y empezó el ataque desde su ala derecha, por haber observado caer ácia alli la parte mas flaca del enemigo. Con eso los nuestros, dada la señal, acometieron con gran denuedo. Los enemigos derepente se adelantaron corriendo, para que a los nuestros no quedase lugar bastante a disparar sus lanzas. Inutilizadas estas, echaron mano de las espadas. Mas los Germanos, abroquelandose prontamente conforme a su costumbre, recibieron los primeros golpes. Hubo varios de los nuestros, que saltando sobre la empavesada de los enemigos, y arrancandoles los escudos de las manos, los herian desde encima [53]. Derrotados y puestos en fuga en su ala izquierda los enemigos, daban mucho quéhacer en la derecha a los nuestros por su muchedumbre.

Id quum animadvertisset Publius Crassus adolescens, qui equitatu præerat, quod expeditior erat, quam hi, qui inter aciem versabantur; tertiam aciem laborantibus nostris subsidio misit. Ita prælium restitutum est, atque omnes hostes terga verterunt: neque prius fugere destiterunt, quam ad flumen Rhenum millia passuum ex eo loco circiter quinquaginta pervenerunt. Ibi perpauci aut viribus confisi, transnatare contenderunt, aut lintribus inventis, salutem sibi petierunt. In his fuit Ariovistus, qui naviculam deligatam ad ripam nactus, ea profugit: reliquos omnes equites consecuti nostri, interfecerunt. Duæ fuerunt Ariovisti uxores, una Sueva natione, quam domo secum adduxerat; altera Norica, regis Vocionis soror, quam in Gallia duxerat, a fratre missam. Utraque in ea fuga periit. Duæ filiæ harum, altera occisa, altera capta est. Caius Valerius Procillus, quum a custodibus in fuga trinis catenis vinctus traheretur, in ipsum Cæsarem hostium equitatum persequentem incidit. Quæ quidem res Cæsari non minorem, quam ipsa victoria, voluptatem attulit; quod hominem honestissimum provinciæ Galliæ, suum familiarem et hospitem, ereptum e manibus hostium, sibi restitutum videbat neque eius calamitate de tanta voluptate et gratulatione quidquam fortuna deminuerat. Is, se præsente, de se ter sortibus consultum dicebat, utrum igni statim necaretur, an in aliud tempus reservaretur. Sortium beneficio se esse incolumem. Item Marcus Mettius repertus, et ad eum reductus est.

Hoc prælio trans Rhenum nuntiato, Suevi, qui ad ripas Rheni venerant, domum reverti cœperunt: quos Ubii, qui proxime Rhenum incolunt, perterritos insecuti, magnum ex his numerum occiderunt. Cæsar una æstate, duobus maximis bellis confectis, maturius paul-

Advirtiendolo Publio Craso el mozo, que mandaba la caballeria; por no estar empeñado en la accion como los otros, destacó el tercer esquadron a socorrer a los que peligraban de los nuestros. Con lo qual se rehicieron, y todos los enemigos volvieron las espaldas: ni cesaron de huir hasta tropezar con el Rin, distante de alli poco menos de cincuenta millas; donde fueron pocos los que se salvaron, unos a nado a fuerza de brazos, y otros en canoas que alli encontraron. Uno de estos fue Ariovisto, que hallando a la orilla del rio una barquilla, pudo escaparse en ella [54]. Todos los demas [55] alcanzados de nuestra caballeria, fueron pasados a cuchillo. Perecieron en la fuga dos mugeres de Ariovisto; la una de nacion Sueva, que habia traido consigo de Germania; Norica la otra, hermana del Rey Vocion, que se la embió a la Galia por esposa. De dos hijas de estas una fue muerta, otra presa. Cayo Valerio Procílo, a quien sus guardas conducian en la huida atado con tres cadenas, dio en manos de Cesar, siguiendo el alcance de la caballeria: encuentro, que para Cesar fue de no menos gozo que la victoria misma; por ver libre de las garras de los enemigos, y restituido a su poder el hombre mas honrado de nuestra provincia, huesped suyo y amigo íntimo; con cuya libertad dispuso la fortuna que no faltase circunstancia alguna de contento y parabienes a esta victoria. Contaba él cómo por tres veces a su vista echaron suertes sobre si luego le habian de quemar vivo, o reservarlo para otro tiempo; y que a las suertes debia la vida. Hallaron asimismo a Marco Mecio, y trageronselo a Cesar.

Esparcida la fama de esta victoria por la otra parte del Rin, los Suevos acampados en las riberas, trataron de dar la vuelta a sus casas: los Ubios, habitantes de aquellas cercanias, que los vieron huir amedrentados, siguieron el alcance, y mataron a muchos de ellos. Cesar, concluidas dos guerras de

lo, quam tempus anni postulabat, in hiberna in Sequanos exercitum deduxit: hibernis Labienum præposuit: ipse in citeriorem Galliam ad conventus agendos profectus est.

la mayor importancia en un solo verano, mas temprano de lo que pedia la estacion, retiró su egercito a quarteles de ibierno en los Sequanos: y dejandolos a cargo de Labieno, él marchó la vuelta de la Galia Cisalpina a presidir las juntas [56].

C. IULII CÆSARIS

COMMENTARIORUM

DE BELLO GALLICO

LIBER II.

Quum esset Cæsar in citeriore Gallia in hibernis, ita uti supra demonstravimus, crebri ad eum rumores afferebantur, literisque item Labieni certior fiebat, omnes Belgas (quam tertiam esse Galliæ partem diximus) contra Populum Romanum coniurare, obsidesque inter se dare. Coniurandi has esse causas: primum, quod vererentur, ne, omni pacata Gallia, ad eos exercitus noster adduceretur: deinde, quod ab nonnullis Gallis sollicitarentur, partim qui, ut Germanos diutius in Gallia versari nollent, ita Populi Romani, exercitum hiemare atque inveterascere in Gallia, moleste ferebant: partim qui mobilitate et levitate animi novis imperiis studebant: ab nonnullis etiam (quod in Gallia a potentioribus atque iis, qui ad conducendos homines facultates habebant, vulgo regna occupabantur) qui minus facile eam rem imperio nostro consequi poterant. Iis nuntiis literisque commotus Cæsar, duas legiones in citeriore Gallia novas conscripsit, et inita æstate in interiorem Galliam, qui deduceret, Quintum Pedium legatum misit. Ipse, quum primum pabuli copia esse inciperet, ad exercitum venit. Dat negotium Senonibus reliquisque Gallis, qui finitimi Belgis erant, uti ea, quæ apud eos gerantur, cognoscant, seque de his rebus certiorem faciant. Hi constanter

COMENTARIOS

DE C. JULIO CESAR

DE LA GUERRA DE LAS GALIAS,

LIBRO II.

Teniendo Cesar aquel ibierno sus quarteles en la Galia Cisalpina, como arriba declaramos, venianle repetidas noticias, y tambien Labieno le aseguraba por cartas, que todos los Belgas [1] (los quales, segun digimos, hacen la tercera parte de la Galia) se conjuraban contra el Pueblo Romano, dandose mutuos rehenes: que las causas de la conjura eran estas; primera, el temor de que nuestro egercito, sosegadas una vez las otras [2] provincias, no revolviese contra ellos: segunda, la instigacion de varios nacionales; unos, que sibien estaban disgustados con tan larga detencion de los Germanos en la Galia, tampoco llevaban a bien, que los Romanos se acostumbrasen a ibernar y vivir en ella tan de asiento: otros, que por su natural volubilidad y ligereza ansiaban por nuevo gobierno: como tambien algunos, que (siendo comun en la Galia el apoderarse del mando los que por mas poderosos y ricos pueden levantar tropas a su sueldo) sugetos a nuestro imperio, no podian tan facilmente lograrlo. Cesar en fuerza de estas noticias y cartas, alistó dos nuevas legiones en la Galia Cisalpina, y a la entrada del verano embió por conductor de ellas a lo interior de la Galia [3] al Legado Quinto Pedio. Él, luego que comenzó a crecer la yerba, vino al egercito: da comision a los Senones y demas Galos confinantes con los Belgas, que averigüen sus movimientos, y le informen de todo. Avisaron todos una-

omnes nuntiaverunt, manus cogi, exercitum in unum locum conduci. Tum vero dubitandum non existimavit, quin ad eos duodecimo die proficisceretur. Re frumentaria provisa, castra movet; diebusque circiter quindecim ad fines Belgarum pervenit. Eo quum de improviso, celeriusque omnium opinione venisset, Remi, qui proximi Galliæ ex Belgis sunt, ad eum legatos Iccium et Antebrogium primos civitatis suæ miserunt, qui dicerent; se suaque omnia in fidem atque potestatem Populi Romani permittere; neque se cum reliquis Belgis consensisse, neque contra Populum Romanum omnino coniurasse; paratosque esse et obsides dare, et imperata facere, et oppidis recipere, et frumento, ceterisque rebus iuvare. Reliquos omnes Belgas in armis esse: Germanosque, qui cis Rhenum incolunt, sese cum his coniunxisse: tantumque esse eorum omnium furorem, ut, ne Suessones quidem fratres consanguineosque suos, qui eodem iure, iisdem legibus utantur, unum imperium, unumque magistratum cum ipsis habeant, deterrere potuerint, quin cum his consentirent. Quum ab his quæreret, quæ civitates quantæque in armis essent, et quid in bello possent, sic reperiebat; plerosque Belgas esse ortos a Germanis; Rhenumque antiquitus transductos, propter loci fertilitatem ibi consedisse; Gallosque, qui ea loca incolerent, expulisse; solosque esse, qui patrum nostrorum memoria, omni Gallia vexata, Teutonos Cimbrosque intra fines suos ingredi prohibuerint. Qua ex re fieri, uti earum rerum memoria magnam sibi auctoritatem magnosque spiritus in re militari sumerent. De numero eorum omnia se habere explorata Remi dicebant, propterea quod propinquitatibus affinitatibusque coniuncti, quantam quisque multitudinem in communi Belgarum concilio ad id bellum pollicitus sit, cognoverint. Plurimum

nimemente, que se hacian levas, y las tropas se iban juntando en un lugar determinado. Con eso no tuvo ya razon de dudar, sino que se resolvio a marchar contra ellos de alli a doce dias. Hechas pues las provisiones, toma el camino, y en cosa de quince dias se pone en la raya de los Belgas. Como llegase de improviso, y mas presto de lo que nadie creyera, los Remenses, que por la parte de los Belgas son los mas cercanos a la Galia, le embiaron una diputacion con Iccio y Antebrogio, primeros personages de su republica, protestandole, que se ponian con quanto tenian en manos del Pueblo Romano: que no habian tenido parte, ni dado la mas leve ocasion al alzamiento de los otros Belgas: antes estaban prontos a darle rehenes, obedecerle, franquearle las ciudades, y suministrarle viveres y quanto se le ofreciese: que los demas Belgas todos estaban en armas, y los Germanos del Rin para acá conjurados con ellos: que su despecho era tan universal y tan ciego, que no les ha sido posible apartar de esta liga ni aun a los Suesones, hermanos suyos, y de la misma sangre, con quienes gozan de igual fuero, se gobiernan por las mismas leyes, y componen una republica. Preguntandoles, quáles y quán populosas y de qué fuerzas eran las republicas alzadas, sacaba en limpio que la mayor parte de los Belgas descendian de los Germanos; y de tiempos atrás, pasado el Rin, se habian avecindado alli por la fertilidad del terreno, echando a sus antiguos moradores los Galos: que solos [4] ellos en tiempo de nuestros padres impidieron la entrada en sus tierras a los Teutones y Cimbros, que venian de saquear toda la Galia: que orgullosos con la memoria de estas hazañas, se tenian por superiores a todos en el arte militar. En orden a su numero añadian los Remenses, que lo sabian a punto fijo: porque con ocasion de la vecindad y parentesco tenian muy bien averiguado quánta gente de guerra ofrecia cada pueblo en la junta general de los Belgas. Los

inter eos Bellovacos et virtute, et auctoritate, et hominum numero valere: hos posse conficere armata millia centum; pollicitos ex eo numero lecta millia sexaginta, totiusque belli imperium sibi postulare. Suessones suos esse finitimos; latissimos feracissimosque agros possidere. Apud eos fuisse regem nostra etiam memoria Divitiacum totius Galliæ potentissimum: qui quum magnæ partis harum regionum, tum etiam Britanniæ, imperium obtinuerit: nunc esse regem Galbam: ad hunc, propter iustitiam prudentiamque, summam totius belli omnium voluntate deferri: oppida habere numero duodecim: polliceri millia armata quinquaginta: totidem Nervios, qui maxime feri inter ipsos habeantur, longissimeque absint: quindecim millia Atrebates: Ambianos decem millia: Morinos quinque et viginti millia: Menapios novem millia: Caletes decem millia: Velocasses et Veromanduos totidem: Aduaticos novem et viginti millia: Condrusos, Eburones, Cæræsos, Pæmanos, qui uno nomine Germani appellantur, arbitrari ad quadraginta millia.

Cæsar Remos cohortatus, liberaliterque oratione prosecutus, omnem senatum ad se convenire, principumque liberos obsides ad se adduci iussit. Quæ omnia ab his diligenter ad diem facta sunt. Ipse Divitiacum Æduum magnopere cohortatus, docet quantopere reipublicæ communisque salutis intersit, manus hostium distineri, ne cum tanta multitudine uno tempore confligendum sit. Id fieri posse, si suas copias Ædui in fines Bellovacorum introduxerint, et eorum agros populari cœperint. His mandatis eum ab se dimittit. Postquam omnes Belgarum copias in unum locum coactas ad se venire, neque iam longe abesse, ab his, quos miserat, exploratoribus, et ab Remis cognovit; flumen Axonam, quod est in extremis Remorum finibus, exercitum transducere maturavit,

Beoveses, como que esceden a todos en valor, autoridad y numero, pueden poner en pie cien mil combatientes: de estos han prometido dar sesenta mil de tropa escogida, y pretenden el supremo mando de esta guerra. Los Suesones, sus vecinos, poseen campiñas muy dilatadas y fertiles; cuyo Rey fue aun en nuestros dias Diviciaco, el mas poderoso de toda la Galia; que no solo reynó en mucha parte de estas regiones, sino tambien de la Bretaña: el Rey de aora era Galba; a quien por su justicia y prudencia todos convenian en nombrarle por Generalisimo de las armas: tienen los Suesones doce ciudades, y ofrecen cincuenta mil combatientes: otros tantos los Nervios, que son reputados [5] por los mas bravos, y caen muy lejos: quince mil dan los Artesios: los Amienses diez mil: veinte y cinco mil los Morinos: los Menapios nueve mil: los Caletes diez mil: Velocáses y Vermandeses otros tantos: los Aduáticos veinte y nueve mil: los Condrusos, Eburones, Ceresos, Pemanos, conocidos por el nombre comun de Germanos [6], a su parecer, hasta quarenta mil.

Cesar esforzando a los Remenses, y agradeciendoles sus buenos oficios con palabras muy cortesas, mandó venir a su presencia todo el Senado, y traer a los hijos de los Grandes por rehenes. Todo lo egecutaron puntualmente al plazo señalado. El con gran eficacia exortando a Diviciaco el Eduo, le persuade lo mucho que importa al bien comun de la republica el dividir las fuerzas del enemigo, para no tener que lidiar a un tiempo con tantos: lo qual se lograria si los Eduos rompiesen por tierras de los Beoveses, y empezasen a talar sus campos. Dado este consejo, le despidio. Ya que tuvo certeza por sus espias y por los Remenses, cómo unidos los Belgas venian todos contra él, y que estaban cerca, se anticipó con su egercito a pasar el fio Aisne, donde remata el territorio Remense, y alli fijó sus reales:

atque ibi castra posuit. Quae res et latus unum castrorum ripis fluminis muniebat, et, post ea quae erant, tuta ab hostibus reddebat, et commeatus ab Remis reliquisque civitatibus ut sine periculo ad eum portari posset, efficiebat. In eo flumine pons erat: ibi praesidium ponit; et in altera parte fluminis Quintum Titurium Sabinum legatum cum sex cohortibus relinquit. Castra in altitudinem pedum duodecim vallo fossaque duodeviginti pedum munire iubet. Ab ipsis castris oppidum Remorum, nomine Bibrax, aberat millia passuum octo. Id ex itinere magno impetu Belgae oppugnare coeperunt. Aegre eo die sustentatum est. Gallorum eadem atque Belgarum oppugnatio est. Ubi circumiecta multitudine hominum totis moenibus, undique in murum lapides iaci coepti sunt, murusque defensoribus nudatus est; testudine facta, portis succedunt, murumque subruunt. Quod tum facile fiebat; nam tanta multitudo lapides ac tela coniiciebant, ut in muro consistendi potestas esset nulli. Quum finem oppugnandi nox fecisset, Iccius Remus, summa nobilitate et gratia inter suos, qui tum oppido praeerat, unus ex iis, qui legati de pace ad Caesarem venerant, nuntios ad eum mittit, 'nisi subsidium sibi mittatur, se diu- 'tius sustinere non posse.' Eo de media nocte Caesar, iisdem ducibus usus, qui nuntii ab Iccio venerant, Numidas et Cretas sagittarios, et funditores Baleares subsidio oppidanis mittit. Quorum adventu et Remis cum spe defensionis studium propugnandi accessit, et hostibus eadem de causa spes potiundi oppidi discessit. Itaque paullisper apud oppidum morati, agrosque Remorum depopulati, omnibus vicis aedificiisque, quo adire poterant, incensis, ad castra Caesaris omnibus copiis contenderunt: et a millibus passuum minus duobus castra posuerunt. Quae castra, ut fumo atque ignibus significabatur, am-

cuyo costado de una banda quedaba defendido con esta positura por las margenes del rio, las espaldas a cubierto del enemigo, y seguro el camino desde Rems y las otras ciudades para el transporte de bastimentos: guarnece el puente que tenia el rio, deja en la ribera opuesta con seis cohortes al Legado Quinto Titurio Sabino; y manda fortificar los reales con un parapeto de doce pies en alto y un foso de diez y ocho. Estaba ocho millas distante de aqui una plaza de los Remenses llamada Bibracte, que los Belgas se pusieron a batirla sobre la marcha con gran furia. No costó poco defenderla aquel dia. Los Belgas en batir las murallas usan el mismo arte que los Galos: cercanlas por todas partes de gente, y empiezan a tirar piedras hasta tanto que ya no queda defensor en almena: entonces, haciendo empavesada, vanse arrimando a las puertas, y abren la brecha; lo que a la sazon era bien facil, por ser tantos los que arrojaban piedras y dardos, que no dejaban parar a hombre sobre el muro. Como la noche los forzase a desistir del asalto, el Gobernador de la plaza Iccio Remense, igualmente noble que bien quisto entre los suyos, uno de los que vinieron con la diputacion de paz a Cesar, le da aviso por sus mensageros; 'que si no 'embia socorro, ya no puede él aguantar mas.' Cesar luego a la media noche destaca en ayuda de los sitiados una partida de flecheros Númidas y Cretenses, y de honderos Baleares[7] a la direccion de los mismos mensageros de Iccio: con su llegada quanto mayor ánimo cobraron los Remenses con la esperanza cierta de la defensa, tanto menos quedó a los enemigos de conquistar aquella plaza. Asique alzado el sitio a poco tiempo, asolando los campos, y pegando fuego a todas quantas aldeas y caserias encontraban por las imediaciones del camino, marcharon con todo su egercito en busca del de Cesar, y se acamparon a dos millas escasas de él. La estension de su campo, por lo que indicaban el hu-

plius millibus passuum octo in latitudinem patebant.

Cæsar primo et propter multitudinem hostium, et propter eximiam opinionem virtutis, prœlio supersedere statuit. Quotidie tamen equestribus prœliis, quid hostis virtute posset, et quid nostri auderent, periclitabatur. Ubi nostros non esse inferiores intellexit, loco pro castris ad aciem instruendam natura opportuno atque idoneo, quod is collis, ubi castra posita erant, paullulum ex planitie editus tantum adversus in latitudinem patebat, quantum loci acies instructa occupare poterat, atque ex utraque parte lateris deiectus habebat; et in fronte leviter fastigiatus, paullatim ad planitiem redibat; ab utroque latere eius collis transversam fossam obduxit circiter passuum quadringentorum: et ad extremas fossas castella constituit, ibique tormenta collocavit; ne, quum aciem instruxisset, hostes (quod tantum multitudine poterant) a lateribus suos pugnantes circumvenire possent. Hoc facto, duabus legionibus, quas proxime conscripserat, in castris relictis, ut, siquid opus esset, subsidio duci possent, reliquas sex legiones pro castris in acie constituit. Hostes item suas copias ex castris eductas instruxerant. Palus erat non magna inter nostrum atque hostium exercitum. Hanc si nostri transirent, hostes exspectabant; nostri autem, si ab illis initium transeundi fieret, ut impeditos aggrederentur, parati in armis erant. Interim prœlio equestri inter duas acies contendebant. Ubi neutri transeundi initium faciunt, secundiore equitum nostrorum prœlio, Cæsar suos in castra reduxit. Hostes protinus ex eo loco ad flumen Axonam contenderunt, quod esse post nostra castra demonstratum est. Ibi vadis repertis, partem suarum copiarum transducere conati sunt; eo consilio,

... los Reales de Cesar.
... acia el rio para vadearle.
...barazados en el rio.
... infantería Romana que los rechaza.

mo y los fuegos, ocupaba mas de ocho millas.

Cesar al principio, a vista de un egercito tan numeroso y del gran concepto * que se hacia de su valor, determinóse a no dar batalla. Sin embargo con escaramuzas cotidianas de la caballeria procuraba sondear hasta dónde llegaba el esfuerzo del enemigo, como tambien el corage de los nuestros. Ya que se aseguró de que los nuestros no eran inferiores, teniendo delante de los reales espacio competente y acomodado para ordenar los esquadrones; porque aquel collado de su alojamiento, no muy elevado sobre la llanura, tenia la delantera tan ancha quanto bastaba para la formacion del egercito en batalla, por las dos laderas la bajada pendiente, y por la frente altura tan poca, que insensiblemente iba declinando hasta confundirse con el llano; cerró los dos lados de la colina con fosos tirados de través cada uno de quatrocientos pies de longitud; y guarneciendo sus remates con fortines, plantó baterias en ellos a fin de que al tiempo del combate no pudiesen los enemigos (siendo tan superiores en numero) acometer por los costados y coger en medio a los nuestros. Hecho esto, y dejadas en los reales las dos legiones recien alistadas, para poder emplearlas en caso de necesidad, puso las otras seis delante de ellos en orden de batalla. Los enemigos asimismo fuera de los suyos tenian ordenada su gente. Yacia entre ambos egercitos una laguna no grande. Esperaban los enemigos a que la pasasen los nuestros. Los nuestros estaban a la mira para echarse sobre los enemigos atollados, si fuesen ellos los primeros a pasarla. En tanto los caballos andaban escaramuzando entre los dos egercitos. Mas como ninguno de los dos diese muestras de querer pasar el primero, Cesar contento con la ventaja de la caballeria en el choque, tocó la retirada. Los enemigos al punto marcharon de alli al rio Aisne, que, segun se ha dicho, corria detrás de nuestros quarteles: donde descubierto vado, intentaron pasar parte de

si possent, *castellum, cui præerat Quintus Titurius legatus, expugnarent, pontemque interscinderent; sin minus, agros Remorum popularentur, qui magno nobis usui ad bellum gerendum erant, commeatusque nostros sustinebant.*

Cæsar certior factus a Titurio, omnem equitatum, et levis armaturæ Numidas, funditores, sagittariosque pontem transducit, atque ad eos contendit. Acriter in eo loco pugnatum est. Hostes impeditos nostri in flumine aggressi, magnum eorum numerum occiderunt. Per eorum corpora reliquos audacissime transire conantes, multitudine telorum repulerunt. Primos, qui transierant, equitatu circumventos interfecerunt. Hostes, ubi et de expugnando oppido, et de flumine transeundo spem se fefellisse intellexerunt, neque nostros in locum iniquiorem progredi pugnandi causa viderunt, atque eos res frumentaria deficere cœpit; concilio convocato, constituerunt optimum esse domum suam quemque reverti; et quorum in fines primum Romani exercitum introduxissent, ad eos defendendos undique convenire; ut potius in suis, quam alienis finibus decertarent, et domesticis copiis rei frumentariæ uterentur. Ad eam sententiam, cum reliquis causis, hæc quoque ratio eos deduxit, quod Divitiacum atque Æduos finibus Bellovacorum appropinquare cognoverant. His persuaderi, ut diutius morarentur, ne suis auxilium ferrent, non poterat. Ea re constituta, secunda vigilia magno cum strepitu ac tumultu castris egressi, nullo certo ordine neque imperio, quum sibi quisque primum itineris locum peteret, et domum pervenire properaret; fecerunt, ut consimilis fugæ profectio videretur. Hac re statim Cæsar per speculatores cognita, insidias veritus, quod, qua de causa discederent, nondum perspexerat; exercitum equitatumque castris continuit. Prima luce, confirmata re ab exploratoribus, omnem equitatum,

sus tropas con la mira de desalojar, si pudiesen, al Legado Quinto Titurio de la fortificacion que mandaba, y romper el puente: o quando no, talar los campos Remenses, que tanto nos servian en esta guerra proveyendonos de bastimentos.

Cesar avisado de esto por Titurio, pasa el puente con toda la caballeria y la tropa ligera de los Númidas con los honderos y flecheros, y va contra ellos. Obraronse alli prodigios de valor. Los nuestros acometiendo a los enemigos metidos en el rio, mataron a muchos, y a fuerza de dardos rechazaron a los demas que con grandisimo arrójo pretendian abrirse paso por encima de los cadaveres. Los primeros que vadearon el rio, rodeados de la caballeria, perecieron. Viendo los enemigos fallidas sus esperanzas de la conquista de la plaza y del tránsito del rio; como tambien que los nuestros no querian pelear en sitio menos ventajoso, y ellos comenzaban a sentir escasez de alimentos; juntados a consejo, concluyeron ser lo mejor retirarse cada qual a su casa, con el pacto de acudir de todas partes a la defensa del pais que primero invadiesen los Romanos; a fin de hacer la guerra con mas comodidad dentro de su comarca que fuera, y sostenerla con sus propias abundantes cosechas. Moviolos a esta resolucion entre otras razones la de haber sabido, que Diviciaco y los Eduos se iban acercando a las fronteras de los Beoveses: los quales por ningun caso podian sufrir mas largas, sin socorrer a los suyos. Con esta determinacion, arrancando ácia media noche con gran ruido y alboroto, sin orden ni concierto, apresurandose cada qual a coger la delantera por llegar quanto antes a casa, su marcha tuvo visos de huida. Cesar, avisado al instante del hecho por sus escuchas, temiendo alguna celada, por no haber todavia penetrado el motivo de su partida, se mantuvo quieto con todo su egercito dentro de los reales. Al amanecer asegurado de la verdad por los batidores, embia

qui novissimum agmen moraretur, præmisit, eique Quintum Pedium et Lucium Aurunculeium Cottam legatos præfecit. Titum Labienum legatum cum legionibus tribus subsequi iussit. Illi novissimos adorti, et multa millia passuum prosecuti, magnam multitudinem eorum fugientium conciderunt. Quum ab extremo agmine hi, ad quos ventum erat, consisterent, fortiterque impetum nostrorum militum sustinerent; priores, quod abesse a periculo viderentur, neque ulla necessitate neque imperio continerentur; exaudito clamore, perturbatis ordinibus, omnes in fuga sibi subsidium posuerunt. Ita sine ullo periculo tantam eorum multitudinem nostri interfecerunt, quantum fuit diei spatium: sub occasumque solis sequi destiterunt, seque in castra, uti erat imperatum, receperunt.

Postridie eius diei Cæsar, prius quam se hostes ex terrore ac fuga reciperent, in fines Suessonum, qui proximi Remis erant, exercitum duxit; et magno itinere confecto, ad oppidum Noviodunum contendit. Id ex itinere oppugnare conatus, quod vacuum ab defensoribus esse audiebat, propter latitudinem fossæ murique altitudinem, paucis defendentibus, expugnare non potuit. Castris munitis, vineas agere, quæque ad oppugnandum usui erant, comparare cœpit. Interim omnis ex fuga Suessonum multitudo in oppidum proxima nocte convenit. Celeriter vineis ad oppidum actis, aggere iacto, turribusque constitutis; magnitudine operum, quæ neque viderant ante Galli, neque audierant, et celeritate Romanorum permoti, legatos ad Cæsarem de deditione mittunt; et, petentibus Remis, ut conservarentur, impetrant. Cæsar, obsidibus acceptis primis civitatis, atque ipsius Galbæ regis duobus filiis, armisque omnibus ex oppido traditis, in deditionem

delante toda la caballeria a cargo de los Legados Quinto Pedio y Lucio Arunculeyo Cota con orden de picar la retaguardia enemiga. Al Legado Tito Labieno mandó seguirlos con tres legiones. Habiendo estos alcanzado a los postreros, y perseguídolos por muchas millas, hicieron en los fugitivos gran matanza. Como los de la retaguardia, viendose egecutados hiciesen frente, resistiendo animosamente a las embestidas de los nuestros; en tanto los de la vanguardia, que se consideraban lejos del peligro, sin haber quien los forzase, ni caudillo que los contuviese, al oir aquella griteria, desordenadas las filas, buscaron su seguridad en la fuga. Con eso sin el menor riesgo prosiguieron los nuestros matando gente todo lo restante del dia; y solo al poner del sol desistieron del alcance, retirandose a los reales segun la orden que tenian.

Cesar al otro dia, sin dar a los enemigos tiempo de recobrarse del pavor y de la fuga, dirigio su marcha contra los Suesones, fronterizos de los Remenses, y despues de un largo viage se puso sobre la ciudad de Novio [9]. Tentando de camino asaltarla, pues le decian que se hallaba sin guarnicion, por tener un foso muy ancho y muy altos los muros; no pudo tomarla, con ser pocos los que la defendian. Fortificados los reales, trató de armar las galerias [10], y apercibir las piezas de batir las murallas. En esto todas las tropas de Suesones que venian huyendo, se recogieron la noche imediata a la plaza. Mas asestadas sin dilacion las galerias, formado el terraplen [11], y levantadas las bastidas [12]; espantados los Galos de la grandeza de aquellas máquinas, nunca vistas antes ni oidas, y de la presteza de los Romanos en armarlas; embian diputados a Cesar sobre la entrega, y a peticion de los Remenses alcanzan perdon. Recibidos en prendas los mas granados del pueblo con dos hijos del mismo Rey Galba, y entregadas todas las armas, Cesar

Suessones accepit; exercitumque in Bellovacos duxit. **Qui** *quum se suaque omnia in oppidum Bratuspantium contulissent, atque ab eo oppido Cæsar cum exercitu circiter millia passuum quinque abesset, omnes maiores natu ex oppido egressi, manus ad Cæsarem tendere, et voce significare cœperunt; sese in eius fidem ac potestatem venire, neque contra Populum Romanum armis contendere. Item quum ad oppidum accessisset, castraque ibi poneret; pueri mulieresque ex muro passis manibus suo more pacem a Romanis petierunt. Pro his Divitiacus (nam post discessum Belgarum, dimissis Æduorum copiis, ad eum reverterat) facit verba: 'Bel-
'lovacos omni tempore in fide, atque amicitia civitatis
'Æduæ fuisse. Impulsos a suis principibus, qui dice-
'rent, Æduos a Cæsare in servitutem redactos, omnes
'indignitates contumeliasque perferre, et ab Æduis de-
'fecisse, et Populo Romano bellum intulisse. Qui huius
'consilii principes fuissent, quod intelligerent, quantam
'calamitatem civitati intulissent, in Britanniam profu-
'gisse. Petere non solum Bellovacos, sed etiam pro his
'Æduos, ut sua clementia ac mansuetudine in eos uta-
'tur. Quod si fecerit, Æduorum auctoritatem apud
'omnes Belgas amplificaturum; quorum auxiliis atque
'opibus, siqua bella inciderint, sustentare consueverint.'
Cæsar honoris Divitiaci atque Æduorum causa, sese
eos in fidem recepturum, et conservaturum, dixit: et,
quod erat civitas magna, et inter Belgas auctoritate
ac hominum multitudine præstabat, sexcentos obsides poposcit. His traditis, omnibusque armis ex oppido collatis, ab eo loco in fines Ambianorum pervenit, qui se
suaque omnia sine mora dediderunt.*

 Eorum fines Nervii attingebant: quorum de natura moribusque Cæsar quum quæreret, sic reperiebat: 'nullum

admitio por vasallos a los Suesones; y marchó contra los Beoveses: los quales, habiendose refugiado con todas sus cosas en la fortaleza de Bratuspancio, y estando Cesar distante de alli poco menos de cinco millas, todos los ancianos saliendo de la ciudad con ademanes y voces, le hacian señas de que venian a rendirsele a discrecion, ni querian mas guerra con los Romanos: asimismo, luego que se acercó al lugar y empezó a sentar el campo, los niños y las mugeres desde las almenas, tendidas las manos [13] a su modo, pedian la paz a los Romanos. Diviciaco (el qual despues de la retirada de los Belgas, y despedidas sus tropas, habia vuelto a incorporarse con las de Cesar) aboga por ellos diciendo; 'que siempre 'los Beoveses habian sido amigos fieles de los Eduos: que 'sus gefes, con esparcir que los Eduos esclavizados por Ce'sar padecian toda suerte de maltratamientos y oprobrios', 'los indugeron a separarse de ellos, y declarar la guerra al 'Pueblo Romano. Los autores de esta trama, reconociendo 'el grave perjuicio acarreado a la republica, se habian gua'recido en Bretaña. Por tanto le suplican los Beoveses, y 'juntamente con ellos y por ellos los Eduos, que los trate 'con su acostumbrada clemencia y benignidad. Que hacien'dolo asi, aumentaria el credito de los Eduos para con to'dos los Belgas, con cuyos socorros y bienes solian mante'ner las guerras ocurrentes.' Cesar por honrar a Diviciaco y favorecer a los Eduos, dio palabra de acetar su omenage, y de conservarlos en su gracia: mas porque era un estado pujante, sobresaliendo entre los Belgas en autoridad y numero de habitantes, pidio seiscientos rehenes. Entregados estos juntamente con todas sus armas, encaminóse a los Amienses, que luego se le rindieron con todas sus cosas.

Con estos confinan los Nervios; de cuyos genios y costumbres Cesar, tomando lengua, vino a entender, 'que a nin-

'aditum esse ad eos mercatoribus: nihil pati vini, reli-
'quarumque rerum ad luxuriam pertinentium, inferri:
'quod his rebus relanguescere animos, eorumque remitti
'virtutem existimarent. Esse homines feros, magnæque
'virtutis. Increpitare atque incusare reliquos Belgas,
'qui se Populo Romano dedissent, et patriam virtutem
'proiecissent: confirmare, sese neque legatos missuros, ne-
'que ullam conditionem pacis accepturos.'

Quum per eorum fines triduo iter fecisset, inveniebat ex captivis; Sabim flumen ab castris suis non amplius millia passuum decem abesse: trans id flumen omnes Nervios consedisse, adventumque ibi Romanorum exspectare una cum Atrebatibus et Veromanduis, finitimis suis. Nam his utrisque persuaserant, ut eandem belli fortunam experirentur. Exspectari etiam ab his Aduaticorum copias, atque esse in itinere. Mulieres, quique per ætatem ad pugnam inutiles viderentur, in eum locum coniecisse; quo propter paludes exercitui aditus non esset. Cæsar, his rebus cognitis, exploratores centurionesque præmittit, qui locum castris idoneum deligant. Quumque ex dedititiis Belgis, reliquisque Gallis complures Cæsarem secuti, una iter facerent; quidam ex his (ut postea ex captivis cognitum est) eorum dierum consuetudine itineris nostri exercitus perspecta, nocte ad Nervios pervenerunt, atque his demonstrarunt, inter singulas legiones impedimentorum magnum numerum intercedere; neque esse quidquam negotii, quum prima legio in castra venisset, reliquæque legiones magnum spatium abessent, hanc sub sarcinis adoriri. Qua pulsa, impedimentisque direptis, futurum, ut reliquæ contra consistere non auderent. Adiuvabat etiam eorum consilium, qui rem deferebant, quod Nervii antiquitus, quum equitatu nihil possent, (neque enim ad hoc tempus ei rei student, sed quid-

los Estandartes ?
el hombre que iva a lo qual iva
vino las pacetillas y el cuello abaxo
a los libros

LIBRO SEGUNDO. 89

'gun mercader daban[14] entrada; ni permitian introducir vi-
'nos, ni cosas semejantes que sirven para el regalo; persua-
'didos a que con tales generos se afeminan los animos y pier-
'den su vigor; siendo ellos naturalmente bravos y forzudos:
'que daban en rostro y afrentaban a los demas Belgas, por-
'que a gran mengua de la valentia heredada con la sangre, se
'habian sugetado al Pueblo Romano: que ellos por su parte
'protestaban de no proponer ni admitir condiciones de paz.'

Llevaba tres dias de jornada Cesar por las tierras de
estos, quando le digeron los prisioneros, que a diez millas
de sus tiendas corria el rio Sambre, en cuya parte opuesta
estaban acampados los Nervios, aguardando alli su venida, unidos con los Atrebates y Vermandeses sus vecinos:
a los quales habian inducido a seguir la misma fortuna en
la guerra: que esperaban tambien tropas de los Advaticos
que venian marchando: que a sus mugeres y demas personas inhabiles por la edad para el egercicio de las armas,
tenian recogidas en un parage impenetrable al egercito por
las lagunas. Cesar con estas noticias embió delante algunos
batidores y centuriones a procurar puesto acomodado para
el alojamiento. Mas como viniesen en su compañia varios
de los Belgas conquistados y otros Galos; algunos de ellos
(segun que despues se averiguó por los prisioneros) observado el orden de la marcha de nuestro egercito en aquellos dias, se fueron de noche a los Nervios, y les avisaron
de la gran porcion de bagage que mediaba entre legion
y legion: conque al llegar la primera al campo, quedando muy atrás las demas, era muy facil sorprenderla embarazada con la carga[15]: derrotada esta, y perdido el bagage, a buen seguro que las siguientes no se atreviesen a contrarestar. Era bien recibido el consejo; por quanto los Nervios, que ni antes usaron jamás (ni aora tampoco usan pelear acaballo, sino que todas sus fuerzas consisten en la

TOMO I. M

quid possunt, pedestribus valent copiis) quo facilius finitimorum equitatum, si prædandi causa ad eos venisset, impedirent, teneris arboribus incisis atque inflexis, crebrisque in latitudinem ramis enatis, et rubis sentibusque interiectis effecerant, ut instar muri hæ sepes munimenta præberent; quo non modo non intrari, sed ne perspici quidem posset. Iis rebus quum iter agminis nostri impediretur, non omittendum sibi consilium Nervii existimaverunt.

Loci natura erat hæc, quem locum nostri castris delegerant. Collis ab summo æqualiter declivis ad flumen Sabim, quod supra nominavimus, vergebat. Ab eo flumine pari acclivitate collis nascebatur adversus huic et contrarius, passus circiter ducentos infima apertus, ab superiore parte silvestris, ut non facile introrsus perspici posset. Intra eas silvas hostes in occulto sese continebant. In aperto loco secundum flumen paucæ stationes equitum videbantur. Fluminis erat altitudo pedum circiter trium. Cæsar, equitatu præmisso, subsequebatur omnibus copiis: sed ratio ordoque agminis aliter se habebat ac Belgæ ad Nervios detulerant. Nam, quod ad hostes appropinquabat, consuetudine sua Cæsar sex legiones expeditas ducebat. Post eas totius exercitus impedimenta collocabat. Inde duæ legiones, quæ proxime conscriptæ erant, totum agmen claudebant, præsidioque impedimentis erant. Equites nostri cum funditoribus sagittariisque flumen transgressi, cum hostium equitatu prœlium committunt. Quum se illi identidem in silvas ad suos reciperent, ac rursus ex silva in nostros impetum facerent, neque nostri longius, quam quem ad finem porrecta ac loca aperta pertinebant, cedentes insequi auderent; interim legiones sex, quæ primæ venerant, opere dimenso, castra munire cœperunt. Ubi prima impedimenta nostri exercitus ab iis, qui in silvis abditi latebant, visa sunt, quod tempus inter eos committendi

infanteria) para estorbar mas facilmente la caballeria de sus fronterizos en las ocasiones que hacia correrias, desmochando y doblando los arbolillos tiernos, entretegiendo en sus ramas zarzas y espinos a lo ancho, habian formado un seto, que les servia de muro tal y tan cerrado, que impedia no comoquiera la entrada, mas tambien la vista. Con este arte teniendo atajado el paso a nuestro egercito, juzgaron los Nervios que no era de despreciar el aviso.

La situacion del lugar elegido por los nuestros para fijar los reales era en un collado que tenia uniforme la bajada desde la cumbre hasta el rio Sambre, arriba mencionado. De su opuesta ribera se alzaba otro collado de igual elevacion enfrente del primero, despejado a la falda como doscientos pasos, y en la cima tan cerrado, que apenas podia penetrar dentro la vista. Detrás de estas breñas estaban emboscados los enemigos. En el raso a la orilla del rio, que tenia como tres pies de hondo, se divisaba tal qual piquete de caballeria. Cesar echando adelante la suya, seguíala con el grueso del egercito. Pero el orden de su marcha era bien diferente del que pintaron los Belgas a los Nervios: pues Cesar por la cercania del enemigo llevaba consigo, como solia, seis legiones sin mas tren que las armas: despues iban los equipages de todo el egercito, escoltados de las dos legiones recien alistadas, que cerraban la marcha. Nuestros caballos pasando el rio con la gente de honda y arco, trabaron combate con los caballos enemigos. Mientras estos ya se retiraban al bosque entre los suyos, ya salian de él a embestir con los nuestros, sin que los nuestros osasen ir tras ellos en sus retiradas mas allá del campo abierto; las seis legiones, que habian llegado las primeras, delineado el campo, empezaron a fortificarlo. Luego que los enemigos cubiertos en las selvas avistaron los primeros bagages de nuestro egercito, segun lo concertado entre sí, estando de

prælii convenerat, ita ut intra silvam aciem ordinesque constituerant, atque ipsi sese confirmaverant; subito omnibus copiis provolaverunt, impetumque in nostros equites fecerunt. His facile pulsis ac proturbatis, incredibili celeritate ad flumen decucurrerunt; ut pæne uno tempore et ad silvas, et in flumine, et iam in manibus nostris hostes viderentur. Eadem autem celeritate adverso colle ad nostra castra, atque eos, qui in opere occupati erant, contenderunt.

Cæsari omnia uno tempore erant agenda: vexillum proponendum, quod erat insigne quum ad arma concurri oporteret: signum tuba dandum: ab opere revocandi milites: qui paullo longius, aggeris petendi causa, processerant, arcessendi: acies instruenda: milites cohortandi: signum dandum. Quarum rerum magnam partem temporis brevitas, et successus et incursus hostium impediebat. Iis difficultatibus duæ res erant subsidio; scientia atque usus militum, quod superioribus prœliis exercitati, quid fieri oporteret, non minus commode ipsi sibi præscribere, quam ab aliis doceri, poterant; et quod ab opere singulisque legionibus singulos legatos Cæsar discedere, nisi munitis castris, vetuerat. Hi propter celeritatem et propinquitatem hostium, nihil iam Cæsaris imperium exspectabant; sed per se, quæ videbantur, administrabant. Cæsar, necessariis rebus imperatis, ad cohortandos milites, quam in partem sors obtulit, decucurrit; et ad legionem decimam devenit. Milites non longiore oratione est cohortatus, quam uti suæ pristinæ virtutis memoriam retinerent, neu perturbarentur animo, hostiumque impetum fortiter sustinerent. Et, quod non longius hostes aberant, quam quo telum adiici posset; prælii committendi signum dedit. Atque item in alteram partem cohortandi causa profectus, pugnantibus occurrit. Temporis tanta fuit exiguitas, hostiumque tam paratus ad dimicandum ani-

antemano bien prevenidos, y formados alli mismo en orden de batalla, derepente se dispararon con todas sus tropas, y se dejaron caer sobre nuestros caballos. Batidos y deshechos estos sin resistencia, con velocidad increible vinieron corriendo hasta el rio: de modo que casi a un mismo tiempo se les veia en el bosque, en el rio, y en combate con los nuestros. Los del collado opuesto con igual ligereza corrieron a asaltar nuestras trincheras y a los que trabajaban en ellas.

Cesar tenia que hacerlo todo a un tiempo: enarbolar el estandarte [16], que es la llamada a tomar las armas: hacer señal con la bocina: retirar los soldados de sus trabajos: llamar a los que se habian alejado en busca de fagina: esquadronar el egercito: dar la contraseña [17]: arengar a los soldados. Mas no permitia la estrechez del tiempo, ni la sucesion continua de negocios, ni la avenida de los enemigos, dar espediente a todas estas cosas. En medio de tantas dificultades dos circunstancias militaban a su favor: una era la inteligencia y práctica de los soldados, que como egercitados en las anteriores batallas, podian por sí mismos dirigir qualquier accion con tanta pericia como sus cabos: la otra, haber intimado Cesar la orden, que ninguno de los legados se apartase de su legion durante la faena del atrincheramiento. Asique vista la priesa y cercania del enemigo, sin aguardar las ordenes de Cesar, egecutaban lo que parecia del caso. Cesar dadas las providencias necesarias, corriendo a exortar a los soldados a donde le guió la suerte, encontró con la legion decima. No dijo mas a los soldados, sino que se acordasen de su antiguo valor, y sin asustarse, resistiesen animosamente al ímpetu de los enemigos. Y como estos ya estaban a tiro de dardo, hizo señal de acometer. Partiendo de alli a otra banda con el mismo fin de alentarlos, los halló peleando. El tiempo fue tan corto, los enemigos tan determinados al asalto, que no dieron lugar [18] a

mus, ut, non modo ad insignia accommodanda, sed etiam ad galeas induendas, scutisque tegmenta detrahenda, tempus defuerit. Quam quisque in partem ab opere casu devenit, quæque prima signa conspexit, ad hæc constitit: ne, in quærendo suos, pugnandi tempus dimitteret.

Instructo exercitu, magis ut loci natura, deiectusque collis, et necessitas temporis, quam ut rei militaris ratio atque ordo postulabat; quum diversis locis legiones aliæ alia in parte hostibus resisterent, sepibusque densissimis, ut ante demonstravimus, interiectis, prospectus impediretur; neque certa subsidia collocari, neque quid in quaque parte opus esset provideri, neque ab uno omnia imperia administrari poterant. Itaque, in tanta rerum iniquitate, fortunæ quoque eventus varii sequebantur. Legionis nonæ et decimæ milites, ut in sinistra parte aciei constiterant, pilis emissis, cursu ac lassitudine exanimatos, vulneribusque confectos Atrebates (nam his ea pars obvenerat) celeriter ex loco superiore in flumen compulerunt: et transire conantes, insecuti gladiis, magnam partem eorum impeditam interfecerunt. Ipsi transire flumen non dubitaverunt; et in locum iniquum progressi, rursus regressos ac resistentes hostes, redintegrato prœlio, in fugam dederunt. Item alia in parte diversæ duæ legiones, undecima et octava, profligatis Veromanduis, quibuscum erant congressi, ex loco superiore in ipsis fluminis ripis prœliabantur. At totis fere a fronte, et a sinistra parte nudatis castris, quum in dextro cornu legio duodecima, et non magno ab ea intervallo septima constitisset; omnes Nervii confertissimo agmine, duce Boduognato, qui summam imperii tenebat, ad eum locum contenderunt.

los nuestros para ponerse las ciméras, ni aun siquiera para ajustar las viséras de los yelmos, y quitar las fundas [19] a los escudos. Donde cada qual acertó a encontrarse al partir mano del trabajo, alli se paró, agregandose a las primeras banderas que se le pusieron delante, para no gastar el tiempo de pelear en buscar a los suyos.

Ordenado el egercito segun lo permitian la situacion del lugar, la cuesta de la colina, y la urgencia del tiempo mas que conforme al arte y disciplina militar; combatiendo separadas las legiones, qual en una parte, y qual en otra, impedida la vista por la espesura de los bardales interpuestos, de que hicimos antes mencion, no era factible que un hombre solo pudiese socorrer a todos a un tiempo, ni dar las providencias necesarias, ni mandarlo todo. Por lo qual en concurrencia de cosas tan adversas, eran varios a proporcion los sucesos de la fortuna. Los soldados de la nona y decima legion, esquadronados en el ala izquierda del egercito, disparando sus dardos a los Artesios, que tenian en frente, presto los precipitaron el collado abajo hasta el rio, ya sin aliento del mucho correr, y del cansancio, y mal parados de las heridas; y tentando pasarle, persiguiendolos espada en mano, degollaron gran parte de ellos, quando no podian valerse. Los nuestros no dudaron atravesar el rio: y como los enemigos, viendolos empeñados en un parage peligroso, intentasen hacerles frente, renovada la refriega, los obligaron a huir de nuevo. Por otra banda las legiones octava y undecima, despues de desalojar de la loma a los Vermandeses sus contrarios, proseguian batiendolos en las margenes mismas del rio. Pero quedando sin defensa los reales por la frente y costado izquierdo, estando apostada en el derecho la legion duodecima, y a corta distancia de esta la septima; todos los Nervios, acaudillados de su General Boduognato, cerrados en un esquadron muy apiñado, acometieron aquel

Quorum pars aperto latere legiones circumvenire, pars summum locum castrorum petere cœpit.

Eodem tempore equites nostri, levisque armaturæ pedites, qui cum his una fuerant, quos primo hostium impetu pulsos dixeram, quum se in castra reciperent, adversis hostibus occurrebant, ac rursus aliam in partem fugam petebant. Et calones, qui Decumana porta a summo iugo collis nostros victores flumen transire conspexerant, prædandi causa, egressi, quum respexissent, et hostes in nostris castris versari vidissent, præcipites sese fugæ mandabant. Simul eorum, qui cum impedimentis veniebant, clamor fremitusque oriebatur: aliique aliam in partem perterriti ferebantur. Quibus omnibus rebus permoti equites Treviri, quorum inter Gallos virtutis opinio est singularis, qui, auxilii causa a civitate missi, ad Cæsarem venerant, quum multitudine hostium castra nostra compleri, legiones premi, et pæne circumventas teneri, calones, equites, funditores Numidas, diversos dissipatosque in omnes partes, fugere vidissent; desperatis nostris rebus, domum contenderunt. Romanos pulsos superatosque, castris impedimentisque eorum hostes potitos, civitati renuntiaverunt.

Cæsar ab decimæ legionis cohortatione ad dextrum cornu profectus, ubi suos urgeri, signisque in unum locum collatis, duodecimæ legionis milites confertos sibi ipsis ad pugnam esse impedimento, quartæ cohortis omnibus centurionibus occisis, signiferoque interfecto, signo amisso, reliquarum cohortium omnibus fere centurionibus aut vulneratis, aut occisis, in his primopilo Publio Sextio Baculo, fortissimo viro, multis gravibusque vulneribus confecto, ut iam se sustinere non posset, reliquos esse tardiores, et nonnullos a novissimis desertos prælio excedere,

LIBRO SEGUNDO.

puesto; tirando unos por el flanco descubierto a coger en medio las legiones, y otros a subir la cima de los reales.

A este tiempo nuestros caballos con los soldados ligeros, que, como ya referí, iban en su compañia, quando fueron derrotados al primer ataque de los enemigos; viniendo a guarecerse dentro de las trincheras, tropezaban con los enemigos, y echaban a huir por otro lado. Pues los gastadores que a la puerta [20] trasera desde la cumbre del collado vieron a los nuestros pasar el rio en forma de vencedores; saliendo al pillage, como mirasen atrás, y viesen a los enemigos en medio de nuestro campo, precipitadamente huian a todo huir. En aquel punto y tiempo comenzaban a sentirse las voces y alaridos de los que conducian el bagage: conque corrian despavoridos unos acá, otros acullá sin orden ni concierto. Entonces los caballos Trevirenses, muy alabados de valientes entre los Galos, embiados de socorro a Cesar por su republica, sobrecogidos de tantos malos sucesos; viendo nuestros reales cubiertos de enemigos, las legiones estrechadas, y poco menos que cogidas; gastadores, caballos, honderos Númidas dispersos, descarriados, huyendo por donde podian; dandonos ya por perdidos, se volvieron a su patria con la noticia de que los Romanos quedaban rotos y vencidos; sus reales y bagages en poder de los enemigos.

Cesar, despues de haber animado a la legion decima, viniendo al costado derecho, como vio el aprieto de los suyos, apiñadas las banderas, los soldados de la duodecima legion tan pegados, que no podian manejar las armas, muertos todos los centuriones y el alferez de la quarta cohorte, perdido el estandarte; los de las otras legiones o muertos o heridos, y el [21] principal de ellos Publio Sestio Baculo, hombre valerosisimo, traspasado de muchas y graves heridas sin poderse tener en pie; que los demas caian en desaliento, y aun algunos desamparados de los que les hacian espaldas,

ac tela vitare, hostes neque a fronte ex inferiore loco subeuntes intermittere, et ab utroque latere instare, et rem esse in angusto vidit, neque ullum esse subsidium, quod submitti posset; scuto ab novissimis uni militi detracto, (quod ipse eo sine scuto venerat) in primam aciem processit; centurionibusque nominatim appellatis, reliquos cohortatus, milites signa inferre, et manipulos laxare iussit, quo facilius gladiis uti possent. Huius adventu spe illata militibus, ac redintegrato animo, quum pro se quisque in conspectu Imperatoris etiam in extremis suis rebus operam navare cuperet, paullum hostium impetus tardatus est. Caesar quum septimam legionem, quae iuxta constiterat, item urgeri ab hoste vidisset, tribunos militum monuit, ut paullatim sese legiones coniungerent, et conversa signa in hostes inferrent. Quo facto, quum aliis alii subsidium ferrent, neque timerent, ne aversi ab hoste circumvenirentur, audacius resistere, ac fortius pugnare coeperunt. Interim milites legionum duarum, quae in novissimo agmine praesidio impedimentis fuerant, proelio nuntiato, cursu incitato, in summo colle ab hostibus conspiciebantur. Et Titus Labienus, castris hostium potitus, et ex loco superiore, quae res in nostris castris gererentur, conspicatus, decimam legionem subsidio nostris misit. Qui, quum ex equitum et calonum fuga, quo in loco res esset, quantoque in periculo et castra, et legiones, et Imperator versaretur, cognovissent, nihil ad celeritatem sibi reliqui fecerunt. Horum adventu tanta rerum commutatio est facta, ut nostri, etiam qui vulneribus confecti procubuissent, scutis innixi, proelium redintegrarent; tum calones, perterritos hostes conspicati, etiam inermes armatis occurrerent. Equites vero, ut turpitudinem fugae virtute

abandonaban su puesto hurtando el cuerpo a los golpes; que los enemigos subiendo la cuesta ni por la frente daban treguas, ni los dejaban respirar por los costados, reducidos al estremo, sin esperanza de ser ayudados; arrebatando el escudo [22] a un soldado de las ultimas filas (que Cesar se vino sin él por la priesa) se puso a la frente; y nombrando a los centuriones por su nombre, exortando a los demas, mandó avanzar y ensanchar las filas para que pudieran servirse mejor de las espadas. Con su presencia recobrando los soldados nueva esperanza y nuevos brios, deseoso cada qual de hacer los ultimos esfuerzos a vista del General en medio de su mayor peligro, cejó algun tanto el ímpetu de los enemigos. Advirtiendo Cesar que la legion septima, alli cerca, se hallaba tambien en grande aprieto, insinuó a los tribunos que fuesen poco a poco reuniendo las legiones, y todas a una cerrasen a banderas desplegadas con el enemigo. Con esta evolucion, sosteniendose reciprocamente, sin temor ya de ser cogidos por la espalda, comenzaron a resistir con mas brio y a pelear con mas corage. En esto las dos legiones que venian escoltando los bagages de retaguardia, con la noticia de la batalla apretando el paso, se dejaban ya ver de los enemigos sobre la cima del collado. Y Tito Labieno, que se habia apoderado de sus reales, observando desde un alto el estado de las cosas en los nuestros, destacó la decima legion a socorrernos. Los soldados, infiriendo de la fuga de los caballos y gastadores la triste situacion y riesgo grande que corrian las trincheras, las legiones y el General, no perdieron punto de tiempo. Con su llegada se trocaron tanto las suertes, que los nuestros aun los mas postrados de las heridas, apoyados sobre los escudos renovaron el combate; hasta los mismos furrieres, viendo consternados a los enemigos, con estar desarmados, se atrevian con los armados. Pues los caballos, atrueque de borrar con proezas

delerent, omnibus in locis pugnabant, quo se legionariis militibus præferrent. At hostes, etiam in extrema spe salutis tantam virtutem præstiterunt, ut, quum primi eorum cecidissent, proximi iacentibus insisterent, atque ex eorum corporibus pugnarent; his deiectis, et coacervatis cadaveribus, qui superessent, ut ex tumulo tela in nostros coniicerent, pilaque intercepta remitterent; ut non nequidquam tantæ virtutis homines iudicari deberet ausos esse transire latissimum flumen, adscendere altissimas ripas, subire iniquissimum locum: quæ facilia ex difficillimis animi magnitudo redegerat.

Hoc prælio facto, et prope ad internecionem gente ac nomine Nerviorum redacto, maiores natu, quos una cum pueris, mulieribusque in æstuaria ac paludes collectos dixeramus, hac pugna nuntiata, quum victoribus nihil impeditum, victis nihil tutum arbitrarentur; omnium, qui supererant, consensu, legatos ad Cæsarem miserunt, seque ei dediderunt: et in commemoranda civitatis calamitate, ex sexcentis ad tres Senatores, ex hominum millibus sexaginta, vix ad quingentos, qui arma ferre possent, sese redactos esse dixerunt. Quos Cæsar, ut in miseros ac supplices usus misericordia videretur, diligentissime conservavit; suisque finibus atque oppidis uti iussit; et finitimis imperavit, ut ab iniuria et maleficio se suosque prohiberent.

Aduatici, de quibus supra scripsimus, quum omnibus copiis auxilio Nerviis venirent, hac pugna nuntiata, ex itinere domum reverterunt: cunctis oppidis castellisque desertis, sua omnia in unum oppidum egregie natura munitum contulerunt. Quod quum ex omnibus in circuitu partibus altissimas rupes despectusque haberet, una ex parte leniter acclivis aditus, in latitudinem non

de valor la infamia de la huida, combatian en todas partes, por aventajarse a los soldados legionarios. Al tanto los enemigos, ya sin esperanza de vida, se portaron con tal valentía, que al caer de los primeros, luego ocupaban su puesto los imediatos, peleando por sobre sus cuerpos: derribados estos, y amontonados los cadaveres, desde los quales como de parapeto nos disparaban los demas sus dardos, recogian los que les tirabamos, y volvianlos a arrojar contra nosotros: asique no es maravilla que hombres tan intrepidos osasen a esguazar un rio tan ancho, trepar por ribazos tan asperos, y apostarse en lugar tan escarpado: y es que todas estas cosas, bienque de suyo muy dificiles, se las facilitaba su bravura.

Acabada la batalla, y con ella casi toda la raza y nombre de los Nervios, los viejos que, segun digimos, estaban con los niños y las mugeres recogidos entre pantanos y lagunas, sabedores de la desgracia, considerando que para los vencedores todo es llano, y para los vencidos nada seguro; embiaron, de comun consentimiento de todos los que se salvaron, embajadores a Cesar, entregandose a discrecion: y encareciendo el infortunio de su republica, afirmaron, que de seiscientos Senadores les quedaban solos tres, y de sesenta mil combatientes apenas [23] llegaban a quinientos. A los quales Cesar, haciendo alarde de su clemencia para con los miserables y rendidos, conservó con el mayor empeño, dejandolos en la libre posesion de sus tierras y ciudades; y mandó a los rayanos, que nadie osase hacerles daño.

Los Aduáticos, de quien se habló ya, viniendo con todas sus fuerzas en socorro de los Nervios, oido el suceso de la batalla, dieron desde el camino la vuelta a su casa; y abandonando las poblaciones, se retiraron con quanto tenian a una plaza muy fuerte por naturaleza; que rodeada por todas partes de altisimos riscos y despeñaderos, por una sola tenia la entrada no muy pendiente, ni mas an-

amplius ducentorum pedum relinquebatur: quem locum duplici altissimo muro munierant. Tum magni ponderis saxa et præacutas trabes in muro collocarant. Ipsi erant ex Cimbris Teutonisque prognati; qui, quum iter in provinciam nostram atque Italiam facerent, his impedimentis, quæ secum agere ac portare non poterant, citra flumen Rhenum depositis, custodiæ ex suis ac præsidio sex millia hominum una reliquerunt. Hi, post eorum obitum, multos annos a finitimis exagitati, quum alias bellum inferrent, alias illatum defenderent; consensu eorum omnium pace facta, hunc sibi domicilio locum delegerunt. Ac, primo adventu exercitus nostri, crebras ex oppido excursiones faciebant, parvulisque præliis cum nostris contendebant. Postea, vallo pedum duodecim in circuitu quindecim millium, crebrisque castellis circummuniti, oppido sese continebant. Ubi, vineis actis, aggere exstructo, turrim constitui procul viderunt, primum irridere ex muro, atque increpitare vocibus, quo tanta machinatio ab tanto spatio institueretur? Quibusnam manibus, aut quibus viribus, præsertim homines tantulæ staturæ (nam plerisque hominibus Gallis, pro magnitudine corporum suorum, brevitas nostra contemtui est) tanti oneris turrim in muros sese collocare confiderent? Ubi vero moveri, et appropinquare mœnibus viderunt, nova atque inusitata specie commoti, legatos ad Cæsarem de pace miserunt, qui ad hunc modum locuti: 'Non se existimare, Romanos 'sine ope deorum bellum gerere, qui tantæ altitudinis 'machinationes tanta celeritate promovere, et ex pro-'pinquitate pugnare possent. Se suaque omnia eorum 'potestati permittere dixerunt. Unum petere ac depre-'cari, si forte pro sua clementia ac mansuetudine, quam 'ipsi ab aliis audissent, statuisset, Aduaticos esse con-

cha que de doscientos pies; pero guarnecida de dos elevadisimos revellines, sobre los quales habian colocado piedras gruesisimas y estacas puntiagudas. Eran los Aduáticos descendientes [24] de los Cimbros y Teutones, que al partirse para nuestra provincia y la Italia, descargando a la orilla del Rin los fardos que no podian llevar consigo, dejaron para su custodia y defensa a seis mil de los suyos. Los quales, muertos aquellos, molestados por muchos años de los vecinos con guerras ya ofensivas ya defensivas, hechas al fin las paces de comun acuerdo, hicieron aqui su asiento. Estos pues al principio de nuestra llegada hacian freqüentes salidas y escaramuzas con los nuestros. Despues, habiendo nosotros tirado una valla de doce pies en alto y quince mil en circuito, y bloqueadolos con baluartes de trecho en trecho, se mantenian cercados en la plaza. Mas quando armadas ya las galerias y formado el terraplen, vieron erigirse una torre a lo lejos, por entonces comenzaron desde los adarves a hacer mofa y fisga de los nuestros, gritando, a qué fin erigian máquina tan grande a tanta distancia? con qué brazos o fuerzas se prometian, mayormente siendo unos hombrezuelos, arrimar a los muros un torreon de peso tan enorme? (y es que los mas de los Galos, por ser de grande estatura, miran con desprecio la pequeñez de la nuestra). Mas quando repararon que se movia y acercaba a las murallas, espantados del nuevo y desusado espectaculo, despacharon a Cesar embajadores de paz, que hablaron en esta sustancia; 'que no podian menos de creer, que los Romanos guer-
'reaban asistidos de los Dioses, quando con tanta facilidad
'podian dar movimiento a máquinas de tanta elevacion, y
'pelear tan de cerca: por tanto se entregaban con todas las
'cosas en sus manos. Que si por dicha, usando de su cle-
'mencia y mansedumbre, de que ya tenian noticia, quisiese
'perdonar tambien a los Aduáticos, una sola cosa le pedian

'servandos, ne se armis despoliaret. Sibi omnes fere
'finitimos esse inimicos, ac suæ virtuti invidere; a
'quibus se defendere, traditis armis, non possent. Si-
'bi præstare, si in eum casum deducerentur, quam-
'vis fortunam a Populo Romano pati, quam ab his
'per cruciatum interfici, inter quos dominari consuessent.' Ad hæc Cæsar respondit: 'Se magis consuetu-
'dine sua, quam merito eorum, civitatem conservatu-
'rum; si prius, quam aries murum attigisset, se de-
'didissent; sed deditionis nullam esse conditionem, ni-
'si armis traditis: se id, quod in Nervios fecisset,
'facturum; finitimisque imperaturum, nequam dediti-
'tiis Populi Romani iniuriam inferrent.' Re nuntiata
ad suos, illi se, quæ imperarentur, facere dixerunt.
Armorum magna multitudine de muro in fossam, quæ
erat ante oppidum, iacta, sic ut prope summam muri aggerisque altitudinem acervi armorum adæquarent; et tamen circiter parte tertia, ut postea per-
spectum est, celata, atque in oppido retenta, portis patefactis, eo die pace sunt usi. Sub vesperum
Cæsar portas claudi, militesque ex oppido exire iussit, nequam noctu oppidani a militibus iniuriam acciperent. Illi, ante inito, ut intellectum est, consilio, quod, deditione facta, nostros præsidia deductu-
ros, aut denique indiligentius servaturos crediderant;
partim cum his, quæ retinuerant et celaverant, armis; partim, scutis ex cortice factis, aut viminibus
intextis, quæ subito (ut temporis exiguitas postulabat),
pellibus induxerant; tertia vigilia, qua minime arduus
ad nostras munitiones adscensus videbatur, omnibus
copiis repente ex oppido eruptionem fecerunt. Celeriter,
ut ante Cæsar imperaverat, ignibus significatione facta, ex proximis castellis eo concursum est; pugnatum-

'y suplicaban, no los despojase de las armas: que casi to-
'dos los comarcanos eran sus enemigos y envidiosos de su
'poder; de quienes mal podrian defenderse sin ellas: en tal
'caso les sería mejor sufrir de los Romanos qualquier aven-
'tura, que nó morir atormentados a manos de aquellos, a
'quienes solian dar la ley.' A esto respondio Cesar; 'que
'hubiera conservado la ciudad, no porque lo mereciese, si-
'no por ser esa su costumbre, caso de haberse rendido an-
'tes ²⁵ de batir la muralla; pero ya no habia lugar a la rendi-
'cion sin la entrega de las armas: haria sí con ellos lo mis-
'mo que con los Nervios; mandando a los confinantes, que
'se guardasen de hacer ningun agravio a los vasallos del
'Pueblo Romano.' Comunicada esta respuesta a los sitiados,
digeron estar prontos a cumplir lo mandado. Arrojada pues
gran cantidad de armas desde los muros al foso que ceñia la
plaza, de suerte que los montones de ellas casi tocaban con
las almenas y la plataforma, con ser que habian escondido
y reservado dentro una tercera parte, segun se averiguó despues; abiertas las puertas de par en par, estuvieron en paz
aquel dia. Al anochecer Cesar mandó cerrarlas, y a los soldados que saliesen fuera de la plaza, porque no se desmandase alguno contra los ciudadanos. Pero estos de antemano,
como se supo despues, convenidos entre sí, bajo el supuesto
de que los nuestros, hecha ya la entrega, o no harian guardias, o quando mucho no estarian tan alerta; parte valiendose de las armas reservadas y encubiertas, parte de rodelas
hechas de cortezas de arbol y de mimbres entretegidas, que
aforraron de pronto con pieles (no permitiendoles otra cosa
la falta de tiempo) sobre la media noche salieron de tropel
al improviso con todas sus tropas derechos a donde parecia
mas facil la subida a nuestras trincheras. Dado aviso al instante con fuegos, como Cesar lo tenia prevenido, acudieron
allá luego de los baluartes vecinos: los enemigos combatie-

que ab hostibus ita acriter, ut a viris fortibus in extrema spe salutis, iniquo loco contra eos, qui ex vallo turribusque tela iacerent, pugnari debuit, quum una in virtute omnis spes salutis consisteret. Occisis ad hominum millibus quatuor, reliqui in oppidum reiecti sunt. Postridie eius diei, refractis portis, quum iam defenderet nemo, atque intromissis militibus nostris, sectionem eius oppidi universam Cæsar vendidit. Ab his, qui emerant, capitum numerus ad eum relatus est millium quinquaginta trium.

Eodem tempore a Publio Crasso, quem cum legione una miserat ad Venetos, Unellos, Osismios, Curiosolitas, Sesuvios, Aulercos, Rhedones, quæ sunt maritimæ civitates, Oceanumque attingunt, certior factus est, omnes eas civitates in ditionem potestatemque Populi Romani esse redactas. His rebus gestis, omni Gallia pacata, tanta huius belli ad Barbaros opinio perlata est, ut ab his nationibus, quæ trans Rhenum incolerent, mitterentur legati ad Cæsarem, quæ se obsides daturas, imperata facturas, pollicerentur. Quas legationes Cæsar, quod in Italiam Illyricumque properabat, inita proxima æstate, ad se reverti iussit. Ipse in Carnutes, Andes, Turones, quæ civitates propinquæ his locis erant, ubi bellum gesserat, legionibus in hiberna deductis, in Italiam profectus est. Ob easque res, ex literis Cæsaris, dies quindecim supplicatio decreta est. Quod ante id tempus acciderat nulli.

ron con tal corage qual se debia esperar de hombres reducidos a la ultima desesperacion, sinembargo de la desigualdad del sitio contra los que desde la valla y torres les disparaban, como quienes tenian librada la esperanza de vivir en su brazo. Muertos hasta quatro mil, los demas fueron rebatidos a la plaza. Al otro dia rompiendo las puertas, sin haber quien resistiese, introducida nuestra tropa, Cesar vendio en almoneda todos los moradores de este pueblo con sus haciendas. El numero de personas vendidas, segun la lista que le exibieron los compradores, fue de cincuenta y tres mil.

Al mismo tiempo Publio Craso, embiado por Cesar con una legion a sugetar a los Venetos, Unélos, Osísmios, Curiosolitas, Sesuvios, Aulercos y Reñeses, pueblos maritimos sobre la costa del Océano, le dio aviso, cómo todos quedaban sugetos al Pueblo Romano. Concluidas estas empresas, y pacificada la Galia toda, fue tan celebre la fama de esta guerra divulgada hasta los barbaros, que las naciones Transrenanas embiaban a porfia embajadores a Cesar prometiendole la obediencia y rehenes en prendas de su lealtad; cuyo despacho, por estar de partida para Italia y el Ilírico, difirio por entonces, remitiendolos al principio del verano siguiente. Con eso, repartidas las legiones en quarteles de ibierno por las comarcas de Chartres, Anjou y Tours, vecinas a los paises que fueron el teatro de la guerra, marchó la vuelta de Italia. Por tan prosperos sucesos, leidas en Roma las cartas de Cesar, se mandaron hacer fiestas solemnes por quince dias [26]: demostracion hasta entonces nunca hecha con ninguno.

C. IULII CÆSARIS

COMMENTARIORUM

DE BELLO GALLICO

LIBER III.

Quum in Italiam proficisceretur Cæsar, Servium Galbam cum legione duodecima et parte equitatus, in Nantuates, Veragros, Sedunosque misit, qui a finibus Allobrogum et lacu Lemanno, et flumine Rhodano ad summas Alpes pertinent. Causa mittendi fuit, quod iter per Alpes, quo magno cum periculo magnisque portoriis mercatores ire consueverant, patefieri volebat. Huic permisit, si opus esse arbitraretur, uti in iis locis legionem, hiemandi causa, collocaret. Galba, secundis aliquot præliis factis, castellisque compluribus eorum expugnatis, missis ad eum undique legatis, obsidibusque datis, et pace facta, constituit cohortes duas in Nantuatibus collocare, ipse cum reliquis eius legionis cohortibus in vico Veragrorum, qui appellatur Octodurus, hiemare. Qui vicus positus in valle, non magna adiecta planicie, altissimis montibus undique continetur. Quum hic in duas partes flumine divideretur, alteram partem eius vici Gallis concessit; alteram vacuam ab illis relictam cohortibus ad hiemandum attribuit. Eum locum vallo fossaque munivit. Quum dies hibernorum complures transissent, frumentumque eo comportari iussisset; subito per exploratores certior factus est, ex ea parte vici, quam Gallis concesserat, omnes noctu discessisse, montesque, qui impenderent, a maxima multitudine Sedunorum et

COMENTARIOS

DE C. JULIO CESAR

DE LA GUERRA DE LAS GALIAS,

LIBRO III.

Estando Cesar de partida para Italia, embió a Servio Galba con la duodecima legion y parte de la caballeria a los Nantuates, Veragros y Sioneses, que desde los confines de los Alóbroges, lago Lemáno, y rio Ródano se estienden hasta lo mas encumbrado de los Alpes. Su mira en eso era franquear aquel camino, cuyo pasage solia ser de mucho riesgo y de gran dispendio para los mercaderes por los portazgos. Diole permiso para ibernar alli con la legion, si fuese menester. Galba, despues que hubo ganado algunas batallas, conquistado varios castillos de estas gentes, y recibido embajadores de aquellos contornos, y rehenes en prendas de la paz concluida; acordó de alojar a dos cohortes en los Nantuates, y él con las demas irse a pasar el ibierno en cierta aldea de los Veragros, llamada Octoduro [1], sita en una hondonada, a que se seguia una llanura de corta estension entre altisimas montañas. Como el lugar estuviese dividido por un rio en dos partes, la una dejó a los vecinos; la otra desocupada por estos destinó para quartel de las cohortes, guarneciendola con estacada y foso. Pasada ya buena parte del ibierno, y habiendo dado sus ordenes para el acarréo de las provisiones; repentinamente le avisaron las espias, cómo los Galos de noche habian todos abandonado el arrabal que les concedio para su morada, y que las alturas de las montañas estaban ocupadas de grandisimo gentío de Sioneses y

Veragrorum teneri. Id aliquot de causis acciderat, ut subito Galli belli renovandi, legionisque opprimendæ consilium caperent. Primum, quod legionem, neque eam plenissimam, detractis cohortibus duabus, et compluribus sigillatim, qui, commeatus petendi causa, missi erant, absentibus, propter paucitatem despiciebant; tum etiam, quod propter iniquitatem loci, quum ipsi ex montibus in vallem decurrerent, et tela coniicerent, ne primum quidem posse impetum suum sustineri existimabant. Accedebat, quod suos ab se liberos abstractos obsidum nomine dolebant; et Romanos, non solum itinerum causa, sed etiam perpetuæ possessionis, culmina Alpium occupare conari, et ea loca finitimæ provinciæ adiungere, sibi persuasum habebant. His nuntiis acceptis, Galba, (quum neque opus hibernorum, munitionesque plene essent perfectæ, neque de frumento reliquoque commeatu satis esset provisum; quod deditione facta, obsidibusque acceptis, nihil de bello timendum existimaverat) concilio celeriter convocato, sententias exquirere cœpit. Quo in concilio quum tantum repentini periculi præter opinionem accidisset, ac iam omnia fere superiora loca multitudine armatorum completa conspicerentur, neque subsidio veniri, neque commeatus supportari, interclusis itineribus, possent; prope iam desperata salute, nonnullæ huiusmodi sententiæ dicebantur, ut, impedimentis relictis, eruptione facta, iisdem itineribus, quibus eo pervenissent, ad salutem contenderent. Maiori tamen parti placuit, hoc reservato ad extremum consilio, interim rei eventum experiri, et castra defendere.

Brevi spatio interiecto, vix ut his rebus, quas constituissent, collocandis atque administrandis tempus daretur, hostes ex omnibus partibus, signo dato, decurrere; lapides gæsaque in vallum coniicere. Nostri, primo integris

Veragros. Los motivos que tuvieron los Galos para esta arrebatada resolucion de renovar la guerra con la sorpresa de la legion, fueron estos: primero, porque les parecia despreciable por su corto numero una legion, y esa no completa, por haberse destacado de ella dos cohortes, y estar ausentes varios piquetes de soldados embiados a buscar viveres por varias partes. Segundo, porque considerada la desigualdad del sitio, bajando ellos de corrida desde los montes al valle, disparando continuamente, se les figuraba que los nuestros no podrian aguantar ni aun la primera descarga. Por otra parte sentian en el alma se les hubiesen quitado sus hijos a titulo de rehenes, y daban por cierto que los Romanos pretendian apoderarse de los puertos de los Alpes, no solo para seguridad de los caminos, sino tambien para señorearse de aquellos lugares, y unirlos a su provincia confinante. Luego que recibio Galba este aviso (no estando todavia bien atrincherado ni proveido de viveres, por parecerle, que supuesta la entrega y las prendas que tenia, no era de temer ninguna sorpresa) convocando de pronto consejo de guerra, puso el caso en consulta. Entre los vocales, a vista de peligro tan grande, impensado y urgente, y de las alturas casi todas cubiertas de gente armada, sin poder ser socorridos con tropas ni viveres, cerrados los pasos; dandose casi por perdidos, eran algunos de dictamen, que abandonado el bagage, rompiendo por medio de los enemigos, por los caminos que habian traido se esforzasen a ponerse en salvo. Pero la mayor parte fue de sentir, que reservado este partido para el ultimo trance, por aora se probase fortuna, haciendose fuertes en los reales.

A poco rato, quanto apenas bastó para disponer y egecutar lo acordado, los enemigos, dada la señal, hételos que bajan corriendo a bandadas, arrojando piedras y dardos [a] a las trincheras. Al principio los nuestros, estando con las fuerzas

viribus fortiter repugnare, neque ullum frustra telum ex loco superiore mittere: ut quæque pars castrorum nudata defensoribus premi videbatur, eo occurrere, et auxilium ferre. Sed, hoc superari, quod diuturnitate pugnæ hostes defessi, prœlio excedebant, alii integris viribus succedebant: quarum rerum a nostris propter paucitatem fieri nihil poterat; ac non modo defesso ex pugna excedendi, sed ne saucio quidem eius loci, ubi constiterat, relinquendi, ac sui recipiendi facultas dabatur. Quum iam amplius horis sex continenter pugnaretur, ac non solum vires, sed etiam tela nostris deficerent, atque hostes acrius instarent, languidioribusque nostris, vallum scindere, et fossas complere cœpissent, resque esset iam ad extremum deducta casum; Publius Sextius Baculus, primipili centurio, quem Nervico prœlio compluribus confectum vulneribus diximus, et item Caius Volusenus tribunus militum, vir et consilii magni et virtutis, ad Galbam accurrunt, atque unam esse spem salutis docent; si, eruptione facta, extremum auxilium experirentur. Itaque, convocatis centurionibus, celeriter milites certiores facit, paullisper intermitterent prœlium, ac tantummodo tela missa exciperent, seque ex labore reficerent. Post, signo dato, e castris erumperent, atque omnem spem salutis in virtute ponerent. Quod iussi sunt, faciunt: ac subito omnibus portis eruptione facta, neque cognoscendi quid fieret, neque sui colligendi hostibus facultatem relinquunt. Ita commutata fortuna, eos, qui in spem potiundorum castrorum venerant, undique circumventos, interficiunt, et ex hominum millibus amplius triginta (quem numerum barbarorum ad castra venisse constabat) plus tertia parte interfecta, reliquos perterritos in fugam coniiciunt: ac, ne in locis quidem superioribus consistere, patiuntur. Sic omnibus hostium co-

enteras, se defendian vigorosamente sin perder tiro desde las barreras; y en viendo peligrar alguna parte de los reales por falta de defensores, corrian allá luego a cubrirla. Mas los enemigos tenian esta ventaja, que cansados unos del choque continuado, los reemplazaban otros de refresco; lo que no era posible por su corto numero a los nuestros: pues no comoquiera el cansado podia retirarse de la batalla, mas ni aun el herido desamparar su puesto. Continuado el combate por mas de seis horas, y faltando no solo las fuerzas, sino tambien las armas a los nuestros, cargando cada vez con mas furia los enemigos; como por la suma flaqueza de los nuestros comenzasen a llenar el foso y a querer forzar las trincheras; reducidas ya las cosas al estremo; el primer centurion Publio Sestio Baculo, que, como queda dicho, recibio tantas heridas en la jornada de los Nervios, váse corriendo a Galba y tras él Cayo Voluseno tribuno, persona de gran talento y valor, y le representan, que no resta esperanza de salvarse, si no se aventuran a salir rompiendo por el campo enemigo. Galba con esto, convocando los centuriones, advierte por su medio a los soldados, que suspendan por un poco el combate, y que no haciendo mas que recoger las armas que les tiren, tomen aliento; que despues al dar la señal saliesen de rebato, librando en su esfuerzo toda la esperanza de la vida. Como se lo mandaron, asi lo hicieron: rompen de golpe por todas las puertas[3], sin dar lugar al enemigo ni para reconocer qué cosa fuese, ni menos para unirse. Con eso, trocada la suerte, cogiendo en medio a los que se imaginaban ya dueños de los reales, los van matando a diestro y siniestro; y muerta mas de la tercera parte de mas de treinta mil barbaros (que tantos fueron, segun consta, los que asaltaron los reales) los restantes atemorizados son puestos en fuga, sin dejarlos hacer alto ni aun en las cumbres de los montes. Batidas asi y desarmadas

piis fusis, armisque exutis, se in castra munitionesque suas recipiunt. Quo prœlio facto, quod sæpius fortunam tentare Galba nolebat, atque alio sese in hiberna consilio venisse meminerat, aliis occurrisse rebus videbat; maxime frumenti commeatusque inopia permotus, postero die omnibus eius vici ædificiis incensis, in provinciam reverti contendit: ac nullo hoste prohibente, aut iter demorante, incolumem legionem in Nantuates, inde in Allobrogas, perduxit, ibique hiemavit.

His rebus gestis, quum omnibus de causis Cæsar pacatam Galliam existimaret, superatis Belgis, expulsis Germanis, victis in Alpibus Sedunis, atque ita, inita hieme, in Illyricum profectus esset, quod eas quoque nationes adire, et regiones cognoscere volebat; subitum bellum in Gallia coortum est. Eius belli hæc fuit causa. Publius Crassus adolescens cum legione septima proximus mare Oceanum in Andibus hiemabat. Is, quod in his locis inopia frumenti erat, præfectos tribunosque militum complures in finitimas civitates, frumenti commeatusque petendi causa, dimisit. Quo in numero erat Titus Terrasidius missus in Unellos; Marcus Trebius Gallus in Curiosolitas; Quintus Velanius cum Tito Silio in Venetos. Huius civitatis est longe amplissima auctoritas omnis oræ maritimæ regionum earum, quod et naves habent Veneti plurimas, quibus in Britanniam navigare consueverunt; et scientia atque usu nauticarum rerum reliquos antecedunt, et in magno impetu maris atque aperto, paucis portubus interiectis, quos tenent ipsi, omnes fere, qui eodem mari uti consueverunt, habent vectigales. Ab iis fuit initium retinendi Silii atque Velanii, quod per eos suos se obsides, quos Crasso dedissent, recuperaturos existimabant. Horum aucto-

las tropas enemigas, se recogieron los nuestros a sus quarteles y trincheras. Pasada esta refriega, no queriendo Galba tentar otra vez fortuna, atento que el suceso de su jornada fue muy diverso del fin que tuvo en venir a ibernar a estos lugares; sobre todo movido de la escasez de bastimentos, al dia siguiente pegando fuego a todos los edificios del burgo, dio la vuelta ácia la provincia, y sin oposicion ni embarazo de ningun enemigo condujo sana y salva la legion, primero a los Nantuates, y de allí a los Alóbroges, donde pasó el resto del ibierno.

Despues de estos sucesos, quando todo le persuadia a Cesar que la Galia quedaba enteramente apaciguada, por haber sido sojuzgados los Belgas, ahuyentados los Germanos, vencidos en los Alpes los Sioneses; y como en esa confianza entrado el ibierno se partiese para el Ilírico con deseo de visitar tambien estas naciones y enterarse de aquellos paises; se suscitó derepente una guerra improvisa en la Galia, con esta ocasion: Publio Craso el mozo con la legion septima tenia sus quarteles de ibierno en Anjou no lejos del Océano: por carecer de granos aquel territorio, despachó a las ciudades comarcanas algunos prefectos [4] y tribunos militares en busca de provisiones. De estos era Tito Terrasidio embiado a los Unélos, Marco Trebio Galo a los Curiosolitas, Quinto Velanio con Tito Silio a los Vaneses; cuya republica es la mas poderosa entre todas las de la costa, por quanto tienen gran copia de navios con que suelen ir a comerciar en Bretaña; y en la destreza y uso de la nautica se aventajan a los demas; y como son dueños de los pocos puertos que se encuentran en aquel golfo borrascoso y abierto, tienen puestos en contribucion a quantos por él navegan. Estos dieron principio a las hostilidades, arrestando a Silio y Velanio, con la esperanza de recobrar en cambio de Craso sus rehenes. Movidos de su egemplo los confi-

ritate finitimi adducti (ut sunt Gallorum subita et repentina consilia) eadem de causa Trebium Terrasidiumque retinent: et celeriter missis legatis, per suos principes inter se coniurant, nihil nisi communi consilio acturos, eundemque omnis fortunæ exitum esse laturos, reliquasque civitates sollicitant, ut in ea libertate, quam a maioribus acceperant, permanere, quam Romanorum servitutem perferre, mallent. Omni ora maritima celeriter ad suam sententiam perducta, communem legationem ad Publium Crassum mittunt; 'si velit suos reci-'pere, obsides sibi remittat.' Quibus de rebus Cæsar a Crasso certior factus, quod ipse aberat longius; naves interim longas ædificari in flumine Ligeri, quod influit Oceanum, remiges ex provincia institui, nautas gubernatoresque comparari iubet. His rebus celeriter administratis, ipse, quam primum per anni tempus potuit, ad exercitum contendit. Veneti reliquæque item civitates, cognito Cæsaris adventu, simul quod, quantum in se facinus admisissent, intelligebant, legatos (quod nomen ad omnes nationes sanctum inviolatumque semper fuisset) retentos ab se, et in vincula coniectos; pro magnitudine periculi bellum parare, et maxime ea, quæ ad usum navium pertinerent, providere instituunt, hoc maiore spe, quod multum natura loci confidebant: pedestria esse itinera concisa æstuariis, navigationem impeditam propter inscientiam locorum paucitatemque portuum, sciebant. Neque nostros exercitus propter frumenti inopiam diutius apud se morari posse, confidebant. Ac iam ut omnia contra opinionem acciderent, tamen se plurimum navibus posse: Romanos neque ullam facultatem habere navium, neque eorum locorum, ubi bellum gesturi essent, vada, portus, insulasque novisse: ac longe aliam esse navigationem in concluso ma-

nantes (que tan prontas y arrebatadas son las resoluciones de los Galos) arrestan por el mismo fin a Trebio y Terrasidio, y al punto con reciprocas embajadas conspiran entre sí por medio de sus cabezas, juramentandose de no hacer cosa sino de comun acuerdo, y de correr una misma suerte en todo acontecimiento. Inducen igualmente a las demas comunidades a querer antes conservar la libertad heredada, que nó sufrir la esclavitud de los Romanos. Atraidos en breve todos los de la costa a su partido, despachan de mancomun a Publio Craso una embajada, diciendo; 'que si quiere 'rescatar los suyos, les restituya los rehenes.' Enterado Cesar de estas novedades por Craso, como estaba tan distante, da orden de construir en tanto galeras en el rio Loire, que desagua en el Océano, de traer remeros de la provincia, y juntar marineros y pilotos. Egecutadas estas ordenes con gran diligencia, él luego que se lo permitio la estacion, vino derecho al egercito. Los Vaneses y demas aliados, sabida su llegada, y reconociendo juntamente la enormidad del delito que cometieron en haber arrestado y puesto en prisiones a los embajadores (cuyo caracter fue siempre inviolable y respetado de todas las naciones) conforme a la grandeza del peligro que les amenazaba, tratan de hacer los preparativos para la guerra, mayormente todo lo necesario para el armamento de los navios; muy esperanzados del buen suceso por la ventaja del sitio. Sabian que los caminos por tierra estaban a cada paso cortados por los pantános, la navegacion embarazosa por la ninguna práctica de aquellos parages, y ser muy contados los puertos: y presumian que nuestras tropas no podrian subsistir mucho tiempo en su pais por falta de viveres: y quando todo les saliese al revés, todavia por mar serian superiores sus fuerzas; pues los Romanos ni tenian navios ni conocimiento de los bagíos, islas y puertos de los lugares en que habian de hacer la guerra: ademas que no es

ri, atque in vastissimo atque apertissimo Oceano perspiciebant. His initis consiliis, oppida muniunt, frumenta ex agris in oppida comportant. Naves in Venetiam, ubi Caesarem primum bellum gesturum, constabat, quam plurimas possunt, cogunt. Socios sibi ad id bellum Osismios, Lexobios, Nannetes, Ambialites, Morinos, Diablintes, Menapios adsciscunt. Auxilia ex Britannia, quae contra eas regiones posita est, arcessunt.

Erant hae difficultates belli gerendi, quas supra ostendimus. Sed tamen multa Caesarem ad id bellum incitabant: iniuriae retentorum equitum Romanorum; rebellio facta post deditionem; defectio datis obsidibus; tot civitatum coniuratio; in primis, ne, hac parte neglecta, reliquae nationes idem sibi licere arbitrarentur. Itaque quum intelligeret omnes fere Gallos novis rebus studere, et ad bellum mobiliter celeriterque excitari; omnes autem homines natura libertati studere, et conditionem servitutis odisse; prius quam plures civitates conspirarent, partiendum sibi, ac latius distribuendum exercitum putavit. Itaque Titum Labienum legatum in Treviros, qui proximi Rheno flumini sunt, cum equitatu mittit. Huic mandat, Remos reliquosque Belgas adeat, atque in officio contineat; Germanosque, qui auxilio a Belgis arcessiti dicebantur, si per vim navibus flumen transire conentur, prohibeat. Publium Crassum cum cohortibus legionariis duodecim et magno numero equitatus in Aquitaniam proficisci iubet, ne ex his nationibus auxilia in Galliam mittantur, ac tantae nationes coniungantur. Quintum Titurium Sabinum legatum cum legionibus tribus in Unellos, Curiosolitas, Lexobiosque mittit, qui eam manum distinendam curet. Decimum Brutum adolescentem classi Gallicisque navibus, quas ex Pictonibus, et Santonis, reliquisque pacatis regionibus convenire ius-

todo uno navegar por el Mediterráneo entre costas, como por el Océano, mar tan dilatado y abierto. Con estos pensamientos fortifican sus ciudades; trasportan a ellas el trigo de los cortijos, juntan quantas naves pueden en el puerto de Vanes, no dudando que Cesar abriria por aqui la campaña. Se confederan con los Osismios, Lisienses, Nantesos, Ambialites, Morinos, Dublintes, Menapios, y piden socorro a la Bretaña, isla situada en frente de estas regiones.

Tantas como habemos dicho eran las dificultades de hacer la guerra; pero no eran menos los incentivos que tenia Cesar para emprender esta: el atentado de prender a los Caballeros Romanos; la rebelion despues de ya rendidos; la deslealtad contra la seguridad dada con rehenes; la conjuracion de tantos pueblos; sobre todo el recelo de que si no hacia caso de esto, no siguiesen su egemplo otras naciones. Por tanto, considerando que casi todos los Galos son amigos de novedades, faciles y ligeros en suscitar guerras; y que todos los hombres naturalmente son zelosos de su libertad y enemigos de la servidumbre; antes que otras naciones se ligasen con los rebeldes, acordó dividir en varios trozos su egercito distribuyendolos por las provincias. Con este fin embió a los Trevirenses, que alindan con el Rin, al legado Tito Labieno con la caballeria; encargandole visitase de pasada a los Remenses y demas Belgas, y los tuviese a raya: que si los Germanos llamados, a lo que se decia, de los Belgas, intentasen pasar por fuerza en barcas el rio, se lo estorbase. A Publio Craso con doce cohortes de las legiones, y buen numero de caballos, manda ir a Aquitania para impedir que de allá suministren socorros a la Galia, y se coliguen naciones tan poderosas. Al legado Quinto Titurio Sabino con tres legiones embia contra los Unélos, Curiosolitas y Lisienses para contenerlos dentro de sus límites. Da el mando de la esquadra y de las naves que hizo aprestar del Poitu,

serat, præfecit; et quum primum posset, in Venetos proficisci iubet. Ipse eo pedestribus copiis contendit. Erant eiusmodi fere situs oppidorum, ut posita in extremis lingulis promontoriisque, neque pedibus aditum haberent, quum ex alto se æstus incitavisset, quod bis semper accidit horarum duodecim spatio; neque navibus, quod, rursus minuente æstu, naves in vadis afflictarentur. Ita utraque re oppidorum oppugnatio impediebatur: ac, si quando magnitudine operis forte superati, extruso mari aggere ac molibus, atque his ferme mœnibus adæquatis, suis fortunis desperare cœperant; magno numero navium appulso, cuius rei summam facultatem habebant, sua omnia deportabant, seque in proxima oppida recipiebant. Ibi se rursus iisdem opportunitatibus loci defendebant. Hæc eo facilius magnam partem æstatis faciebant, quod nostræ naves tempestatibus detinebantur; summaque erat vasto atque aperto mari, magnis æstibus, raris ac prope nullis portubus, difficultas navigandi. Namque ipsorum naves ad hunc modum factæ armatæque erant. Carinæ aliquanto planiores, quam nostrarum navium, quo facilius vada, ac decessum æstus excipere possent: proræ admodum erectæ atque item puppes, ad magnitudinem fluctuum tempestatumque accommodatæ. Naves totæ factæ ex robore, ad quamvis vim et contumeliam perferendam. Transtra ex pedalibus in latitudinem trabibus confixa clavis ferreis, digiti pollicis crassitudine: anchoræ, pro funibus, ferreis catenis revinctæ. Pelles pro velis, alutæque tenuiter confectæ, sive propter lini inopiam atque eius usus inscientiam; sive, quod est magis verisimile, quod tantas tempestates Oceani, tantosque impetus ventorum sustineri, ac tanta onera navium regi velis non satis commode, arbitrabantur. Cum his navibus nostræ classi eiusmodi congressus erat; ut

del Santonge, y de otros paises fieles, al joven Decimo Bruto, con orden de hacerse quanto antes a la vela para Vanes: a donde marchó él mismo por tierra con la infanteria. Estando, como estan, aquellas poblaciones fundadas sobre cabos y promontorios, ni por tierra eran accesibles en la alta-marea que alli se esperimenta cada doce horas, ni tampoco por mar en la baja, quedando entonces las naves encalladas en la arena. Conque asi por el flujo, como por el reflujo, era dificultoso combatirlas: que si tal vez a fuerza de obras atajado el mar con diques y muelles terraplenados hasta casi emparejar con las murallas, desconfiaban los sitiados de poder defenderse, a la hora teniendo a mano gran numero de bageles, embarcábanse con todas sus cosas, y se acogian a los lugares vecinos; donde se hacian fuertes de nuevo, logrando las mismas ventajas en la situacion: lo que gran parte del estío podian hacer mas a su salvo; porque nuestra esquadra estaba detenida por los vientos contrarios; y era sumamente peligroso el navegar por mar tan vasto y abierto, siendo tan grandes las mareas, y casi ningunos los puertos. Por eso la construccion y armadura de las naves enemigas era en esta forma: las quillas algo mas planas [5] que las nuestras, a fin de manejarse mas facilmente en la baja-marea. La proa y popa muy erguidas contra las mayores olas y borrascas. La madera toda de roble, capaz de resistir a qualquier golpe violento. Los bancos de vigas tirantes de un pie de tabla [6], y otro de canto, clavadas con clavos de hierro gruesos como el dedo pulgar. Las áncoras en vez de cables amarradas con cadenas de hierro. En lugar de velas, pieles y badanas delgadas, o por falta de lino, o por ignorar su uso, o lo que parece mas cierto, por juzgar que las velas no tendrian aguante contra las tempestades deshechas del Océano y la furia de los vientos en vasos de tanta carga. Nuestra esquadra viniendose a encontrar con semejantes naves, solo les hacia ventaja en

una celeritate, et pulsu remorum præstarent; reliqua, pro loci natura, pro vi tempestatum, illis essent aptiora et accommodatiora. Neque enim his nostræ rostro nocere poterant (tanta in his erat firmitudo), neque propter altitudinem facile telum adiiciebatur, et eadem de causa minus incommode scopulis continebantur. Accedebat, ut, quum sævire ventus cœpisset, et se vento dedissent, et tempestatem ferrent facilius, et in vadis consisterent tutius, et ab æstu derelictæ, nihil saxa et cautes timerent. Quarum rerum omnium nostris navibus casus erant extimescendi.

Compluribus expugnatis oppidis, Cæsar, ubi intellexit frustra tantum laborem sumi, neque hostium fugam captis oppidis reprimi, neque his noceri posse, statuit exspectandam classem. Quæ ubi convenit, ac primum ab hostibus visa est; circiter ducentæ et viginti naves eorum paratissimæ atque omni genere armorum ornatissimæ e portu profectæ, nostris adversæ constiterunt. Neque satis Bruto, qui classi præerat, neque tribunis militum, centurionibusque, quibus singulæ naves erant attributæ, constabat, quid agerent, aut quam rationem pugnæ insisterent. Rostro enim noceri non posse cognoverant. Turribus autem excitatis tamen has altitudo puppium ex barbaris navibus superabat; ut neque ex inferiore loco satis commode tela adiici possent, et missa a Gallis gravius acciderent. Una erat magno usui res præparata a nostris, falces præacutæ, insertæ affixæque longuriis, non absimili forma muralium falcium. His quum funes, qui antennas ad malos destinabant, comprehensi adductique erant, navigio remis incitato, prærumpebantur. Quibus abscisis, antennæ necessario concidebant; ut, quum omnis Gallicis navibus spes in velis armamentisque consisteret, his ereptis, omnis usus navium uno tempore eriperetur. Reliquum erat certamen

la ligereza y manejo de los remos; en todo lo demas, segun la naturaleza del golfo y agitacion de sus olas, nos hacian notables ventajas; pues ni los espolones de nuestras proas podian hacerles daño (tanta era su solidez), ni era facil alcanzasen a su borde los tiros por ser tan altas; y por la misma razon estaban menos espuestas a barar. Demas de eso en arreciandose el viento, entregadas a él, aguantaban mas facilmente la borrasca, y con mayor seguridad daban fondo en poca agua; y aun quedando en seco, ningun riesgo temian de las peñas y arrecifes: siendo asi que nuestras naves estaban espuestas a todos estos peligros.

Cesar viendo que sibien lograba apoderarse de los lugares, nada adelantaba, pues ni incomodar podia a los enemigos, ni estorbarles la retirada; se resolvio a aguardar la esquadra: luego que arribó esta, y fue avistada de los enemigos, salieron contra ella del puerto casi doscientas y veinte naves, bien tripuladas y provistas de toda suerte de municiones. Pero ni Bruto, Director de la esquadra, ni los comandantes y capitanes de los navios sabian qué hacerse, o cómo entrar en batalla: porque visto estaba, que con los espolones no podian hacerles mella; y aun erigidas torres encima, las sobrepujaba tanto la popa de los bageles barbaros, que sobre no ser posible disparar bien desde abajo contra ellos, los tiros de los enemigos por la razon contraria nos habian de causar mayor daño. Una sola cosa prevenida de antemano nos hizo muy al caso; y fueron ciertas[7] hoces bien afiladas, caladas en barapalos a manera de guadañas murales. Enganchadas estas una vez en las cuerdas con que ataban las anténas a los mástiles, remando de boga, hacian pedazos el cordage; con lo qual caian de su peso las vergas: por manera que consistiendo toda la ventaja de la marina Galicana en velas y jarcias, perdidas estas, por lo mismo quedaban inservibles las naves. Entonces lo restante del combate de-

positum in virtute; qua nostri milites facile superabant; atque eo magis, quod in conspectu Cæsaris, atque omnis exercitus res gerebatur, ut nullum paullo fortius factum latere posset. Omnes enim colles et loca superiora, unde erat propinquus despectus in mare, ab exercitu tenebantur. Disiectis, ut diximus, antennis, quum singulas binæ aut ternæ naves circumsisterent, milites summa vi transcendere in hostium naves contendebant. Quod postquam barbari fieri animadverterunt, expugnatis compluribus navibus, quum ei rei nullum reperiretur auxilium; fuga salutem petere contenderunt. Ac, iam conversis in eam partem navibus, quo ventus ferebat, tanta subito malacia ac tranquillitas exstitit, ut se loco movere non possent. Quæ quidem res ad negotium conficiendum maxime fuit opportuna. Nam singulas nostri consectati, expugnaverunt; ut perpaucæ ex omni numero, noctis interventu, ad terram pervenerint, quum ab hora fere quarta usque ad solis occasum pugnaretur. Quo prælio bellum Venetorum totiusque oræ maritimæ confectum est. Nam quum omnis iuventus, omnes etiam gravioris ætatis, in quibus aliquid consilii aut dignitatis fuit, eo convenerant; tum navium quod ubique fuerat, unum in locum coegerant. Quibus amissis, reliqui neque quo se reciperent, neque quemadmodum oppida defenderent, habebant. Itaque se suaque omnia Cæsari dediderunt. In quos eo gravius Cæsar vindicandum statuit, quo diligentius in reliquum tempus a barbaris ius legatorum conservaretur. Itaque, omni senatu necato, reliquos sub corona vendidit.

Dum hæc in Venetis geruntur, Quintus Titurius Sabinus cum his copiis, quas a Cæsare acceperat, in fines Unellorum pervenit. His præerat Viridovix, ac summam imperii tenebat earum omnium civitatum, quæ defecerant; ex quibus exercitum magnasque copias coegerat. Atque

pendia del valor, en que sin disputa se aventajaban los nuestros: y mas, que peleaban a vista de Cesar y de todo el egercito, sin poder ocultarse hazaña de alguna cuenta; pues todos los collados y cerros que tenian las vistas al mar, estaban ocupados de las tropas. Derribadas las anténas en la forma dicha, embistiendo a cada navio dos o tres de los nuestros, los soldados hacian el mayor esfuerzo por abordar y saltar dentro. Los barbaros, visto el efecto, y muchas de sus naves apresadas, no teniendo ya otro recurso, tentaron huir por salvarse. Mas apenas enderezaron las proas ácia donde las conducia el viento, derepente se les echó y calmó tanto, que no podian menearse ni atras [8] ni adelante; que fue gran ventura para completar la victoria: porque, siguiendo los nuestros el alcance, las fueron apresando una por una, a escepcion de muy pocas, que sobreviniendo la noche, pudieron arribar a tierra, con ser que duró el combate desde las quatro del dia [9] hasta ponerse el sol. Con esta batalla se terminó la guerra de los Vaneses y de todos los pueblos maritimos: pues no solo concurrieron a ella todos los mozos y ancianos de algun credito en dignidad y gobierno, sino que trageron tambien de todas partes quantas naves habia: perdídas las quales, no tenian los demas donde guarecerse, ni arbitrio para defender los castillos. Por eso se rindieron con todas sus cosas a merced de Cesar: quien determinó castigarlos severisimamente, a fin de que los barbaros aprendiesen de alli adelante a respetar con mayor cuidado el derecho de los embajadores. Asique, condenados a muerte todos los Senadores, vendio a los demas por esclavos.

Mientras esto pasaba en Vanes, Quinto Titurio Sabino llegó con su destacamento a la frontera de los Unélos; cuyo caudillo era Viridovige, como tambien de todas las comunidades alzadas, en donde habia levantado un grueso egercito. Asimismo en este poco tiempo los Aulercos [10] Ebreu-

his paucis diebus Aulerci Eburovices, Lexoviique, senatu suo interfecto, quod auctores belli esse nolebant, portas clauserunt, seque cum Viridovige coniunxerunt; magnaque praeterea multitudo undique ex Gallia perditorum hominum latronumque convenerat, quos spes praedandi studiumque bellandi ab agricultura et quotidiano labore revocabat. Sabinus idoneo omnibus rebus loco castris sese tenebat; quum Viridovix contra eum duorum millium spatio consedisset, quotidieque productis copiis pugnandi potestatem faceret, ut iam non solum hostibus in contemtionem Sabinus veniret, sed etiam nostrorum militum vocibus nonnihil carperetur: tantamque opinionem timoris praebuit, ut iam ad vallum castrorum hostes accedere auderent. Id ea causa faciebat, quod cum tanta multitudine hostium, praesertim eo absente, qui summam imperii teneret, nisi aequo loco, aut opportunitate aliqua data, legato dimicandum non existimabat. Hac confirmata opinione timoris, idoneum quemdam hominem et callidum delegit Gallum ex iis, quos auxilii causa secum habebat. Huic magnis praemiis pollicitationibusque persuadet, uti ad hostes transeat: quid fieri velit, edocet. Qui ubi pro perfuga ad eos venit, timorem Romanorum proponit: quibus angustiis ipse Caesar a Venetis prematur, docet: neque longius abesse, quin proxima nocte Sabinus clam ex castris exercitum educat, et ad Caesarem, auxilii ferendi causa, proficiscatur. Quod ubi auditum est, conclamant omnes, occasionem negotii bene gerendi amittendam non esse: ad castra iri oportere. Multae res ad hoc consilium Gallos hortabantur: superiorum dierum Sabini cunctatio; perfugae confirmatio; inopia cibariorum, cui rei parum diligenter ab his erat provisum; spes Venetici belli; et quod fere libenter homines id quod volunt, credunt. Iis rebus adducti non prius Viridovigem, reliquosque duces ex concilio dimittunt, quam ab his

senses y Lisienses, degollando a sus Senadores porque se oponian a la guerra, cerraron las puertas y se ligaron con Viridovige juntamente con una gran chusma de bandoleros y salteadores que se les agregó de todas partes; los quales por la esperanza del pillage y aficion a la milicia tenian horror al oficio y continuo trabajo de la labranza. Sabino, que se habia acampado en lugar ventajoso para todo, no salia de las trincheras; dado que Viridovige alojado a dos millas de distancia, sacando cada dia sus tropas afuera, le presentaba la batalla: conque ya no solo era despreciado Sabino de los contrarios, sino tambien zaherido de los nuestros: y a tanto llegó la persuasion de su miedo, que ya los enemigos se arrimaban sin recelo a las trincheras. Hacia él esto por juzgar que un Oficial subalterno no debia esponerse a pelear con tanta gente sino en sitio seguro, o con alguna buena ocasion, mayormente en ausencia del General. Quando andaba mas valida esta opinion de su miedo, puso los ojos en cierto Galo de las tropas auxiliares, hombre abonado y sagaz; a quien con grandes premios y ofertas le persuade se pase a los enemigos, dandole sus instrucciones. El, llegado como desertor al campo de los enemigos, les representa el miedo de los Romanos; pondera quán apretado se halla Cesar de los Vaneses; que a mas tardar levantando el campo Sabino secretamente la noche imediata, iria a socorrerle. Lo mismo fue oir esto, que clamar todos a una voz; que no era de perder tan buen lance; ser preciso ir contra ellos. Muchas razones los incitaban a eso: la irresolucion de Sabino en los dias antecedentes; el dicho del desertor; la escasez de bastimentos, de que por descuido estaban mal provistos; la esperanza de que venciesen los Vaneses; y enfin porque de ordinario los hombres creen facilmente lo que desean. Movidos de esto, no dejan a Viridovige, ni a los demas capitanes salir de la junta hasta

sit concessum, arma uti capiant, et ad castra contendant. Qua re concessa, læti, velut explorata victoria, sarmentis virgultisque collectis, quibus fossas Romanorum compleant, ad castra pergunt. Locus erat castrorum editus, et paullatim ab imo acclivis; et circiter passus mille, huc magno cursu contenderunt, ut quam minimum spatii ad se colligendos, armandosque Romanis daretur; exanimatique pervenerunt. Sabinus, suos hortatus, cupientibus signum dat. Impeditis hostibus, propter ea, quæ ferebant, onera, subito duabus portis eruptionem fieri iubet. Factum est opportunitate loci, hostium inscitia ac defatigatione, virtute militum ac superiorum pugnarum exercitatione, ut ne unum quidem nostrorum impetum ferrent, ac statim terga verterent. Quos impeditos, integris viribus milites nostri consecuti, magnum numerum eorum occiderunt, reliquos equites consectati, paucos, qui ex fuga evaserant, reliquerunt. Sic uno tempore, et de navali pugna Sabinus, et de Sabini victoria Cæsar certior factus est: civitatesque omnes se statim Titurio dediderunt. Nam, ut ad bella suscipienda Gallorum alacer ac promptus est animus; sic mollis, ac minime resistens ad calamitates perferendas mens eorum est.

Eodem fere tempore Publius Crassus quum in Aquitaniam pervenisset, quæ pars, ut ante dictum est, et regionum latitudine, et multitudine hominum, ex tertia parte Galliæ est æstimanda, quum intelligeret in illis locis sibi bellum gerendum, ubi paucis ante annis Lucius Valerius Præconinus legatus, exercitu pulso, interfectus esset; atque unde Lucius Manilius Proconsul, impedimentis amissis, profugisset; non mediocrem sibi diligentiam adhibendam intelligebat. Itaque, re frumentaria provisa, auxiliis equitatuque comparato, multis præ-

darles licencia de tomar las armas, e ir contra el enemigo. Conseguida, tan alegres como si ya tuviesen la victoria en las manos, cargados de fagina con que llenar los fosos de los Romanos, van corriendo a los reales, que estaban en un altozano que poco a poco se levantaba del llano: al qual vinieron apresuradamente corriendo casi una milla por quitarnos el tiempo de apercibirnos; sibien ellos llegaron jadeando. Sabino, animados los suyos, da la señal que tanto deseaban. Mandoles salir de rebato por dos puertas, estando aun los enemigos con las cargas acuestas. La ventaja del sitio, la poca disciplina y mucho cansancio de los enemigos, el valor de los nuestros y su destreza adquirida en tantas batallas, fueron causa de que los enemigos, sin resistir ni aun la primera carga nuestra, volviesen al instante las espaldas. Mas como iban tan desordenados, alcanzados de los nuestros que los perseguian con las fuerzas enteras, muchos quedaron muertos en el campo: los demas, fuera de algunos que lograron escaparse, perecieron en el alcance de la caballeria. Con esto al mismo tiempo que Sabino recibio la noticia de la batalla naval, la tuvo Cesar de la victoria de Sabino; a quien luego se rindieron todos aquellos pueblos: porque los Galos son tan briosos y arrojados para emprender guerras, como afeminados y mal sufridos en las desgracias [11].

Casi a la misma sazon, llegado Publio Craso al Aquitania, que como queda dicho, por la estension del pais y por sus poblaciones merece ser reputada por la tercera parte de la Galia; considerando que iba a guerrear donde pocos años antes el Legado Lucio Valerio Preconino perdio la vida con el egercito, y de donde Lucio Manilio Proconsul, perdido el bagage, habia tenido que escapar; juzgó que debia prevenirse con la mayor diligencia. Con esa mira, proveyendose bien de viveres, de socorros y de caballos, convidando en particular a muchos militares conocidos por su valor de

terea viris fortibus Tolosa, Carcasone, et Narbone, quæ
sunt civitates Galliæ provinciæ, finitimæ his regionibus, nominatim evocatis, in Sotiatum fines exercitum
introduxit. Cuius adventu cognito, Sotiates, magnis
copiis coactis, equitatuque, quo plurimum valebant, in
itinere agmen nostrum adorti, primum equestre prœlium
commiserunt: deinde, equitatu suo pulso, atque insequentibus nostris, subito pedestres copias, quas in convalle
in insidiis collocaverant, ostenderunt. Hi, nostros disiectos adorti, prœlium renovaverunt: pugnatum est diu
atque acriter; quum Sotiates, superioribus victoriis freti, in sua virtute totius Aquitaniæ salutem positam
putarent; nostri autem, quid sine Imperatore, sine reliquis legionibus, adolescentulo duce, efficere possent, perspici cuperent. Tandem confecti vulneribus hostes, terga
vertere. Quorum magno numero interfecto, Crassus ex
itinere oppidum Sotiatum oppugnare cœpit: quibus fortiter resistentibus, vineas turresque egit. Illi, alias
eruptione intentata, alias cuniculis ad aggerem vineasque actis, cuius rei sunt longe peritissimi Aquitani, propterea quod multis locis apud eos ærariæ secturæ sunt;
ubi diligentia nostrorum nihil his rebus profici posse intellexerunt, legatos ad Crassum mittunt; seque in deditionem ut recipiat, petunt. Qua re impetrata, arma
tradere iussi, faciunt. Atque in ea re omnium nostrorum intentis animis, alia ex parte oppidi Adcantuannus, qui summam imperii tenebat, cum sexcentis devotis, quos illi Soldurios appellant, quorum hæc est conditio, ut omnibus in vita commodis una cum his fruantur, quorum se amicitiæ dediderint; siquid iis per vim
accidat, aut eundem casum una ferant, aut sibi mortem consciscant; neque adhuc hominum memoria repertus est quisquam, qui, eo interfecto, cuius se amicitiæ

Tolosa, Carcasona y Narbona, ciudades de nuestra provincia [12], confinantes con dichas regiones, entró con su egercito por las fronteras de los Sociates. Los quales al punto que lo supieron, juntando gran numero de tropas y su caballeria, en que consistia su mayor fuerza, acometiendo sobre la marcha a nuestro egercito, primero avanzaron con la caballeria; despues rechazada esta, y yendo al alcance los nuestros, subitamente presentaron la infanteria que tenian emboscada en una hondonada: conque arremetiendo a los nuestros desordenados, renovaron la batalla. El combate fue largo y porfiado; comoque, ufanos los Sociates por sus antiguas victorias, estaban persuadidos a que de su valor pendia la libertad de toda la Aquitania. Los nuestros por su parte deseaban mostrar por la obra quál era su esfuerzo aun en ausencia del General, y sin ayuda de las otras legiones, mandandolos un mozo de poca edad. Al fin acuchillados los enemigos, volvieron las espaldas: y muertos ya muchos, Craso de camino se puso a sitiar la capital de los Sociates. Viendo que era vigorosa la resistencia, armó las baterias. Los sitiados a veces tentaban hacer salidas, a veces minar las trincheras y obras; en lo qual son diestrisimos los Aquitanos a causa de las minas que tienen en muchas partes. Mas visto que nada les valia contra nuestra vigilancia, embian diputados a Craso, pidiendole los recibiese a partido. Otorgandoselo, y mandandoles entregar las armas, las entregan. Estando todos los nuestros ocupados en esto, he aquí que sale por la otra parte de la ciudad su Gobernador Adcantuano con seiscientos de su devocion, a quienes llaman ellos Soldurios [13]. Su profesion es participar de todos los bienes de aquellos a cuya amistad se sacrifican, mientras viven: y si les sucede alguna desgracia, o la han de padecer con ellos, o darse la muerte: ni jamas hubo entre los tales quien, muerto su dueño, quisiese sobrevivirle.

devovisset, mori recusaret; cum iis Adcantuannus eruptionem facere conatus, clamore ab ea parte munitionis sublato, quum ad arma milites concurrissent, vehementerque ibi pugnatum esset, repulsus in oppidum est: uti tamen eadem deditionis conditione uteretur, a Crasso impetravit.

Armis obsidibusque acceptis, Crassus in fines Vocatiorum et Tarusatium profectus est. Tum vero barbari commoti, quod oppidum et natura loci et manu munitum, paucis diebus, quibus eo ventum erat, expugnatum cognoverant; legatos quoquo versus dimittere, coniurare, obsides inter se dare, copias parare, coeperunt. Mittuntur etiam ad eas civitates legati, quae sunt citerioris Hispaniae, finitimae Aquitaniae: inde auxilia ducesque arcessuntur. Quorum adventu magna cum auctoritate, et magna cum hominum multitudine bellum gerere conantur. Duces vero ii deliguntur, qui una cum Quinto Sertorio omnes annos fuerant, summamque scientiam rei militaris habere existimabantur. Ii, consuetudine Populi Romani loca capere, castra munire, commeatibus nostros intercludere, instituunt. Quod ubi Crassus animadvertit, suas copias propter exiguitatem non facile diduci, hostem et vagari, et vias obsidere, et castris satis praesidii relinquere; ob eam causam minus commode frumentum, commeatumque sibi supportari; in dies hostium numerum augeri; non cunctandum existimavit, quin pugna decertaret. Hac re ad concilium delata, ubi omnes idem sentire intellexit, posterum diem pugnae constituit. Prima luce productis omnibus copiis, duplici acie instructa, auxiliis in mediam aciem collocatis; quid hostes consilii caperent, exspectabat. Illi, etsi propter multitudinem et veterem belli gloriam, paucitatemque nostrorum, se tuto dimicaturos existimabant;

Habiendo pues [14] hecho su surtida con estos Adcantuano, a la griteria que alzaron los nuestros por aquella parte corrieron los soldados a las armas, y despues de un recio combate lo hicieron retirar adentro. No obstante recabó de Craso el ser comprendido en la misma suerte de los ya entregados.

Craso, luego que recibio las armas y rehenes, marchó la vuelta de los Vocates y Tarusates. En conseqüencia espantados los barbaros de ver tomada a pocos dias de cerco una plaza no menos fuerte por naturaleza que por arte, trataron por medio de mensageros despachados a todas partes, de mancomunarse, darse rehenes, y alistar gente. Embian tambien embajadores a las ciudades de la España citerior que confinan con Aquitania, pidiendo tropas y Oficiales espertos. Venidos que fueron, emprenden la guerra con gran reputacion y fuerzas muy considerables. Eligen por capitanes a los mismos que acompañaron siempre a Quinto Sertorio, y tenian fama de muy inteligentes en la milicia. En efecto abren la campaña conforme a la disciplina de los Romanos, tomando los puestos, fortificando los reales, y cortandonos los bastimentos. Craso advirtiendo no serle facil dividir por el corto numero sus tropas, quando el enemigo andaba suelto ya en correrias, ya en cerrarle los pasos, dejando buena guarnicion en sus estancias; que con eso le costaba no poco el proveerse de viveres; que por dias iba creciendo el numero de los enemigos; determinóse a no esperar mas, sino venir luego a batalla. Propuesta su resolucion en consejo, viendo que todos la aprobaban, dejóla señalada para el dia siguiente. En amaneciendo, hizo salir todas sus tropas, y habiendolas formado en dos cuerpos con las auxiliares en el centro, estaba atento a lo que harian los contrarios. Ellos, sibien por su muchedumbre y antigua gloria en las armas, y a vista del corto numero de los nuestros se daban por seguros del feliz

tamen tutius esse arbitrabantur, obsessis viis, commeatu intercluso, sine ullo vulnere victoria potiri: et, si propter inopiam rei frumentariæ Romani sese recipere cœpissent, impeditos in agmine et sub sarcinis inferiores animo adoriri cogitabant. Hoc consilio probato ab ducibus, productis Romanorum copiis, sese castris tenebant. Hac re perspecta, Crassus, quum sua cunctatione atque opinione, timidiores hostes, nostros milites alacriores ad pugnandum effecisset; atque omnium voces audirentur, exspectari diutius non oportere, quin ad castra iretur; cohortatus suos, omnibus cupientibus, ad hostium castra contendit. Ibi, quum alii fossas complerent, alii multis telis coniectis, defensores vallo munitionibusque depellerent, auxiliaresque, quibus ad pugnam non multum Crassus confidebat, lapidibus telisque subministrandis, et ad aggerem cespitibus comportandis, speciem atque opinionem pugnantium præberent; quum item ab hostibus constanter ac non timide pugnaretur, telaque ex loco superiore missa non frustra acciderent; equites, circuitis hostium castris, Crasso renuntiaverunt, non eadem esse diligentia ab Decumana porta castra munita; facilemque aditum habere. Crassus, equitum præfectos cohortatus, ut magnis præmiis pollicitationibusque suos excitarent, quid fieri velit, ostendit. Illi, ut erat imperatum, eductis quatuor cohortibus, quæ præsidio castris relictæ, integræ ab labore erant, et longiore itinere circumductis, ne ex hostium castris conspici possent, omnium oculis mentibusque ad pugnam intentis, celeriter ad eas, quas diximus, munitiones pervenerunt: atque his perruptis, prius in hostium castris constiterunt, quam plane ab his videri, aut quid rei gereretur, cognosci posset. Tum vero, clamore ab ea parte audito, nostri redintegratis viribus, quod plerum-

exito en el combate; todavia juzgaban por mas acertado, tomando los pasos e interceptando los viveres, conseguir la victoria sin sangre: y quando empezasen los Romanos a retirarse por falta de provisiones, tenian ideado dejarse caer sobre ellos a tiempo que con la faena de la marcha y del peso de las cargas se hallasen con menos brios. Aprobada por los capitanes la idea, aunque los Romanos presentaron la batalla, ellos se mantuvieron dentro de las trincheras. Penetrado este designio, Craso como con el credito adquirido en haber esperado a rostro firme al enemigo, hubiese infundido temor a los contrarios, y ardor a los nuestros para la pelea; clamando todos, que ya no se debia dilatar un punto el asalto de las trincheras; exortando a los suyos, conforme al deseo de todos, marchó contra ellas. Donde ocupados unos en cegar los fosos, otros en derribar a fuerza de dardos a los que montaban las trincheras; y hasta los estrangeros, de quienes Craso fiaba poco en orden a pelear, con aprontar piedras y armas, y traer céspedes para el terraplen, pasando por combatientes; defendiendose asimismo los enemigos con teson y bravura, disparando a golpe seguro desde arriba; nuestros caballos dado un giro a los reales, avisaron a Craso, que ácia la puerta trasera no se veia igual diligencia, y era facil la entrada. Craso, exortando a los capitanes de caballeria que animasen a sus soldados prometiendoles grandes premios, les dice lo que han de hacer. Ellos, segun la orden, sacadas de nuestros reales quatro cohortes que estaban de guardia y descansadas, conduciendolas por un largo rodéo, para que no pudieran ser vistas del enemigo, quando todos estaban mas empeñados en la refriega, llegaron sin detencion al lugar sobredicho de las trincheras; y rompiendo por ellas, ya estaban dentro quando los enemigos pudieron caer en cuenta de lo acaecido. Los nuestros sí, que oida la voceria de aquella parte, cobrando nuevo aliento, como de ordinario acontece quando

que in spe victoriæ accidere consuevit, acrius impugnare cœperunt. Hostes undique circumventi, desperatis omnibus rebus, se per munitiones deiicere, et fuga salutem petere contenderunt: quos equitatus apertissimis campis consectatus, ex millium quinquaginta numero, quæ ex Aquitania Cantabrisque venisse constabat, vix quarta parte relicta, multa nocte se in castra recipit. Hac audita pugna, maxima pars Aquitaniæ sese Crasso dedidit, obsidesque ultro misit: quo in numero fuerunt Tarbelli, Bigerriones, Preciani, Vocates, Tarusates, Elusates, Garites, Ausci, Garumni, Sibutzates, Cocosatesque. Paucæ ultimæ nationes, anni tempore confisæ, quod hiems suberat, id facere neglexerunt.

Eodem fere tempore Cæsar, etsi prope exacta iam æstas erat, tamen quod, omni Gallia pacata, Morini Menapiique supererant, qui in armis essent, neque ad eum umquam legatos de pace misissent, arbitratus id bellum celeriter confici posse, eo exercitum adduxit. Qui longe alia ratione, ac reliqui Galli, bellum gerere cœperunt. Nam, quod intelligebant, maximas nationes, quæ prœlio contendissent, pulsas superatasque esse, continentesque silvas ac paludes habebant; eo se suaque omnia contulerunt. Ad quarum initium silvarum quum pervenisset Cæsar, castraque munire instituisset, neque hostis interim visus esset; dispersis in opere nostris, subito ex omnibus partibus silvæ evolaverunt, et in nostros impetum fecerunt. Nostri celeriter arma ceperunt, eosque in silvas repulerunt: et, compluribus interfectis, longius impeditioribus locis secuti, paucos ex suis desideraverunt. Reliquis deinceps diebus Cæsar silvas cædere instituit: et ne quis inermibus imprudentibusque militibus ab latere impetus fieri posset, omnem eam materiam, quæ erat cæsa, conversam ad

Columna Trajana

ue apenas llegaba a cubrir las
la faxa, que quando el Solda
olgar baxo la coraza
oldado Romano debia llevar
er circunstancia

se espera la victoria, comenzaron con mayor denuedo a batir los enemigos; que acordonados por todas partes, y perdída toda esperanza, se arrojaban de las trincheras abajo por escaparse. Mas perseguidos de la caballeria por aquellas espaciosas llanuras, de cincuenta mil hombres, venidos, segun constaba, de Aquitania y Cantabria, apenas dejó con vida la quarta parte, y ya muy de noche se retiró a los quarteles. A la nueva de esta batalla la mayor parte de Aquitania se rindio a Craso, embiandole rehenes espontaneamente, como fueron los Tarbélos, los Bigorreses, los Precianos, Vocates, Tarusates, Elusates, Garites, los de Aux y Garona, Sibutsates y Cocosates. Solas algunas naciones mas remotas, confiadas en la imediacion del ibierno, dejaron de hacerlo.

Cesar casi por entonces, aunque ya el estío se acababa, sinembargo, viendo que despues de sosegada toda la Galia, solos los Morinos y Menapios se mantenian rebeldes, sin haber tratado con él nunca de paz, pareciendole ser negocio de pocos dias esta guerra, marchó contra ellos: los quales determinaron hacerla siguiendo muy diverso plan que los otros Galos. Porque considerando cómo habian sido destruidas y sojuzgadas naciones muy poderosas que se aventuraron a pelear, teniendo ellos alderredor grandes bosques y lagunas, trasladaronse a ellas con todos sus haberes. Llegado Cesar a la entrada de los bosques, y empezando a fortificarse, sin que por entonces apareciese enemigo alguno; quando nuestra gente andaba esparcida en los trabajos, derepente se dispararon por todas las partes de la selva, y echaronse sobre ella. Los soldados tomaron al punto las armas, y los rebatieron matando a muchos; aunque, por querer seguirlos entre las breñas, perdieron tal qual de los suyos. Los dias siguientes empleó Cesar en rozar el bosque, formando de la leña cortada bardas opuestas al enemigo por las dos bandas, a fin de que por ninguna pudiesen asaltar a los soldados

hostem collocabat, et pro vallo ad utrumque latus exstruebat. Incredibili celeritate magno spatio paucis diebus confecto, quum iam pecus atque extrema impedimenta ab nostris tenerentur, ipsi densiores silvas peterent; eiusmodi tempestates sunt consecutæ, uti opus necessario intermitteretur, et continuatione imbrium diutius sub pellibus milites contineri non possent. Itaque, vastatis omnibus eorum agris, vicis ædificiisque incensis, Cæsar exercitum reduxit, et in Aulercis, Lexobiisque, reliquis item civitatibus, quæ proxime bellum fecerant, in hibernis collocavit.

quando estuvieran descuidados y sin armas. De este modo avanzando en poco tiempo gran trecho con presteza increible, tanto que ya los nuestros iban a tomar sus ganados y la zaga del bagage; emboscandose ellos en lo mas fragoso de las selvas, sobrevinieron temporales tan recios, que fue necesario interrumpir la obra, pues no podian ya los soldados guarecerse por las continuas lluvias en las tiendas. Asique talados sus campos, quemadas las aldeas y caserias, Cesar retiró su egercito, alojandolo en quarteles de ibierno, repartido por los Aulercos, Lisienses, y demas naciones, que acababan de hacer la guerra.

C. IULII CÆSARIS

COMMENTARIORUM

DE BELLO GALLICO

LIBER IV.

Ea, quæ secuta est hieme, qui fuit annus Cneo Pompeio Marco Crasso Consulibus, Usipetes Germani, et item Tenchtheri, magna cum multitudine hominum flumen Rhenum transierunt, non longe a mari, quo Rhenus influit. Causa transeundi fuit, quod, ab Suevis complures annos exagitati, bello premebantur, et agricultura prohibebantur. Suevorum gens est longe maxima et bellicosissima Germanorum omnium. Hi centum pagos habere dicuntur, ex quibus quotannis singula millia armatorum, bellandi causa, suis ex finibus educunt: reliqui, qui domi remanserint, se atque illos alunt: hi rursus invicem anno post in armis sunt; illi domi remanent. Sic neque agricultura, neque ratio neque usus belli intermittitur. Sed privati ac separati agri apud eos nihil est: neque longius anno remanere uno in loco, incolendi causa, licet. Neque multum frumento, sed maximam partem lacte atque pecore vivunt, multumque sunt in venationibus. Quæ res et cibi genere, et quotidiana exercitatione, et libertate vitæ (quod a pueris nullo officio aut disciplina assuefacti, nihil omnino contra voluntatem faciant) et vires alit, et immani corporum magnitudine homines efficit. Atque in eam se consuetudinem adduxerunt, ut locis frigidissimis neque vestitus præter pelles habeant; quarum propter exiguitatem magna est corporis pars aperta; et laventur in

COMENTARIOS

DE C. JULIO CESAR

DE LA GUERRA DE LAS GALIAS,

LIBRO IV.

Al ibierno siguiente, siendo Consules Cneo Pompeyo y Marco Craso, los Usipetes y Tencteros de la Germania en gran numero pasaron el Rin ácia su embocadura en el mar. La causa de su trasmigracion fue que los Suevos con la porfiada guerra de muchos años no los dejaban vivir ni cultivar sus tierras. Es la nacion de los Suevos la mas populosa y guerrera de toda la Germania. Dicese que tienen cien merindádes [1], cada una de las quales contribuye anualmente con mil soldados para la guerra. Los demas quedan en casa trabajando para sí y los ausentes. Al año siguiente alternan: van estos a la guerra, quedandose los otros en casa. De esta suerte no se interrumpe la labranza, y está suplida la milicia. Pero ninguno de ellos posee aparte terreno propio, ni puede morar mas de un año en un sitio: su sustento no es tanto de pan como de leche y carne, y son muy dados a la caza. Con eso, con la calidad de los alimentos, el egercicio continuo, y el vivir a sus anchuras (pues no sugetandose desde niños a oficio ni arte, en todo y por todo hacen su voluntad) se crian muy robustos y agigantados. Es tanta su habitual dureza, que siendo tan intensos los frios de estas regiones, no se visten sino de pieles, que por ser cortas, dejan al ayre mucha parte del cuerpo, y se bañan en los rios. Admiten a los merca-

fluminibus. Mercatoribus est ad eos aditus magis eo, ut, quæ bello ceperint, quibus vendant, habeant; quam quo ullam rem ad se importari desiderent. Quin etiam iumentis, quibus maxime Galli delectantur, quæque impenso parant pretio, Germani importatis non utuntur; sed, quæ sunt apud eos nata prava atque deformia, hæc quotidiana exercitatione, summi ut sint laboris, efficiunt. Equestribus prœliis sæpe ex equis desiliunt, ac pedibus prœliantur; equosque eodem remanere vestigio assuefaciunt: ad quos se celeriter, quum usus poscit, recipiunt. Neque eorum moribus turpius quidquam aut inertius habetur, quam ephippiis uti. Itaque ad quemvis numerum ephippiatorum equitum, quamvis pauci, adire audent. Vinum ad se omnino importari non sinunt, quod ea re ad laborem ferendum remollescere homines atque effeminari arbitrantur. Publice maximam putant esse laudem, quam latissime a suis finibus vacare agros: hac re significare, magnum numerum civitatum suam vim sustinere non potuisse. Itaque una ex parte a Suevis circiter millia passuum sexcenta agri vacare dicuntur. Ad alteram partem succedunt Ubii, quorum fuit civitas ampla atque florens, ut est captus Germanorum, et paullo, qui sunt eiusdem generis, etiam ceteris humaniores; propterea quod Rhenum attingunt, multique ad eos mercatores ventitant, et ipsi propter propinquitatem Gallicis sunt moribus assuefacti. Hos quum Suevi, multis sæpe bellis experti, propter amplitudinem gravitatemque civitatis, finibus expellere non potuissent, tamen vectigales sibi fecerunt, ac multo humiliores infirmioresque redegerunt.

In eadem causa fuerunt Usipetes, et Tenchtheri, quos supra diximus; qui, quum plures annos Suevorum vim sustinuerint, ad extremum tamen, agris expulsi, et mul-

deres, mas por tener a quien vender los despojos de la guerra, que por deseo de comprarles nada. Tampoco se sirven de bestias de carga traidas de fuera, al revés de los Galos que las estiman muchisimo, y compran muy caras; sino que a las suyas nacidas y criadas en el pais, aunque de mala traza y catadura ², con la fatiga diaria las hacen de sumo aguante. Quando pelean acaballo, se apean si es menester, y prosiguen apie la pelea; y teniendolos enseñados a no menearse del puesto, en qualquier urgencia vuelven a montar con igual ligereza. No hay cosa en su entender tan mal parecida y de menos valer como usar de jaeces. Asi por pocos que sean, se atreven con qualquier numero de caballos enjaezados. Ni permiten la introduccion del vino, por juzgar que con él se hacen los hombres regalones, afeminados, y enemigos del trabajo. Tienen por la mayor gloria del Estado el que todos sus contornos por muchas leguas esten despoblados; como en prueba de que gran numero de ciudades no ha podido resistir a su furia. Y aun aseguran que por la una banda de los Suevos no se ven sino páramos en espacio de seiscientas millas ³. Por la otra caen los Ubios, cuya republica fue ilustre y floreciente para entre los Germanos: y es asi que, respeto de los demas nacionales, estan algo mas civilizados, porque freqüentan su pais muchos mercaderes navegando por el Rin, en cuyas riberas habitan ellos, y por la vecindad con los Galos se han hecho a sus modales. Los Suevos han tentado muchas veces con repetidas guerras echarlos de sus confines; y aunque no lo han logrado por la grandeza y buena constitucion del gobierno, sinembargo los han hecho tributarios, y los tienen ya mucho mas humillados y enflaquecidos.

Semejante fue la suerte de los Usipetes y Tencteros arriba mencionados; los quales resistieron tambien muchos años a las armas de los Suevos: pero al cabo echados de sus

tis locis Germaniæ triennium vagati, ad Rhenum pervenerunt; quas regiones Menapii incolebant, et ad utramque ripam fluminis agros, ædificia, vicosque habebant. Sed tantæ multitudinis adventu perterriti, ex his ædificiis, quæ trans flumen habuerant, demigraverunt, et cis Rhenum dispositis præsidiis, Germanos transire prohibebant. Illi, omnia experti, quum, neque vi contendere propter inopiam navium, neque clam transire propter custodias Menapiorum, possent; reverti se in suas sedes regionesque simulaverunt, et tridui viam progressi, rursus reverterunt; atque omni hoc itinere una nocte equitatu confecto, inscios inopinantesque Menapios oppresserunt: qui, de Germanorum discessu per exploratores certiores facti, sine metu trans Rhenum in suos vicos remigraverant. His interfectis, navibusque eorum occupatis, priusquam ea pars Menapiorum, quæ citra Rhenum erat, certior fieret, flumen transierunt; atque omnibus eorum ædificiis occupatis, reliquam partem hiemis se eorum copiis aluerunt.

His de rebus Cæsar certior factus, et infirmitatem Gallorum veritus, quod sunt in consiliis capiendis mobiles, et novis plerumque rebus student, nihil his committendum existimavit. Est autem hoc Gallicæ consuetudinis, ut et viatores etiam invitos consistere cogant, et, quod quisque eorum de quaque re audierit aut cognoverit, quærant; et mercatores in oppidis vulgus circumsistat; quibus ex regionibus veniant, quasque res ibi cognoverint, pronuntiare cogant: et his rumoribus atque auditionibus permoti, de summis sæpe rebus consilia ineunt: quorum eos e vestigio pœnitere necesse est, quum incertis rumoribus serviant, et plerique ad voluntatem eorum ficta respondeant. Qua consuetudine cognita, Cæsar, ne graviori bello occurreret, maturius,

tierras, despues de haber andado tres años errantes por varios parages de Germania, vinieron a dar en el Rin por la parte que habitan los Menapios en cortijos y aldeas a las dos orillas del rio: los quales asustados con la venida de tanta gente, desampararon las habitaciones de la otra orilla; y apostando en la de acá sus cuerpos de guardia, no dejaban pasar a los Germanos. Estos, despues de tentarlo todo, viendo no ser posible el paso ni a osadas por falta de barcas, ni a escondidas por las centinelas y guardias de los Menapios, fingieron que tornaban a sus patrias; y andadas tres jornadas, dieron otra vez la vuelta; y desandado acaballo todo aquel camino en una noche, dieron de improviso sobre los Menapios quando mas desapercibidos y descuidados estaban; pues certificados por sus atalayas del regreso de los Germanos, habian vuelto sin recelo a las granjas de la otra parte del Rin. Muertos estos, y cogidas sus barcas, pasaron el rio antes que los Menapios de esta supiesen nada: conque apoderados de todas sus caserias, se sustentaron a costa de ellos lo restante del ibierno.

Enterado Cesar del caso, y recelando de la ligereza de los Galos, que [4] son voltarios en sus resoluciones, y por lo comun noveleros, acordó de no confiarles nada. Tienen los Galos la costumbre de obligar a todo pasagero a que se detenga, quiera o no quiera, y de preguntarle, qué ha oido o sabe de nuevo: y a los mercaderes en los pueblos luego que llegan, los cerca el populacho, importunandolos a que digan de dónde vienen, y qué han sabido por allá. Muchas veces sin mas fundamento que tales hablillas y cuentos, toman partido en negocios de la mayor importancia; de que forzosamente han de arrepentirse muy presto, gobernandose por voces vagas, y respondiendoles los mas, atrueque de complacerles, una cosa por otra. Como Cesar sabía esto, por no dar ocasion a una guerra mas peligrosa, parte para

quam consueverat, ad exercitum proficiscitur. Eo quum
venisset, ea, quæ fore suspicatus erat, facta cognovit: missas legationes a nonnullis civitatibus ad Germanos; invitatosque eos, uti ab Rheno discederent: omniaque, quæ postulassent, ab se fore parata. Qua spe adducti Germani, latius iam vagabantur, et in fines Eburonum, et Condrusorum, qui sunt Trevirorum clientes,
pervenerant. Principibus Galliæ evocatis, Cæsar, ea,
quæ cognoverat, dissimulanda sibi existimavit: eorumque animis permulsis et confirmatis, equitatuque impe-
rato, bellum cum Germanis gerere constituit.

 Re frumentaria comparata, equitibusque delectis,
iter in ea loca facere cœpit, quibus in locis Germanos
esse audiebat. A quibus quum paucorum dierum iter abesset, legati ab his venerunt, quorum hæc fuit oratio:
'Germanos neque priores Populo Romano bellum infer-
're; neque tamen recusare, si lacessantur, quin armis
'contendant; quod Germanorum consuetudo hæc sit a
'maioribus tradita; quicumque bellum inferant, resi-
'stere, neque deprecari: hoc tamen dicere, venisse in-
'vitos, eiectos domo: si suam gratiam Romani velint,
'posse eis utiles esse amicos; vel sibi agros attribuant,
'vel patiantur eos tenere, quos armis possederint. Sese
'unis Suevis concedere, quibus ne Dii quidem immor-
'tales pares esse possint: reliquum quidem in terris es-
'se neminem, quem non superare possint.' Ad hæc Cæsar, quod visum est, respondit: sed exitus fuit orationis: 'Sibi nullam cum his amicitiam esse posse, si
'in Gallia remanerent. Neque verum esse, qui suos
'fines tueri non potuerint, alienos occupare; neque ullos
'in Gallia vacare agros, qui dari, tantæ præsertim
'multitudini, sine iniuria possint: sed licere, si velint,
'in Ubiorum finibus considere, quorum sint legati apud

el egercito antes de lo que solia. Al llegar halló ser ciertas todas sus sospechas; que algunas ciudades habian convidado por sus embajadores a los Germanos a dejar el Rin, asegurandoles que tendrian a punto todo quanto pidiesen: los Germanos en esta confianza ya se iban alargando mas y mas en sus correrias hasta entrar por tierras de los Eburones y Condrusos, que son dependientes de Treveris. Cesar habiendo convocado a los gefes nacionales, determinó no darse por entendido de lo que sabía; sino que acariciandolos y ganandoles la voluntad, y ordenandoles que tuviesen pronta la caballeria, declara guerra contra la Germania.

Proveido pues de viveres y de caballeria escogida, dirigio su marcha ácia donde oía que andaban los Germanos. Estando ya a pocas jornadas de ellos, le salieron al encuentro sus embajadores, y le hablaron de esta manera: 'Los Germa-
'nos no quieren ser los primeros a declarar la guerra al Pue-
'blo Romano; ni tampoco la rehusan en caso de ser provoca-
'dos: por costumbre aprendida de sus mayores deben resis-
'tir, y no pedir merced a agresor alguno; debe saber una co-
'sa, y es que vinieron a mas no poder desterrados de su pa-
'tria. Si los Romanos quieren su amistad, podrá serles util,
'solo con darles algunas posesiones, o dejarles gozar de las
'que hubiesen conquistado: que a nadie conocen ventaja si-
'no a solos los Suevos, a quienes ni aun los Dioses imor-
'tales [5] pueden contrastar; fuera de ellos ninguno hay en el
'mundo a quien no puedan sojuzgar.' A tales proposiciones respondio Cesar lo que juzgó aproposito: la conclusion fue;
'que no podia tratar de amistad, mientras no desocupasen la
'Galia: no siendo [6] conforme a razon que vengan a ocupar
'tierras agenas los que no han podido defender las propias:
'ni habia en la Galia campos baldíos que poder repartir sin
'agravio, mayormente a tanta gente; pero les daria licencia,
'si quisiesen, para morar en el distrito de los Ubios, cuyos

'se, et de Suevorum iniuriis querantur, et a se auxilium
'petant: hoc se ab Ubiis impetraturum.' Legati, hæc se
ad suos relaturos, dixerunt; et, re deliberata, post diem
tertium ad Cæsarem reversuros: interea, ne propius se
castra moveret, petierunt. Ne id quidem Cæsar ab se
impetrari posse, dixit. Cognoverat enim, magnam partem equitatus ab iis aliquot diebus ante, prædandi frumentandique causa, ad Ambivaritos trans Mosam missam: hos exspectari equites, atque eius rei causa moram interponi, arbitrabatur.

Mosa profluit ex monte Vogeso, qui est in finibus
Lingonum, et, parte quadam ex Rheno recepta, quæ
appellatur Vahalis, insulam efficit Batavorum: neque
longius ab eo millibus passuum octoginta in Rhenum
transit. Rhenus autem oritur ex Lepontiis, qui Alpes
incolunt, et longo spatio per fines Nantuatium, Helvetiorum, Sequanorum, Mediomatricum, Tribocorum, Trevirorum citatus fertur: et, ubi Oceano appropinquavit, in plures diffluit partes, multis ingentibusque insulis effectis, quarum pars magna a feris barbarisque
nationibus incolitur: ex quibus sunt, qui piscibus, atque
ovis avium vivere existimantur; multisque capitibus in
Oceanum influit.

Cæsar quum ab hoste non amplius passuum duodecim millibus abesset, ut erat constitutum, ad eum legati revertuntur: qui in itinere congressi, magnopere, ne
longius progrederetur, orabant. Quum id non impetrassent,
petebant, 'uti ad eos equites, qui agmen antecessissent,
'præmitteret, eosque pugna prohiberet; sibique uti pot-
'estatem faceret in Ubios legatos mittendi: quorum si
'principes ac Senatus sibi iureiurando fidem fecissent, ea
'conditione, quæ a Cæsare ferretur, se usuros ostende-
'bant: ad has res conficiendas sibi tridui spatium daret.'

'embajadores se hallaban alli a quejarse de las injurias de los
'Suevos, y pedirle socorro: que se ofrecia él a recabarlo de
'los Ubios.' Dijeron los Germanos, que darian parte a los
suyos, y volverian con la respuesta al tercer dia. Suplicaronle que en tanto no pasase adelante. Cesar dijo, que ni
tampoco eso podia concederles; y es que habia sabido, que
algunos dias antes destacaron gran parte de la caballeria a
pillar y forragear en el pais de los Ambivaritos al otro lado
del rio Mosa: aguardábanla, a su parecer, y por eso pretendian la tregua.

El rio Mosa nace en el Monte Vauge adyacente al territorio de Langres, y con un brazo que recibe del Rin, y
se llama Vael, forma la isla de Batavia, y a ochenta millas
de dicho monte desagua en el Océano. El Rin tiene sus
fuentes en los Alpes, donde habitan los Leponcios, y corre
muchas leguas rapidamente por las regiones de los Nantuates, Helvecios, Sequanos, Metenses, Tribocos, Trevirenses;
y al acercarse al Océano, se derrama en varios canales, con
que abraza muchas y grandes islas, por la mayor parte habitadas de naciones barbaras y fieras; entre las quales se cree
que hay gentes que se mantienen solamente de la pesca y
de los huevos de las aves: finalmente por muchas bocas [7]
entra en el Océano.

Hallandose Cesar a doce millas no mas de distancia del
enemigo, vuelven los embajadores, segun lo concertado:
y saliendole al encuentro, le rogaban encarecidamente que
se detuviese. Habiendoselo negado, instaban 'que siquiera
'embiase orden a la caballeria que iba delante, que no co-
'metiese hostilidades, y a ellos entretanto les diese facultad
'de despachar una embajada a los Ubios: que como sus
'Principes y el Senado les concediesen salvoconduto con ju-
'ramento, prometian estar a lo que Cesar dispusiese. Que
'para egecutar lo dicho, les otorgase plazo de tres dias.'

Hæc omnia Cæsar eodem illo pertinere arbitrabatur, ut, tridui mora interposita, equites eorum, qui abessent, reverterentur: 'tamen sese non longius millibus 'passuum quatuor aquationis causa processurum eo die, 'dixit: huc postero die quam frequentissimi convenirent, 'ut de eorum postulatis cognosceret.' Interim ad præfectos, qui cum omni equitatu antecesserant, mittit, qui nuntiarent, ne hostes prœlio lacesserent; et, si ipsi lacesserentur, sustinerent, quoad ipse cum exercitu propius accessisset. At hostes, ubi primum nostros equites conspexerunt, quorum erat quinque millium numerus, quum ipsi non amplius octingentos equites haberent, quod ii, qui frumentandi causa ierant trans Mosam, nondum redierant; nihil nostris timentibus, quod legati eorum paullo ante a Cæsare discesserant, atque is dies induciis erat ab his petitus; impetu facto, celeriter nostros perturbaverunt: rursus resistentibus nostris, consuetudine sua ad pedes desilierunt, suffossisque equis, compluribusque nostris deiectis, reliquos in fugam coniecerunt; atque ita perterritos egerunt, ut non prius fuga desisterent, quam in conspectum agminis nostri venissent. In eo prœlio ex equitibus nostris interficiuntur quatuor et septuaginta, in his, vir fortissimus, Piso Aquitanus, amplissimo genere natus, cuius avus in civitate sua regnum obtinuerat, amicus ab Senatu nostro appellatus. Hic quum fratri intercluso ab hostibus auxilium ferret, illum periculo eripuit; ipse, equo vulnerato deiectus, quoad potuit, fortissime restitit. Quum circumventus, multis vulneribus acceptis, cecidisset; atque id frater, qui iam prœlio excesserat, procul animadvertisset, incitato equo, sese hostibus obtulit, atque interfectus est.

Hoc facto prœlio, Cæsar neque iam sibi legatos au-

Bien echaba de ver Cesar que todo esto se urdia con el mismo fin de que durante el triduo volviese a tiempo la caballeria destacada: comoquiera, respondioles que aquel dia no caminaria sino quatro millas para llegar a parage donde hubiese agua; que al siguiente viniesen a verse con él los mas que pudiesen, y examinaria entonces sus pretensiones. Embia luego orden a los capitanes que le precedian con la gente de acaballo que no provocasen al enemigo a combate; y que siendolo ellos, aguantasen la carga mientras él llegaba con el egercito. Pero los enemigos, luego que descubrieron nuestra caballeria compuesta de cinco mil hombres, puesto que no eran mas de ochocientos los suyos, porque los idos al forrage del otro lado del Mosa no eran todavia vueltos; estando sin ningun recelo los nuestros, fiados en que sus embajadores acababan de despedirse de Cesar, y que los mismos habian solicitado las treguas de este dia; acometiendo de rebato, en un punto desordenaron a los nuestros. Volviendo estos a rehacerse, los enemigos conforme a su disciplina echan pie a tierra, y derribando a varios con desjarretarles los caballos, pusieron a los demas en fuga, infundiendoles tal espanto, que no cesaron de huir hasta tropezar con nuestro egercito. En este reencuentro perecieron setenta y quatro de los nuestros; entre ellos Pison el Aquitano, varon fortisimo y de nobilisimo linage, cuyo abuelo, siendo Rey de su nacion, logró de nuestro Senado el renombre de Amigo. Este tal, acudiendo al socorro de su hermano cercado de los enemigos, lo libró de sus manos: él, derribado del caballo que se lo hirieron, mientras pudo se defendio como el mas valeroso. Como rodeado por todas partes, acribillado de heridas cayese en tierra, y de lejos lo advirtiese su hermano retirado ya del combate, metiendo espuelas al caballo, se arrojó a los enemigos, y tambien quedó muerto.

Despues de esta funcion veia Cesar no ser prudencia dar

diendos, neque conditiones accipiendas arbitrabatur ab iis, qui, per dolum atque insidias, petita pace, ultro bellum intulissent. Exspectare vero dum hostium copiæ augerentur, equitatusque reverteretur, summæ dementiæ esse iudicabat: et cognita Gallorum infirmitate, quantum iam apud eos hostes uno prœlio auctoritatis essent consecuti, sentiebat: quibus ad consilia capienda nihil spatii dandum existimabat. His constitutis rebus, et consilio cum legatis et quæstore communicato, ne quem diem pugnæ prætermitteret; opportunissima res accidit, quod postridie eius diei mane eadem et perfidia et simulatione usi Germani, frequentes, omnibus principibus maioribusque natu adhibitis, ad eum in castra venerunt; simul, ut dicebatur, sui purgandi causa, quod contra atque esset dictum, et ipsi petissent, prœlium pridie commisissent; simul, ut, siquid possent, de induciis fallendo impetrarent. Quos sibi Cæsar oblatos gavisus, retineri iussit: ipse omnes copias castris eduxit: equitatum, quod recenti prœlio perterritum esse existimabat, agmen subsequi iussit. Acie triplici instituta, et celeriter octo millium itinere confecto, prius ad hostium castra pervenit, quam, quid ageretur, Germani sentire possent. Qui, omnibus rebus subito perterriti, et celeritate adventus nostri, et discessu suorum, neque consilii habendi, neque arma capiendi spatio dato, perturbantur, copiasne adversus hostem educere, an castra defendere, an fuga salutem petere, præstaret. Quorum timor quum fremitu et concursu significaretur, milites nostri, pristini diei perfidia incitati, in castra irruperunt. Quorum qui celeriter arma capere potuerunt, paullisper nostris restiterunt, atque inter carros impedimentaque prœlium commiserunt. At reliqua multitudo puerorum, mulierumque (nam cum omnibus suis domo excesserant, Rhenumque

LIBRO QUARTO.

ya oidos a embajadas, ni escuchar proposiciones de los que dolosamente y con perfidia, tratando de paz, le hacian guerra: pues el aguardar a que se aumentasen las tropas enemigas, y volviese su caballeria, tenialo por grandisimo desvario: demas que atenta la mutabilidad de los Galos, consideraba quán alto concepto habrian ya formado de los enemigos por un choque solo: y no era bien darles mas tiempo para maquinar otras novedades. Tomada esta resolucion, y comunicada con los Legados y el Qüestor, para no atrasar ni un dia la batalla, ocurrió felizmente que luego al siguiente de mañana vinieron a su campo muchos Germanos con sus Cabos y ancianos usando de igual alevosia y ficcion; socolor de disculparse de haber el dia antes quebrantado la tregua contra lo acordado y pedido por ellos mismos; como tambien para tentar si, dando largas, podian conseguir nuevas treguas. Alegróse Cesar de tan buena coyuntura, y mandó que los arrestasen [*]: y sin perder tiempo, alzó el campo, haciendo que la caballeria siguiese la retaguardia, por considerarla intimidada con la reciente memoria de su rota. Repartido el egercito en tres cuerpos, con una marcha forzada de ocho millas se puso sobre los reales de los enemigos primero que los Germanos lo echasen de ver. Los quales sobrecogidos de todo punto, sin acertar a tomar consejo ni las armas, asi por la celeridad de nuestra venida, como por la ausencia de los suyos, no acababan de atinar si seria mejor hacer frente al enemigo, o defender los reales, o salvarse por medio de la fuga, manifestandose su terror por los alaridos y bataola que traian: nuestros soldados hostigados de la traicion del otro dia, embistieron los reales: aqui los que de pronto pudieron tomar las armas hicieron alguna resistencia, combatiendo entre los carros y el fardage; pero la demas turba de niños y mugeres (que con todos los suyos salieron de sus tierras, y pasaron el Rin)

transierant) passim fugere coepit. Ad quos consectandos Caesar equitatum misit. Germani post tergum clamore audito, quum suos interfici viderent, armis abiectis, signisque militaribus relictis, se ex castris ieiecerunt; et quum ad confluentem Mosae et Rheni pervenissent, reliqua fuga desperata, magno numero interfecto, reliqui se in flumen praecipitaverunt; atque ibi, timore, lassitudine, et vi fluminis oppressi, perierunt. Nostri ad unum omnes incolumes, perpaucis vulneratis, ex tanti belli timore, quum hostium numerus capitum quadringentorum et triginta millium fuisset, se in castra receperunt. Caesar his, quos in castris retinuerat, discedendi potestatem fecit. Illi supplicia cruciatusque Gallorum veriti, quorum agros vexaverant, remanere se apud eum velle dixerunt. His Caesar libertatem concessit.

Germanico bello confecto, multis de causis Caesar statuit sibi Rhenum esse transeundum: quarum illa fuit iustissima, quod quum videret Germanos tam facile impelli, ut in Galliam venirent, suis quoque rebus eos timere voluit, quum intelligerent, et posse, et audere Populi Romani exercitum Rhenum transire. Accessit etiam quod illa pars equitatus Usipetum et Tenchtherorum, quam supra commemoravi praedandi frumentandique causa Mosam transisse, neque praelio interfuisse, post fugam suorum se trans Rhenum in fines Sicambrorum receperat, seque cum his coniunxerat. Ad quos quum Caesar nuntios misisset, qui postularent, eos, qui sibi Galliaeque bellum intulissent, uti sibi dederent, responderunt: 'Populi Romani imperium Rhenum fini-
're: si, se invito, Germanos in Galliam transire non
'aequum existimaret; cur sui quidquam esse imperii
'aut potestatis trans Rhenum postularet?' Ubii autem,

echaron luego a huir unos tras otros: en cuyo alcance destacó Cesar la caballeria. Los Germanos sintiendo detrás la griteria, y viendo degollar a los suyos, arrojadas las armas y dejadas las banderas, desampararon los reales; y llegados al parage donde se unen el Mosa y el Rin [9], siendo ya imposible la huida, despues de muertos muchos, los demas se precipitaron al rio; donde sofocados del miedo, del cansancio, y del impetu de la corriente, se ahogaron. Los nuestros todos con vida, sin faltar uno, con muy pocos heridos se recogieron a sus tiendas, libres ya del temor de guerra tan peligrosa: pues el numero de los enemigos no bajaba de quatrocientos y treinta mil. Cesar dió a los arrestados licencia de partirse. Mas ellos, temiendo las iras y tormentos de los Galos, cuyos campos saquearon, escogieron quedarse con él: y Cesar les concedió plena libertad.

Fenecida esta guerra de los Germanos, Cesar se determinó a pasar el Rin por muchas causas; siendo de todas la mas justa, que ya que los Germanos con tanta facilidad se movian a penetrar por la Galia, quiso meterlos en cuidado de sus haciendas con darles a conocer, que tambien el egercito Romano tenia maña y atrevimiento para pasar el Rin. Añadiase a eso, que aquel trozo de caballería de los Usipetes y Tencteros, que antes dige haber pasado el Mosa con el fin de pillar y robar, y no se halló en la batalla; sabida la rota de los suyos, se habia retirado al otro lado del Rin a tierras de los Sicambros, y confederádose con ellos: los quales apercibidos por Cesar para que se los entregasen como enemigos declarados suyos y de la Galia, respondieron; 'que el imperio Romano terminaba en el Rin: y si él se 'daba por agraviado de que los Germanos contra su volun-'tad pasasen a la Galia, con qué razon pretendia estender su 'imperio y jurisdicion mas allá del Rin?' Por el contrario

qui uni ex Transrhenanis ad Cæsarem legatos miserant, amicitiam fecerant, obsides dederant, magnopere orabant, ut sibi auxilium ferret, quod graviter ab Suevis premerentur; vel, si id facere occupationibus reipublicæ prohiberetur, exercitum modo Rhenum transportaret: id sibi ad auxilium spemque reliqui temporis satis futurum. Tantum esse nomen apud eos atque opinionem exercitus Romani, Ariovisto pulso, et hoc novissimo prœlio facto, etiam ad ultimas Germanorum nationes, uti opinione et amicitia Populi Romani tuti esse possint. Navium magnam copiam ad transportandum exercitum pollicebantur.

Cæsar his de causis, quas commemoravi, Rhenum transire decreverat: sed navibus transire neque satis tutum esse arbitrabatur, neque suæ, neque Populi Romani dignitatis esse statuebat. Itaque etsi summa difficultas faciendi pontis proponebatur propter latitudinem, rapiditatem, altitudinemque fluminis; tamen id sibi contendendum, aut aliter non transducendum exercitum existimabat. Rationem igitur pontis hanc instituit. Tigna bina sesquipedalia paullum ab imo præacuta, dimensa ad altitudinem fluminis, intervallo pedum duorum inter se iungebat. Hæc quum machinationibus demissa in flumen defixerat, fistucisque adegerat, non sublicæ modo directa ad perpendiculum, sed prona, ac fastigata, ut secundum naturam fluminis procumberent; his item contraria bina ad eundem modum iuncta, intervallo pedum quadragenorum ab inferiore parte contra vim atque impetum fluminis conversa statuebat: hæc utraque insuper bipedalibus trabibus immissis, quantum eorum tignorum iunctura distabat, binis utrimque fibulis ab extrema parte distinebantur: quibus disclusis, atque in contrariam partem revinctis, tanta erat operis firmi-

los Ubios, que habian sido los unicos que de aquellas partes embiaron embajadores a Cesar, entablando amistad, y dando rehenes; le instaban con grandes veras, viniese a socorrerlos, porque los Suevos los tenian en grave conflicto: que si los negocios de la republica no se lo permitian, se dejase ver siquiera con el egercito al otro lado del Rin: que esto solo bastaria para remediarse de presente, y esperar en lo por venir mejor suerte; siendo tanto el credito y fama de los Romanos aun entre los ultimos Germanos despues de la rota de Ariovisto y esta ultima victoria, que con sola su sombra y amistad podian vivir seguros: a este fin le ofrecieron gran numero de barcas para el transporte de las tropas.

Cesar por las razones ya insinuadas estaba resuelto a pasar el Rin: mas hacerlo en barcas ni le parecia bien seguro, ni conforme a su reputacion y a la del Pueblo Romano. Y asi, dado que se le representaba la suma dificultad de alzar puente sobre rio tan ancho, impetuoso y profundo; todavia estaba fijo en emprenderlo, o de otra suerte no trasportar el egercito. La traza, pues, que dió [10] fue esta. Trababa entre sí con separacion de dos pies dos maderos gruesos pie y medio, puntiagudos en la parte inferior, y largos [11] quanto era hondo el rio: metidos estos y encajados con ingenios dentro del rio, hincabalos con mazas batientes, no perpendicularmente a manera de postes, sino inclinados y tendidos ácia la corriente del rio: luego mas abajo a distancia de quarenta pies fijaba en frente de los primeros otros dos trabados del mismo modo y asestados contra el impetu de la corriente: de parte a parte atravesaban vigas gruesas de dos pies a medida del hueco entre las junturas de los maderos; en cuyo intermedio eran encajadas, asegurandolas de ambas partes en la estremidad con dos clavijas: las quales separadas y abrochadas al revés una con otra, consolidaban tanto la obra, y eran de tal arte dispuestas, que quanto

tudo, *atque ea rerum natura, ut, quo maior vis aquæ se incitavisset, hoc arctius illigata tenerentur. Hæc directa materia iniecta contexebantur, ac longuriis cratibusque consternebantur. Ac nihilo secius sublicæ ad inferiorem partem fluminis oblique adigebantur; quæ, pro pariete subiectæ, et cum omni opere coniunctæ, vim fluminis exciperent: et alia item supra pontem mediocri spatio; ut, si arborum trunci, sive naves, deiiciendi operis causa, essent a barbaris missæ, his defensoribus earum rerum vis minueretur, neu ponti nocerent.*

Diebus decem, quibus materia cœpta erat comportari, omni opere effecto, exercitus transducitur. Cæsar, ad utramque partem pontis firmo præsidio relicto, in fines Sicambrorum contendit. Interim a compluribus civitatibus ad eum legati veniunt, quibus pacem atque amicitiam petentibus, liberaliter respondit, obsidesque ad se adduci iubet. Sicambri ex eo tempore, quo pons institui cœptus est, fuga comparata, hortantibus his, quos ex Tenchtheris atque Usipetibus apud se habebant, finibus suis excesserant, suaque omnia exportaverant, seque in solitudinem ac silvas abdiderant. Cæsar paucos dies in eorum finibus moratus, omnibus vicis ædificiisque incensis, frumentisque succisis, se in fines Ubiorum recepit, atque his auxilium suum pollicitus, si a Suevis premerentur, hæc ab iis cognovit: Suevos, postquam per exploratores pontem fieri comperissent, more suo consilio habito, nuntios in omnes partes dimisisse, uti de oppidis demigrarent, liberos, uxores, suaque omnia in silvas deponerent; atque omnes, qui arma ferre possent, unum in locum convenirent: hunc esse delectum medium fere regionum earum, quas Suevi obtinerent: ibi Romanorum adventum exspectare, atque ibi decertare constituisse.

mas batiese la corriente, se apretaban tanto mas unas partes con otras. Estendiase por encima la tablazon a lo largo; y cubierto todo con travesaños y zarzos, quedaba formado el piso: con igual industria por la parte inferior del rio se plantaban puntales inclinados y unidos al puente que como machones [12] resistian a la fuerza de la corriente: y asimismo palizadas de otros semejantes a la parte arriba del puente a alguna distancia; para que si los barbaros con intento de arruinarle, arrojasen troncos de arboles o barcones, se disminuyese la violencia del golpe, y no empeciesen al puente.

Concluida toda la obra a los diez dias que se comenzó a juntar el material, pasa el egercito. Cesar, habiendo puesto buena guarnicion a la entrada y salida del puente, va contra los Sicambros. Vienenle al camino embajadores de varias naciones pidiendole la paz y su amistad: responde a todos con agrado, y manda le traygan rehenes. Los Sicambros desde que se principió la construccion del puente, concertada la fuga a persuasion de los Tencteros y Usipetes, que alojaban consigo, cargando con todas sus cosas, desamparadas sus tierras, se habian guarecido en los desiertos y bosques. Cesar habiendose detenido aqui algunos dias [13] en quemar todas las aldeas y caserias, y segar las mieses, retiróse a la comarca de los Ubios: y ofreciendoles su ayuda, si los Suevos continuasen sus estorsiones, vino a entender, que estos apenas se certificaron por sus espias, que se iba fabricando el puente, habido segun costumbre su consejo, despacharon mensageros por todas partes, avisando que abandonasen sus pueblos, y poniendo a recaudo en los bosques sus hijos, mugeres y haciendas, todos los de armas llevar acudiesen a cierto sitio: el señalado era como el centro de las regiones ocupadas por los Suevos: que alli esperaban la venida de los Romanos resueltos a no pelear en otra parte.

Quod ubi Cæsar comperit, omnibus his rebus confectis, quarum rerum causa exercitum transducere constituerat, ut Germanis metum iniiceret, ut Sicambros ulcisceretur, ut Ubios obsidione liberaret; diebus omnino octodecim trans Rhenum consumtis, satis et ad laudem et ad utilitatem profectum arbitratus, se in Galliam recepit, pontemque rescidit.

Exigua parte æstatis reliqua, Cæsar, etsi in his locis, quod omnis Gallia ad Septemtrionem vergit, maturæ sunt hiemes, tamen in Britanniam proficisci contendit, quod omnibus fere Gallicis bellis, hostibus nostris inde subministrata auxilia intelligebat: et, si tempus anni ab bellum gerendum deficeret; tamen magno sibi usui fore arbitrabatur, si modo insulam adisset, genus hominum perspexisset, loca, portus, aditus cognovisset: quæ omnia fere Gallis erant incognita. Neque enim temere præter mercatores illo adit quisquam: neque iis ipsis quidquam, præter oram maritimam, atque eas regiones, quæ sunt contra Galliam, notum est. Itaque, convocatis ad se undique mercatoribus, neque quanta esset insulæ magnitudo, neque quæ aut quantæ nationes incolerent, neque quem usum belli haberent, aut quibus institutis uterentur, neque qui essent ad maiorum navium multitudinem idonei portus, reperire poterat. Ad hæc cognoscenda, prius quam periculum faceret, idoneum esse arbitratus Caium Volusenum, cum navi longa præmittit. Huic mandat, ut, exploratis omnibus rebus, ad se quam primum revertatur. Ipse cum omnibus copiis in Morinos proficiscitur: quod inde erat brevissimus in Britanniam transiectus. Huc naves undique ex finitimis regionibus, et, quam superiore æstate ad Veneticum bellum fecerat classem, iubet convenire. Interim, consilio eius cognito, et per mercatores perlato

Con estas noticias, viendo Cesar finalizadas todas las cosas que le movieron al pasage del egercito, y fueron, meter miedo a los Germanos, vengarse de los Sicambros, librar de la opresion a los Ubios; gastados solos diez y ocho dias al otro lado del Rin, pareciendole haberse grangeado bastante reputacion [14] y provecho, dió la vuelta a la Galia, y deshizo el puente.

Al fin ya del estío, aunque en aquellas partes se adelanta el ibierno por caer toda la Galia al Norte, sinembargo intentó hacer un desembarco en Bretaña [15] por estar informado, que casi en todas las guerras de la Galia se habian suministrado de allí socorros a nuestros enemigos: que aun quando la estacion no le dejase abrir la campaña, todavia consideraba ser cosa de suma importancia ver por sí mismo aquella isla, reconocer la calidad de la gente; registrar los sitios, los puertos y las calas; cosas por la mayor parte ignoradas [16] de los Galos: pues por maravilla hay quien allá navegue fuera de los mercaderes: ni aun estos tienen mas noticia que de la costa y de las regiones que yacen frente de la Galia. En efecto despues de haberlos llamado de todas partes, nunca pudo averiguar ni la grandeza de la isla, ni el nombre y el numero de las naciones que habitaban en ella, ni quál fuese su egercicio en las armas, ni con qué leyes se gobernaban, ni qué puertos habia capaces de muchos navios de alto bordo. Para enterarse previamente de todo esto, despachó a Cayo Voluseno, de quien estaba muy satisfecho, dandole comision de que averiguado todo, volviese con la razon lo mas presto que pudiera. Entretanto marchó él con su egercito a los Morinos, porque desde allí era el paso mas corto [17] para la Bretaña. Aqui mandó juntar todas las naves de la comarca y la esquadra empleada el verano antecedente en la guerra de Vanes. En esto sabido su intento, y divulgado por los mercaderes

ad Britannos, a compluribus eius insulæ civitatibus ad eum legati veniunt, qui polliceantur, obsides dare, atque imperio Populi Romani obtemperare. Quibus auditis, liberaliter pollicitus hortatusque ut in ea sententia permanerent, eos domum remisit : et cum his una Commium, quem ipse, Atrebatibus superatis, regem ibi constituerat, cuius et virtutem et consilium probabat, et quem sibi fidelem arbitrabatur, cuiusque auctoritas in his regionibus magna habebatur, mittit. Huic imperat, quas possit, adeat civitates; horteturque, ut Populi Romani fidem sequantur; seque celeriter eo venturum nuntiet. Volusenus, perspectis regionibus, quantum ei facultatis dari potuit, qui navi egredi, ac se barbaris committere non auderet, quinta die ad Cæsarem revertitur; quæque ibi perspexisset, renuntiat.

Dum in his locis Cæsar navium parandarum causa moratur, ex magna parte Morinorum ad eum legati veneunt, qui se de superioris temporis consilio excusarent; quod homines barbari, et nostræ consuetudinis imperiti, bellum Populo Romano fecissent, seque ea, quæ imperasset, facturos pollicerentur. Hoc sibi satis opportune Cæsar accidisse arbitratus, quod neque post tergum hostem relinquere volebat; neque belli gerendi propter anni tempus facultatem habebat; neque has tantularum rerum occupationes sibi Britanniæ anteponendas iudicabat; magnum his numerum obsidum imperat. Quibus adductis, eos in fidem recepit, navibus circiter octoginta onerariis coactis, contractisque, quot satis esse ad duas legiones transportandas existimabat: quidquid præterea navium longarum habebat, quæstori, legatis, præfectisque distribuit. Huc accedebant octodecim onerariæ naves, quæ ex eo loco millibus passuum octo vento tenebantur, quo minus in eundem portum pervenire possent. Has equitibus distribuit; reliquum exercitum Quinto Titurio Sabino et Lucio Auruncu-

entre los isleños, vinieron embajadores de diversas ciudades de la isla a ofrecerle rehenes, y prestar obediencia al Pueblo Romano. Dióles grata audiencia y buenas palabras, y exortandolos al cumplimiento de sus promesas, los despidió, embiando en su compañia a Comio Atrebatense, a quien él mismo, vencidos los de su nacion, coronó Rey de ella; de cuyo valor, prudencia y lealtad no dudaba, y cuya reputacion era grande entre aquellas gentes. Encárgale que se introduzca en todas las ciudades que pueda, y las exorte a la alianza del Pueblo Romano, asegurandolas de su pronto arribo. Voluseno, registrada la isla segun que le fue posible, no habiendose atrevido a saltar en tierra y fiarse de los barbaros, volvió al quinto dia a Cesar con noticia de lo que habia en ella observado.

Durante la estancia de Cesar en aquellos lugares con motivo de aprestar las naves, vinieronle diputados de gran parte de los Morinos a escusarse de los levantamientos pasados; que por ser estrangeros, y poco enseñados a nuestros usos, habian hecho la guerra: que aora prometian estar a quanto les mandase. Pareciendole a Cesar hecha en buena coyuntura la oferta; pues ni queria dejar enemigos a la espalda; ni la estacion le permitia emprender guerras; ni juzgaba conveniente anteponer a la espedicion de Bretaña el ocuparse en estas menudencias; mándales entregar gran numero de rehenes. Hecha la entrega, los recibió en su amistad. Aprestadas cerca de ochenta naves de trasporte, que a su parecer bastaban para el embarco de dos legiones; lo que le quedaba de galeras repartió entre el Qüestor, Legados y Prefectos. Otros diez y ocho buques de carga, que por vientos contrarios estaban detenidos a ocho millas de alli sin poder arribar al puerto, destinólas para la caballeria. El resto del egercito dejó a cargo de los Tenientes generales Quinto Titurio Sabino y Lucio Arunculeyo Cota,

leio Cottæ legatis, in Menapios, atque in eos pagos Morinorum, ab quibus ad eum legati non venerant, deducendum dedit. Publium Sulpicium Rufum legatum cum eo præsidio, quod satis esse arbitrabatur, portum tenere iussit.

His constitutis rebus, nactus idoneam ad navigandum tempestatem, tertia fere vigilia solvit; equitesque in ulteriorem portum progredi, et naves conscendere, ac se sequi, iussit: ab quibus quum id paullo tardius esset administratum, ipse hora circiter diei quarta, cum primis navibus Britanniam attigit: atque ibi in omnibus collibus expositas hostium copias armatas conspexit. Cuius loci hæc erat natura: adeo montibus angustis mare continebatur, ut ex locis superioribus in litus telum adiici posset. Hunc ad egrediendum nequaquam idoneum arbitratus locum, dum reliquæ naves eo convenirent, ad horam nonam in anchoris exspectavit. Interim, legatis tribunisque militum convocatis, et quæ ex Voluseno cognovisset, et quæ fieri vellet, ostendit; monuitque; (ut rei militaris ratio, maxime ut res maritimæ postularent, ut quæ celerem atque instabilem motum haberent) ad nutum et ad tempus omnes res ab iis administrarentur. His dimissis, et ventum et æstum uno tempore nactus secundum, dato signo, et sublatis anchoris, circiter millia passuum octo ab eo loco progressus, aperto ac plano litore naves constituit. At barbari, consilio Romanorum cognito, præmisso equitatu, et essedariis, quo plerumque genere in prœliis uti consuerunt, reliquis copiis subsecuti, nostros navibus egredi prohibebant. Erat ob has causas summa difficultas, quod naves propter magnitudinem, nisi in alto, constitui non poterant. Militibus autem, ignotis locis, impeditis manibus, magno et gravi onere armorum oppressis, simul et navibus desilien-

para que lo condujesen a los Menapios y ciertos pueblos de los Morinos que no habian embiado embajadores. La defensa del puerto encomendó al Legado Quinto Sulpicio Rufo con la guarnicion competente.

Dadas estas disposiciones, con el primer viento favorable alzó velas a la media noche; y mandó pasar la caballería al puerto de mas arriba con orden de que alli se embarcase y le siguiese: como esta no hubiese podido hacerlo tan presto, él con las primeras naos cerca de las quatro del dia [18] tocó en la costa de Bretaña; donde observó que las tropas enemigas estaban en armas ocupando todos aquellos cerros. La playa por su situacion estaba tan estrechada de los montes, que desde lo alto se podia disparar a golpe seguro a la ribera. No juzgando esta entrada propia para el desembarco, se mantuvo hasta las nueve sobre las áncoras aguardando los demas buques. En tanto convocando los Legados y Tribunos, les comunica las noticias que le habia dado Voluseno, y juntamente las ordenes de lo que se habia de hacer, advirtiendoles estuviesen prontos a la egecucion de quanto fuese menester a la menor insinuacion y a punto, segun lo requeria la disciplina militar, y mas en los lances de marina, tan variables y espuestos a mudanzas repentinas. Con esto los despidio, y logrando a un tiempo viento y creciente favorables, dada la señal, levó áncoras, y navegando adelante, dió fondo con la esquadra ocho millas de allí en una playa esenta y despejada. Pero los barbaros, penetrado el designio de los Romanos, adelantandose con la caballeria y los carros armados, de que suelen servirse en las batallas, y siguiendo detrás con las demas tropas, impedian a los nuestros el desembarco. A la verdad el embarazo era sumo, porque los navios por su grandeza no podian dar fondo sino mar adentro. Por otra parte los soldados en parages desconocidos, embargadas las manos, y abrumados con el grave peso de las

dum, et fluctibus consistendum, et cum hostibus erat pugnandum; quum illi aut ex arido, aut paullulum in aquam progressi, omnibus membris expediti, notissimis locis audacter tela coniicerent, et equos insuefactos incitarent. Quibus rebus nostri perterriti, atque huius omnino generis pugnæ imperiti, non omnes eadem alacritate ac studio, quo in pedestribus uti prœliis consueverant, utebantur.

Quod ubi Cæsar animadvertit, naves longas, quarum et species erat barbaris inusitatior, et motus ad usum expeditior, pæullulum removeri ab onerariis navibus, et remis incitari, et ad latus apertum hostium constitui, atque inde fundis, tormentis, sagittis, hostes propelli, ac submoveri iussit: quæ res magno usui nostris fuit. Nam et navium figura, et remorum motu, et inusitato genere tormentorum permoti barbari, constiterunt; ac paullum modo pedem retulerunt. At, nostris militibus cunctantibus, maxime propter altitudinem maris, qui decimæ legionis aquilam ferebat, contestatus deos, ut ea res legioni feliciter eveniret: 'Desilite, inquit, milites, nisi vultis 'aquilam hostibus prodere. Ego certe meum Reipubli-'cæ atque Imperatori officium præstitero.' Hoc quum magna voce dixisset, se ex navi proiecit, atque in hostes aquilam ferre cœpit. Tum nostri cohortati inter se, ne tantum dedecus admitteretur, universi ex navi desilierunt. Hos item alii ex proximis navibus quum conspexissent, subsecuti, hostibus appropinquarunt. Pugnatum est ab utrisque acriter. Nostri tamen, quod neque ordines servare, neque firmiter insistere, neque signa subsequi poterant, atque alius alia ex navi, quibuscumque signis occurrerat, se aggregabat; magnopere perturbabantur. Hostes vero, no-

armas; a un tiempo tenian que saltar de las naves, hacer pie entre las olas, y pelear con los enemigos; quando ellos a pie enjuto, o a la lengua del agua, desembarazados totalmente y con conocimiento del terreno, asestaban intrépidamente sus tiros, y espoleaban los caballos amaestrados. Con estos incidentes acobardados los nuestros, como nunca se habian visto en tan estraño genero de combate, no todos mostraban aquel brio y ardimiento que solian en las batallas de tierra.

Advirtiendolo Cesar, ordenó que las galeras, cuya figura fuese mas estraña para los barbaros, y el movimiento mas veloz para el caso, se separasen un poco de los transportes, y a fuerza de remos se apostasen contra el costado descubierto de los enemigos; de donde con hondas, trabucos y ballestas los arredrasen y alejasen: lo que sirvió mucho a los nuestros; porque atemorizados los barbaros de la estrañeza de los buques, del impulso de los remos, y del dispáro de tiros nunca visto, pararon y retrocedieron un poco. No acabando todavia de resolverse los nuestros especialmente a vista de la profundidad del agua; el Alferez mayor de la decima legion, enarbolando el estandarte, e invocando en su favor a los Dioses; 'saltad, dijo, soldados al agua, si no quereis ver el águila 'en poder [19] de los enemigos. Por lo menos yo habré cum'plido con lo que debo a la Republica y a mi General.' Dicho esto a voz en grito, se arrojó al mar, y empezó a marchar con el águila derecho a los enemigos. Al punto los nuestros, animandose unos a otros a no pasar por tanta mengua, todos a una saltaron del navio. Como vieron esto los de las naves imediatas, echandose al agua tras ellos, se fueron arrimando a los enemigos. Peleóse por ambas partes con gran denuedo. Mas los nuestros, que ni podian mantener las filas, ni hacer pie, ni seguir sus banderas, sino que quien de una nave, quien de otra se agregaban sin distincion a las primeras con que tropezaban; andaban sobremanera confusos. Al con-

tis omnibus vadis, ubi ex litore aliquos singulares ex navi egredientes conspexerant, incitatis equis, impeditos adoriebantur. Plures paucos circumsistebant; alii ab latere aperto in universos tela coniiciebant. Quod quum animadvertisset Cæsar, scaphas longarum navium, item speculatoria navigia militibus compleri iussit: et, quos laborantes conspexerat, iis subsidia summittebat. Nostri, simul atque in arido constiterunt, suis omnibus consecutis, in hostes impetum fecerunt, atque eos in fugam dederunt; neque longius prosequi potuerunt, quod equites cursum tenere, atque insulam capere non potuerant. Hoc unum ad pristinam fortunam Cæsari defuit.

Hostes prœlio superati, simul atque se ex fuga receperunt, statim ad Cæsarem legatos de pace miserunt: obsides daturos, quæque imperasset, sese facturos, polliciti sunt. Una cum his legatis Commius Atrebas venit, quem supra demonstraveram a Cæsare in Britanniam præmissum. Hunc illi e navi egressum, quum ad eos Imperatoris mandata perferret, comprehenderant, atque in vincula coniecerant. Tunc, facto prœlio, remiserunt; et in petenda pace eius rei culpam in multitudinem contulerunt, et, propter imprudentiam, ut ignosceretur, petiverunt. Cæsar questus, quod, quum ultro in continentem legatis missis pacem a se petissent, bellum sine causa intulissent, ignoscere imprudentiæ dixit; obsidesque imperavit: quorum illi partem statim dederunt; partem ex longinquioribus locis arcessitam paucis diebus sese daturos dixerunt. Interea suos remigrare in agros iusserunt: principesque undique convenere, et se civitatesque suas Cæsari commendarunt.

His rebus pace firmata, post diem quartam, quam est in Britanniam ventum, naves octodecim, de quibus

trario los enemigos, que tenian sondeados todos los vados, en viendo de la orilla que algunos iban saliendo uno a uno de algun barco, corriendo acaballo daban sobre ellos en medio de la faena. Muchos acordonaban a pocos: otros por el flanco descubierto disparaban dardos contra el grueso de los soldados. Notando Cesar el desorden, dispuso que asi los esquifes de las galeras, como los pataches se llenasen de soldados, que viendo a algunos en aprieto fuesen a socorrerlos. Apenas los nuestros fijaron el pie en tierra, seguidos luego de todo el egercito, cargaron con furia a los enemigos, y los ahuyentaron; sibien no pudieron egecutar el alcance, a causa de no haber podido la caballeria seguir el rumbo y ganar la isla. En esto solo anduvo escasa con Cesar su fortuna.

Los enemigos perdida la jornada, luego que se recobraron del susto de la huida, embiaron embajadores de paz a Cesar prometiendo dar rehenes y sugetarse a su obediencia. Vino con ellos Comio el de Artois, de quien dige arriba haberle Cesar embiado delante a Bretaña. Este al salir de la nave a participarles las ordenes del General, fue preso y encarcelado. Despues de la batalla le pusieron en libertad; y en los tratados de paz echaron la culpa del atentado al populacho, pidiendo perdon de aquel yerro. Cesar quejandose de que, habiendo ellos de su grado embiado embajadores al continente a pedirle la paz, sin motivo ninguno le hubiesen hecho guerra, dijo, que perdonaba su yerro, y que le tragesen rehenes: de los quales parte le presentaron luego, y parte ofrecieron dar dentro de algunos dias, por tener que traerlos de mas lejos. Entretanto dieron orden a los suyos de volver a sus labranzas; y los Señores concurrieron de todas partes a encomendar sus personas y ciudades a Cesar.

Asentadas asi las paces al quarto dia de su arribo a Bretaña, los diez y ocho navios, en que se embarcó, segun

supra demonstratum est, quæ equites sustulerant, ex superiore portu leni vento solverunt. Quæ quum appropinquarent Britanniæ, et ex castris viderentur; tanta tempestas subito coorta est, ut nulla earum cursum tenere posset: sed aliæ eodem, unde erant profectæ, referrentur, aliæ ad inferiorem partem insulæ, quæ est propius solis occasum, magno sui cum periculo deiicerentur. Quæ tamen, anchoris iactis, quum fluctibus complerentur, necessario, adversa nocte in altum provectæ, continentem petiverunt. Eadem nocte accidit, ut esset luna plena, qui dies maritimos æstus maximos in Oceano efficere consuevit; nostrisque id erat incognitum. Ita uno tempore et longas naves, quibus Cæsar exercitum transportandum curaverat, quasque in aridum subduxerat, æstus complebat, et onerarias, quæ ad anchoras erant deligatæ, tempestas afflictabat. Neque ulla nostris facultas aut administrandi, aut auxiliandi dabatur. Compluribus navibus fractis, reliquæ quum essent, funibus, anchoris, reliquisque armamentis amissis, ad navigandum inutiles, magna, id quod necesse erat accidere, totius exercitus perturbatio facta est. Neque enim naves erant aliæ, quibus reportari possent; et omnia deerant, quæ ad reficiendas eas usui sunt, et, quod omnibus constabat hiemare in Gallia oportere, frumentum his in locis in hiemem provisum non erat.

Quibus rebus cognitis, principes Britanniæ, qui post prœlium ad ea, quæ iusserat Cæsar, facienda convenerant, inter se collocuti, quum equites, et naves, et frumentum Romanis deesse intelligerent, et paucitatem militum ex castrorum exiguitate cognoscerent; quæ hoc erant etiam angustiora, quod sine impedimentis Cæsar legiones transportaverat; optimum factu esse duxerunt, rebellione facta, frumento commeatuque nostros prohi-

queda dicho, la caballeria, se hicieron a la vela desde el puerto superior [20] con viento favorable; y estando ya tan cerca de la isla, que se divisaban de los reales, se levantó derepente tal tormenta, que ninguna pudo seguir su rumbo, sino que unas fueron rechazadas al puerto de su salida; otras, apique de naufragar, fueron arrojadas a la parte inferior y mas occidental de la isla: las quales sinembargo de eso habiendolas ancorado, como se llenasen de agua por la furia de las olas, siendo forzoso por la noche tempestuosa meterlas en alta mar, dieron la vuelta del continente. Por desgracia fue esta noche luna llena, que suele en el Océano causar muy grandes mareas [21]; lo que ignoraban los nuestros. Conque tambien las galeras, en que Cesar trasportó el egercito, y estaban fuera del agua, iban a quedar anegadas en la creciente, al mismo tiempo que los navios de carga puestos al ancla, eran maltratados de la tempestad; sin que los nuestros tuviesen arbitrio para maniobrar ni remediarlas. Enfin destrozadas muchas naves, quedando las demas inutiles para la navegacion, sin cables, sin áncoras, sin rastro de jarcias, resultó, como era muy regular, una turbacion estraordinaria en todo el egercito: pues ni tenian otras naves para el reembarco, ni aprestos algunos para reparar las otras: y como todos estaban persuadidos a que se habia de ibernar en la Galia, no se habian hecho aqui provisiones para el ibierno.

Los señores de Bretaña que despues de la batalla vinieron a tomar las ordenes de Cesar, echando de ver la penuria en que se hallaban los Romanos de caballos, naves y granos, y su corto numero por el recinto de los reales mucho mas reducido de lo acostumbrado, porque Cesar condujo las legiones sin los equipages; conferenciando entre sí, deliberaron ser lo mejor de todo, rebelandose, privar a los nuestros de los viveres, y alargar de esta suerte

bere, et rem in hiemem producere, quod, his superatis aut reditu interclusis, neminem postea belli inferendi causa in Britanniam transiturum confidebant. Itaque, rursus coniuratione facta, paullatim ex castris discedere, ac suos clam ex agris deducere cœperunt. At Cæsar, etsi nondum eorum consilia cognoverat, tamen et ex eventu navium suarum, et ex eo, quod obsides dare intermiserant, fore id, quod accidit, suspicabatur. Itaque ad omnes casus subsidia comparabat. Nam et frumentum ex agris in castra quotidie conferebat; et, quæ gravissime afflictæ erant naves, earum materia atque ære ad reliquas reficiendas utebatur; et, quæ ad eas res erant usui, ex continenti comparari iubebat. Itaque, quum id summo studio a militibus administraretur, duodecim navibus amissis, reliquis ut navigari commode posset, effecit.

Dum ea geruntur, legione ex consuetudine una frumentatum missa, quæ appellabatur septima, neque ulla ad id tempus belli suspicione interposita, quum pars hominum in agris remaneret, pars etiam in castra ventitaret, ii, qui pro portis castrorum in statione erant, Cæsari renuntiaverunt, pulverem maiorem, quam consuetudo ferret, in ea parte videri, quam in partem legio iter fecisset. Cæsar, id quod erat, suspicatus, aliquid novi a barbaris initum consilii; cohortes, quæ in stationibus erant, secum in eam partem proficisci, duas in stationem succedere, reliquas armari, et confestim se subsequi, iussit. Quum paullo longius a castris processisset, suos ab hostibus premi, atque ægre sustinere, et conferta legione ex omnibus partibus tela coniici animadvertit. Nam quod omni ex reliquis partibus demesso frumento, una pars erat reliqua; suspicati hostes, huc nostros esse venturos, noctu in silvis delituerant:

LIBRO QUARTO. 173

hasta el ibierno [11] la campaña; con la confianza de que vencidos una vez estos, o atajado su regreso, no habria en adelante quien osase venir a inquietarlos. En conformidad de esto, tramada una nueva conjuracion, empezaron poco a poco a escabullirse de los reales, y a convocar ocultamente la gente del campo. Cesar en tanto, bienque ignorante todavia de sus tramas, no dejaba de recelarse, vista la desgracia de la armada y su dilacion en la entrega de los rehenes, que al cabo harian lo que hicieron. Por lo qual trataba de apercibirse para todo acontecimiento, acarreando cada dia trigo de las aldeas a los quarteles, sirviendose de la madera y clavazon de las naves derrotadas para carenar las otras; y haciendo traer de tierra firme los aderezos necesarios. Con eso y la aplicacion grande de los soldados a la obra, dado que se perdieron doce navios, logró que los demas quedasen de buen servicio para navegar.

En este entretanto habiendo destacado la legion septima en busca de trigo, como solia, sin que hasta entonces hubiese la mas leve sospecha de guerra; puesto que de los isleños unos estaban en cortijos, otros iban y venian continuamente a nuestras tiendas; los que ante estas hacian guardia dieron aviso a Cesar, que por la banda que la legion habia ido se veia una polvareda mayor de la ordinaria. Cesar sospechando lo que era, que los barbaros hubiesen cometido algun atentado, mandó que fuesen consigo las cohortes que estaban de guardia; que dos la mudasen; que las demas tomasen las armas, y viniesen detrás. Yaque hubo andado una buena pieza, advirtio que los suyos eran apremiados de los enemigos, y a duras penas se defendian, lloviendo dardos por todas partes sobre la legion apiñada. Fue el caso que como solo quedase por segar una heredad, estandolo ya las demas, previniendo los enemigos que a ella irian los nuestros, se habian emboscado por la noche en las selvas:

tum dispersos, depositis armis, in metendo occupatos subito adorti, paucis interfectis, reliquos incertis ordinibus perturbaverant; simul equitatu atque essedis circumdederant. Genus hoc est ex essedis pugnæ: primo per omnes partes perequitant, et tela coniiciunt, atque ipso terrore equorum, et strepitu rotarum ordines plerumque perturbant: et quum se inter equitum turmas insinuavere, ex essedis desiliunt, et pedibus prœliantur. Aurigæ interim paullum e prœlio excedunt, atque ita se collocant, ut, si illi a multitudine hostium prematur, expeditum ad suos receptum habeant. Ita mobilitatem equitum, stabilitatem peditum in prœliis præstant; ac tantum usu quotidiano et exercitatione efficiunt, ut in declivi ac præcipiti loco incitatos equos sustinere, et brevi moderari ac flectere, et per temonem percurrere, et in iugo insistere, et inde se in currus citissime recipere consueverint.

Quibus rebus perturbatis nostris novitate pugnæ, tempore opportunissimo Cæsar auxilium tulit. Namque eius adventu hostes constiterunt, nostri ex timore se receperunt. Quo facto, ad lacessendum hostem, et committendum prœlium, alienum esse tempus arbitratus, suo se loco continuit; et, brevi tempore intermisso, in castra legiones reduxit. Dum hæc geruntur, nostris omnibus occupatis, qui erant in agris, reliqui discesserunt. Secutæ sunt continuos dies complures tempestates; quæ et nostros in castris continerent, et hostem a pugna prohiberent. Interim barbari nuntios in omnes partes dimiserunt, paucitatemque nostrorum militum suis prædicaverunt; et, quanta prædæ faciendæ, atque in perpetuum sui liberandi facultas daretur, si Romanos castris expulissent, demonstraverunt. His rebus celeriter magna multitudine pedita-

y a la hora que los nuestros desparramados y sin armas se ocupaban en la siega, embistiendo de improviso, mataron algunos, y a los demas antes de poder ordenarse, los asaltaron, y rodearon con la caballeria y carricoches.[13] Su modo de pelear en ellos es este: corren primero por todas partes, arrojando dardos: con el espanto de los caballos y estruendo de las ruedas desordenan las filas: y si llegan a meterse entre esquadrones de caballeria, desmontan, y pelean apie. Los carreteros en tanto se retiran algunos pasos del campo de batalla, y se apuestan de suerte que los combatientes, si se ven apretados del enemigo, tienen a mano el asilo del carricoche. Asi juntan en las batallas la ligereza de la caballeria con la consistencia de la infanteria; y por el uso continuo y egercicio es tanta su destreza, que aun por cuestas y despeñaderos hacen parar los caballos en medio de la carrera, cejar, y dar vuelta con sola una sofrenada: corren por el timon, se tienen en pie sobre el yugo, y con un salto dan la vuelta al asiento.

 Hallandose pues los nuestros consternados a vista de tan estraños guerreros, acudió Cesar a socorrerlos al mejor tiempo; porque con su venida los enemigos se contuvieron, y se recobraron del miedo los nuestros. Contento con eso, reflexionando ser fuera de sazon el provocar al enemigo, y empeñarse en nueva accion, estúvose quieto en su puesto, y a poco rato se retiró con las legiones a los reales. Mientras tanto que pasaba esto, y los nuestros se empleaban en las maniobras, dejaron sus labranzas los que aun quedaban en ellas. Siguieronse un dia tras otro lluvias continuas, que impedian a los nuestros la salida de sus tiendas, y al enemigo los asaltos. Entretanto los barbaros despacharon mensageros a todas partes ponderando el corto numero de nuestros soldados, y poniendo delante la buena ocasion que se les ofrecia de hacerse ricos con los despojos, y asegurar su libertad para siempre, si lograban desalojar a los Romanos. De esta manera

tus equitatusque coacta, ad castra venerunt. Cæsar etsi idem, quod superioribus diebus acciderat, fore videbat, ut, si essent hostes pulsi, celeritate periculum effugerent; tamen nactus equites circiter triginta, quos Commius Atrebas, de quo ante dictum est, secum transportaverat, legiones in acie pro castris constituit. Commisso prælio, diutius nostrorum militum impetum hostes ferre non potuerunt, ac terga verterunt: quos tanto spatio secuti, quantum cursu et viribus efficere potuerunt, complures ex iis occiderunt; deinde omnibus longe lateque ædificiis incensis, se in castra receperunt.

Eodem die legati ab hostibus missi ad Cæsarem de pace venerunt. His Cæsar numerum obsidum, quem antea imperaverat, duplicavit; eosque in continentem adduci iussit, quod, propinqua die æquinoctii, infirmis navibus hiemi navigationem subiiciendam non existimabat. Ipse idoneam tempestatem nactus, paullo post mediam noctem naves solvit. Quæ omnes incolumes ad continentem pervenerunt. Ex his onerariæ duæ eosdem portus, quos reliquæ, capere non potuerunt, sed paullo infra delatæ sunt. Quibus ex navibus, quum essent expositi milites circiter tercenti, atque in castra contenderent; Morini, quos Cæsar, in Britanniam proficiscens, pacatos reliquerat, spe prædæ adducti, primo non ita magno suorum numero circumsteterunt; ac, si sese interfici nollent, arma ponere iusserunt. Quum illi, orbe facto, sese defenderent, celeriter ad clamorem hominum circiter millia sex convenerunt. Qua re nuntiata, Cæsar omnem ex castris equitatum suis auxilio misit. Interim nostri milites impetum hostium sustinuerunt, atque amplius horis fortissime quatuor pugnaverunt, et paucis vulneribus acceptis, complures ex iis occiderunt. Postea vero quam equitatus noster in con-

en breve se juntó gran numero de gente de apie y de acaballo con que vinieron sobre nuestro campo. Comoquiera que preveia Cesar, que habia de suceder lo mismo que antes; que por mas batidos que fuesen los enemigos, se pondrian en cobro con su ligereza; no obstante aprovechandose de treinta caballos que Comio el Atrebatense habia traido consigo, ordenó en batalla las legiones delante de los reales. Trabado el choque, no pudieron los enemigos sufrir mucho tiempo la carga de los nuestros, antes volvieron las espaldas: corriendo en su alcance los nuestros hasta que se cansaron, mataron a muchos; y a la vuelta quemando quantos edificios encontraban, se recogieron a su alojamiento.

Aquel mismo dia vinieron mensajeros de paz por parte de los enemigos. Cesar les dobló el numero de rehenes antes tasado, mandando que se los llevasen a tierra firme: pues acercandose ya el Equinoccio [14], no le parecia cordura esponerse con navios estropeados a navegar en ibierno. Por tanto aprovechandose del buen tiempo, levó poco despues de media noche, y arribó con todas las naves al continente. Solas dos de carga no pudieron tomar el mismo puerto, sino que fueron llevadas un poco mas abajo por el viento: de las quales desembarcados cerca de trescientos soldados, y encaminandose a los reales, los Morinos, a quienes Cesar dejó en paz en su partida a Bretaña, codiciosos del pillage, los cercaron no muchos al principio, intimandoles que rindiesen las armas, si querian salvar las vidas: mas como los nuestros formados en circulo [15] hiciesen resistencia, luego a las voces acudieron al pie de seis mil hombres. Cesar al primer aviso destacó toda la caballeria al socorro de los suyos. Los nuestros entretanto aguantaron la carga de los enemigos, y por mas de quatro horas combatiéron valerosisimamente matando a muchos, y recibiendo pocas heridas. Pero despues que se dejó ver nuestra caballeria,

spectum venit; hostes, abiectis armis, terga verterunt; magnusque eorum numerus est occisus.

Cæsar, postero die, Titum Labienum legatum cum iis legionibus, quas ex Britannia reduxerat, in Morinos, qui rebellionem fecerant, misit. Qui quum propter siccitates paludum, quo se reciperent, non haberent; quo perfugio superiore anno fuerant usi; omnes fere in potestatem Labieni venerunt. At Quintus Titurius, et Lucius Cotta legati, qui in Menapiorum fines legiones duxerant, omnibus eorum agris vastatis, frumentis succisis, ædificiisque incensis; quod Menapii omnes se in densissimas silvas abdiderant, ad Cæsarem se receperunt. Cæsar in Belgis omnium legionum hiberna constituit. Eo duæ omnino civitates ex Britannia obsides miserunt: reliquæ neglexerunt. His rebus gestis, ex literis Cæsaris dierum viginti supplicatio a senatu decreta est.

arrojando los enemigos sus armas, volvieron las espaldas, y se hizo en ellos gran carniceria.

Cesar al dia siguiente embió al Teniente general Tito Labieno con las legiones, que acababan de llegar de la Bretaña, contra los Morinos rebeldes: los quales no teniendo donde refugiarse, por estar secas las lagunas que en otro tiempo les sirvieron de guarida, vinieron a caer casi todos en manos de Labieno. Por otra parte los Legados Quinto Titurio y Lucio Cota, que habian conducido sus legiones al pais de los Menapios, por haberse estos escondido entre las espesuras de los bosques, talados sus campos, destruidas sus mieses, e incendiadas sus habitaciones, vinieron a reunirse con Cesar: quien dispuso en los Belgas quarteles de ibierno para todas las legiones. No mas que dos ciudades de Bretaña embiaron acá rehenes; las demas no hicieron caso. Por estas hazañas, y en vista de las cartas de Cesar, decretó el Senado veinte dias de solemnes fiestas en hacimiento de gracias [26].

COMMENTARIORUM

DE BELLO GALLICO

LIBER V.

Lucio Domitio, Apio Claudio consulibus, discedens ab hibernis Caesar in Italiam, ut quotannis facere consueverat, legatis imperat quos legionibus praefecerat, uti quam plurimas possent hieme naves aedificandas, veteresque reficiendas curarent. Earum modum formamque demonstrat. Ad celeritatem onerandi subductionesque, paullo facit humiliores, quam quibus in nostro mari uti consuevimus; atque id eo magis, quod propter crebras commutationes aestuum, minus magnos ibi fluctus fieri cognoverat: ad onera et ad multitudinem iumentorum transportandam paullo latiores, quam quibus in reliquis utimur maribus. Has omnes actuarias imperat fieri: quam ad rem humilitas multum adiuvat. Ea, quae sunt usui ad armandas naves, ex Hispania apportari iubet. Ipse, conventibus Galliae citerioris peractis, in Illyricum proficiscitur, quod a Pirustis finitimam partem provinciae incursionibus vastari audiebat. Eo quum venisset, civitatibus milites imperat, certumque in locum convenire iubet. Qua re nuntiata, Pirustae legatos ad eum mittunt qui doceant, nihil earum rerum publico factum consilio: seseque paratos esse demonstrant omnibus rationibus de iniuriis satisfacere. Accepta oratione eorum, Caesar obsides imperat, eosque ad certam diem adduci iubet. Nisi ita fecerint, sese bello civitatem persecuturum demonstrat. Iis ad diem adductis, ut imperaverat, arbitros inter

COMENTARIOS

DE C. JULIO CESAR

DE LA GUERRA DE LAS GALIAS,

LIBRO V.

En el consulado de Lucio Domicio y Apio Claudio, Cesar al partirse de los quarteles de ibierno para Italia, como solia todos los años, dá orden a los Legados Comandantes de las legiones de construir quantas naves pudiesen, y de reparar las viejas, dandoles las medidas y forma de su construccion. Para cargarlas prontamente y tirarlas en seco, hácelas algo mas bajas de las que solemos usar en el mediterraneo[1]: tanto mas que tenia observado, que por las continuas mudanzas de la marea no se hinchan alli tanto las olas: asimismo un poco mas anchas que las otras para el transporte de los fardos y tantas bestias. Quiere que las hagan todas muy veleras; a que contribuye mucho el ser chatas; mandando traer el aparejo[2] de España. Él en persona, terminadas las Cortes de la Galia citerior, parte para el Ilirico, por entender que los Pirustas con sus correrias infestaban las fronteras de aquella provincia. Llegado allá, manda que las ciudades acudan con las milicias a cierto lugar que les señaló. Con esta noticia los Pirustas embianle embajadores, que le informen cómo nada de esto se habia egecutado de publico acuerdo, y que estaban prontos a darle satisfaccion entera de los escesos cometidos. Admitida su disculpa, ordénales dar rehenes, señalandoles plazo para la entrega: donde no, protesta que les hará guerra a fuego y sangre. Presentados los rehenes en el termino asignado, elige jue-

civitates dat, qui litem æstiment, pœnamque constituant.

His confectis rebus, conventibusque peractis, in citeriorem Galliam revertitur, atque inde ad exercitum proficiscitur. Eo quum venisset, circuitis omnibus hibernis, singulari militum studio in summa rerum omnium inopia circiter sexcentas eius generis, cuius supra demonstravimus, naves, et longas duodetriginta invenit constructas, neque multum abesse ab eo, quin paucis diebus deduci possent. Collaudatis militibus, atque iis, qui negotio præfuerant, quid fieri velit, ostendit: atque omnes ad portum Itium convenire iubet; quo ex portu commodissimum in Britanniam transiectum esse cognoverat, circiter millium passuum triginta a continenti. Huic rei quod satis esse visum est militum relinquit. Ipse cum legionibus expeditis quatuor et equitibus octingentis in fines Trevirorum proficiscitur; quod hi neque ad concilia veniebant, neque imperio parebant, Germanosque transrhenanos sollicitare dicebantur.

Hæc civitas longe plurimum totius Galliæ equitatu valet, magnasque habet copias peditum, Rhenumque, ut supra demonstravimus, tangit. In ea civitate duo de principatu inter se contendebant, Induciomarus, et Cingetorix: ex quibus alter, simulatque de Cæsaris legionumque adventu cognitum est, ad eum venit; se suosque omnes in officio futuros, neque ab amicitia Populi Romani defecturos, confirmavit; quæque in Treviris gererentur, ostendit. At Induciomarus equitatum peditatumque cogere, iisque, qui per ætatem in armis esse non poterant, in silvam Arduennam abditis, quæ ingenti magnitudine per medios fines Trevirorum a flumine Rheno ad initium Remorum pertinet, bellum parare instituit. Sed postea quam nonnulli principes ex ea civitate et familiaritate Cingetorigis adducti, et adventu nostri exercitus perterriti ad Cæsarem venerunt, et

ces árbitros que tasen los daños y prescriban la multa.

Hecho esto, y concluidas las juntas, vuelve a la Galia citerior, y de alli al egercito. Quando llegó a él, recorriendo todos los quarteles, halló ya fabricadas por la singular aplicacion de la tropa, sinembargo de la universal falta de medios, cerca de seiscientos bageles en la forma dicha, y veinte y ocho galeras que dentro de pocos dias se podrian botar al agua. Dadas las gracias a los soldados y a los sobrestantes, manifiesta su voluntad, y mándales juntarlas todas en el puerto Icio, de donde se navega con la mayor comodidad a Bretaña por un estrecho de treinta millas poco mas o menos. Destina a este fin un numero competente de soldados; marchando él con quatro legiones a la ligera y ochocientos caballos contra los Trevirenses, que ni venian a Cortes, ni obedecian a los mandados; y aun se decia que andaban solicitando a los Germanos transrenanos.

La republica de Treveris es sin comparacion la mas poderosa de toda la Galia en caballeria; tiene numerosa infanteria, y es bañada del Rin, como arriba declaramos. En ella se disputaban la primacia Induciomaro y Cingetórige: de los quales el segundo, al punto que supo la venida de Cesar y de las legiones, fue a presentarsele; asegurando que asi él, como los suyos guardarian lealtad, ni se apartarian de la amistad del Pueblo Romano; y le dió cuenta de lo que pasaba en Treveris. Mas Induciomaro empezó a hacer gente de apie y de acaballo, y a disponerse para la guerra despues de haber puesto en cobro a los que por su edad no eran para ella en la selva Ardéna; que desde el Rin con grandes bosques atraviesa por el territorio Trevirense hasta terminar en el de Rems. Con todo eso, despues que algunos de los mas principales ciudadanos no menos movidos de la familiaridad con Cingetórige, que intimidados con la en-

de suis privatim rebus ab eo petere cœperunt, quoniam civitati consulere non possent; Induciomarus veritus, ne ab omnibus desereretur, legatos ad Cæsarem mittit, 'se-'se idcirco a suis discedere, atque ad eum venire no-'luisse, quo facilius civitatem in officio contineret, ne omnis 'nobilitatis discessu, plebs propter imprudentiam labere-'tur: itaque civitatem in sua potestate esse: seque, si 'Cæsar permitteret, ad eum in castra venturum, et suas 'civitatisque fortunas eius fidei permissurum.' Cæsar, etsi intelligebat, qua de causa ea dicerentur, quæque eum res ab instituto consilio deterreret, tamen, ne æstatem in Treviris consumere cogeretur, omnibus rebus ad Britannicum bellum comparatis, Induciomarum ad se cum ducentis obsidibus venire iussit. His adductis, et in iis filio propinquisque eius omnibus, quos nominatim evocaverat, consolatus Induciomarum, hortatusque est, uti in officio permaneret: nihilo tamen secius principibus Trevirorum ad se convocatis, eos sigillatim Cingetorigi conciliavit. Quod quum merito eius a se fieri intelligebat, tum magni interesse arbitrabatur, eius auctoritatem inter suos quam plurimum valere, cuius tam egregiam in se voluntatem perspexisset. Id factum graviter tulit Induciomarus, suam gratiam inter suos minui: et, qui iam ante inimico in nos animo fuisset, multo gravius hoc dolore exarsit.

His rebus constitutis, Cæsar ad portum Itium cum legionibus pervenit. Ibi cognoscit quadraginta naves, quæ in Meldis factæ erant, tempestate reiectas, tenere cursum non potuisse, atque eodem, unde erant profectæ, relatas: reliquas paratas ad navigandum, atque omnibus rebus instructas invenit. Eodem equitatus totius Galliæ convenit, numero millium quatuor, principesque ex omnibus civitatibus; ex quibus perpaucos, quorum in se

trada de nuestro egercito fueron a Cesar, y empezaron a tratar de sus intereses particulares, yaque no podian mirar por los de la republica: Induciomaro temiendo quedarse solo, despacha embajadores a Cesar representando, 'no haber 'querido separarse de los suyos por ir a visitarle, con la mi-'ra de mantener mejor al pueblo en su deber, y que no se 'desmandase por falta de consejo en ausencia de toda la no-'bleza: que en efecto el pueblo estaba a su disposicion; y él 'mismo en persona, si Cesar se lo permitia, iria luego a po-'nerse en sus manos con todas sus cosas y las del Estado.' Cesar, sibien penetraba el motivo de este lenguage y de la mudanza de su primer proposito; comoquiera, por no gastar en Treveris el verano, hechos ya todos los preparativos para la espedicion de Bretaña, le mandó presentarse con doscientos rehenes. Entregados juntamente con un hijo suyo y todos sus parientes que los pidió Cesar espresamente, consoló a Induciomaro exortandole a perseverar en la fe prometida: mas no por eso dejó de convocar a los Señores Trevirenses, y de recomendar a cada uno la persona de Cingetórige; persuadido a que sobre ser debido esto a su merito, importaba mucho que tuviese la principal autoridad entre los suyos quien tan fina voluntad le habia mostrado. Llevólo muy a mal Induciomaro, conque su credito se disminuia entre los suyos: y el que antes ya nos aborrecia, con este sentimiento quedó mucho mas enconado.

Dispuestas asi las cosas, enfin llegó Cesar con las legiones al puerto Icio. Aqui supo, que quarenta naves fabricadas en los Meldas[3] no pudieron por el viento contrario seguir su viage, sino que volvieron de arribada al puerto mismo de donde salieron: las demas halló listas para navegar, y bien surtidas de todo. Juntóse tambien aqui la caballería de toda la Galia, compuesta de quatro mil hombres y la gente mas granada de todas las ciudades, de que

fidem perspexerat, relinquere in Gallia, reliquos obsidum loco secum ducere decreverat, quod, quum ipse abesset, motum Galliæ verebatur. Erat una cum ceteris Dumnorix Æduus, de quo a nobis antea dictum est. Hunc secum ducere in primis constituerat, quod eum cupidum rerum novarum, cupidum imperii, magni animi, magnæ inter Gallos auctoritatis, cognoverat. Accedebat huc, quod iam in concilio Æduorum Dumnorix dixerat, 'Sibi a Cæsare regnum civitatis deferri': quod dictum Ædui graviter ferebant; neque recusandi, neque deprecandi causa legatos ad Cæsarem mittere audebant. Id factum ex suis hospitibus Cæsar cognoverat. Ille primo omnibus precibus petere contendit, ut in Gallia relinqueretur, partim, quod insuetus navigandi, mare timeret; partim, quod religionibus sese diceret impediri. Posteaquam id obstinate sibi negari vidit, omni spe impetrandi ademta, principes Galliæ sollicitare, sevocare singulos, hortarique cœpit, ut in continenti remanerent; metu territare, non sine causa fieri, ut Gallia omni nobilitate spoliaretur: id esse consilium Cæsaris, ut, quos in conspectu Galliæ interficere vereretur, hos omnes in Britanniam transductos necaret: fidem reliquis interponere; iusiurandum poscere; ut, quod esse ex usu Galliæ intellexissent, communi consilio administrarent.

Hæc a compluribus ad Cæsarem deferebantur. Qua re cognita, Cæsar, quod tantum civitati Æduæ dignitatis tribuebat, coercendum atque deterrendum quibuscumque rebus posset Dumnorigem statuebat; quod longius eius amentiam progredi videbat, prospiciendum, ne quid sibi ac Reipublicæ nocere posset. Itaque dies circiter quinque et viginti in eo loco commoratus, quod Corus ventus navigationem impediebat, qui magnam partem omnis temporis in

Cesar tenia deliberado dejar en la Galia muy pocos, de fidelidad bien probada, y llevarse consigo los demas como en prendas; recelandose en su ausencia de algun levantamiento en la Galia. Hallábase con ellos el Eduo Dumnórige, de quien ya hemos hablado: al qual principalmente resolvió llevar consigo, porque sabía ser amigo de novedades y de mandar, de mucho⁴ espíritu y autoridad entre los Galos. Amás que él se dejó decir una vez en Junta general de los Eduos, 'que Cesar le brindaba con el reyno:' dicho, de que se ofendieron gravemente los Eduos, dado que no se atrevian a proponer a Cesar por medio de una embajada sus representaciones y súplicas en contrario: lo que Cesar vino a saber por alguno de sus huespedes. El al principio pretendió a fuerza de instancias y ruegos, que lo dejasen en la Galia, alegando unas veces que temia al mar, otras, que se lo disuadian ciertos malos agüeros. Visto que absolutamente se le negaba la licencia, y que por ninguna via podia recabarla, empezó a ganar a los nobles, hablarlos a solas, y exortarlos a no embarcarse; poniendolos en el recelo de que no envalde se pretendia despojar a la Galia de toda la nobleza; ser bien manifiesto el intento de Cesar, conducirlos a Bretaña para degollarlos, no atreviendose a egecutarlo a los ojos de la Galia: tras esto empeñaba su palabra, y pedia juramento a los demas, de que practicarian de comun acuerdo quanto juzgasen conveniente al bien de la patria.

Eran muchos los que daban parte de estos tratos a Cesar: quien por la gran estimacion que hacia de la nacion Edua procuraba reprimir y enfrenar a Dumnórige por todos los medios posibles; mas viendole tan empeñado en sus desvarios, ya era forzoso precaver, que ni a él, ni a la republica pudiese acarrear daño. Por eso cerca de veinte y cinco dias que se detuvo en el puerto, por impedirle la salida el cierzo, viento que suele aqui reynar gran parte del año, hacia por

his locis flare consuevit; dabat operam, ut Dumnorigem in officio contineret; nihilo tamen secius omnia eius consilia cognosceret: tandem idoneam tempestatem nactus, milites equitesque conscendere naves iubet. At impeditis omnium animis, Dumnorix cum equitibus Æduorum a castris, insciente Cæsare, domum discedere cœpit. Qua re nuntiata, Cæsar intermissa profectione, atque omnibus rebus postpositis, magnam partem equitatus ad eum insequendum mittit, retrahique imperat: si vim faciat, neque pareat, interfici iubet: nihil hunc, se absente, pro sano facturum arbitratus, qui præsentis imperium neglexisset. Ille enim revocatus resistere, ac se manu defendere, suorumque fidem implorare cœpit, sæpe clamitans, ' Liberum se, ' liberæque civitatis esse.' Illi, ut erat imperatum, circumsistunt, hominemque interficiunt. At Ædui equites ad Cæsarem omnes revertuntur.

His rebus gestis, Labieno in continente cum tribus legionibus et equitum millibus duobus relicto, ut portus tueretur, et rei frumentariæ provideret, quæque in Gallia gererentur, cognosceret, et consilium pro tempore et pro re caperet; ipse cum legionibus quinque, et pari numero equitum, quem in continenti reliquerat, ad Solis occasum naves solvit: et leni Africo profectus, media circiter nocte vento intermisso, cursum non tenuit; et longius delatus æstu, orta luce, sub sinistra Britanniam relictam conspexit: tum rursus æstus commutationem secutus, remis contendit, ut eam partem insulæ caperet, qua optimum esse egressum superiore æstate cognoverat. Qua in re admodum fuit militum virtus laudanda, qui vectoriis gravibusque navigiis, non intermisso remigandi labore, longarum navium cursum adæquaverunt. Accessum est ad Britanniam omnibus navibus meridiano fere tempore. Neque in eo loco hostis

tener a raya a Dumnórige sin descuidarse de velar sobre todas sus tramas. Al fin soplando viento favorable, manda embarcar toda la infanteria y caballeria. Quando mas ocupados andaban todos en esto, Dumnórige, sin saber nada Cesar, con la brigada de los Eduos empezó a desfilar ácia su tierra. Avisado Cesar, suspende el embarco, y posponiendo todo lo demas, destaca un buen trozo de caballeria en su alcance con orden de arrestarle; y en caso de resistencia y porfia, que le maten; juzgando que no haria en su ausencia cosa a derechas quien, teniendole presente, despreciaba su mandamiento. Con efecto, reconvenido, comenzó a resistir y defenderse a mano armada, y a implorar el favor de los suyos, repitiendo a voces, 'que él era libre y ciudadano 'de republica independiente.' Comoquiera, es cercado segun la orden, y muerto. Mas los Eduos de su sequito todos se volvieron a Cesar.

Hecho esto, dejando a Labieno en el continente con tres legiones y dos mil caballos encargado de la defensa de los puertos, del cuidado de las provisiones, y de observar los movimientos de la Galia, gobernandose conforme al tiempo y las circunstancias; él con cinco legiones y otros dos mil caballos al poner del sol se hizo a la vela; y navegando a favor de un ábrego fresco, a eso de media noche calmado el viento, perdió el rumbo; y llevado de las corrientes un gran trecho, advirtió la mañana siguiente que habia dejado la Bretaña a la izquierda. Entonces virando de bordo, a merced del reflujo y a fuerza de remos procuró ganar la playa que observó el verano antecedente ser la mas cómoda para el desembarco. Fue mucho de alabar en este lance el esfuerzo de los soldados, que, con tocarles navios de transporte y pesados, no cansandose de remar, corrieron parejas con las galeras. Arribó toda la armada a la isla casi al hilo del mediodia sin que se dejára ver enemigo alguno por la costa: y es que, segun supo

est visus. Sed, ut postea Cæsar ex captivis comperit, quum magnæ manus eo convenissent, multitudine navium perterritæ, quæ cum annotinis privatisque, quas sui quisque commodi causa fecerat, amplius octingentis una erant visæ, timore a litore discesserant, ac se in superiora loca abdiderant. Cæsar, exposito exercitu, ac loco castris idoneo capto, ubi ex captivis cognovit, quo in loco hostium copiæ consedissent, cohortibus decem ad mare relictis, et equitibus tercentis, qui præsidio navibus essent, de tertia vigilia ad hostes contendit, eo minus veritus navibus, quod in litore molli atque aperto deligatas ad anchoras relinquebat. Et præsidio navibus Quintum Atrium præfecit. Ipse noctu progressus millia passuum circiter duodecim, hostium copias conspicatus est. Illi equitatu, atque essedis ad flumen progressi, ex loco superiore nostros prohibere, et prœlium committere cœperunt. Repulsi ab equitatu, se in silvas abdiderunt, locum nacti egregie et natura et opere munitum; quem, domestici belli, ut videbatur, causa iam ante præparaverant: nam crebris arboribus succisis omnes introitus erant præclusi. Ipsi ex silvis rari propugnabant, nostrosque intra munitiones ingredi prohibebant. At milites legionis septimæ, testudine facta, et aggere ad munitiones adiecto, locum ceperunt, eosque ex silvis expulerunt, paucis vulneribus acceptis. Sed eos fugientes longius Cæsar persequi vetuit et quod loci naturam ignorabat, et quod, magna parte diei consumta, munitioni castrorum tempus relinqui volebat.

Postridie eius diei mane tripartito milites equitesque in expeditionem misit, ut eos, qui fugerant, persequerentur. His aliquantum itineris progressis, quum iam extremi essent in prospectu, equites a Quinto Atrio ad Cæsarem venerunt qui nuntiarent, superiori nocte maxima coorta

LIBRO QUINTO. 191

despues Cesar de los prisioneros, habiendo concurrido a ella gran numero de tropas, espantadas de tanta muchedumbre de naves, (que con las del año antecedente y otras de particulares fletadas para su propia conveniencia, aparecieron de un golpe mas de ochocientas velas) se habian retirado y metídose tierra adentro. Cesar, desembarcado el egercito, y cogido puesto acomodado para los reales; informandose de los prisioneros dónde estaban apostadas las tropas enemigas, dejando diez cohortes con trescientos caballos en la ribera para resguardo de las naves, de que, por estar ancladas en playa tan apacible y despejada, temia menos riesgo; despues de media noche partió contra el enemigo, y nombró Comandante del presidio naval a Quinto Atrio. Habiendo caminado de noche obra de doce millas, alcanzó a descubrir los enemigos: los quales, avanzando con su caballeria y carros armados hasta la ria, tentaron de lo alto estorbar nuestra marcha, y trabar batalla. Rechazados por la caballeria, se guarecieron en los bosques dentro de cierto parage bien pertrechado por naturaleza y arte, prevenido de antemano, a lo que parecia, con ocasion de sus guerras domesticas: pues tenian tomadas todas las avenidas con arboles cortados, puestos unos sobre otros. Ellos desde adentro esparcidos a trechos impedian a los nuestros la entrada en las bardas. Pero los soldados de la legion septima empavesados, y levantando terraplen contra el seto, le montaron sin recibir mas daño que algunas heridas. Verdad es que Cesar no permitió seguir el alcance asi por no tener conocido el terreno, como por ser ya tarde y querer que le [5] quedase tiempo para fortificar su campo.

Al otro dia de mañana embió sin equipage alguno tres partidas de infantes y caballos en seguimiento de los fugitivos. A pocos pasos, estando todavia los ultimos a la vista, vinieron a Cesar mensajeros acaballo con la noticia de que la noche precedente con una tempestad deshecha que se le-

tempestate, prope omnes naves afflictas, atque in litore eiectas esse; quod neque anchoræ funesque subsisterent, neque nautæ gubernatoresque vim tempestatis pati possent. Itaque ex eo concursu navium magnum esse incommodum acceptum. His rebus cognitis, Cæsar legiones equitatumque revocari, atque itinere desistere iubet: ipse ad naves revertitur: eadem fere, quæ ex nuntiis literisque cognoverat, coram perspicit, sic, ut, amissis circiter quadraginta navibus, reliquæ tamen refici posse magno negotio viderentur. Itaque ex legionibus fabros deligit, et ex continenti alios arcessiri iubet: Labieno scribit, ut, quam plurimas posset, iis legionibus, quæ sunt apud eum, naves instituat. Ipse, etsi res erat multæ operæ ac laboris, tamen commodissimum esse statuit, omnes naves subduci, et cum castris una munitione coniungi. In his rebus circiter dies decem consumit, ne nocturnis quidem temporibus ad laborem militum intermissis. Subductis navibus, castrisque egregie munitis, easdem copias, quas ante, præsidio navibus relinquit. Ipse eodem, unde redierat, proficiscitur. Eo quum venisset, maiores iam undique in eum locum copiæ Britannorum convenerant: summa imperii bellique administrandi, communi consilio, permissa est Cassivellauno, cuius fines a maritimis civitatibus flumen dividit, quod appellatur Tamesis, a mari circiter millia passuum octoginta. Huic superiori tempore cum reliquis civitatibus continentia bella intercesserant, sed, nostro adventu permoti Britanni, hunc toti bello imperioque præfecerant.

Britanniæ pars interior ab iis incolitur, quos natos in insula ipsa memoria proditum dicunt. Maritima pars ab iis, qui, prædæ ac belli inferendi causa, ex Belgio transierant, qui omnes fere iis nominibus civitatum appellantur, quibus orti ex civitatibus eo pervenerunt, et bello illa-

vantó derepente casi todas las naves habian sido maltratadas y arrojadas sobre la costa: que ni áncoras ni amarras las contenian, ni marineros ni pilotos podian resistir a la furia del uracan: que por consiguiente del golpeo de unas naves con otras habia resultado notable daño. Con esta novedad Cesar manda volver atrás las legiones y la caballeria; él da tambien la vuelta a las naves, y ve por sus ojos casi lo mismo que acababa de saber de palabra y por escrito; que desgraciadas quarenta, las demas admitian sí composicion, pero a gran costa. Por lo qual saca de las legiones algunos carpinteros, y manda llamar a otros de tierra firme. Escribe a Labieno que con ayuda de sus legiones apreste quantas mas naves pueda. Él por su parte, sinembargo de la mucha dificultad y trabajos, determinó para mayor seguridad sacar todas las embarcaciones a tierra, y meterlas con las tiendas dentro de unas mismas trincheras. En estas maniobras empleó casi diez dias, no cesando los soldados en el trabajo ni aun por la noche. Sacados a tierra los buques, y fortificados muy bien los reales, deja el arsenal guarnecido de las mismas tropas que antes, y marcha otra vez al lugar de donde vino. Al tiempo de su llegada era ya mayor el numero de tropas enemigas que se habian juntado alli de todas partes. Dióse de comun consentimiento el mando absoluto y cuidado de esta guerra a Casivelauno, cuyos Estados separa de los pueblos maritimos el rio Támesis a distancia de unas ochenta millas del mar. De tiempos atrás andaba este en continuas guerras con esos pueblos: mas aterrados los Britanos con nuestro arríbo, le nombraron por su General y caudillo.

La parte interior de Bretaña es habitada de los naturales, originarios de la misma isla, segun cuenta la fama: las costas de los Belgas que acá pasaron con ocasion de hacer presas y hostilidades: los quales todos conservan los nombres de las ciudades de su origen, de donde trasmigraron,

to, ibi remanserunt, atque agros colere cœperunt. Hominum est infinita multitudo, creberrimaque ædificia fere Gallicis consimilia: pecoris magnus numerus. Utuntur aut ære, aut annulis ferreis ad certum pondus examinatis pro nummo. Nascitur ibi plumbum album in mediterraneis regionibus, in maritimis ferrum: sed eius exigua est copia. Ære utuntur importato. Materia cuiusque generis, ut in Gallia, est præter fagum atque abietem. Leporem et gallinam et anserem gustare fas non putant. Hæc tamen alunt animi voluptatisque causa. Loca sunt temperatiora, quam in Gallia, remissioribus frigoribus. Insula natura triquetra, cuius unum latus est contra Galliam: huius lateris alter angulus, qui est ad Cantium, quo fere ex Gallia naves appelluntur, ad orientem Solem; inferior, ad meridiem spectat. Hoc latus tenet circiter millia passuum quingenta. Alterum vergit ad Hispaniam, atque occidentem Solem. Qua ex parte est Hibernia, dimidio minor, ut existimatur, quam Britannia: sed pari spatio transmissus atque ex Gallia est in Britanniam. In hoc medio cursu est insula, quæ appellatur Mona. Complures præterea minores obiectæ insulæ existimantur: de quibus insulis nonnulli scripserunt, dies continuos triginta sub bruma esse noctem. Nos nihil de eo percunctationibus reperiebamus, nisi certis ex aqua mensuris, breviores esse noctes, quam in continente, videbamus. Huius est longitudo lateris, ut fert illorum opinio, septingentorum millium passuum. Tertium est contra Septemtrionem; cui parti nulla est obiecta terra, sed eius angulus lateris maxime ad Germaniam spectat. Huic millia passuum octingentorum in longitudinem esse existimatur. Ita omnis insula est in circuitu vicies centena millia passuum. Ex his omnibus longe sunt humanissimi qui Cantium incolunt: quæ regio est maritima omnis, neque multum a Gallica diffe-

y fijando su asiento a fuerza de armas, empezaron a cultivar los campos como propios. Es infinito el gentio, muchisimas las caserias, y muy parecidas a las de la Galia; hay grandes rebaños de ganado. Usan por moneda cobre [6] o anillos de hierro de cierto peso. En medio de la isla se hallan minas de estaño, y en las marinas de hierro, aunque poco. El cobre le traen de fuera. Hay todo genero de madera como en la Galia, menos de haya y pinabete. No tienen por licito el comer liebre, ni gallina, ni ganso: puesto que los crian para su diversion y recreo. El clima es mas templado que no el de la Galia, no siendo los frios tan intensos. La isla es de figura triangular. El un costado cae en frente de la Galia: de este costado el angulo que forma el promontorio Cancio, adonde ordinariamente vienen a surgir las naves de la Galia, está mirando al oriente; el otro inferior a mediodia. Este primer costado tiene casi quinientas millas: el segundo mira a España y al poniente. Ácia la misma parte yace la Hibernia, que segun se cree, es la mitad menos que Bretaña, en igual distancia de ella que la Galia. En medio de este estrecho está una isla llamada Man [7]. Dicese tambien, que mas allá se encuentran varias isletas; de las quales algunos han escrito que ácia el solsticio del ibierno por treinta dias continuos es siempre de noche. Yo, por mas preguntas que hice, no pude averiguar nada de eso, sino que por las esperiencias de los reloges de agua observaba ser aqui mas cortas [8] las noches que en el continente. Tiene de largo este lado en opinion de los isleños setecientas millas. El tercero está contrapuesto al norte sin ninguna tierra en frente, sibien la punta de él mira especialmente a la Germania. Su longitud es reputada de ochocientas millas: con que toda la isla viene a tener el ambito de dos mil. Entre todos los mas tratables son los habitantes de Kent, cuyo territorio está todo en la costa del mar, y se diferencian poco

runt consuetudine. Interiores plerique frumenta non serunt; sed lacte et carne vivunt: pellibusque sunt vestiti: omnes vero se Britanni vitro inficiunt, quod coeruleum efficit colorem. Atque hoc horribiliori sunt in pugna adspectu: capilloque sunt promisso; atque omni parte corporis rasa, præter caput et labrum superius. Uxores habent deni duodenique inter se communes, et maxime fratres cum fratribus, et parentes cum liberis. Sed si qui sunt ex his nati, eorum habentur liberi, a quibus primum virgines quæque ductæ sunt.

Equites hostium, essedariique acriter prœlio cum equitatu nostro in itinere conflixerunt; ita tamen, ut nostri omnibus partibus superiores fuerint, atque eos in silvas collesque compulerint. Sed, compluribus interfectis, cupidius insecuti, nonnullos ex suis amiserunt. At illi, intermisso spatio, imprudentibus nostris, atque occupatis in munitione castrorum, subito sese ex silvis eiecerunt; impetuque in eos facto, qui erant in statione pro castris collocati, acriter pugnaverunt, duabusque missis subsidio cohortibus a Cæsare, atque his primis legionum duarum, quum hæ, intermisso perexiguo loci spatio inter se, constitissent, novo genere pugnæ perterritis nostris, per medios audacissime proruperunt, seque inde incolumes receperunt. Eo die Quintus Laberius Durus tribunus militum interficitur. Illi, pluribus submissis cohortibus, repelluntur. Toto hoc in genere pugnæ quum sub oculis omnium, ac pro castris dimicaretur, intellectum est, nostros propter gravitatem armorum, quod neque insequi cedentes possent, neque ab signis discedere auderent, minus aptos esse ad huius generis hostem; equites autem magno cum periculo dimicare, propterea quod illi etiam consulto plerumque cederent; et, quum paullulum ab legionibus nostros removissent, ex es-

en las costumbres de los Galos. Los que viven tierra adentro por lo comun no hacen sementeras, sino que se mantienen de leche y carne, y se visten de pieles. Pero generalmente todos los Britanos se pintan de color verdinegro con el zumo de gualda [9] y por eso parecen mas fieros en las batallas: dejan crecer el cabello, pelado todo el cuerpo, menos la cabeza y el vigote. Diez y doce hombres tienen de comun las mugeres, en especial hermanos con hermanos, y padres con hijos. Los que nacen de ellas son reputados hijos de los que primero esposaron las doncellas.

Los caballos enemigos y los carreteros trabaron en el camino un recio choque con nuestra caballeria; bienque esta en todo llevó la ventaja, forzandolos a retirarse a los bosques y cerros. Mas como los nuestros matando a muchos, fuesen tras ellos con demasiado ardimiento, perdieron algunos. Los enemigos de allá un rato, quando los nuestros estaban descuidados y ocupados en fortificar su campo, salieron al improviso del bosque, y arremetiendo a los que hacian guardia delante de los reales, pelearon bravamente; y embiadas por Cesar las dos primeras cohortes de dos legiones en su ayuda, haciendo estas alto muy cerca una de otra, asustados los nuestros con tan estraño genero de combate, rompieron ellos por medio de todos con estremada osadia, y se retiraron sin recibir daño. Perdió la vida en esta jornada el tribuno Quinto Laberio Duro. Enfin con el refuerzo de otras cohortes fueron rechazados. Por toda esta refriega, como que sucedió delante de los reales y a la vista de todos, se echó de ver, que los nuestros, no pudiendo ir tras ellos quando cejaban por la pesadez de las armas, ni atreviendose a desamparar sus banderas, eran poco espeditos en el combate con estas gentes: que la caballeria tampoco podia obrar sin gran riesgo; por quanto ellos muchas veces retrocedian de proposito, y habiendo apartado a los nuestros algun trecho de las legiones,

sedis desilirent, et pedibus dispari prœlio contenderent. Equestris autem prœlii ratio et cedentibus et insequentibus par atque idem periculum inferebat. Accedebat huc, ut, numquam conferti, sed rari, magnisque intervallis prœliarentur, stationesque dispositas haberent, atque alios alii deinceps exciperent, integrique et recentes defatigatis succederent.

Postero die procul a castris hostes in collibus constiterunt, rarique se ostendere, et lentius, quam pridie, nostros equites prœlio lacessere cœperunt. Sed meridie, quum Cæsar pabulandi causa tres legiones, atque omnem equitatum cum Caio Trebonio legato misisset, repente ex omnibus partibus ad pabulatores advolaverunt, sic uti ab signis, legionibusque non absisterent. Nostri, acriter in eos impetu facto, repulerunt: neque finem insequendi fecerunt, quoad subsidio confisi equites, quum post se legiones viderent, præcipites hostes egerunt: magnoque eorum numero interfecto, neque sui colligendi, neque consistendi, aut ex essedis desiliendi facultatem dederunt. Ex hac fuga protinus, quæ undique convenerant, auxilia discesserunt: neque post id tempus umquam summis nobiscum copiis hostes contenderunt.

Cæsar, cognito consilio eorum, ad flumen Tamesim, in fines Cassivellauni exercitum duxit. Quod flumen uno omnino loco pedibus, atque hoc ægre, transiri potest. Eo quum venisset, animadvertit, ad alteram fluminis ripam magnas esse copias hostium instructas. Ripa autem erat acutis sudibus præfixis munita: eiusdemque generis sub aqua defixæ sudes flumine tegebantur. Iis rebus cognitis a captivis perfugisque, Cæsar, præmisso equitatu, confestim legiones subsequi iussit. Sed ea celeritate atque impetu milites ierunt, quum capite solo ex aqua exstarent, ut hostes impetum legionum atque equitum

saltaban a tierra de sus carros y peleaban apie con armas desiguales. Asique o cediesen o avanzasen los nuestros, con esta forma de pelear daban en igual, antes en el mismo peligro. Fuera de que ellos nunca combatian unidos, sino separados y agrandes trechos: teniendo cuerpos de reserva apostados: conque unos a otros se daban la mano, y los de fuerzas enteras entraban de refresco a reemplazar los cansados.

Al dia siguiente se apostaron los enemigos lejos de los reales en los cerros, y comenzaron a presentarse no tantos, y a escaramuzar con la caballeria mas flojamente que no el dia antes. Pero al mediodia, habiendo Cesar destacado tres legiones y toda la caballeria con el Legado Cayo Trebonio al forrage, derepente se dejaron caer por todas partes sobre los que andaban muy desviados de las banderas y legiones. Los nuestros, dandoles una fuerte carga, los rebatieron, y no cesaron de perseguirlos hasta tanto que la caballeria, fiada en el apoyo de las legiones que venian detrás, los puso en precipitada fuga: y haciendo en ellos gran riza, no les dió lugar a rehacerse, ni detenerse, o saltar de los carricoches. Despues de esta fuga las tropas auxiliares, que concurrieron de todas partes, desaparecieron al punto; ni jamas de alli adelante pelearon los enemigos de poder a poder con nosotros.

Cesar, calados sus intentos, fuese con el egercito al reyno de Casivelauno en las riberas del Tamesis, rio que por un solo parage se puede vadear, y aun eso trabajosamente. Llegado a él, vió en la orilla opuesta formadas muchas tropas de los enemigos, y las margenes guarnecidas con estacas puntiagudas, y otras semejantes clavadas [10] en el hondo del rio debajo del agua. Enterado Cesar de esto por los prisioneros y desertores, echando delante la caballeria, mandó que las legiones la siguiesen imediatamente: tanta priesa se dieron los soldados, y fue tal su corage, sibien sola la cabeza llevaban fuera del agua, que no pudiendo los enemigos su-

sustinere non possent, ripasque dimitterent, ac se fugæ mandarent.

Cassivellaunus, ut supra demonstravimus, omni spe deposita contentionis, dimissis amplioribus copiis, millibus circiter quatuor essedariorum retentis, itinera nostra servabat; paullulumque ex via excedebat, locisque impeditis atque silvestribus sese occultabat: atque iis regionibus, quibus nos iter facturos cognoverat, pecora atque homines ex agris in silvas compellebat: et, quum equitatus noster liberius, vastandi prædandique causa, se in agros effunderet, omnibus viis notis semitisque essedarios ex silvis emittebat; et magno cum periculo nostrorum equitum cum iis confligebat; atque hoc metu latius vagari prohibebat. Relinquebatur, ut neque longius ab agmine legionum discedi Cæsar pateretur, et tantum in agris vastandis, incendiisque faciendis hostibus noceretur, quantum labore atque itinere legionarii milites efficere poterant.

Interim Trinobantes, prope firmissima earum regionum civitas (ex qua Mandubratius adolescens, Cæsaris fidem secutus, ad eum in continentem Galliam venerat, cuius pater Imanuentius in ea civitate regnum obtinuerat, interfectusque erat a Cassivellauno, ipse fuga mortem vitaverat) legatos ad Cæsarem mittunt: pollicenturque sese ei dedituros, et imperata facturos: petunt, ut Mandubratium ab iniura Cassivellauni defendat; atque in civitatem mittat qui præsit, imperiumque obtineat. His Cæsar imperat obsides quadraginta, frumentumque exercitui: Mandubratiumque ad eos mittit. Illi imperata celeriter fecerunt: obsides ad numerum, frumentumque miserunt. Trinobantibus defensis, atque ab omni militum iniuria prohibitis, Cenimagni, Segontiaci, Ancalites, Bibroci, Cassi, legationibus missis sese Cæsari dediderunt. Ab his cognoscit non longe ex loco op-

LIBRO QUINTO. 201

frir el ímpetu de las legiones y caballos, despejaron la ribera, poniendo pies en polvorosa.

Casivelauno, como ya insinuamos, perdida toda esperanza de contrarestar, y despedida la mayor parte de sus tropas, quedandose con quatro mil combatientes de los carros, iba observando nuestras marchas: tal vez se apartaba un poco del camino, y se ocultaba en barrancos y breñas: en sabiendo el camino que habiamos de llevar, hacia recoger hombres y ganados de los campos a las selvas; y quando nuestra caballeria se tendia por las campiñas a correrlas y talarlas, por todas las vias y sendas conocidas disparaba de los bosques los carros armados, y la ponia en gran conflicto, estorbando con esto que anduviese tan suelta. No habia mas arbitrio sino que Cesar no la permitiese alejarse de las legiones, y que las talas y quemas en daño del enemigo solo se alargasen quanto pudiera llevar el trabajo y la marcha de los soldados legionarios.

A esta sazon los Trinobantes, nacion la mas poderosa de aquellos paises (de donde el jóven Mandubracio, abrazando el partido de Cesar, vino a juntarse con él en la Galia; cuyo padre Imanuencio siendo Rey de ella murió a manos de Casivelauno, y él mismo huyó por no caer en ellas) despachan embajadores a Cesar, prometiendo entregarsele, y prestar obediencia; y le suplican que ampare a Mandubracio contra la tirania de Casivelauno; se lo embíe, y restablezca en el reyno. Cesar les manda dar quarenta rehenes y trigo para el egercito; y les restituye a Mandubracio. Ellos obedecieron al instante aprontando los rehenes pedidos y el trigo. Protegidos los Trinobantes y libres de toda vejacion de los soldados, los Cenimaños, Segonciacos, Ancalites, Bibrocos y Casos por medio de sus diputados se rindieron a Cesar. Infórmanle estos, que no lejos de allí estaba la Corte de Casivelauno, cercada de bosques y lagunas, don-

pidum Cassivellauni abesse, silvis paludibusque munitum, quo satis magnus hominum pecorisque numerus convenerit. Oppidum autem Britanni vocant, quum silvas impeditas vallo atque fossa munierunt, quo, incursionis hostium vitandæ causa, convenire consueverunt. Eo proficiscitur cum legionibus: locum reperit egregie natura atque opere munitum: tamen hunc duabus ex partibus oppugnare contendit. Hostes paullisper morati, militum nostrorum impetum non tulerunt; seseque ex alia parte oppidi eiecerunt. Magnus ibi numerus pecoris repertus: multique in fuga sunt comprehensi, atque interfecti.

Dum hæc in his locis geruntur, Cassivellaunus ad Cantium, quod esse ad mare supra demonstravimus, quibus regionibus quatuor reges præerant, Cingetorix, Carnilius, Taximagulus, Segonax, nuntios mittit: atque his imperat, ut, coactis omnibus copiis, castra navalia de improviso adoriantur, atque oppugnent. Hi quum ad castra venissent, nostri, eruptione facta, multis eorum interfectis, capto etiam nobili duce Lugotorige, suos incolumes reduxerunt. Cassivellaunus hoc prælio nuntiato, tot detrimentis acceptis, vastatis finibus, maxime etiam permotus defectione civitatum, legatos per Atrebatem Commium de deditione ad Cæsarem mittit. Cæsar, quum statuisset hiemem in continente propter repentinos Galliæ motus agere, neque multum æstatis superesset, atque id facile extrahi posse intelligeret, obsides imperat: et, quid in annos singulos vectigalis Populo Romano Britannia penderet, constituit. Interdicit atque imperat Cassivellauno, ne Mandubratio, neu Trinobantibus noceat. Obsidibus acceptis, exercitum reducit ad mare, naves invenit refectas. His deductis, quod et captivorum magnum numerum habebat, et nonnullæ tempestate deperierant naves, duo-

de se habia encerrado buen numero de hombres y ganados. Dan los Britanos nombre de ciudad a qualquier selva enmarañada, guarnecida de valla y foso, donde se suelen acoger para librarse de las irrupciones de los enemigos. Cesar va derecho allá con las legiones: encuentra el lugar harto bien pertrechado por naturaleza y arte: con todo se empeña en asaltarlo por dos partes. Los enemigos despues de una corta detencion, al cabo, no pudiendo resistir el impetu de los nuestros, echaron a huir por otro lado de la ciudad. Hallóse dentro crecido numero de ganados, y en la fuga quedaron muchos prisioneros y muertos.

Mientras iban asi las cosas en esta parte de la isla, despacha Casivelauno mensageros a la provincia de Kent, situada, como se ha dicho, sobre la costa del mar; cuyas merindades gobernaban quatro [11] regulos, Cingetórige, Carnilio, Taximagulo y Segonacte, y les manda, que con todas sus fuerzas juntas ataquen los atrincheramientos navales. Venidos que fueron a los reales, los nuestros en una salida que hicieron matando a muchos de ellos, y prendiendo entre otros [12] al noble caudillo Cingetórige, se restituyeron a las trincheras sin pérdida alguna. Casivelauno desalentado con la nueva de esta batalla, por tantos daños recibidos, por la desolacion de su reyno, y mayormente por la rebelion de sus vasallos, valiendose de la mediacion de Comio Atrebatense embia sus embajadores a Cesar sobre la entrega. Cesar, que estaba resuelto a ibernar en el continente por temor de los motines repentinos de la Galia, quedandole ya poco tiempo del estío, y viendo que sin sentir podia pasarsele aun ese, le manda dar rehenes, y señala el tributo que anualmente debia la Bretaña pechar al Pueblo Romano. Ordena espresamente y manda a Casivelauno, que no moleste mas a Mandubracio ni a los Trinobantes. Recibidos los rehenes, vuelve a la armada, y halla en buen es-

bus commeatibus exercitum reportare constituit. Ac sic
accidit, ut, ex tanto navium numero, tot navigationi-
bus, neque hoc, neque superiore anno ulla omnino na-
vis, quæ milites portaret, desideraretur: at ex iis, quæ
inanes ex continente ad eum remitterentur, et prioris
commeatus expositis militibus, et quas postea Labienus
faciendas curaverat numero sexaginta, perpaucæ locum
caperent, reliquæ fere omnes reiicerentur. Quas quum ali-
quamdiu Cæsar frustra exspectasset, ne anni tempore
navigatione excluderetur, quod æquinoctium suberat, necessario angustius milites collocavit: ac summam tran-
quillitatem consecutus, secunda inita quum solvisset vigilia, prima luce terram attigit, omnesque incolumes naves
perduxit.

Subductis navibus, concilioque Gallorum Samarobrivæ peracto, quod eo anno frumentum in Gallia, propter
siccitates, angustius provenerat; coactus est aliter atque
superioribus annis, exercitum in hibernis collocare, legionesque in plures civitates distribuere: ex quibus unam in
Morinos ducendam Caio Fabio legato dedit; alteram in
Nervios Quinto Ciceroni: tertiam in Essuos Lucio Roscio: quartam in Remis cum Tito Labieno in confinio Trevirorum hiemare iussit. Tres in Belgio collocavit.[12] His
Marcum Crassum Quæstorem, et Lucium Munatium Plancum, et Caium Trebonium legatos præfecit. Unam legionem, quam proxime trans Padum conscripserat et cohortes quinque in Eburones, quorum pars maxima est
inter Mosam et Rhenum, qui sub imperio Ambiorigis et
Cativulci erant, misit. His militibus Quintum Titurium
Sabinum, et Lucium Aurunculeium Cottam legatos præ-
esse iussit. Ad hunc modum distributis legionibus, facill-
lime inopiæ frumentariæ sese mederi posse existimavit.
Atque harum tamen omnium legionum hiberna (præter

tado las naves. Botadas estas al agua, por ser grande el número de los prisioneros, y haberse perdido algunas embarcaciones en la borrasca, determinó trasportar el egercito en dos convoyes. El caso fue, que de tantos bageles y en tantas navegaciones, ninguno de los que llevaban soldados faltó ni en este año ni el antecedente; pero de los que volvian en lastre del continente hecho el primer desembarco, y de los sesenta que Labieno habia mandado construir, aportaron muy pocos; los demas casi todos volvieron de arribada. Habiendo Cesar esperado en vano algun tiempo, temiendo que la estacion no le imposibilitase la navegacion por la proximidad del equinoccio, hubo de estrechar los soldados segun los buques, y en la mayor bonanza zarpando ya bien entrada la noche, al amanecer tomó tierra sin desgracia en toda la esquadra.

Sacadas a tierra las naves, y tenida una junta con los Galos en Samarobriva [13], por haber sido este año corta la cosecha de granos en la Galia por falta de aguas, le fue forzoso dar otra disposicion que los años precedentes a los ibernaderos del egercito, distribuyendo las legiones en diversos cantones: una en los Morinos al mando de Cayo Fabio: la segunda en los Nervios al de Quinto Ciceron: la tercera en los Esuos al de Lucio Roscio; ordenando que la quarta con Tito Labieno ibernase en los Remenses a la frontera de Treveris: tres alojó en los Belgas a cargo del Qüestor Marco Craso, de los Legados Lucio Munacio Planco y Cayo Trebonio. Una nuevamente alistada en Italia y cinco cohortes embió a los Eburones, que por la mayor parte habitan entre el Mosa y el Rin, sugetos al señorio de Ambiórige y Cativulco: dióles por Comandantes a los Legados Quinto Titurio Sabino y Lucio Arunculeyo Cota. Repartidas en esta forma las legiones, juzgó que podrian proveerse mas facilmente en la carestia. Dispuso sinembargo que los quarteles de todas estas legiones (salvo la que condujo Lucio Roscio

eam, quam Lucio Roscio in pacatissimam et quietissimam partem ducendam dederat) millibus passuum centum continebantur. Ipse interea, quoad legiones collocasset, munitaque hiberna cognovisset, in Gallia morari constituit.

Erat in Carnutibus summo loco natus Tasgetius; cuius maiores in sua civitate regnum obtinuerant. Huic Cæsar, pro eius virtute, atque in se benevolentia, quod in omnibus bellis singulari eius opera fuerat usus, maiorum locum restituerat. Tertium iam hunc annum regnantem inimici palam, multis etiam ex civitate auctoribus, interfecerunt. Defertur ea res ad Cæsarem: ille veritus, quod ad plures res pertinebat, ne civitas eorum impulsu deficeret, Lucium Plancum cum legione ex Belgio celeriter in Carnutes proficisci iubet, ibique hiemare; quorumque opera cognoverit Tasgetium interfectum, hos comprehensos ad se mittere. Interim ab omnibus legatis, quæstoribusque, quibus legiones transdiderat, certior factus est, in hiberna perventum, locumque hibernis esse munitum.

Diebus circiter quindecim, quibus in hiberna ventum est, initium repentini tumultus ac defectionis ortum est ab Ambiorige et Cativulco: qui, quum ad fines regni sui Sabino Cottæque præsto fuissent, frumentumque in hiberna comportavissent, Induciomari Treviri nuntiis impulsi, suos concitaverunt; subitoque oppressis lignatoribus, magna manu castra oppugnatum venerunt. Quum celeriter nostri arma cepissent, vallumque adscendissent: atque, una ex parte Hispanis equitibus emissis, equestri prœlio superiores fuissent; desperata re, hostes suos ab oppugnatione reduxerunt. Tum suo more conclamaverunt, uti aliqui ex nostris ad colloquium prodirent: habere sese quæ de re communi dicere vellent, quibus controversias minui posse sperarent. Mittitur ad eos col-

al pais [14] mas quieto y pacifico) estuviesen comprehendidas en termino de cien millas. Él resolvió detenerse en la Galia hasta tener alojadas las legiones, y certeza de que los quarteles quedaban fortificados.

Florecia entre los Chartreses Tasgecio, persona muy principal, cuyos antepasados habian sido Reyes de su nacion. Cesar le habia restituido su Estado en atencion al valor y lealtad singularmente oficiosa, de que se habia servido en todas las guerras. Este año, que ya era el tercero de su reynado, sus enemigos le mataron publicamente, siendo asimismo complices muchos de los naturales. Dan parte a Cesar de este atentado. Receloso él de que, por ser tantos los culpados, no se rebelase a influjo de ellos el pueblo, manda a Lucio Planco marchar prontamente con una legion de los Belgas a los Carnutes, tomar alli quarteles de ibierno, y remitirle presos a los que hallase reos de la muerte de Tasgecio. En este entretanto todos los Legados y el Qüestor [15] encargados del gobierno de las legiones, le avisaron, cómo ya estaban aquartelados y bien atrincherados.

A los quince dias de alojados alli, dieron principio a un repentino alboroto y alzamiento Ambiórige y Cativulco, que con haber salido a recibir a Sabino y a Cota a las fronteras de su reyno, y acarreado trigo a los quarteles, instigados por los mensageros del Trevirense Induciomaro, pusieron en armas a los suyos; y sorprehendiendo de rebato a los leñadores, vinieron con gran tropel a forzar las trincheras. Como los nuestros cogiendo al punto las armas, montando la linea, y destacada por una banda la caballeria Española, llevasen con ella la ventaja en el choque; los enemigos, malogrado el lance, desistieron del asalto. A luego dieron voces, como acostumbran, que saliesen algunos de los nuestros a conferencia; que sobre intereses comunes querian proponer ciertas condiciones, con que esperaban se podrian terminar las

loquendi causa Caius Arpinus eques Romanus, familiaris Quinti Titurii, Quintus Iunius ex Hispania quidam, qui iam ante missu Caesaris ad Ambiorigem ventitare consueverat: apud quos Ambiorix in hunc modum locutus est: 'Sese pro Caesaris in se beneficiis plurimum
'ei confiteri debere, quod eius opera stipendio liberatus
'esset, quod Atuaticis finitimis suis pendere consues-
'set; quodque ei et filius, et fratris filius ab Caesare re-
'missi essent, quos Atuatici obsidum numero missos apud
'se in servitute et catenis tenuissent. Neque id, quod
'fecerat de oppugnatione castrorum, aut iudicio, aut vo-
'luntate sua fecisse, sed coactu civitatis: suaque esse
'eiusmodi imperia, ut non minus haberet in se iuris mul-
'titudo, quam ipse in multitudinem. Civitati porro hanc
'fuisse belli causam, quod repentinae Gallorum coniura-
'tioni resistere non potuerit, id se facile ex humilitate
'sua probare posse: quod non adeo sit imperitus rerum,
'ut suis copiis Populum Romanum se superare posse con-
'fidat. Sed esse Galliae commune consilium: omnibus hi-
'bernis Caesaris oppugnandis hunc esse dictum diem, ne
'qua legio alteri legioni subsidio venire posset. Non fa-
'cile Gallos Gallis negare potuisse; praesertim quum de
'recuperanda communi libertate consilium initum videre-
'tur. Quibus quoniam pro pietate satisfecerit, habere se
'nunc rationem officii: pro beneficiis Caesarem monere,
'orare Titurium pro hospitio, ut suae ac militum saluti
'consulat. Magnam manum Germanorum conductam, Rhe-
'num transisse; hanc affore biduo: ipsorum esse consi-
'lium, velintne prius, quam finitimi sentiant, eductos
'ex hibernis milites aut ad Ciceronem, aut ad Labie-
'num deducere, quorum alter millia passuum circiter quin-
'quaginta, alter paullo amplius absit. Illud se pollice-
'ri, et iureiurando confirmare, tutum se iter per fines

diferencias. Va a tratar con ellos Cayo Arpino, Caballero Romano confidente de Quinto Titurio, con cierto Español Quinto Junio, que ya otras veces por parte de Cesar habia ido a verse con Ambiórige; el qual les habló de esta manera: 'Que se confesaba obligadisimo a los beneficios recibidos
'de Cesar, quales eran, haberle libertado del tributo que pa-
'gaba a los Aduáticos sus confinantes; haberle restituido su
'hijo y un sobrino, que siendo embiados entre los rehenes a
'los Aduáticos, los tuvieron en esclavitud y en cadenas: que
'en la tentativa del asalto no habia procedido a arbitrio ni
'voluntad propia, sino compelido de la nacion: ser su seño-
'rio de tal calidad, que no era menor la potestad del pueblo
'sobre él, que la suya sobre el pueblo: y el motivo que tu-
'vo este para el rompimiento fue solo el no poder resistir a
'la conspiracion repentina de la Galia; cosa bien facil de pro-
'bar en vista de su poco poder: pues no es él tan necio que
'presuma poder con sus fuerzas contrastar las del Pueblo
'Romano: la verdad es, ser este el comun acuerdo de la Ga-
'lia, y el dia de hoy el aplazado para el asalto general de to-
'dos los quarteles de Cesar, para que ninguna legion pueda
'dar la mano a la otra: como Galos no pudieron facilmente
'negarse a los Galos: mayormente pareciendo ser su fin el
'recobrar la libertad comun: mas yaque tenia cumplido con
'ellos por razon de deudo, debia atender aora a la ley del
'agradecimiento: asique por respeto a los beneficios de Ce-
'sar y al hospedage de Titurio, le amonestaba y suplicaba,
'mirase por su vida y la de sus soldados: que ya un gran cuer-
'po de Germanos venía a servir a sueldo y habia pasado el
'Rin; que llegaria dentro de dos dias: viesen ellos si seria me-
'jor, antes que lo entendiesen los comarcanos, sacar de sus
'quarteles los soldados y trasladarlos a los de Ciceron o de
'Labieno, puesto que el uno distaba menos de cincuenta mi-
'llas, y el otro poco mas: lo que les prometia y aseguraba

'suos daturum. Quod quum faciat, et civitati sese con-
'sulere, quod hibernis levetur, et Cæsari pro eius meri-
'tis gratiam referre.' Hac oratione habita, discedit Ambiorix.

Arpinus et Iunius, quæ audierant, ad legatos deferunt. Illi repentina re perturbati; etsi ab hoste ea
dicebantur, non tamen negligenda existimabant; maximeque hac re permovebantur, quod civitatem ignobilem atque humilem Eburonum sua sponte Populo Romano bellum facere ausam, vix erat credendum. Itaque ad consilium rem deferunt. Magnaque inter eos exsistit controversia. Lucius Aurunculeius, complurerque tribuni militum, et primorum ordinum centuriones, 'nihil temere agen-
'dum, neque ex hibernis iniussu Cæsaris discedendum
'existimabant. Quantasvis magnas copias etiam Germa-
'norum sustineri posse, munitis hibernis, docebant: rem
'esse testimonio, quod primum hostium impetum, multis ul-
'tro vulneribus illatis, fortissime sustinuerint. Re frumen-
'taria non premi. Interea et ex proximis hibernis, et a
'Cæsare conventura subsidia. Postremo quid esse levius
'aut turpius, quam auctore hoste de summis rebus cape-
're consilium?' Contra ea Titurius; 'sero facturos clami-
'tabat, quum maiores manus hostium, adiunctis Germa-
'nis, convenissent, aut quum aliquid calamitatis in pro-
'ximis hibernis esset acceptum. Brevem consulendi esse
'occasionem. Cæsarem arbitrari profectum in Italiam:
'nec aliter Carnutes interficiendi Tasgetii consilium fuisse
'capturos, neque Eburones, si ille adesset, tanta cum con-
'temtione nostri ad castra venturos esse. Non hostem
'auctorem, sed rem spectare. Subesse Rhenum. Magno es-
'se Germanis dolori Ariovisti mortem et superiores no-
'stras victorias. Ardere Galliam tot contumeliis acceptis
'sub Populi Romani imperium redactam, superiore gloria

'con juramento era, darles paso franco por sus Estados: que
'con eso procuraba al mismo tiempo el bien del pueblo ali-
'viandolo del alojamiento, y el servicio de Cesar en recom-
'pensa de sus mercedes.' Dicho esto, se despide Ambiórige.

Arpino y Junio cuentan a los Legados lo que acababan de oir. Ellos asustados con la impensada nueva, aunque venía de boca del enemigo, no por eso creian deberla despreciar: lo que mas fuerza les hacia era, no parecerles creible, que los Eburones, gente de ningun nombre y tan para poco, se atreviesen de suyo a mover guerra contra el Pueblo Romano. Y asi ponen la cosa en consejo; donde hubo grandes debates. Lucio Arunculeyo con varios de los tribunos y capitanes principales [16] era de parecer, 'que no se debia atro-
'pellar, ni salir de los reales sin orden de Cesar; proponian,
'que dentro de las trincheras se podian defender contra qua-
'lesquiera tropas aun de Germanos, por numerosas que fue-
'sen: ser de esto buena prueba el hecho de haber resistido
'con tanto esfuerzo al primer impetu del enemigo, rebatien-
'dole con gran daño: que pan no les faltaba: entretanto ven-
'drian socorros de los quarteles vecinos y de Cesar: en con-
'clusion, puéde haber temeridad ni desdóro mayor, que to-
'mar consejo del enemigo en punto de tanta monta?' Contra esto gritaba Titurio; 'que tarde caerian en la cuenta, quan-
'do creciese mas el numero de los enemigos con la union de
'los Germanos, o sucediese algun desastre en los quarteles ve-
'cinos: que el negocio pedia pronta resolucion; y creia él, que
'Cesar se hubiese ido a Italia: sino, cómo era posible que los
'Chartreses conspirasen en matar a Tasgecio, ni los Eburones
'en asaltar con tanto descáro nuestros reales? que no atendia
'él al dicho del enemigo, sino a la realidad del hecho: el Rin
'imediato: irritados los Germanos por la muerte de Ariovis-
'to, y nuestras pasadas victorias: la Galia enconada por verse
'despues de tantos malos tratamientos sugeta al Pueblo Ro-

'rei militaris exstincta. Postremo quis hoc sibi persuade-
'ret, sine certa re Ambiorigem ad eiusmodi consilium
'descendisse? Suam sententiam in utramque partem esse
'tutam: si nihil sit durius, nullo cum periculo ad pro-
'ximam legionem perventuros; si Gallia omnis cum Ger-
'manis consentiat, unam esse in celeritate positam salu-
'tem. Cottae quidem, atque eorum, qui dissentirent, consi-
'lium quem haberet exitum? In quo si non praesens pericu-
'lum, at certe longa obsidione fames esset pertimescenda.'

Hac in utramque partem habita disputatione, quum a Cotta primisque ordinibus acriter resisteretur 'Vin-
'cite, inquit, si ita vultis, Sabinus;' et id clariore vo-
ce, ut magna pars militum exaudiret: 'Neque is sum,
'inquit, qui gravissime ex vobis mortis periculo ter-
'rear: hi sapient, et si gravius quid acciderit, abs te
'rationem reposcent: qui, si per te liceat, perendino
'die cum proximis hibernis coniuncti, communem cum
'reliquis casum sustineant, nec reiecti, et relegati lon-
'ge ab ceteris, aut ferro, aut fame intereant.' Con-
surgitur ex consilio. Comprehendunt utrumque, et orant,
ne sua dissensione et pertinacia rem in summum periculum deducant: facilem esse rem, seu maneant, seu
proficiscantur, si modo unum omnes sentiant, ac pro-
bent: contra in dissensione nullam se salutem perspi-
cere. Res disputatione ad mediam noctem perducitur.
Tandem dat Cotta permotus manus. Superat sententia
Sabini. Pronuntiatur, prima luce ituros. Consumitur vigiliis reliqua pars noctis, quum sua quisque miles cir-
cumspicere, quid secum portare posset, quid ex instrumento hibernorum relinquere cogeretur. Omnia excogi-
tantur, quare nec sine periculo maneatur, et languo-
re militum et vigiliis periculum augeatur. Prima luce
sic ex castris proficiscuntur, ut, quibus esset persuasum

'mano, oscurecida su antigua gloria en las armas: por ulti-
'mo, quién podrá persuadirse que Ambiórige se hubiese ar-
'riesgado a tomar este consejo sin tener seguridad de la cosa?
'En todo caso ser seguro su dictamen: si no hay algun con-
'traste, se juntarán a su salvo con la legion imediata: si la
'Galia toda se coligáre con Germania, el unico remedio es no
'perder momento. El parecer contrario de Cota y sus parcia-
'les qué resultas tendrá? quando de presente no haya peligro,
'al menos en un largo asédio el hambre será inevitable.'

En estas reyertas, oponiendose vivamente Cota y los primeros Oficiales; 'Norabuena, dijo Sabino, salid con la vues-
'tra, yaque asi lo quereis:' y en voz mas alta, de modo que
pudiesen oirle muchos de los soldados, añadió; 'Si, que no
'soy yo entre vosotros el que mas teme la muerte: los presen-
'tes verán lo que han de hacer; si acaeciere algun revés, tu so-
'lo les serás responsable: y si los dejas, pasado mañana se verán
'juntos con los demas en los quarteles vecinos para ser com-
'pañeros de su suerte, y no morir a hierro y hambre aban-
'donados y apartados de los suyos.' Levántanse con esto de
la Junta, y los principales se ponen de por medio, y suplican a entrambos, no lo echen todo a perder con su discor-
dia y empeño: qualquier partido que tomen o de irse, o de
quedarse saldrá bien, si todos van a una: al contrario si estan discordes, se dan por perdidos. Durando la disputa hasta media noche, al cabo rendido Cota, cede. Prevalece la
opinion de Sabino. Publícase marcha para el alba. El resto
de la noche pasan en vela, registrando cada uno su mochila,
para ver qué podria llevar consigo, qué no, de los utensilios de los quarteles. No parece sino que se discurren todos
los medios de hacer peligrosa la detencion, y aun mas la
marcha con la fatiga y el desvelo de los soldados. Venida la
mañana, comienzan su viage en la persuasion de que no un
enemigo, sino el mayor amigo suyo Ambiórige les habia da-

non ab hoste, sed ab homine amicissimo Ambiorige consilium datum, longissimo agmine magnisque impedimentis.

At hostes, postea quam ex nocturno fremitu, vigiliisque de profectione eorum senserunt, collocatis insidiis bipartito in silvis, opportuno atque occulto loco a millibus passuum circiter duobus Romanorum adventum exspectabant: et, quum se maior pars agminis in magnam convallem demisisset, ex utraque parte eius vallis subito sese ostenderunt; novissimosque premere, et primos prohibere adscensu, atque iniquissimo nostris loco prœlium committere cœperunt. Tum demum Titurius, uti qui nihil ante providisset, trepidare et concursare, cohortesque disponere: hæc tamen ipsa timide, atque ut eum omnia deficere viderentur: quod plerumque iis accidere consuevit, qui in ipso negotio consilium capere coguntur. At Cotta, qui cogitasset hæc posse in itinere accidere, atque ob eam causam profectionis auctor non fuisset, nulla in re communi saluti deerat, et in appellandis cohortandisque militibus imperatoris, et in pugna militis officia præstabat. Quumque propter longitudinem agminis minus facile per se omnia obire, et quid quoque loco faciendum esset, providere possent; iusserunt pronuntiari, ut impedimenta relinquerent, atque in orbem consisterent: quod consilium etsi in eiusmodi casu reprehendendum non est, tamen incommode accidit. Nam et nostris militibus spem minuit, et hostes ad pugnandum alacriores effecit; quod non sine summo timore et desperatione id factum videbatur. Præterea accidit, quod fieri necesse erat, ut vulgo milites ab signis discederent; quæque quisque eorum carissima haberet, ab impedimentis petere, atque arripere properaret, et clamore ac fletu omnia complerentur. At barbaris consilium non defuit. Nam duces eorum tota acie

do este consejo, estendidos en filas muy largas y con mucho equipage.

Los enemigos, que por la bulla e inquietud de la noche barruntaron su partida, armadas dos emboscadas en sitio ventajoso y encubierto entre selvas, a distancia de dos millas estaban acechando el paso de los Romanos: y quando vieron la mayor parte internada en lo quebrado de aquel hondo valle, al improviso se dejaron ver por el frente y espaldas picando la retaguardia, estorbando a la vanguardia la subida, y forzando a los nuestros a pelear en el peor parage. Aqui vieras a Titurio, que nunca tal pensára, asustarse, correr acá y allá, ordenar las filas; pero todo como un hombre azorado que no sabe la tierra que pisa: que asi suele acontecer a los que no se aconsejan hasta que se hallan metidos en el lance. Por el contrario Cota, que todo lo tenia previsto y por eso se habia opuesto a la salida, nada omitia de lo conducente al bien comun: ya llamando por su nombre a los soldados, ya esforzandolos, ya peleando, hacia a un tiempo el oficio de Capitan y soldado. Mas visto que, por ser las filas muy largas, con dificultad podian acudir a todas partes y dar las ordenes convenientes, publicaron una general para que soltando las mochilas, se formasen en rueda: resolucion, que sibien no es de tachar en semejante aprieto, tuvo muy mal efecto; pues quanto desalentó la esperanza de los nuestros, tanto mayor denuedo infundió a los enemigos, por parecerles que no se hacia esto sin estremos de temor y en caso desesperado. Además que los soldados de tropel, como era regular, desamparaban sus banderas; y cada qual iba corriendo a su lío a sacar y recoger las alhajas y preseas mas estimadas; y no se oian sino alaridos y lamentos. Mejor lo hicieron los barbaros: porque sus Capitanes intimaron a todo el egercito; que ninguno abandonase su puesto; que contasen por suyo todo el despojo de los Ro-

pronuntiari iusserunt, ne quis ab loco discederet: illorum esse prædam, atque illis reservari quæcumque Romani reliquissent: proinde omnia in victoria posita existimarent. Erant et virtute et numero pugnando pares nostri: tametsi a duce, et a fortuna deserebantur: tamen omnem spem salutis in virtute ponebant; et quoties quæque cohors procurrerat, ab ea parte magnus hostium numerus cadebat. Qua re animadversa, Ambiorix pronuntiari iubet, ut procul tela coniiciant, neu propius accedant: et, quam in partem Romani impetum fecerint, cedant: levitate armorum, et quotidiana exercitatione nihil his noceri posse: rursus se ad signa recipientes insequantur. Quo præcepto ab his diligentissime observato, quum quæpiam cohors ex orbe excesserat, atque impetum fecerat, hostes velocissime refugiebant. Interim ea parte nudari necesse erat, et ab latere aperto tela recipi. Rursus, quum in eum locum, unde erant egressi, reverti cœperant, et ab his, qui cesserant, et ab his, qui proximi steterant, circumveniebantur: sin autem locum tenere vellent, neque virtuti locus relinquebatur, neque a tanta multitudine coniecta tela conferti vitare poterant. Tamen tam multis incommodis conflictati, multis vulneribus acceptis, resistebant; et magna parte diei consumta, quum a prima luce ad horam octavam pugnaretur, nihil, quod ipsis esset indignum, committebant. Tum Tito Balventio, qui superiore anno primum pilum duxerat, viro forti et magnæ auctoritatis, utrumque femur tragula transiicitur. Quintus Lucanius eiusdem ordinis fortissime pugnans, dum circumvento filio subvenit, interficitur. Lucius Cotta legatus omnes cohortes ordinesque adhortans, in adversum os funda vulneratur.

His rebus permotus Quintus Titurius, quum procul

manos; pero entendiesen que el unico medio de conseguirlo era la victoria. Eran los nuestros por el numero y fortaleza capaces de contrarestar al enemigo; y dado caso que ni el caudillo ni la fortuna los ayudaba, todavia en su propio valor libraban la esperanza de la vida: y siempre que alguna cohorte daba un avance, de aquella banda caía por tierra gran numero de enemigos. Advirtiendolo Ambiórige, da orden que disparen de lejos, y nunca se arrimen mucho; y dondequiera que los Romanos arremetan, retrocedan ellos; que atento el ligero peso de sus armas y su continuo egercicio no podian recibir daño: pero en viendolos que se retiran a su formacion, den tras ellos. Egecutada puntualisimamente esta orden, quando una manga destacada del cerco acometia, los contrarios echaban para atrás velocisimamente. Con eso era preciso que aquella parte quedase indefensa, y por un portillo abierto espuesta a los tiros. Despues al querer volver a su puesto, eran cogidos en medio asi de los que se retiraban, como de los que estaban apostados a la espera: y quando quisiesen mantenerse apie firme, ni podian mostrar su valor, ni estando tan apiñados hurtar el cuerpo a los flechazos de tanta gente. Con todo eso a pesar de tantos costrastes y de la mucha sangre derramada, se tenian fuertes; y pasada gran parte del dia, peleando sin cesar del amanecer hasta las ocho [17], no cometian la menor vileza. En esto con un venablo atravesaron de parte a parte ambos muslos de Tito Balvencio, varon esforzado y de gran cuenta, que desde el año antecedente mandaba la primera centuria. Quinto Lucanio centurion del mismo grado combatiendo valerosamente, por ir a socorrer a su hijo rodeado de los enemigos, cae muerto. El Comandante Lucio Cota, mientras va corriendo las lineas y exortando a los soldados, recibe en la cara una pedrada de honda.

Aterrado con estas desgracias Quinto Titurio, como di-

Ambiorigem suos cohortantem conspexisset, interpretem suum Cneium Pompeium ad eum mittit rogatum, ut sibi militibusque parcat. Ille appellatus, respondit: 'si ve-'lit secum colloqui, licere; sperare, a multitudine impe-'trari posse quod ad militum salutem pertineat: ipsi ve-'ro nihil nocitum iri: inque eam rem se suam fidem in-'terponere.' Ille cum Cotta saucio communicat, 'si videa-'tur, pugna ut excedant, et cum Ambiorige una collo-'quantur. Sperare se, ab eo de sua ac militum salute 'impetrari posse.' Cotta se ad armatum hostem iturum negat, atque in eo constitit. Sabinus, quos in præsentia tribunos militum circum se habebat et primorum ordinum centuriones, se sequi iubet; et quum propius Ambiorigem accessisset, iussus arma abiicere, imperatum facit, suisque, ut idem faciant, imperat. Interim, dum de conditionibus inter se agunt, longiorque consulto ab Ambiorige instituitur sermo, paullatim circumventus, interficitur. Tum vero suo more victoriam conclamant, atque ululatum tollunt; impetuque in nostros facto, ordines perturbant. Ibi Lucius Cotta pugnans, interficitur cum maxima parte militum. Reliqui se in castra recipiunt, unde erant egressi. Ex quibus Lucius Petrosidius aquilifer, quum magna multitudine hostium premeretur, aquilam intra vallum proiecit. Ipse pro castris fortissime pugnans, occiditur. Alii ægre ad noctem oppugnationem sustinent: noctu ad unum omnes, desperata salute, seipsi interficiunt. Pauci ex prœlio elapsi, incertis itineribus per silvas ad Titum Labienum legatum in hiberna perveniunt; atque eum de rebus gestis certiorem faciunt.

Hac victoria sublatus Ambiorix, statim cum equitatu in Aduaticos, qui erant eius regno finitimi, proficiscitur: neque diem neque noctem intermittit; pedita-

visase a lo lejos a Ambiórige que andaba animando a los suyos, embiale su interprete Neo Pompeyo a suplicarle les perdone las vidas. El respondió a la súplica; 'que si queria 'conferenciar consigo, bien podia: quanto a la vida de los sol-'dados, esperaba que se podria recabar de su gente: tocante al 'mismo Titurio, empeñaba su palabra, que no se le haria da-'ño ninguno.' Titurio lo comunica con Cota herido, diciendo, 'que si tiene por bien salir del combate y abocarse con Am-'biórige, hay esperanza de poder salvar sus vidas y las de 'los soldados.' Cota dice, que de ningun modo irá al enemigo, mientras le vea con las armas en la mano; y cierrase en ello. Sabino vuelto a los tribunos circunstantes y a los primeros centuriones, manda que le sigan: y llegando cerca de Ambiórige, intimandole rendir las armas, obedece; ordenando a los suyos que hagan lo mismo. Durante la conferencia, mientras se trata de las condiciones, y Ambiórige alarga de proposito la platica, cércanle poco a poco, y le matan. Entonces fue la grande algazára y el gritar descompasado [18] a su usanza, apellidando victoria; echarse sobre los nuestros, y desordenarlos. Alli Lucio Cota pierde combatiendo la vida con la mayor parte de los soldados; los demas se refugian a los reales de donde salieron: entre los quales Lucio Petrosidio Alferez mayor, siendo acosado de un gran tropel de enemigos, tiró dentro del vallado el estandarte del aguila, defendiendo a viva fuerza la entrada, hasta que cayó muerto. Los otros a duras penas sostuvieron el asalto hasta la noche; durante la qual todos todos desesperados, se dieron a sí mismos la muerte. Los pocos que de la batalla se escaparon, metidos entre los bosques, por caminos estraviados llegan a los quarteles de Tito Labieno, y le cuentan la tragedia.

Engreido Ambiórige con esta victoria, marcha sin dilacion con su caballeria a los Aduáticos, confinantes con su reyno sin parar dia y noche; y manda que le siga la in-

tumque se subsequi iubet. Re demonstrata, Aduaticisque concitatis, postero die in Nervios pervenit: hortaturque, ne sui in perpetuum liberandi, atque ulciscendi Romanos, pro his, quas acceperint, iniuriis, occasionem dimittant: interfectos esse legatos duos, magnamque partem exercitus interiisse demonstrat; nihil esse negotii, subito oppressam legionem, quæ cum Cicerone hiemet, interfici: se ad eam rem profitetur adiutorem. Facile hac oratione Nerviis persuadet. Itaque, confestim dimissis nuntiis ad Centrones, Grudios, Levacos, Pleumoxios, Gordunos, qui omnes sub eorum imperio sunt, quam maximas manus possunt, cogunt; et de improviso ad Ciceronis hiberna advolant, nondum ad eum fama de Titurii morte perlata. Huic quoque accidit, quod fuit necesse, ut nonnulli milites, qui lignationis munitionisque causa in silvas discessissent, repentino equitum adventu interciperentur. His circumventis, magna manu Eburones, Aduatici, Nervii atque horum omnium socii et clientes legionem oppugnare incipiunt. Nostri celeriter ad arma concurrunt; vallum conscendunt. Ægre is dies sustentatur, quod omnem spem hostes in celeritate ponebant, atque hanc adepti victoriam, in perpetuum se fore victores confidebant. Mittuntur ad Cæsarem confestim a Cicerone literæ, magnis propositis præmiis, si pertulissent. Obsessis omnibus viis, missi intercipiuntur. Noctu ex ea materia, quam munitionis causa comportaverant, turres centum et viginti excitantur incredibili celeritate. Quæ deesse operi videbantur, perficiuntur. Hostes postero die multo maioribus copiis coactis, castra oppugnant, fossam complent. A nostris eadem ratione qua pridie resistitur. Hoc idem deinceps reliquis fit diebus. Nulla pars nocturni temporis ad laborem intermittitur: non ægris, non vulneratis facultas quietis datur. Quæcumque ad proximi diei oppugnationem opus sunt,

fantería. Incitados los Aduáticos con la relacion del hecho, al dia siguiente pasa a los Nervios; y los exorta a que no pierdan la ocasion de asegurar para siempre su libertad y vengarse de los Romanos por los ultrages recibidos: póneles delante la muerte de dos Legados y la matanza de gran parte del egercito; ser muy facil hacer lo mismo de la legion aquartelada con Ciceron cogiendola de sorpresa; él se ofrece por compañero de la empresa. No le fue muy dificultoso persuadir a los Nervios. Asique despachando al punto correos a los Centrones, Grudios, Levacos, Pleumosios y Gordunos, que son todos dependientes suyos, hacen las mayores levas que pueden, y de improviso vuelan a los quarteles de Ciceron, que aun no tenia noticia de la desgracia de Titurio: conque no pudo precaver el que algunos soldados esparcidos por las selvas en busca de leña y fagina no fuesen sorprehendidos con la repentina llegada de los caballos. Rodeados esos, una gran turba de Eburones, Aduáticos y Nervios con todos sus aliados y dependientes empieza a batir la legion. Los nuestros a toda priesa toman las armas y montan las trincheras. Costó mucho sostenerse aquel dia; porque los enemigos ponian toda su esperanza en la brevedad, confiando que ganada esta victoria, para siempre quedarian vencedores. Ciceron al instante despacha cartas a Cesar, ofreciendo grandes premios a los portadores, que son luego presos por estar tomadas todas las sendas. Por la noche del maderage acarreado para barrearse levantan ciento y veinte [19] torres con presteza increible, y acaban de fortificar los reales. Los enemigos al otro dia los asaltan con mayor golpe de gente, y llenan el foso. Los nuestros resisten como el dia precedente: y asi prosiguen en los consecutivos; no cesando de trabajar noches enteras, hasta los enfermos y heridos. De noche se apresta todo lo necesario para la defensa del otro dia. Se hace prevencion de cantidad de varales

noctu comparantur. Multæ præustæ sudes, magnus muralium pilorum numerus instituitur: turres contabulantur, pinnæ loricæque ex cratibus attexuntur. Ipse Cicero, quum tenuissima valetudine esset, ne nocturnum quidem sibi tempus ad quietem relinquebat; ut ultro militum concursu ac vocibus sibi parcere cogeretur.

Tunc duces principesque Nerviorum, qui aliquem sermonis aditum, causamque amicitiæ cum Cicerone habebant, colloqui sese velle dicunt. Facta potestate, eadem, quæ Ambiorix cum Titurio egerat, commemorant: 'omnem 'esse in armis Galliam. Germanos Rhenum transisse: 'Cæsaris reliquorumque hiberna oppugnari. Addunt etiam 'de Sabini morte. Ambiorigem ostentant, fidei faciun-'dæ causa. Errare eos dicunt, si quidquam ab iis præ-'sidii sperent, qui suis rebus diffidant: sese tamen hoc 'esse in Ciceronem Populumque Romanum animo, ut ni-'hil, nisi hiberna recusent, atque hanc inveterascere con-'suetudinem nolint: licere illis incolumibus per se ex hi-'bernis discedere, et in quascumque partes velint, sine 'metu proficisci.' Cicero ad hæc unum modo respondit: 'Non esse consuetudinem Populi Romani ullam accipere 'ab hoste armato conditionem. Si ab armis discedere ve-'lint, se adiutore utantur, legatosque ad Cæsarem mit-'tant; sperare se, pro eius iustitia, quæ petierint, im-'petraturos.'

Ab hac spe repulsi Nervii, vallo pedum undecim et fossa pedum quindecim hiberna cingunt. Hæc superiorum annorum consuetudine a nostris cognoverant; et quosdam de exercitu nacti captivos, ab his docebantur. Sed nulla his ferramentorum copia, quæ esset ad hunc usum idonea; gladiis cespitem circumcidere, manibus sagulisque terram exhaurire cogebantur. Qua quidem ex re hominum multitudo cognosci potuit. Nam mi-

tostados a raigon, y de garrochones: fórmanse tablados en las torres, almenas y parapetos de zarzos entretegidos. El mismo Ciceron, siendo de complexion delicadísima, no reposaba un punto ni aun de noche; tanto que fue necesario que los soldados con instancias y clamores le obligasen a mirar por sí.

Entonces los Gefes y personas de autoridad entre los Nervios, que tenian alguna cabida y razon de amistad con Ciceron, dicen que quieren abocarse con él. Habida licencia, repiten la arenga de Ambiórige a Titurio: 'estar armada to-
'da la Galia; los Germanos de esta parte del Rin: los quar-
'teles de Cesar y de los otros sitiados. Añaden lo de la muer-
'te de Sabino. Ponenle delante a Ambiórige [10], para que no
'dude de la verdad. Dicen ser gran desatino esperar socorro
'alguno de aquellos, que no pueden valerse a sí mismos.
'Protestan no obstante, que por el amor que tienen a Cice-
'ron y al Pueblo Romano solo se oponen a que ibernen den-
'tro de su pais; y que no quisieran se avezasen a eso: que
'por ellos bien pueden salir libres de los quarteles, y mar-
'char seguros a qualquiera otra parte.' La unica respuesta de Ciceron a todo esto fue; 'no ser costumbre del Pueblo Ro-
'mano recibir condiciones del enemigo armado. Si dejan las
'armas, podrán servirse de su mediacion, y embiar embaja-
'dores a Cesar; que, segun es [11] de benigno, espera lograrán
'lo que pidieren.'

Los Nervios, viendo frustradas sus ideas, cercan los reales con un bastion de once pies y su foso de quince. Habian aprendido esto de los nuestros con el trato de los años antecedentes; y no dejaban de tener soldados prisioneros que los instruyesen. Mas como carecian de las herramientas necesarias, les era forzoso cortar los cespedes con la espada, sacar la tierra con las manos, y acarrearla en las haldas. De lo qual se puede colegir el gran gentío de los sitiadores; pues

nus horis tribus, millium passuum decem in circuitu munitionem perfecerunt: reliquisque diebus turres ad altitudinem valli, falces, testudinesque, quas iidem captivi docuerant, parare ac facere coeperunt. Septimo oppugnationis die, maximo coorto vento, ferventes fusili ex argilla glandes fundis, et fervefacta iacula in casas, quæ more Gallico stramentis erant tectæ, iacere coeperunt. Hæ celeriter ignem comprehenderunt, et venti magnitudine in omnem castrorum locum distulerunt. Hostes, maximo clamore insecuti, quasi parta iam atque explorata victoria, turres, testudinesque agere, et scalis vallum adscendere coeperunt. At tanta militum virtus, atque ea præsentia animi fuit, ut, quum undique flamma torrerentur, maximaque telorum multitudine premerentur, suaque omnia impedimenta atque omnes fortunas conflagrare intelligerent: non modo demigrandi causa de vallo decederet nemo, sed pæne ne respiceret quidem quisquam; ac tum omnes acerrime fortissimeque pugnarent. Hic dies nostris longe gravissimus fuit: sed tamen hunc habuit eventum, ut eo die maximus numerus hostium vulneraretur, atque interficeretur, ut se sub ipso vallo constipaverant, recessumque primis ultimi non dabant. Paullum quidem intermissa flamma, et quodam loco turri adacta, et contingente vallum, tertiæ cohortis centuriones ex eo, quo stabant, loco recesserunt, suosque omnes removerunt; nutu vocibusque hostes, 'si introire vellent,' vocare coeperunt: quorum progredi ausus est nemo. Tum ex omni parte lapidibus coniectis deturbati, turrisque succensa est.

Erant in ea legione fortissimi viri centuriones, qui iam primis ordinibus appropinquarent, Titus Pulfio, et Lucius Varenus. Hi perpetuas controversias inter se habebant, uter alteri anteferretur, omnibusque annis de loco summis simultatibus contendebant. Ex iis Pulfio, quum

nus
nition
tudin
docue
nis a
glana
Galli
lerite
omne
more
turre
cœpe
anim
que
dime
non
pæne
rime
vissi
max
tur
mis
ma
terti
cess
stes
gre
iect.

iam
Lu
beb
co

en menos de tres horas concluyeron una fortificacion de diez millas de circuito; y los dias siguientes, mediante la direccion de los mismos prisioneros, fueron levantando torres de altura igual a nuestras barreras, y fabricando guadañas y galápagos. Al dia septimo del cerco, soplando un viento recio, empezaron a tirar con hondas bodoques [22] caldeados y dardos encendidos a las barracas, que al uso de la Galia eran pagizas. Prendió al momento en ellas el fuego, que con la violencia del viento se estendió por todos los reales. Los enemigos cargando con grande algazára, como seguros ya de la victoria, van arrimando las torres y galápagos, y empiezan a escalar el vallado. Mas fue tanto el valor de los soldados, tal su intrepidez, que sintiendose chamuscar por todos lados, y oprimir de una horrible lluvia de saetas; viendo arder todos sus ajuares y alhajas, lejos de abandonar nadie su puesto, ni aun casi habia quien atrás mirase; antes por lo mismo peleaban todos con mayor brio y corage. Penosisimo sin duda fue este dia para los nuestros: bienque se consiguió hacer grande estrago en los enemigos, por estar apiñados al pie del vallado mismo, ni dar los ultimos lugar de retirarse a los primeros. Cediendo un tanto las llamas, como los enemigos arrimasen por cierta parte una torre hasta pegarla con las trincheras, los Oficiales de la tercera cohorte hicieron lugar retirandose atrás con todos los suyos; y con ademanes y voces empezaron a provocarlos a entrar, 'si eran 'hombres;' pero nadie osó aventurarse. Entonces los Romanos arrojando piedras, los derrocaron, y les quemaron la torre.

Habia en esta legion dos centuriones muy valerosos, Tito Pulfion y Lucio Vareno, a punto de ser promovidos al primer grado. Andaban estos en continuas competencias sobre quién debia ser preferido, y cada año con la mayor emulacion se disputaban la precedencia. Pulfion, uno de los dos, en

acerrime ad munitiones pugnaretur, 'Quid dubitas,' inquit, 'Varene? aut quem locum probandae virtutis tuae 'exspectas? Hic hic dies de nostris controversiis iudi-'cabit.' Haec quum dixisset, procedit extra munitiones, et, qua pars hostium confertissima visa est, in eam irrumpit. Ne Varenus quidem tum vallo sese continet; sed omnium veritus existimationem, subsequitur, mediocri spatio relicto. Pulfio pilum in hostes mittit, atque unum ex multitudine procurrentem transiicit; quo percusso, et exanimato, hunc scutis protegunt hostes. Et in illum universi tela coniiciunt; neque dant regrediendi facultatem. Transfigitur scutum Pulfioni, et verutum in balteo defigitur. Avertit hic casus vaginam, et gladium educere conantis dexteram moratur manum, impeditumque hostes circumsistunt. Succurrit inimicus illi Varenus, et laboranti subvenit. Ad hunc se confestim a Pulfione omnis multitudo convertit. Illum veruto transfixum arbitrantur. Illic vero occursat ocius gladio, cominusque rem gerit Varenus: atque, uno interfecto, reliquos paullum propellit. Dum cupidius instat, in locum inferiorem deiectus, concidit. Huic rursus circumvento fert subsidium Pulfio; atque ambo incolumes, compluribus interfectis, summa cum laude sese intra munitiones recipiunt. Sic fortuna in contentione et certamine utrumque versavit, ut alter alteri inimicus auxilio salutique esset; neque diiudicari posset, uter utri virtute anteferendus videretur.

Quanto erat in dies gravior atque asperior oppugnatio, et maxime quod, magna parte militum confecta vulneribus, res ad paucitatem defensorum pervenerat; tanto crebriores literae nuntiique ad Caesarem mittebantur: quorum pars deprehensa in conspectu nostrorum militum cum cruciatu necabatur. Erat unus intus Nervius, nomi-

el mayor ardor del combate al borde de las trincheras: 'En
'qué piensas,' dice, 'o Vareno? o a quándo aguardas a
'mostrar tu valentia? este dia decidirá nuestras competen-
'cias.' En diciendo esto, salta las barreras, y embiste al enemigo por la parte mas fuerte. No se queda atrás Vareno;
sino que temiendo la censura de todos, síguele a corta distancia. Dispara Pulfion contra los enemigos su lanza, y pasa de parte a parte a uno que se adelantó de los enemigos: el qual herido y muerto, es amparado con los escudos de los suyos, y todos revuelven contra Pulfion cerran-
dole el paso. Atraviésanle la rodela, y queda clavado el es-
toque en el tahalí. Esta desgracia le paró de suerte la vay-
na que, por mucho que forcejaba, no podia sacar la espada, y en esta maniobra le cercan los enemigos. Acude a su
defensa el competidor [23] Vareno, y socórrele en el peligro.
Al punto vuelve contra estotro el esquadron sus tiros, dando a Pulfion por muerto de la estocada. Aqui Vareno espada en mano arrójase a ellos, batese cuerpo a cuerpo, y
matando a uno, hace retroceder a los demas. Yendo tras ellos
con demasiado corage, resbala cuesta abajo, y da consigo
en tierra. Pulfion que lo vió rodeado de enemigos, corre a
librarle: y al fin ambos sanos y salvos, despues de haber
muerto a muchos, se restituyen a los reales cubiertos de gloria. Asi la fortuna en la emulacion y en la contienda guió
a entrambos, defendiendo el un émulo la vida del otro, sin
que pudiera decidirse, quál de los dos mereciese en el valor la primacia.

Quanto mas se agravaba cada dia la fiereza del asédio,
principalmente por ser muy pocos los defensores, estando
gran parte de los soldados postrados de las heridas, tanto mas
se repetian correos a Cesar: de los quales algunos eran cogidos y muertos a fuerza de tormentos a vista de los nuestros. Habia en nuestro quartel un hidalgo llamado Verti-

ne Vertico, loco natus honesto, qui a prima obsidione ad Ciceronem profugerat, suamque ei fidem præstiterat. Hic servo spe libertatis magnisque persuadet præmiis, ut literas ad Cæsarem deferat. Has ille in iaculo illigatas affert; et Gallus inter Gallos sine ulla suspicione versatus, ad Cæsarem pervenit. Ab eo de periculo Ciceronis legionisque cognoscit. Cæsar acceptis literis circiter hora undecima diei, statim nuntium in Bellovacos ad Marcum Crassum quæstorem mittit, cuius hiberna aberant ab eo millia passuum quinque et viginti. Iubet media nocte legionem proficisci, celeriterque ad se venire. Exiit cum nuntio Crassus. Alterum ad Caium Fabium legatum mittit, ut in Atrebatium fines legionem adducat, qua sibi iter faciendum sciebat. Scribit Labieno, si Reipublicæ commodo facere posset, cum legione ad fines Nerviorum veniat: reliquam partem exercitus, quod paullo aberat longius, non putat exspectandam: equites circiter quadringentos ex proximis hibernis cogit. Hora circiter tertia ab antecursoribus de Crassi adventu certior est factus: eo die millia passuum viginti progreditur. Crassum Samarobrivæ præficit, legionemque ei attribuit, quod ibi impedimenta exercitus, obsides civitatum, literas publicas, frumentumque omne, quod eo tolerandæ hiemis causa devexerat, relinquebat. Fabius, ut imperatum erat, non ita multum moratus, in itinere cum legione occurrit. Labienus, interitu Sabini, et cæde cohortium cognita, quum omnes ad eum Trevirorum copiæ venissent, veritus, si ex hibernis fugæ similem profectionem fecisset, ne hostium impetum sustinere non posset, præsertim quos recenti victoria efferri sciret, literas Cæsari dimittit; quanto cum periculo legionem ex hibernis educturus esset: rem gestam in Eburonibus perscribit: docet omnes peditatus equitatusque copias Trevirorum tria millia passuum longe ab suis castris consedisse.

con, que habia desertado al primer encuentro, y dado a Ciceron pruebas de su lealtad. Este tal persuade a un su esclavo, prometiendole la libertad y grandes galardones, que lleve una carta a Cesar. Él la acomoda en su lanza, y como Galo atravesando por entre los Galos sin la menor sospecha, la pone al fin en manos de Cesar: por donde vino a saber el peligro de Ciceron y de su legion. Recibida esta carta a las once del dia, despacha luego aviso al Qüestor Marco Craso que tenia sus quarteles en los Belovacos a distancia de veinte y cinco millas; mandandole que se ponga en camino a media noche con su legion, y venga a toda priesa. Partese Craso al aviso. Embia otro al Legado Cayo Fabio, que conduzca la suya a la frontera de Artois, por donde pensaba él hacer su marcha. Escribe a Labieno, que, si puede buenamente, se acerque con su legion a los Nervios. No le pareció aguardar lo restante del egercito, por hallarse mas distante. Saca de los quarteles imediatos hasta quatrocientos caballos. A las tres de la mañana supo de los batidores [24] la venida de Craso. Este dia caminó veinte millas. Da el gobierno de Samarobriva con una legion a Craso, porque alli quedaba todo el bagage, los rehenes, las escrituras publicas, y todo el trigo acopiado para el ibierno. Fabio conforme a la orden recibida sin detenerse mucho, le sale al encuentro en el camino. Labieno entendida la muerte de Sabino, y el destrozo de sus cohortes, viendose rodeado de todas las tropas Trevirenses, temeroso de que, si salia como huyendo de los quarteles, no podia sostener la carga del enemigo, especialmente sabiendo que se mostraba orgulloso con la recien ganada victoria, responde a Cesar, representando el gran riesgo que correria la legion, si se movia: escribele por menor lo acaecido en los Eburones; y añade que a tres millas de su quartel estaban acampados los Trevirenses con toda la infanteria y caballeria.

Cæsar, consilio eius probato, etsi opinione trium legionum deiectus, ad duas redierat, tamen unum communis salutis auxilium in celeritate ponebat. Venit magnis itineribus in Nerviorum fines. Ibi ex captivis cognoscit, quæ apud Ciceronem gerantur, quantoque in periculo res sit. Tum cuidam ex equitibus Gallis magnis præmiis persuadet, uti ad Ciceronem epistolam deferat. Hanc Græcis conscriptam literis mittit; ne, intercepta epistola, nostra ab hostibus consilia cognoscantur: si adire non possit, monet, ut tragulam cum epistola ad amentum deligata, intra munitiones castrorum abiiciat. In literis scribit, 'se cum legionibus profectum, celeriter affore:' hortatur, ut pristinam virtutem retineat. Gallus periculum veritus, ut erat præceptum, tragulam mittit. Hæc casu ad turrim adhæsit, neque ab nostris biduo animadversa. Tertio die a quodam milite conspicitur; demta ad Ciceronem defertur. Ille perlectam in conventu militum recitat, maximaque omnes lætitia afficit. Tum fumi incendiorum procul videbantur. Quæ res omnem dubitationem adventus legionum expulit. Galli, re cognita per exploratores, obsidionem relinquunt; ad Cæsarem omnibus copiis contendunt. Eæ erant armatorum circiter millia sexaginta. Cicero, data facultate, Gallum ab eodem Verticone, quem supra demonstravimus, repetit, qui literas ad Cæsarem deferat: hunc admonet, iter caute diligenterque faciat: perscribit in literis, hostes ab se discessisse, omnemque ad eum multitudinem convertisse. Quibus literis circiter media nocte, Cæsar, allatis, suos facit certiores, eosque ad dimicandum animo confirmat.

Postero die luce prima movet castra, et circiter millia passuum quatuor progressus, trans vallem magnam et rivum hostium multitudinem conspicatur. Erat magni periculi res, cum tantis copiis iniquo loco dimicare: tamen,

Cesar, pareciendole bien esta resolucion, dado que de tres legiones con que contaba se veia reducido a dos, sinembargo en la presteza ponia todo el buen exito. Entra pues a marchas forzadas por tierras de los Nervios. Aqui le informan los prisioneros del estado de Ciceron y del aprieto en que se halla. Sin perder tiempo con grandes promesas persuade a uno de la caballeria Galicana, que lleve a Ciceron una carta: iba esta escrita en Griego con el fin de que, si la interceptaban los enemigos, no pudiesen entender nuestros designios: previenele, que si no puede darsela en su mano, la tire dentro del campo atada con la coleta de un dardo. El contenido era [25]; 'que presto le veria con sus legiones;' animandole a perseverar en su primera constancia. El Galo temiendo ser descubierto, tira el dardo, segun la instruccion. Este por desgracia quedó clavado en un cubo, sin advertirlo los nuestros por dos dias. Al tercero reparó en él un soldado, que lo alcanzó, y trajo a Ciceron: quien despues de leida, la publicó a todos llenandolos de grandisimo consuelo. En esto se divisaban ya las humaredas a lo lejos; conque se aseguraron totalmente de la cercania de las legiones. Los Galos, sabida esta novedad por sus espias, levantan el cerco, y con todas sus tropas, que se componian de sesenta mil hombres, van sobre Cesar. Ciceron, valiendose de esta coyuntura, pide a Verticon aquel Galo arriba dicho para remitir con él otra carta a Cesar: encargale haga el viage con toda cautela y diligencia: decia en la carta, cómo los enemigos, alzando el sitio, habian revuelto contra él todas las tropas. Recibida esta carta cerca de la media noche, la participa Cesar a los suyos, y los esfuerza para la pelea.

Al dia siguiente muy temprano mueve su campo, y a quatro millas de marcha descubre la gente del enemigo que asomaba por detrás de un valle y de un arroyo. Era cosa muy arriesgada combatir con tantos en parage menos ven-

quoniam liberatum obsidione Ciceronem sciebat, eoque omnino remittendum de celeritate existimabat, consedit, et quam aequissimo loco potest, castra communit: atque haec, etsi erant exigua per se, vix hominum millium septem, praesertim nullis cum impedimentis, tamen angustiis viarum, quam maxime potest, contrahit; eo consilio, ut in summam contemtionem hostibus veniat. Interim speculatoribus in omnes partes dimissis, explorat, quo commodissime itinere vallem transire posset. Eo die parvulis equestribus proeliis ad aquam factis, utrique sese suo loco continent; Galli, quod ampliores copias, quae nondum convenerant, exspectabant; Caesar, si forte timoris simulatione hostes in suum locum elicere posset citra vallem, ut pro castris proelio contenderet: si id efficere non posset, ut, exploratis itineribus, minore cum periculo vallem rivumque transiret. Prima luce hostium equitatus ad castra accedit, proeliumque cum nostris equitibus committit. Caesar consulto equites cedere, seque in castra recipere iubet; simul ex omnibus partibus castra altiore vallo muniri, portasque obstrui; atque in his administrandis rebus quam maxime concursari, et cum simulatione agi timoris iubet.

Quibus omnibus rebus hostes invitati, copias transducunt, aciemque iniquo loco constituunt: nostris vero etiam de vallo deductis, propius accedunt; et tela intra munitionem ex omnibus partibus coniiciunt; praeconibusque circummissis, pronuntiari iubent, 'seu quis Gallus, 'seu Romanus velit ante horam tertiam ad se trans-'ire, sine periculo licere: post id tempus non fore pote-'statem.' Ac sic nostros contemserunt, ut, obstructis in speciem portis singulis ordinibus cespitum, quod ea non posse introrumpere videbantur, alii vallum manu scandere, alii fossas complere, inciperent. Tunc Caesar, omni-

tajoso: comoquiera, certificado ya de que Ciceron estaba libre del asédio, y por tanto no era menester apresurarse, hizo alto, atrincherandose lo mejor que pudo segun la calidad del terreno: y aunque su egercito ocupaba bien poco, que apenas era de siete mil hombres, y esos sin ningun equipage, todavia lo reduce a menor espacio, estrechando todo lo posible las calles de entre las tiendas [26] con la mira de hacerse mas y mas despreciable al enemigo. Entretanto despacha por todas partes batidores a descubrir el sendero mas seguro por donde pasar aquel valle. Este dia, sin hacer mas que tal qual ligera escaramuza de los caballos junto al arroyo, unos y otros se estuvieron quedos en sus puestos: los Galos, porque aguardaban mayores refuerzos, que aun no se habian juntado: Cesar, por si pudiese con muestras de temor atraer al enemigo a esta banda del valle, y darle la batalla sin mudar de terreno delante de las trincheras: donde no, sendereada la ruta, pasar el valle y el arroyo con menos riesgo. La mañana siguiente la caballeria enemiga se acerca a los reales, y trábase con la nuestra. Cesar de intento la manda cejar y retirarse adentro: manda juntamente alzar mas la estacada, tapiar las puertas, y egecutar todo esto con grandisimo atropellamiento y apariencias de miedo.

Cebados con eso los enemigos, pasan su egercito, y se apuestan en mal sitio: y viendo a los nuestros retirarse aun de las mismas barreras, dan un avance, y arrojando de todas partes dardos dentro de las trincheras, a voz de pregonero publican por todos los cantones; 'que qualquiera sea Galo, 'sea Romano, tiene libertad antes de la hora tercia [27] para 'pasarse a su campo: despues de este plazo no habrá mas re-'curso.' Y llegó a tanto su menosprecio que, creyendo no poder forzar las puertas, tapiadas solo en la apariencia con una somera capa de adobes, empezaron unos a querer aportillar el cercado con las manos, otros a llenar los fosos. Entonces

bus portis eruptione facta, equitatuque emisso, celeriter hostes dat in fugam, sic uti omnino pugnandi causa resisteret nemo: magnumque ex his numerum occidit, atque omnes armis exsuit. Longius prosequi veritus, quod silvæ paludesque intercedebant; neque etiam parvulo detrimento illorum locum relinqui videbat; omnibus suis incolumibus copiis, eodem die ad Ciceronem pervenit. Institutas turres, testudines, munitionesque hostium admiratur. Legione producta, cognoscit non decimum quemque esse relictum militem sine vulnere. Ex his omnibus iudicat rebus, quanto cum periculo et quanta virtute sint res administratæ: Ciceronem pro eius merito legionemque collaudat: centuriones sigillatim tribunosque militum appellat, quorum egregiam fuisse virtutem, testimonio Ciceronis cognoverat. De casu Sabini et Cottæ certius ex captivis cognoscit. Postero die, concione habita, rem gestam proponit: milites consolatur, et confirmat: quod detrimentum culpa et temeritate legati sit acceptum, hoc æquiore animo ferendum docet, quod beneficio deorum immortalium, et virtute eorum expiato incommodo, neque hostibus diutina lætatio, neque ipsis longior dolor relinquatur. Interim ad Labienum per Remos incredibili celeritate de victoria Cæsaris fama perfertur; ut, quum ab hibernis Ciceronis millia passuum quinquaginta abesset, eoque post horam nonam diei Cæsar pervenisset, ante mediam noctem ad portas castrorum clamor oriretur; quo clamore significatio victoriæ gratulatioque ab Remis Labieno fieret.

Hac fama ad Treviros perlata, Induciomarus, qui postero die castra Labieni oppugnare decreverat, noctu profugit, copiasque omnes in Treviros reducit. Cæsar Fabium cum legione in sua remittit hiberna. Ipse cum tribus legionibus circum Samarobrivam trinis hiber-

Cesar, abiertas todas las puertas, hace una salida, y soltando la caballeria, al punto pone en fuga a los enemigos, de suerte que ni uno solo hizo la menor resistencia: conque mató a muchos de ellos, y desarmó a todos. No se atrevió a seguir el alcance por los bosques y pantanos intermedios; viendo que el sitio quedaba señalado [18] con no pequeña pérdida del enemigo. Enfin sin daño alguno de sus tropas el mismo dia se juntó con Ciceron. Ve con asombro los torreones, galápagos, y fortificaciones de los enemigos. Y hecha la revista de la legion, halla que ni de diez uno estaba sin herida; de lo qual infiere en qué conflicto se vieron, y con qué valor se portaron. A Ciceron y a sus soldados hace los merecidos elogios: saluda por su nombre uno a uno a los centuriones y tribunos, de cuyo singular valor estaba bien informado por Ciceron. Cerciórase por los prisioneros de la desgracia de Sabino y Cota. El dia imediato en presencia del egercito la cuenta por estenso, consolando y animando a los soldados con decirles; que deben sufrir con paciencia este descalábro unicamente ocasionado por culpa y temeridad del Comandante, yaque quedaba vengado por beneficio de los Dioses imortales y su propio valor, aguandoseles tan presto a los enemigos el gozo, como quedaba remediado para ellos el motivo de sentimiento. La fama en tanto de la victoria de Cesar vuela con increible velocidad por los Remenses a Labieno; pues distando cincuenta millas de los quarteles de Ciceron, donde Cesar entró despues de las nueve del dia, se oyó antes de media noche a la puerta de los reales el alborozo de los Remenses, que aclamaban la victoria con parabienes a Labieno.

Divulgada esta noticia entre los Trevirenses, Induciomaro, que habia resuelto asaltar el dia siguiente los reales de Labieno, huye aquella noche con todas sus tropas a Treveris. Cesar hace que Fabio con la legion vuelva a sus quarteles de ibierno; él con tres de ellas determina ibernar en las

nis hiemare constituit; et, quod tanti motus Galliæ exstiterant, totam hiemen ipse ad exercitum manere decrevit. Nam illo incommodo de Sabini morte perlato, omnes fere Galliæ civitates de bello consultabant, nuntios legationesque in omnes partes dimittebant; et, quid reliqui consilii caperent, atque unde initium belli fieret, explorabant; nocturnaque in locis desertis concilia habebant: neque ullum totius hiemis tempus intercessit sine sollicitudine Cæsaris, quin aliquem de conciliis et motu Gallorum nuntium acciperet. In his ab Lucio Roscio legato, quem legioni tertiædecimæ præfecerat, certior est factus, magnas Gallorum copias earum civitatum, quæ Armoricæ appellantur, oppugnandi sui causa, convenisse. Neque longius millia passuum octo ab hibernis suis abfuisse: sed, nuntio allato de victoria Cæsaris, discessisse, adeo ut fugæ similis discessus videretur. At Cæsar, principibus cuiusque civitatis ad se vocatis, alias territando, quum se scire, quæ fierent, denuntiaret; alias cohortando, magnam partem Galliæ in officio tenuit: tamen Senones, quæ est civitas in primis firma, et magnæ inter Gallos auctoritatis, Cavarinum, quem Cæsar apud eos regem constituerat, cuius frater Moritasgus, adventu in Galliam Cæsaris, cuiusque maiores regnum obtinuerant, interficere publico consilio conati, quum ille præsensisset, ac profugisset; usque ad fines insecuti, regno domoque expulerunt; et, missis ad Cæsarem satisfaciundi causa legatis, quum is omnem ad se senatum venire iussisset, dicto audientes non fuerunt. Tantum apud homines barbaros valuit esse repertos aliquos principes belli inferendi; tantamque omnium voluntatis commutationem attulit, ut præter Æduos, et Remos, quos præcipuo semper honore Cæsar habuit, alteros pro vetere ac perpetua erga Populum Romanum fide; alteros, pro recentibus

imediaciones de Samarobriva en tres distintos alojamientos; y a causa de tantas sublevaciones de la Galia, mantenerse a la frente del egercito todo aquel ibierno: porque con la nueva del desastre de Sabino casi todos los pueblos de la Galia trataban de guerra despachando mensages y embajadas por todas partes, con el fin de averiguar cómo pensaban los otros, y por dónde se daria principio al rompimiento; tenian sus juntas a deshoras de noche y en parages ocultos: ni hubo dia en todo aquel ibierno que no fuese de algun cuidado para Cesar, recibiendo continuos avisos de los proyectos y alborotos de los Galos. Uno de ellos le comunicó el Legado Lucio Roscio, a quien habia dado el mando de la legion decimatercia; y fue, que los pueblos llamados Armoricos [29] habian levantado un grueso egercito con fin de atacarle, y ya no distaba de sus quarteles sino solas ocho millas: pero sabida la noticia de la victoria de Cesar, se retiraron tan apresuradamente, que mas parecia fuga, que no retirada. Sinembargo Cesar llamando ante sí los principales de cada nacion, metiendo a unos miedo con darles a entender que sabía todas sus tramas, y amonestando a otros, tuvo a raya gran parte de la Galia. Todavia los de Sens, republica de las primeras entre los Galos en poder y autoridad, intentaron unidos matar a Cavarino, que Cesar les habia dado por Rey, cuyo hermano Moritasgo lo era quando Cesar vino a la Galia, como lo habian sido antes sus abuelos. Como él lo barruntase y escapase, lo fueron persiguiendo hasta echarle de su casa y reyno; y embiando embajada a Cesar a fin de disculparse, mandando este comparecer ante sí el Senado, no le obedecieron. Tanta impresion hizo en estos barbaros el egemplo de los autores de la rebelion, y trocó tanto sus voluntades, que fuera de los Eduos y Remenses, a quienes Cesar trató siempre con distincion, a aquellos por su antigua y constante fidelidad al Pueblo Romano, a estos por sus buenos ofi-

Gallici belli officiis, nulla fere civitas fuerit non suspecta nobis. Idque adeo, haud scio, mirandumne sit, quum compluribus aliis de causis, tum maxime, quod, qui virtute belli omnibus gentibus præferebantur, tantum se eius opinionis deperdidisse, ut Populi Romani imperia perferrent, gravissime dolebant. Treviri vero atque Induciomarus totius hiemis nullum tempus intermiserunt; quin trans Rhenum legatos mitterent; civitates sollicitarent; pecunias pollicerentur: magna parte exercitus nostri interfecta, multo minorem superesse dicerent partem. Neque tamen ulli civitati Germanorum persuaderi potuit, ut Rhenum transiret, quum se bis expertos dicerent, Ariovisti bello, et Tenchtherorum transitu: non esse fortunam amplius tentaturos. Hac spe lapsus Induciomarus, nihilo minus copias cogere, exigere a finitimis, equos parare, exsules damnatosque Gallia magnis præmiis ad se allicere cœpit; ac tantam sibi iam iis rebus in Gallia auctoritatem comparaverat, ut undique ad eum legationes concurrerent; gratiam atque amicitiam publice privatimque peterent. Ubi intellexit ultro ad se veniri; altera ex parte Senones Carnutesque conscientia facinoris instigari; altera Nervios Aduaticosque bellum Romanis parare; neque sibi voluntariorum copias defore, si ex finibus suis progredi cœpisset; armatum concilium indicit. Hoc more Gallorum est initium belli, quo lege communi omnes puberes armati convenire coguntur; et, qui ex his novissimus venit, in conspectu multitudinis omnibus cruciatibus affectus, necatur. In eo concilio Cingetorigem, alterius principem factionis, generum suum, quem supra demonstravimus Cæsaris secutum fidem, ab eo non discessisse; hostem iudicandum curat, bonaque eius publicat. His rebus confectis, in concilio pronuntiat, arcessitum se a Senonibus et Carnutibus,

cios en la guerra presente; casi no quedó ciudad de quien podernos fiar. Lo que bien mirado quizá no debe causar maravilla, asi por otros varios motivos, como principalmente porque una nacion tenida por superior a todas en la gloria militar, a mas de haberla perdido, sentia en el alma verse subdita de los Romanos. Lo cierto es que Induciomaro y los Trevirenses emplearon todo el ibierno en despachar embajadas a la otra parte del Rin, ganar los pueblos, y prometer dineros; asegurandoles ser poquisimos los nuestros, destrozada ya la mayor parte del egercito. Mas no por eso pudieron persuadir a ninguno a pasar el Rin; respondiendo todos, que habiendoles ya salido mal dos veces, en la guerra de Ariovisto, y en la trasmigracion de los Tencteros, no querian aventurarse la tercera. Sinembargo de estas repulsas, Induciomaro empezó a juntar gente de los suyos y de los confinantes, aparejar caballos, y enganchar con grandes promesas a los bandidos y proscritos de la Galia: y con estas artes se habia grangeado tanto credito en la nacion, que le venian embajadas de todas partes a nombre de comunidades y particulares solicitando su gracia y amistad. Quando él se vió buscado, y que por una parte los de Sens y de Chartres andaban despechados por el remordimiento de su atentado: que por otra los Nervios y Aduáticos se armaban contra los Romanos: y que no le faltarian tampoco regimientos de voluntarios, si una vez salia a campaña, convoca una junta general de gente armada. Tal es la usanza de los Galos en orden a emprender la guerra; obligan por ley a todos los mozos a que se presenten armados; y al que llega el ultimo, a la vista de todo el concurso desquartizanlo. En esta junta Induciomaro hace declarar enemigo de la patria y confiscar los bienes a Cingetórige su yerno, cabeza del bando contrario, el qual como se ha dicho, siempre se mantuvo fiel a Cesar. Concluido este auto, publica en la junta, cómo venía llamado de los de

aliisque compluribus Galliæ civitatibus, huc iter facturum per fines Remorum; eorumque agros populaturum; ac prius quam id faciat, castra Labieni oppugnaturum: quæque fieri velit, præcipit.

Labienus, quum et loci natura et manu munitissimis castris sese contineret, de suo ac legionis periculo nihil timebat; sed ne quam occasionem rei bene gerendæ dimitteret, cogitabat. Itaque a Cingetorige atque eius propinquis oratione Induciomari cognita, quam in concilio habuerat, nuntios mittit ad finitimas civitates, equitesque undique convocat. His certam diem conveniendi dicit. Interim prope quotidie cum omni equitatu Induciomarus sub castris eius vagabatur, alias ut situm castrorum cognosceret, alias colloquendi, aut territandi causa. Equites plerumque omnes tela intra vallum coniiciebant. Labienus suos intra munitiones continebat: timorisque opinionem, quibuscumque poterat rebus, augebat. Quum maiore in dies contemtione Induciomarus ad castra accederet, nocte una intromissis equitibus omnium finitimarum civitatum, quos arcessendos curaverat, tanta diligentia omnes suos custodiis intra castra continuit, ut nulla ratione ea res enuntiari, aut ad Treviros perferri posset. Interim ex consuetudine quotidiana, Induciomarus ad castra accedit; atque ibi magnam partem diei consumit; equites tela coniiciunt, et magna contumelia verborum nostros ad pugnam evocant. Nullo a nostris dato responso, ubi visum est, sub vesperum dispersi ac dissipati discedunt. Subito Labienus duabus portis omnem equitatum emittit; præcipit atque interdicit, perterritis hostibus atque in fugam coniectis, quod fore, sicut accidit, videbat, omnes unum peterent Induciomarum, neu quis quemquam prius vulneraret, quam illum interfectum videret; quod mora reliquorum

Sens y Chartres, y de otras varias ciudades de la Galia; que pensaba dirigir allá su marcha por el territorio Remense talando sus campos, y antes de esto forzar las trincheras de Labieno: para lo qual da sus ordenes.

Labieno estando como estaba en puesto muy bien fortificado por naturaleza y arte, ninguna pena le daba el peligro de su persona, y de la legion; andaba sí cuidadoso de no perder ocasion de algun buen lance. En conseqüencia informado por Cingetórige y sus allegados del discurso de Induciomaro en el congreso, embia mensageros a los pueblos comarcanos pidiendo soldados de acaballo; y que vengan sin falta para tal dia. Entretanto Induciomaro casi diariamente andaba girando al derredor de los reales con toda su caballeria, ya para observar el sitio, ya para trabar conversacion, o poner espanto. Los soldados al pasar todos de ordinario tiraban sus dardos dentro del cercado. Labieno tenia a los suyos encerrados en las trincheras, y procuraba por todos los medios aumentar en el enemigo el concepto de su miedo. Mientras de dia en dia prosigue con mayor avilantez Induciomaro insultando al campo, una noche Labieno, introducido todo el cuerpo de caballeria congregado de la comarca, dispuso con tanta cautela las guardias para tener quietos dentro a los suyos, que por ninguna via pudo traslucirse ni llegar a los Trevirenses la noticia de este refuerzo. Induciomaro en tanto viene a los reales como solia todos los dias, y gasta en eso gran parte del dia. La caballeria hizo su descarga de flechas, y con grandes baldones desafian a nuestro campo. Callando los nuestros a todo, ellos quando les pareció, al caer del dia se van desparramados y sin orden. Entonces Labieno suelta toda la caballeria por dos puertas; mandando espresamente, que al ver asustados y puestos en huida los enemigos, lo que sucederia infaliblemente como sucedió, todos asestasen a solo Induciomaro,

illum, spatium nactum, effugere nolebat : magna proponit iis, qui occiderint, præmia : summittit cohortes equitibus subsidio. Comprobat hominis consilium fortuna; et, quum unum omnes peterent, in ipso fluminis vado deprehensus Induciomarus interficitur, caputque eius refertur in castra. Redeuntes equites, quos possunt, consectantur, atque occidunt. Hac re cognita, omnes Eburonum et Nerviorum, quæ convenerant, copiæ discedunt; paulloque habuit post id factum Cæsar quietiorem Galliam.

sin herir a nadie, hasta ver a este muerto: que no queria, que deteniendose con otros, él aprovechandose de la ocasion, escapase. Promete grandes premios al que le mate; y destaca parte de la legion para sostener a la caballeria. La fortuna favorece la traza de Labieno; pues yendo todos tras de solo Induciomaro, preso al vadear un rio [30], es muerto, y su cabeza traida en triunfo a los reales. La caballeria de vuelta persigue y mata a quantos puede. Con esta noticia todas las tropas armadas de Eburones y Nervios se disipan: y despues de este suceso logró Cesar tener mas sosegada la Galia.

C. IULII CÆSARIS

COMMENTARIORUM

DE BELLO GALLICO

LIBER VI.

*M*ultis de causis Cæsar maiorem Galliæ motum exspectans, per Marcum Silanum, Caium Antistium Reginum, Titum Sextium legatos, delectum habere instituit: simul ab Cneio Pompeio proconsule petit, quoniam ipse ad urbem cum imperio reipublicæ causa maneret, quos ex Cisalpina Gallia consulis sacramento rogavisset, ad signa convenire, et ad se proficisci iuberet: magni interesse etiam in reliquum tempus ad opinionem Galliæ existimans, tantas videri Italiæ facultates, ut si quid esset in bello detrimenti acceptum, non modo id brevi tempore sarciri, sed etiam maioribus adaugeri copiis posset. Quod quum Pompeius et reipublicæ et amicitiæ tribuisset; celeriter confecto per suos delectu, tribus ante exactam hiemem et constitutis et adductis legionibus, duplicatoque earum cohortium numero, quas cum Quinto Titurio amiserat, et celeritate et copiis docuit, quid Populi Romani disciplina atque opes possent.

Interfecto Induciomaro, ut docuimus, ad eius propinquos a Treviris imperium defertur. Illi finitimos Germanos sollicitare, et pecuniam polliceri non desistunt. Quum ab proximis impetrare non possent, ulteriores tentant: inventis nonnullis, civitates iureiurando inter se confirmant, obsidibusque de pecunia cavent: Ambiorigem sibi socie-

COMENTARIOS

DE C. JULIO CESAR

DE LA GUERRA DE LAS GALIAS,

LIBRO VI.

Rezelandose Cesar por varios indicios de mayor revolucion en la Galia, trata de reclutar nuevas tropas por medio de sus Legados Marco Silano, Cayo Antistio Regino, y Tito Sestio: pide asimismo al Proconsul Neo Pompeyo, pues que por negocios de la republica se hallaba mandando cerca de Roma [1]; ordenáse a los soldados que en la Galia Cisalpina habia alistado [2] siendo Consul, acudiesen a sus banderas, y viniesen a juntarse con él: juzgando importar mucho aun para en adelante, que la Galia entendiese, ser tanto el poder de Italia, que si alguna pérdida padecia en la guerra, no solo era capaz de resarcirla presto, sino tambien de sobreponerse a ella. En efecto, satisfaciendo Pompeyo a la peticion de Cesar como zeloso del bien publico y buen amigo; llenando su comision prontamente los Legados; completas tres legiones, y conducidas antes de acabarse el ibierno; doblado el numero de las cohortes que perecieron con Titurio; hizo ver no menos por la presteza que por los refuerzos hasta dónde llegaban los fondos de la disciplina y potencia del Pueblo Romano.

Muerto Induciomaro, como se ha dicho, los Trevirenses dan el mando a sus parientes. Estos no pierden ocasion de solicitar a los Germanos y ofrecer dineros. No pudiendo persuadir a los vecinos, van tierra adentro; ganados algunos, hacen que los pueblos presten juramento, y para seguridad de la paga les dan fiadores [3]; haciendo liga con Am-

tate et fœdere adiungunt. Quibus rebus cognitis, Cæsar, quum undique bellum parari videret; Nervios, Aduaticos, ac Menapios, adiunctis cisrhenanis omnibus Germanis, esse in armis; Senones ad imperatum non venire, et cum Carnutibus finitimisque civitatibus consilia communicare; a Treviris Germanos crebris legationibus sollicitari; maturius sibi de bello cogitandum putavit. Itaque, nondum hieme confecta, proximis quatuor legionibus coactis, de improviso in fines Nerviorum contendit; et prius quam illi aut convenire aut profugere possent, magno pecoris atque hominum numero capto, atque ea præda militibus concessa, vastatisque agris, in deditionem venire, atque obsides sibi dare coegit. Eo celeriter confecto negotio, rursus legiones in hiberna reduxit.

Concilio Galliæ primo vere, ut instituerat, indicto, quum reliqui, præter Senones, Carnutes, Trevirosque, venissent; initium belli ac defectionis hoc esse arbitratus; ut omnia postponere videretur, concilium Lutetiam Parisiorum transfert. Confines erant hi Senonibus, civitatemque patrum memoria coniunxerant: sed ab hoc consilio abfuisse existimabantur. Hac re pro suggestu pronuntiata, eodem die cum legionibus in Senones proficiscitur, magnisque itineribus eo pervenit. Cognito eius adventu, Acco qui princeps eius consilii fuerat, iubet in oppida multitudinem convenire: conantibus, prius quam id effici posset, adesse Romanos nuntiatur. Necessario sententia desistunt, legatosque deprecandi causa ad Cæsarem mittunt; adeunt per Æduos, quorum antiquitus erat in fide civitas. Libenter Cæsar, petentibus Æduis, dat veniam, excusationemque accipit, quod æstivum tempus instantis belli, non quæstionis esse arbitrabatur. Obsidibus imperatis centum, hos Æduis custodiendos tradit. Eodem

52

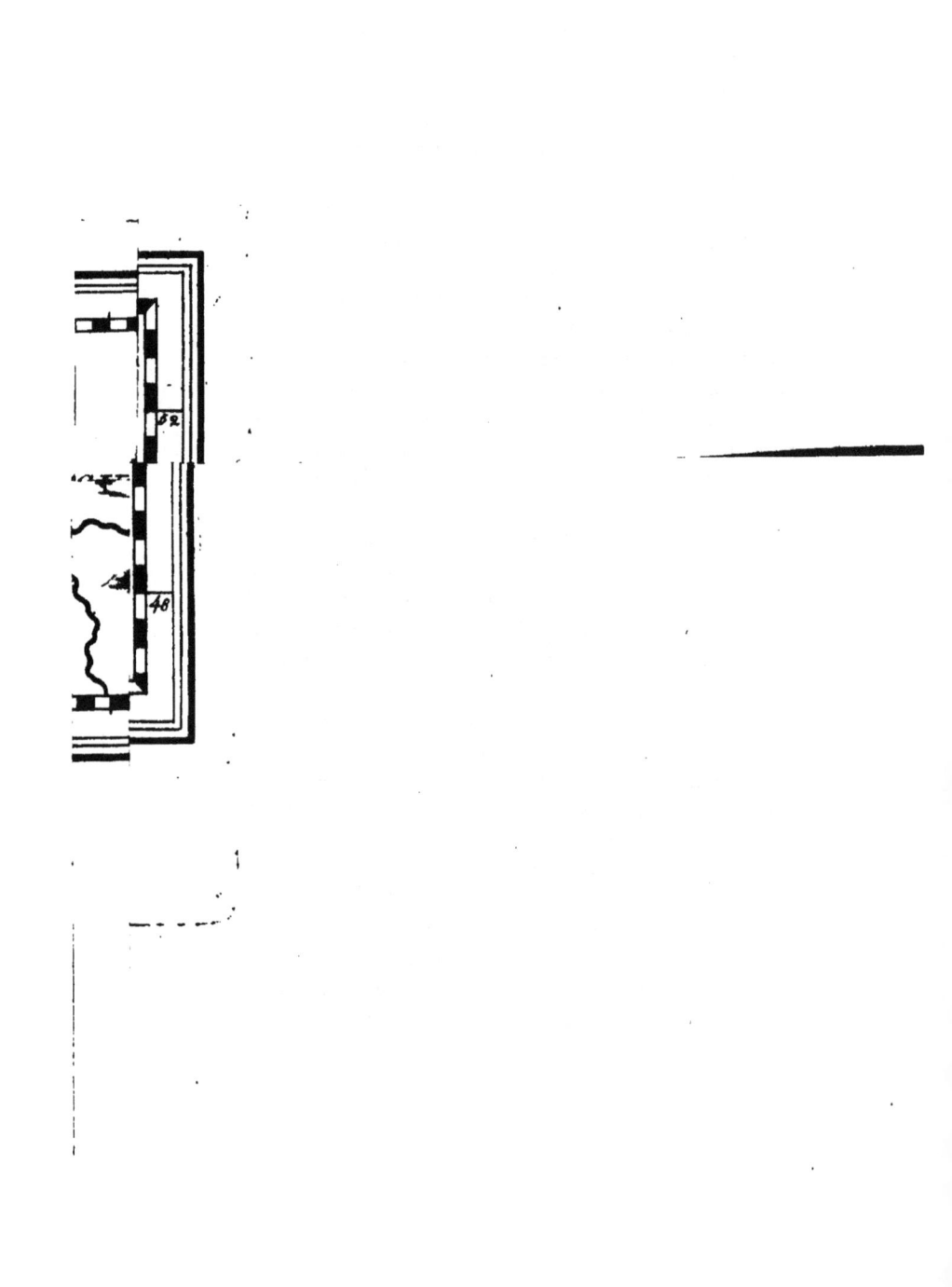

48

biórige. Sabido esto, Cesar viendo por todas partes aparatos de guerra; Nervios, Aduáticos y Menapios juntamente con todos los Germanos de esta parte del Rin, armados; no venir los de Sens al emplazamiento, sino coligarse con los Chartreses y rayanos; los Germanos instigados con repetidos mensages de los Trevirenses; determinó salir quanto antes a campaña. En conseqüencia sin esperar al fin del ibierno, a la frente de quatro legiones las mas imediatas entra por tierras de los Nervios; y antes que pudiesen o apercibirse o escapar, habiendo tomado gran cantidad de ganados y personas, y repartido entre los soldados, gastados sus campos, los obligó a entregarse y darle rehenes. Concluido con brevedad este negocio, remitió las legiones a sus quarteles de ibierno.

En la primavera llamando a Cortes de la Galia, segun lo tenia pensado, y asistiendo todos menos los de Sens, de Chartres y Treveris, persuadido a que tal proceder era lo mismo que rebelarse y declarar la guerra; para mostrar que todo lo posponia a esto, trasladó las Cortes a Paris. Su distrito confinaba con el de Sens, y en tiempos pasados estaban unidos los dos; pero se creia que no habia tenido parte en esta conjuracion. Intimada la traslacion desde el solio, en el mismo dia se puso en camino para Sens acompañado de las legiones, y a grandes jornadas llegó allá. Luego que Acon, autor de la conjura, supo su venida, manda que todos se recojan a las fortalezas. Mientras se disponen, antes de poderlo egecutar, viene la noticia de la llegada de los Romanos: conque por fuerza mudan de parecer, embian diputados a escusarse con Cesar, y ponen por mediadores a los Eduos, sus antiguos protectores. Cesar a peticion de ellos les perdona de buena gana, y admite sus disculpas atento que se debia emplear el verano en la guerra iminente, y no en pleytos. Multandolos en cien rehenes, se los entrega a los Eduos en custo-

Carnutes legatos obsidesque mittunt, usi deprecatoribus Remis, quorum erant in clientela: eadem ferunt responsa. Peragit concilium Cæsar, equitesque imperat civitatibus.

Hac parte Galliæ pacata, totus et mente et animo in bellum Trevirorum et Ambiorigis insistit. Cavarinum cum equitatu Senonum secum proficisci iubet, nequis aut ex huius iracundia, aut ex eo, quod meruerat, odio civitatis motus exsistat. His rebus constitutis, quod pro explorato habebat, Ambiorigem prælio non esse certaturum, reliqua eius consilia animo circumspiciebat. Erant Menapii propinqui Eburonum finibus, perpetuis paludibus silvisque muniti, qui uni ex Gallia de pace ad Cæsarem legatos numquam miserant. Cum his esse hospitium Ambiorigi sciebat: item per Treviros venisse Germanis in amicitiam cognoverat. Hæc prius illi detrahenda auxilia existimabat, quam ipsum bello lacessendum; ne, desperata salute, aut se in Menapios abderet, aut cum transrhenanis congredi cogeretur. Hoc inito consilio, totius exercitus impedimenta ad Labienum in Treviros mittit, duasque legiones ad eum proficisci iubet: ipse cum legionibus expeditis quinque in Menapios proficiscitur. Illi, nulla coacta manu, loci præsidio freti, in silvas paludesque confugiunt; suaque eodem conferunt. Cæsar, partitis copiis cum Caio Fabio legato, et Marco Crasso quæstore, celeriterque effectis pontibus, adit tripartito, ædificia vicosque incendit, magno pecoris atque hominum numero potitur. Quibus rebus coacti Menapii, legatos ad eum, pacis petendæ causa, mittunt. Ille, obsidibus acceptis, hostium se habiturum numero confirmat, si aut Ambiorigem, aut eius legatos finibus suis recepissent. His confirmatis rebus, Commium Atrebatem cum equitatu, custodis loco,

dia. Tambien los de Chartres embian allá embajadores y rehenes, valiendose de la intercesion de los Remenses sus patronos, y reciben la misma respuesta de Cesar que cierra las Cortes, mandando a las ciudades contribuir con gente de acaballo.

Sosegada esta parte de la Galia, todas sus miras y atenciones se dirigen a la espedicion contra los Trevirenses y Ambiórige. Da orden a Cavarino, que le siga con la brigada de Sens para evitar las pendencias que podrian originarse o del enojo de este, o del odio que se habia acarreado de sus ciudadanos. Arreglado esto, teniendo por cierto que Ambiórige no se arriesgaria a una batalla, andaba indagando quáles eran sus ideas. Los Menapios vecinos a los Eburones, cercados de lagunas y bosques eran los unicos que nunca trataron de paz con Cesar. No ignoraba tener con ellos Ambiórige derecho de hospedage, y haber tambien contraido amistad con los Germanos por medio de los Trevirenses. Parecióle por tanto privarle ante todas cosas de estos recursos, no fuese que o desesperado, se guareciese entre los Menapios, o se viese obligado a unirse con los Germanos [4] de la otra parte del Rin. Con este fin remite a Labieno los bagages de todo el egercito con la escolta de dos legiones; y él con cinco a la ligera marcha contra los Menapios. Estos sin hacer gente alguna, fiados en la fortaleza del sitio, se refugian entre los sotos y lagos con todos sus haberes. Cesar repartiendo sus tropas con el Legado Cayo Fabio y el Qüestor Marco Craso, formados de pronto unos pontones, acomete por tres partes, quema caserias y aldeas, y coge gran porcion de ganado y gente. Con cuya pérdida forzados los Menapios, le despachan embajadores pidiendo paz. Él, recibidos rehenes en prendas, protesta que los tratará como a enemigos, si dan acogida en su pais o a la persona de Ambiórige, o a sus Legados. Ajustadas estas cosas, deja en los Menapios a Comio el de Artois con su caballe-

in Menapiis relinquit; ipse in Treviros proficiscitur.

Dum hæc a Cæsare geruntur, Treviri, magnis coactis peditatus equitatusque copiis, Labienum cum una legione, quæ in eorum finibus hiemaverat, adoriri parabant. Iamque ab eo non longius bidui via aberant, quum duas venisse legiones missu Cæsaris cognoscunt. Positis castris a millibus passuum quindecim, auxilia Germanorum exspectare constituunt. Labienus, hostium cognito consilio, sperans temeritate eorum fore aliquam dimicandi facultatem, quinque cohortium præsidio impedimentis relicto, cum quinque et viginti cohortibus magnoque equitatu contra hostem proficiscitur; et mille passuum intermisso spatio, castra communit. Erat inter Labienum atque hostem difficili transitu flumen, ripisque præruptis. Hoc neque ipse transire habebat in animo, neque hostes transituros existimabat. Augebatur auxiliorum quotidie spes. Loquitur in concilio palam; 'quoniam Germani appropinquare dicuntur, sese 'suas exercitusque fortunas in dubium non devocaturum, 'et postero die prima luce castra moturum.' Celeriter hæc ad hostes deferuntur, ut ex magno Gallorum equitatus numero nonnullos Gallicis rebus favere natura cogebat. Labienus, noctu tribunis militum primisque ordinibus convocatis, quid sui consilii sit, proponit; et, quo facilius hostibus timoris det suspicionem, maiore strepitu et tumultu, quam Populi Romani fert consuetudo, castra moveri iubet. His rebus fugæ similem profectionem efficit. Hæc quoque per exploratores ante lucem in tanta propinquitate castrorum ad hostes deferuntur.

Vix agmen novissimum extra munitiones processerat, quum Galli, cohortati inter se, ne speratam prædam ex manibus dimitterent; longum esse, perterritis

ria para tenerlos a raya, y él toma el camino de Treveris.

En esto los Trevirenses con un grueso egercito de infantes y caballos se disponian a la sorpresa de Labieno, que con una legion sola ibernaba en su comarca. Y ya estaban a dos jornadas no mas de él, quando tienen noticia de las dos legiones embiadas por Cesar. Con eso acampandose a quince millas de distancia, determinan aguardar los socorros de Germania. Labieno, calado el intento de los enemigos, esperando que su arrojo de ellos le presentaria ocasion de pelear con ventaja, dejadas cinco cohortes en guardia de los bagages, él con veinte y cinco y buen golpe de caballeria marcha contra el enemigo, y a una milla de distancia fortifica su campo. Mediaba entre Labieno y el enemigo un rio [5] de dificil paso, y de riberas escarpadas. Ni él pensaba en atravesarlo, ni creia tampoco que los enemigos lo pasasen. Creciendo en estos cada dia la esperanza de pronto socorro, dice Labieno en publico, 'que supuesto corren voces 'de que los Germanos están cerca, no quiere aventurar su 'persona ni el egercito; y que al amanecer del dia siguiente 'alzará el campo.' Al punto dan parte de esto al enemigo: que como habia tantos Galos en la caballeria, algunos llevados del afecto nacional, favorecian su partido. Labieno por la noche llamando a los tribunos y centuriones principales, les descubre lo que pensaba hacer, y a fin de confirmar a los enemigos en la sospecha de su miedo, manda mover las tropas con mayor estruendo y bataola de lo que ordinariamente se usa entre los Romanos. Asi hace que la marcha tenga apariencias de huida. Tambien de esto avisan sus espias a los enemigos antes del alba, estando como estaban tan cercanos a nuestras tiendas.

No bien nuestra retaguardia habia desfilado de las trincheras, quando los Galos unos a otros se convidan a no soltar la presa de las manos: ser por demas, estando intimida-

Romanis, Germanorum auxilium exspectare; neque suam pati dignitatem, ut tantis copiis tam exiguam manum præsertim fugientem, atque impeditam adoriri non audeant; flumen transire, et iniquo loco prælium committere non dubitant. Quæ fore suspicatus Labienus, ut omnes citra flumen eliceret, eadem usus simulatione itineris, placide progrediebatur. Tum præmissis paullum impedimentis, atque in tumulo quodam collocatis; 'Habetis, inquit, milites, quam petiistis, facultatem: hostem impedito atque iniquo loco tenetis: præstate eandem nobis ducibus virtutem, quam sæpenumero Imperatori præstitistis: eum adesse, et hæc coram cernere, existimate.' Simul, signa ad hostem converti, aciemque dirigi iubet: et, paucis turmis præsidio ad impedimenta dimissis, reliquos equites ad latera disponit. Celeriter nostri, clamore sublato, pila in hostes iaciunt. Illi, ubi præter spem, quos fugere credebant, infestis signis, ad se ire viderunt, impetum modo ferre non potuerunt; ac primo concursu in fugam coniecti, proximas silvas petiverunt: quos Labienus equitatu consectatus, magno numero interfecto, compluribus captis, paucis post diebus civitatem recipit. Nam Germani, qui auxilio veniebant, percepta Trevirorum fuga, sese domum contulerunt. Cum his propinqui Induciomari, qui defectionis auctores fuerant, comitati eos, ex civitate excessere. Cingetorigi, quem ab initio permansisse in officio demonstravimus, principatus atque imperium est traditum.

Cæsar, postquam ex Menapiis in Treviros venit, duabus de causis Rhenum transire constituit. Quarum erat altera, quod auxilia contra se Treviris miserant: altera, ne Ambiorix receptum ad eos haberet. His constitutis rebus, paullum supra eum locum, quo antea

a a los de Treveris, y lo

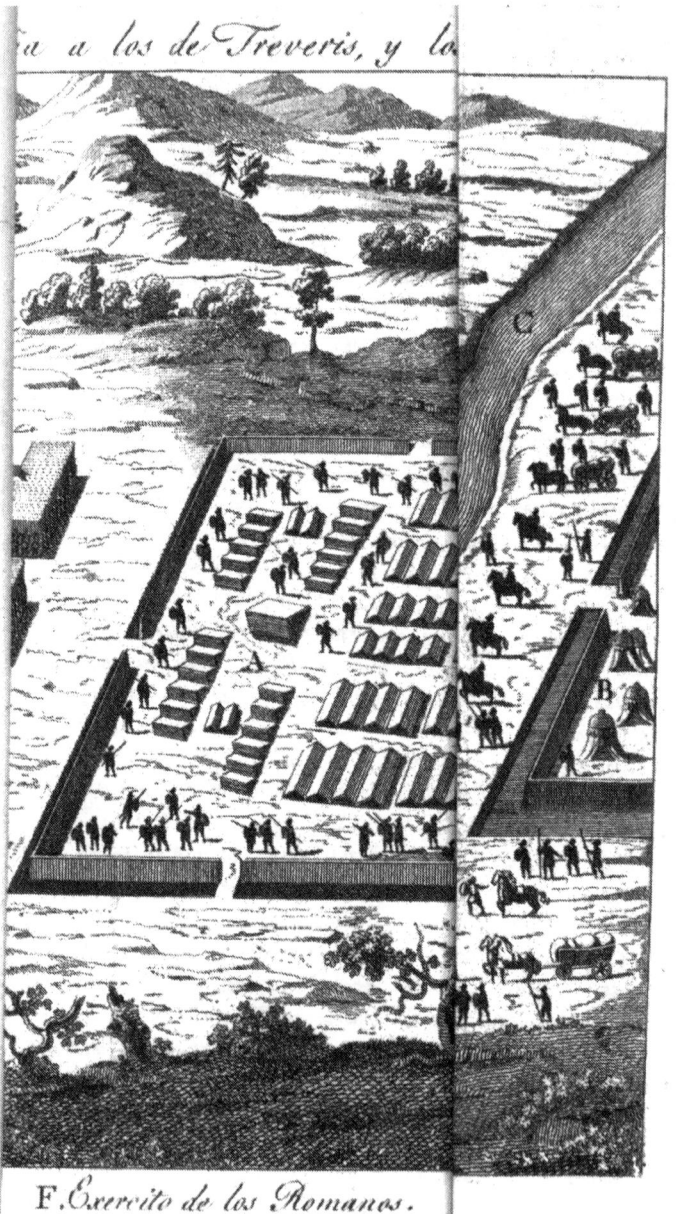

F. Exercito de los Romanos.
G. Exercito de los de Treveris.
H. Caballeria Romana forma izerda,
   y derecha.
I. Caballeria de los de Trever

dos los Romanos, esperar el socorro de los Germanos; y contra su decoro, no atreverse con tanta gente a batir un puñado de hombres, y esos fugitivos y embarazados. En resolucion, atraviesan el rio, y traban batalla en lugar harto incómodo. Labieno que lo habia adivinado, llevando adelante su estratagema, caminaba lentamente hasta tenerlos a todos de esta parte del rio. Entonces embiando algun trecho adelante los bagages, y colocandolos en un ribazo: 'He aqui, 'dice, o soldados, la ocasion que tanto habeis deseado: te-'neis al enemigo empeñado en parage donde no puede re-'volverse: mostrad aora bajo mis ordenes el esfuerzo de que 'habeis dado ya tantas pruebas a nuestro Gefe: haced cuen-'ta que se halla él aqui presente y os está mirando.' Dicho esto, manda volver las armas contra el enemigo, y destacando algunos caballos para resguardo del fardage, con los demas cubre los flancos. Los nuestros subitamente, alzando un grande alarido, disparan sus dardos contra los enemigos: los quales quando impensadamente vieron venir contra sí a banderas desplegadas a los que suponian fugitivos, ni aun sufrir pudieron su carga; y vueltas al primer choque las espaldas, huyeron a los bosques cercanos: mas alcanzandolos Labieno con su caballeria, mató a muchos, prendió a varios, y en pocos dias recobró todo el pais. Porque los Germanos que venian de socorro, sabida la desgracia, se volvieron a sus casas, yendo tras ellos los parientes de Induciomaro, que como autores de la rebelion abandonaron su patria; cuyo señorio y gobierno recayó en Cingetórige que, segun vá declarado, siempre se mantuvo leal a los Romanos.

Cesar llegado a Treveris despues de la espedicion de los Menapios, determinó pasar el Rin por dos razones. La primera, porque los Germanos habian embiado socorros a los Trevirenses. La segunda, porque Ambiórige no hallase acogida en sus tierras. Con esta resolucion da orden de tirar un

exercitum transduxerat, facere pontem instituit. Nota atque instituta ratione, magno militum studio paucis diebus opus efficitur: firmo in Treviris præsidio ad pontem relicto, nequis ab his subitus motus oriretur, reliquas copias equitatumque transducit. Ubii, qui ante obsides dederant, atque in deditionem venerant, purgandi sui causa ad eum legatos mittunt, qui doceant; neque ex sua civitate auxilia in Treviros missa, neque ab se fidem læsam. Petunt atque orant, ut sibi parcat, ne communi odio Germanorum innocentes pro nocentibus pœnas pendant. Si amplius obsidum velit, dare pollicentur. Cognita Cæsar causa, reperit, ab Suevis auxilia missa esse: Ubiorum satisfactionem accepit: aditus viasque in Suevos perquirit. Interim paucis post diebus fit ab Ubiis certior, Suevos omnes in unum locum copias cogere, atque iis nationibus, quæ sub eorum sunt imperio, denuntiare, ut auxilia peditatus equitatusque mittant. His cognitis rebus, rem frumentariam providet; castris idoneum locum deligit; Ubiis imperat, ut pecora deducant, suaque omnia ex agris in oppida conferant; sperans, barbaros atque imperitos homines, inopia cibariorum adductos, ad iniquam pugnandi conditionem posse deduci. Mandat, ut crebros exploratores in Suevos mittant, quæque apud eos gerantur, cognoscant. Illi imperata faciunt; et, paucis diebus intermissis, referunt; Suevos omnes, posteaquam certiores nuntii de exercitu Romanorum venerant, cum omnibus suis sociorumque copiis, quas coegissent, penitus ad extremos fines sese recepisse. Silvam esse ibi infinitæ magnitudinis, quæ appellatur Bacenis: hanc longe introrsus pertinere, et pro nativo muro obiectam, Cheruscos a Suevis Suevosque a Cheruscis iniuriis incursionibusque prohibere: ad eius ini-

puente poco mas arriba del sitio por donde la otra vez trasportó el egercito. Instruidos ya de la traza y modo los soldados, a pocos dias por su gran esmero dieron concluida la obra. Cesar, puesta buena guarnicion en el puente por la banda de Treveris para precaver toda sorpresa, pasa las demas tropas y caballeria. Los Ubios, que antes le habian dado rehenes y la obediencia, por sincerarse le despachan embajadores protestando, no haber concurrido al socorro de los Trevirenses, ni violado la fé: por tanto le suplican rendidamente, no los maltrate, ni los envuelva en el odio comun dé los Germanos, castigando a los inocentes por los culpados: que si quiere mas rehenes, están prontos a darlos. Averiguado el hecho, se certifica, de que los Suevos fueron los que prestaron los socorros: conque recibe a los Ubios en su gracia; y se informa de los caminos por donde se podia entrar en la Suevia. En esto a pocos dias le avisan los Ubios cómo los Suevos iban juntando todas sus tropas en un lugar, obligando a las naciones sugetas a que acudiesen con sus gentes de apie y de acaballo. Conforme a estas noticias hace provision de granos, y asienta sus reales en sitio ventajoso. Manda a los Ubios recoger los ganados y todas sus haciendas de los campos a poblado, esperando que los Suevos como gente ruda y sin disciplina, forzados de la penuria de alimentos, se resolverian a pelear, aun siendo desigual el partido. Encarga que por medio de freqüentes espias averigüen quanto pasa en los Suevos. Hacen ellos lo mandado, y despues de algunos dias vienen con la noticia de que los Suevos, desde que supieron de cierto la venida de los Romanos, con todas sus tropas y las auxiliares se habian retirado tierra adentro a lo ultimo de sus confines: donde se tiende una selva interminable llamada Bacene, que puesta por naturaleza como por barrera entre los Suevos y Queruscos, los defiende reciprocamente para que no se hagan mal ni daño los unos a

tium silvæ Suevos adventum Romanorum exspectare constituisse.

Quoniam ad hunc locum perventum est, non alienum esse videtur de Galliæ Germaniæque moribus, et quo differant hæ nationes inter sese, proponere. In Gallia non solum in omnibus civitatibus, atque pagis partibusque, sed pæne etiam in singulis domibus factiones sunt: earumque factionum sunt principes, qui summam auctoritatem eorum iudicio habere existimantur; quorum ad arbitrium iudiciumque summa omnium rerum consiliorumque redeat. Idque eius rei causa antiquitus institutum videtur, ne quis ex plebe contra potentiorem auxilii egeret. Suos enim opprimi quisque et circumveniri non patitur; neque, aliter si faciat, ullam inter suos habet auctoritatem. Hæc eadem ratio est in summa totius Galliæ. Namque omnes civitates in duas partes divisæ sunt. Quum Cæsar in Galliam venit, alterius factionis principes erant Ædui, alterius Sequani. Hi quum per se minus valerent, quod summa auctoritas antiquitus erat in Æduis, magnæque eorum erant clientelæ, Germanos atque Ariovistum sibi adiunxerant, eosque ad se magnis iacturis pollicitationibusque perduxerant. Prœliis vero compluribus factis secundis, atque omni nobilitate Æduorum interfecta, tantum potentia antecesserant, ut magnam partem clientium ab Æduis ad se transducerent; obsidesque ab iis principum filios acciperent; et publice iurare cogerent, nihil se contra Sequanos consilii inituros; et partem finitimi agri per vim occupatam possiderent; Galliæque totius principatum obtinerent. Qua necessitate adductus Divitiacus, auxilii petendi causa Romam ad Senatum profectus, infecta re, redierat. Adventu Cæsaris facta commutatione rerum, obsidibus Æduis redditis, veteribus clientelis restitutis, novis per Cæsarem comparatis;

LIBRO SESTO. 257

los otros: que a la entrada de esta selva tenian determinado los Suevos aguardar a los Romanos.

Mas yaque la ocasion se ha ofrecido, no será fuera de proposito describir las costumbres de la Galia y de la Germania, y la diferencia que hay entre ambas naciones. En la Galia [6] no solo todos los Estados, partidos, y distritos estan divididos en bandos, sino tambien cada familia. De estos bandos son cabezas los que a juicio de los otros se reputan por hombres de mayor autoridad; a cuyo arbitrio y prudencia se confia la decision de todos los negocios y deliberaciones. Lo que a mi ver establecieron los antiguos con el fin de que a ningun plebeyo faltase amparo contra los poderosos: pues quien es cabeza de partido no permite que sus parciales sean oprimidos o calumniados: si asi no lo hace, pierde todo el credito entre los suyos. Esta misma práctica se observaba en el gobierno de toda la Galia: cuyas provincias estan todas divididas en dos facciones. Quando Cesar vino a la Galia, de la una eran Gefes los Eduos, y los Sequanos de la otra. Estos reconociendose inferiores, porque de tiempo antiguo los Eduos los sobrepujaban en autoridad y en numero de vasallos, se coligaron con los Germanos y Ariovisto, empeñandolos en su partido a costa de grandes dadivas [7] y promesas. Con eso ganadas varias victorias, y degollada toda la nobleza de los Eduos, vinieron a tal pujanza, que les quitaron gran parte de los vasallos, y los obligaron a dar en prendas los hijos de los principales, y a jurar solemnemente, que nunca emprenderian cosa en perjuicio de los Sequanos: y a la sazon poseian una porcion del territorio confinante que ocuparon por fuerza con el principado de toda la Galia. Esta fue la causa que obligó a Diviciaco a ir a Roma a pedir auxilio al Senado; sibien no le obtuvo. Trocaronse con la venida de Cesar las suertes, restituyeronse a los Eduos sus rehenes, recobrados los antiguos vasallos, y adquiridos otros nuevos por

quod hi, qui se ad eorum amicitiam aggregaverant, meliore conditione, atque imperio æquiore se uti videbant; reliquis rebus eorum, gratia, dignitateque amplificata, Sequani principatum dimiserant. In eorum locum Remi successerant; quos, quod adæquare apud Cæsarem gratia intelligebatur, ii, qui propter veteres inimicitias nullo modo cum Æduis coniungi poterant, se Remis in clientelam dicabant. Hos illi diligenter tuebantur. Ita et novam, et repente collectam auctoritatem tenebant. Eo tum statu res erat, ut longe principes haberentur Ædui, secundum locum dignitatis Remi obtinerent.

In omni Gallia eorum hominum, qui aliquo sunt numero atque honore, genera sunt duo. Nam plebs pæne servorum habetur loco, quæ per se nihil audet, et nulli adhibetur consilio. Plerique, quum aut ære alieno, aut magnitudine tributorum, aut iniuria potentiorum premuntur, sese in servitutem dicant nobilibus. In hos eadem omnia sunt iura, quæ dominis in servos. Sed de his duobus generibus alterum est Druidum, alterum equitum. Illi rebus divinis intersunt, sacrificia publica, ac privata procurant, religiones interpretantur: ad hos magnus adolescentium numerus disciplinæ causa concurrit; magnoque hi sunt apud eos honore. Nam fere de omnibus controversiis publicis privatisque constituunt; et, si quod est admissum facinus, si cædes facta, si de hæreditate, de finibus controversia est, iidem decernunt: præmia pœnasque constituunt: si quis aut privatus aut publicus eorum decreto non stetit, sacrificiis interdicunt. Hæc pœna apud eos est gravissima. Quibus ita est interdictum, hi numero impiorum ac sceleratorum habentur; his omnes decedunt, aditum eorum sermonemque defugiunt, ne quid ex contagione incommodi accipiant: neque his petentibus ius redditur, neque ho-

el favor de Cesar, pues veian que los que se aliaban con ellos mejoraban de condicion y de gobierno; distinguidos y privilegiados en todo los Eduos, perdieron los Sequanos el principado. En su lugar sucedieron los Remenses, que como privaban igualmente con Cesar, los que por enemistades envegecidas no podian avenirse con los Eduos, se hicieron del bando de los Remenses; los quales procuraban protegerlos con todo empeño. Asi sostenian la nueva dignidad a que derepente habian subido. La cosa por fin estaba en terminos que los Eduos gozaban sin disputa el primer lugar, el segundo los Remenses.

En toda la Galia dos son los estados de personas de que se hace alguna cuenta y estimacion; puesto que los plebeyos son mirados como esclavos, que por sí nada emprenden, ni son jamas admitidos a consejo. Los mas en viendose adeudados, o apremiados del peso de los tributos, o de la tirania de los poderosos, se dedican al servicio de los nobles, que con ellos egercitan los mismos derechos que los señores con sus esclavos. De los dos estados uno es el de los Druidas [8], el otro de los Caballeros. Aquellos atienden al culto divino ofrecen los sacrificios publicos y privados, interpretan los misterios de la religion. A su escuela concurre gran numero de jovenes [9] a instruirse. El respeto que les tienen es grande. Ellos son los que sentencian casi todos los pleytos del comun y de los particulares: si algun delito se comete, si sucede alguna muerte, si hay disension sobre herencia, o sobre linderos, ellos son los que deciden: determinan los premios y los castigos: qualquiera persona ora sea privada, ora pública, que no se rinde a su sentencia, es escomulgada; que para ellos es la pena mas grave. Los tales escomulgados se miran como impios y facinorosos: todos se esquivan [10] de ellos rehuyendo su encuentro y conversacion, por no contaminarse: no se les hace justicia por mas que la pidan, ni se

nos ullus communicatur. His autem omnibus Druidibus praeest unus, qui summam inter eos habet auctoritatem. Hoc mortuo, si quis ex reliquis excellit dignitate, succedit. At, si sunt plures pares, suffragio Druidum adlegitur; nonnumquam etiam de principatu armis contendunt: hi certo anni tempore in finibus Carnutum, quae regio totius Galliae media habetur, considunt in loco consecrato. Huc omnes undique, qui controversias habent, conveniunt; eorumque iudiciis decretisque parent. Disciplina in Britannia reperta, atque inde in Galliam translata esse existimatur. Et nunc, qui diligentius eam rem cognoscere volunt, plerumque illo, discendi causa, proficiscuntur. Druides a bello abesse consueverunt, neque tributa una cum reliquis pendunt; militiae vacationem, omniumque rerum habent immunitatem. Tantis excitati praemiis, et sua sponte multi in disciplinam conveniunt, et a propinquis parentibusque mittuntur. Magnum ibi numerum versuum ediscere dicuntur. Itaque nonnulli annos vicenos in disciplina permanent; neque fas esse existimant ea literis mandare, quum in reliquis fere rebus publicis privatisque rationibus Graecis literis utantur. Id mihi duabus de causis instituisse videntur; quod neque in vulgus disciplinam efferri velint; neque eos, qui discunt, literis confisos, minus memoriae studere. Quod fere plerisque accidit, ut praesidio literarum diligentiam in perdiscendo ac memoriam remittant. In primis hoc volunt persuadere, non interire animas, sed ab aliis post mortem transire ad alios; atque hoc maxime ad virtutem excitari putant, metu mortis neglecto. Multa praeterea de sideribus atque eorum motu, de mundi ac terrarum magnitudine, de rerum natura, de deorum immortalium vi ac potestate disputant, et iuventuti transdunt.

les fia cargo alguno honroso. A todos los Druidas preside uno con autoridad suprema. Muerto este, le sucede quien a los demas se aventaja en prendas. En caso de haber muchos iguales, se hace la eleccion por votos de los Druidas; y aun tal vez de mano armada se disputan la primacia. En cierta estacion del año se congregan en el pais de Chartres, tenido por centro de toda la Galia en un lugar [11] sagrado. Aqui concurren todos los que tienen pleytos, y estan a sus juicios y decisiones. Creese que la tal ciencia fue inventada en Bretaña, y trasladada de alli a la Galia. Aun hoy dia los que quieren saberla a fondo, van allá por lo comun a estudiarla. Los Druidas no suelen ir a la guerra, ni pagan tributos como los demas: estan esentos de la milicia y de todas las cargas concegiles. Con el atractivo de tantos privilegios son muchos los que se dedican a esta profesion; unos por inclinacion propia, otros por destino de sus padres y parientes. Dicese que alli decoran gran numero de versos. Asi es que algunos gastan los veinte años en la escuela: no tienen por licito escribir lo que aprenden, no obstante que casi en todo lo demas de negocios publicos y particulares se sirven de caracteres Griegos. Por dos causas, segun yo pienso, han establecido esta ley; porque ni quieren divulgar su doctrina, ni tampoco que los estudiantes, fiados en los escritos, descuiden en el egercicio de la memoria: lo que suele acontecer a muchos, que teniendo a mano los libros, aflojan en el egercicio de aprender y retener las cosas en la memoria. Esmeranse sobre todo en persuadir la imortalidad de las almas y su trasmigracion [12] de unos cuerpos en otros: cuya creencia juzgan ser grandisimo incentivo para el valor, poniendo aparte el temor [13] de la muerte. Otras muchas cosas disputan y enseñan a la juventud acerca de los astros y su movimiento, de la grandeza del mundo y de la tierra, de la naturaleza de las cosas, del poder y soberania de los Dioses imortales.

Alterum genus est equitum. Hi, quum est usus, atque aliquod bellum incidit, (quod ante Cæsaris adventum fere quotannis accidere solebat, uti aut ipsi iniurias inferrent, aut illatas propulsarent) omnes in bello versantur: atque eorum ut quisque est genere copiisque amplissimus, ita plurimos circum se ambactos clientesque habet. Hanc unam gratiam potentiamque noverunt. Natio est omnis Gallorum admodum dedita religionibus; atque ob eam causam qui sunt affecti gravioribus morbis, quique in prœliis periculisque versantur, aut pro victimis homines immolant, aut se immolaturos vovent, administrisque ad ea sacrificia Druidibus utuntur; quod pro vita hominis nisi vita hominis reddatur, non posse aliter deorum immortalium numen placari arbitrantur: publiceque eiusdem generis habent instituta sacrificia. Alii immani magnitudine simulacra habent: quorum contexta viminibus membra vivis hominibus complent; quibus succensis, circumventi flamma exanimantur homines. Supplicia eorum, qui in furto aut latrocinio aut aliqua noxa sint comprehensi, gratiora diis immortalibus esse arbitrantur. Sed, quum eius generis copia deficit, etiam ad innocentium supplicia descendunt. Deum maxime Mercurium colunt. Huius sunt plurima simulacra: hunc omnium inventorem artium ferunt; hunc viarum atque itinerum ducem; hunc ad quæstus pecuniæ mercaturasque habere vim maximam arbitrantur. Post hunc, Apollinem, et Martem, et Iovem, et Minervam. De his eandem fere, quam reliquæ gentes, habent opinionem; Apollinem, morbos depellere; Minervam, operum atque artificiorum initia transdere; Iovem, imperium cœlestium tenere; Martem, bella regere. Huic, quum prœlio dimicare constituerunt, ea, quæ bello ceperunt, plerumque devovent. Quæ superaverint, animalia capta immolant; reliquas res in unum

F
G
H

El segundo estado es de los Caballeros. Todos estos salen a campaña siempre que lo pide el caso u ocurre alguna guerra (y antes de la venida de Cesar ocurria casi todos los años ya fuese ofensiva ya defensiva): y quanto uno es mas noble y rico, tanto mayor acompañamiento lleva de dependientes [14] y criados: lo qual tienen por unico distintivo de su grandeza y poder. Toda la nacion de los Galos es supersticiosa en estremo: y por esta causa los que padecen enfermedades graves, y se hallan en batallas y peligros, o sacrifican hombres, o hacen voto de sacrificarlos: para cuyos sacrificios se valen del ministerio de los Druidas; persuadidos a que no se puede aplacar la ira de los Dioses imortales en orden a la conservacion de la vida de un hombre, sino se hace ofrenda de la vida de otro: y por pública ley tienen ordenados sacrificios de esta misma especie. Otros forman de mimbres entretegidos idolos colosales [15], cuyos huecos llenan de hombres vivos, y pegando fuego a los mimbres, rodeados ellos de las llamas, rinden el alma. En su estimacion los sacrificios [16] de ladrones, salteadores, y otros delinqüentes son los mas gratos a los Dioses imortales; si bien a falta de estos no reparan sacrificar los inocentes. Su principal devocion es al Dios Mercurio, de quien tienen muchisimos simulacros: celebranle por inventor de todas las artes; por guia de los caminos y viages: atribuyenle grandisima virtud para las ganancias del dinero y para el comercio. Despues de este son sus Dioses Apolo, Marte, Jupiter y Minerva: de los quales sienten lo mismo que las demas naciones; que Apolo cura las enfermedades; que Minerva es maestra de las manufacturas y artefactos; que Jupiter gobierna el cielo; y Marte preside la guerra. A este, quando entran en batalla, suelen ofrecer con voto los despojos del enemigo. Los animales que sobran del pillage son sacrificados: lo demas de la presa amontonan en un lugar.

locum conferunt. Multis in civitatibus harum rerum exstructos tumulos locis consecratis conspicari licet. Neque sæpe accidit, ut, neglecta quispiam religione, aut capta apud se occultare, aut posita tollere auderet: gravissimumque ei rei supplicium cum cruciatu constitutum est.

Galli se omnes ab Dite patre prognatos prædicant: idque ab Druidibus proditum dicunt: ob eam causam spatia omnis temporis, non numero dierum, sed noctium finiunt: et dies natales, et mensium et annorum initia sic observant, ut noctem dies subsequatur. In reliquis vitæ institutis hoc fere ab reliquis differunt, quod suos liberos, nisi quum adoleverint, ut munus militiæ sustinere possint, palam ad se adire non patiantur: filiumque in puerili ætate in publico, in conspectu patris assistere, turpe ducunt. Viri quantas pecunias ab uxoribus dotis nomine acceperunt, tantas ex suis bonis, æstimatione facta, cum dotibus communicant. Huius omnis pecuniæ coniunctim ratio habetur, fructusque servantur. Uter eorum vita superarit, ad eum pars utriusque cum fructibus superiorum temporum pervenit. Viri in uxores, sicuti in liberos, vitæ necisque habent potestatem; et quum paterfamilias illustriore loco natus decessit, eius propinqui conveniunt, et de morte, si res in suspicionem venit, de uxoribus in servilem modum quæstionem habent; et, si compertum est, igni atque omnibus tormentis excruciatas interficiunt. Funera sunt pro cultu Gallorum magnifica et sumtuosa; omniaque, quæ vivis cordi fuisse arbitrantur, in ignem inferunt, etiam animalia; ac paullo supra hanc memoriam, servi, et clientes, quos ab his dilectos esse constabat, iustis funeribus confectis, una cremabantur. Quæ civitates commodius suam rempublicam administrare existimantur, habent legibus sanctum, si quis quid de republica a finiti-

Y en muchas ciudades se ven rimeros de estas ofrendas en lugares sagrados. Rara vez se halla quien se atreva, despreciando la religion, a encubrir algo de lo que cogió, o a hurtar lo depositado: que semejante delito se castiga con pena de muerte atrocisima.

Blasonan [17] los Galos de tener todos por padre a Pluton; y esta dicen ser la tradicion de los Druidas. Por cuya causa hacen el computo de los tiempos no por dias sino por noches: y asi en sus cumpleaños, en los principios de meses y años siempre la noche precede al dia. En los demas estilos se diferencian particularmente de otros hombres, en que no permiten a sus hijos el que se les presenten publicamente hasta haber llegado a la edad competente para la milicia: y es desdoro de un padre tener a su lado en publico a su hijo todavia niño. Los maridos al dote recibido de su muger añaden otro tanto caudal de la hacienda propia precedida tasacion. Todo este caudal se administra por junto, y se depositan los frutos: el que alcanza en dias al otro queda en posesion de todo el capital con los bienes gananciales del tiempo del matrimonio. Los maridos son dueños absolutos de la vida y muerte de sus mugeres igualmente que de los hijos: y en muriendo algun padre de familias del estado noble, se juntan los parientes, y sobre su muerte, caso que haya motivo de sospecha, ponen a la muger a qüestion de tormento como si fuese esclava; y si resulta culpada, le quitan la vida con fuego y tormentos cruelisimos. Los entierros de los Galos son a su modo magnificos y suntuosos; quemando con ellos todas las cosas que a su parecer amaban mas en vida, inclusos los animales: y no ha mucho tiempo que solian, acabadas las esequias de los difuntos, echar con ellos en la misma hoguera sus siervos y criados mas queridos. Las republicas mas acreditadas por su buen gobierno tienen por ley inviolable, que quando alguno entendiere de los comarcanos algun rumor o voz

mis rumore aut fama acceperit, uti ad magistratum deferat, neve cum quo alio communicet: quod sæpe homines temerarios atque imperitos falsis rumoribus terreri, et ad facinus impelli, et de summis rebus consilium capere, cognitum est. Magistratus, quæ visa sunt, occultant; quæque esse ex usu iudicaverint, multitudini produnt. De republica nisi per concilium loqui non conceditur.

Germani multum ab hac consuetudine differunt. Nam neque Druides habent, qui rebus divinis præsint, neque sacrificiis student. Deorum numero eos solos ducunt, quos cernunt, et quorum opibus aperte iuvantur, Solem, et Vulcanum, et Lunam: reliquos ne fama quidem acceperunt. Vita omnis in venationibus atque in studiis rei militaris consistit: ab parvulis labori ac duritiei student. Qui diutissime impuberes permanserunt, maximam inter suos ferunt laudem: hoc ali staturam, ali vires, nervosque confirmari putant: intra annum vero vigesimum feminæ notitiam habuisse, in turpissimis habent rebus. Cuius rei nulla est occultatio; quod et promiscue in fluminibus perluuntur, et pellibus, aut parvis renonum tegumentis utuntur, magna corporis parte nuda. Agriculturæ non student; maiorque pars victus eorum in lacte et caseo et carne consistit: neque quisquam agri modum certum aut fines proprios habet; sed magistratus ac principes in annos singulos gentibus cognationibusque hominum, qui una coierunt, quantum eis, et quo loco visum est, attribuunt agri; atque anno post alio transire cogunt. Eius rei multas afferunt causas; ne assidua consuetudine capti, studium belli gerendi agricultura commutent; ne latos fines parare studeant, potentioresque humiliores possessionibus expellant; ne accuratius, ad frigora atque æstus vitandos, ædificent; ne qua oriatur pecuniæ cupiditas; qua ex re factiones dissensionesque nascuntur:

pública tocante al Estado, la declare al Magistrado sin comunicarla con nadie; porque la esperiencia enseña que muchas veces las personas inconsideradas y sencillas se asustan con falsos rumores, dan en desafueros, y toman resolucion en asuntos de la mayor importancia. Los magistrados callan lo que les parece, y lo que juzgan conveniente propónenlo al pueblo. Del Gobierno no se puede hablar sino en consistorio.

Las costumbres de los Germanos son muy diferentes. Pues ni tienen Druidas que hagan oficio de Sacerdotes, ni se curan de sacrificios. Sus Dioses son solos aquellos que ven con los ojos, y cuya beneficencia esperimentan sensiblemente, como el sol, el fuego y la luna: de los demas ni aun noticia tienen. Toda la vida gastan en caza y en egercicios de la milicia. Desde niños se acostumbran al trabajo y al sufrimiento. Los que por mas tiempo permanecen castos se llevan la palma entre los suyos. Creen que asi se medra en estatura, fuerzas y brios. El conocer muger antes de los veinte años es para ellos de grandisima infamia; y es cosa que no se puede ocultar: porque se bañan sin distincion de sexo en los rios, y se visten de pellicos y zamarras [18] dejando desnuda gran parte del cuerpo. No se dedican a la agricultura: y la mayor parte de su vianda se reduce a leche queso y carne. Ninguno tiene posesion ni heredad fija: sino que los Alcaldes y Regidores cada un año señalan a cada familia y parentela que hacen un cuerpo, tantas yugadas en tal termino segun les parece, y el año siguiente los obligan a mudarse a otro sitio. Para esto alegan muchas razones: no sea que encariñados al territorio, dejen la milicia por la labranza; que traten de ampliar sus linderos, y los mas poderosos echen a los mas flacos de su pertenencia; que fabriquen casas demasiado cómodas para repararse contra los frios y calores; que se introduzca el apego al dinero, seminario de rencillas y discordias; enfin para que la gente menuda es-

ut animi æquitate plebem contineant, quum suas quisque opes cum potentissimis æquari videat.

Civitatibus maxima laus est, quam latissimas circum se, vastatis finibus, solitudines habere. Hoc proprium virtutis existimant, expulsos agris finitimos cedere, neque quemquam prope se audere consistere. Simul hoc se fore tutiores arbitrantur, repentinæ incursionis timore sublato. Quum bellum civitas aut illatum defendit, aut infert, magistratus, qui ei bello præsint, ut vitæ necisque habeant potestatem, deliguntur. In pace, nullus communis est magistratus, sed principes regionum atque pagorum inter suos ius dicunt, controversiasque minuunt. Latrocinia nullam habent infamiam, quæ extra fines cuiusque civitatis fiunt. Atque ea iuventutis exercendæ, ac desidiæ minuendæ causa fieri prædicant. Atque, ubi quis ex principibus in concilio se dixit ducem fore, ut qui sequi velint, profiteantur; consurgunt ii, qui et causam et hominem probant, suumque auxilium pollicentur, atque ab multitudine collaudantur: qui ex iis secuti non sunt, in desertorum ac proditorum numero ducuntur; omniumque rerum iis postea fides abrogatur. Hospites violare, fas non putant: qui, quaque de causa, ad eos venerunt, ab iniuria prohibent, sanctosque habent; iis omnium domus patent, victusque communicatur.

Ac fuit antea tempus, quum Germanos Galli virtute superarent, et ultro bella inferrent, ac propter hominum multitudinem, agrique inopiam, trans Rhenum colonias mitterent. Itaque ea, quæ fertilissima sunt, Germaniæ loca circum Hercyniam silvam (quam Eratostheni et quibusdam Græcis fama notam esse video), quam illi Orciniam appellant, Volcæ Tectosages occuparunt, atque ibi consederunt. Quæ gens ad hoc tem-

té contenta con su suerte, viendose igualada en bienes con la mas granada.

Los pueblos ponen su gloria en estar rodeados de páramos vastisimos, asolados todos los contornos. Juzgan ser gran prueba de valor, que los confinantes esterminados les cedan el campo, y que ninguno de fuera ose hacer asiento cerca de ellos. Demas que con eso se dan por mas seguros, quitado el miedo de toda sorpresa. Quando una nacion sale a la guerra ya sea defensiva, ya ofensiva, nombran Gefe de ella con jurisdicion de horca y cuchillo [19]. En tiempo de paz no hay Magistrado sobre toda la nacion: solo en cada provincia y partido los mas sobresalientes administran a los suyos justicia y deciden los pleytos. Los robos hechos en territorio ageno no se tienen por reprensibles: antes los cohonestan con decir que sirven para egercicio de la juventud y destierro del ocio. Si es que alguno de los principales se ofrece en el concejo a ser Capitan, convidando a los que quieran seguirle, se alzan en pie los que aprueban la empresa y la persona, y prometen acompañarle; y el pueblo los vitorea: los que no estan a lo prometido, son mirados como desertores y traydores, quedando para siempre desacreditados. Nunca tienen por licito el violar a los forasteros: los que van a sus tierras por qualquier motivo, gozan de salvoconduto, y son respetados de todos: ni hay para ellos puerta cerrada, ni mesa que no sea franca.

En lo antiguo los Galos eran mas valientes que los Germanos, y les movian guerras; y por la multiplicacion de la gente y estrechez del pais embiaban colonias al otro lado del Rin. Asi fue que los Volcas Tectosages [20] se apoderaron de los campos mas fertiles de Germania en los contornos de la selva Hercinia (de que veo haber tenido noticia Eratostenes y algunos Griegos que la llaman Orcinia) y fundaron alli pueblos: y hasta el dia de hoy habitan en ellos con gran fa-

pus iis sedibus se continet, summamque habet iustitiæ et bellicæ laudis opinionem. Nuncque in eadem inopia, egestate, patientia, qua Germani, permanent; eodem victu et cultu corporis utuntur. Gallis autem propinquitas et transmarinarum rerum notitia multa ad copiam atque usus largitur. Paullatim assuefacti superari, multisque victi prœliis, ne se quidem ipsi cum illis virtute comparant.

Huius Hercyniæ silvæ, quæ supra demonstrata est, latitudo novem dierum iter expedito patet. Non enim aliter finiri potest, neque mensuras itinerum noverunt. Oritur ab Helvetiorum, et Nemetum, et Rauracorum finibus; rectaque fluminis Danubii regione pertinet ad fines Dacorum, et Anartium. Hinc se flectit sinistrorsus, diversis a flumine regionibus, multarumque gentium fines propter magnitudinem attingit. Neque quisquam est huius Germaniæ, qui se adiisse ad initium eius silvæ dicat, quum dierum iter sexaginta processerit, aut quo ex loco oriatur, acceperit. Multa in ea genera ferarum nasci constat, quæ reliquis in locis visa non sint: ex quibus quæ maxime differant ab ceteris, et memoriæ prodenda videantur, hæc sunt. Est bos cervi figura, cuius a media fronte inter aures unum cornu exsistit excelsius, magisque directum his, quæ nobis nota sunt, cornibus. Ab eius summo, sicut palmæ, rami quam late diffunduntur. Eadem est feminæ marisque natura, eadem forma magnitudoque cornuum. Sunt item, quæ appellantur Alces. Harum est consimilis capris figura, et varietas pellium, sed magnitudine paullo antecedunt: mutilæque sunt cornibus, et crura sine nodis articulisque habent, neque quietis causa procumbunt. Neque, si quo afflictæ casu conciderunt, erigere sese, aut sublevare possunt. His sunt arbores pro cubilibus. Ad eas se applicant, atque ita paullum modo reclinatæ, quietem capiunt; quarum

ma de justicia y gloria militar, hechos ya al rigor y pobreza de los Germanos, y a sus alimentos y trage. A los Galos la cercania del mar y el comercio ultramarino surte de muchas cosas de conveniencia y regalo: conque acostumbrados insensiblemente a esperimentar la superioridad de los contrarios, y a ser vencidos en muchas batallas, al presente ni aun ellos mismos se comparan en valor con los Germanos.

La selva Hercinia, de que arriba se hizo mencion, tiene de ancho nueve largas[11] jornadas; sin que se pueda esplicar de otra suerte, pues no tienen medidas itinerarias. Comienza en los confines de los Helvecios, Nemetes y Rauracos; y por las orillas del Danubio va en derechura hasta las fronteras de los Dacos y Anartes. Desde alli tuerce a mano izquierda por regiones apartadas del rio, y por ser tan estendida, entra en los terminos de muchas naciones. Ni hay hombre de la Germania conocida que asegure haber llegado al principio de esta selva aun despues de haber andado sesenta dias de camino, o que tenga noticia de dónde nace. Sábese que cria varias razas de fieras nunca vistas en otras partes. Las mas estrañas y notables son estas: cierto buey parecido al ciervo; de cuya frente entre las dos orejas sale un cuerno mas elevado y mas derecho que los conocidos. En su punta se esparcen muchos ramos muy anchos a manera de palmas. La hembra tiene el mismo tamaño, figura y cornamenta del macho. Otras fieras hay que se llaman Alces, semejantes en la figura y variedad de la piel a los corzos: verdad es que son algo mayores, y carecen de cuernos: y por tener las piernas sin junturas y artejos, ni se tienden para dormir, ni pueden levantarse o valerse, si por algun azar caen en tierra. Los arboles les sirven de albergue. Arrimanse a ellos, y asi reclinadas un tanto, descansan: observando los cazadores por las huellas quál suele ser

ex vestigiis quum est animadversum a venatoribus, quo se recipere consueverint, omnes eo loco, aut a radicibus subruunt, aut accidunt arbores tantum, ut summa species earum stantium relinquatur. Huc quum se ex consuetudine reclinaverint, infirmas arbores pondere affligunt, atque una ipsæ concidunt. Tertium est genus eorum, qui Uri appellantur. Ii sunt magnitudine paullo infra elephantos; specie, et colore, et figura tauri. Magna vis est eorum, et magna velocitas. Neque homini, neque feræ, quam conspexerint, parcunt. Hos studiose foveis captos interficiunt. Hoc se labore durant adolescentes, atque hoc genere venationis exercent: et, qui plurimos ex his interfecerunt, relatis in publicum cornibus, quæ sint testimonio, magnam ferunt laudem. Sed assuescere ad homines, et mansuefieri ne parvuli quidem excepti, possunt. Amplitudo cornuum et figura et species multum a nostrorum boum cornibus differt. Hæc studiose conquisita ab labris argento circumcludunt, atque in amplissimis epulis pro poculis utuntur.

 Cæsar, postquam per Ubios exploratores comperit Suevos sese in silvas recepisse, inopiam frumenti veritus, quod, ut supra demonstravimus, minime omnes Germani agriculturæ student; constituit non progredi longius: sed, ne omnino metum reditus sui barbaris tolleret, atque ut eorum auxilia tardaret, reducto exercitu, partem ultimam pontis, quæ ripas Ubiorum contingebat, in longitudinem pedum ducentorum rescindit; atque in extremo ponte turrim tabulatorum quatuor constituit, præsidiumque cohortium duodecim pontis tuendi causa ponit; magnisque eum locum munitionibus firmat. Ei loco præsidioque Caium Volcatium Tullum adolescentem præfecit: ipse, quum maturescere frumenta inciperent, ad bellum Ambiorigis per Arduennam silvam quæ est totius Galliæ maxima, atque ab ripis Rheni finibus-

la guarida, socaban en aquel parage el tronco, o asierran los arboles con tal arte que a la vista parezcan enteros. Quando vienen a reclinarse en su apoyo acostumbrado, con el propio peso derriban los arboles endebles, y caen juntamente con ellos. La tercera raza es de los que llaman Uros [22]: los quales vienen a ser algo menores que los elefantes: la catadura, el color, la figura de toros. Es grande su bravura y ligereza. Sea hombre o bestia, en avistando el bulto, se tiran a él. Matanlos cogiendolos en hoyos con trampas. Con tal afan se curten los jovenes, siendo este genero de caza su principal egercicio: los que hubiesen muerto mas de estos, presentando por prueba los cuernos al público, reciben grandes aplausos. Pero no es posible domesticarlos ni amansarlos, aunque los cacen de chiquitos. La grandeza, figura y encage de sus cuernos se diferencian mucho de los de nuestros bueyes. Recogidos con diligencia, los guarnecen de plata; y les sirven de copas en los mas esplendidos banquetes.

Despues que supo Cesar por relacion de los esploradores Ubios, cómo los Suevos se habian retirado a los bosques, temiendo la falta de trigo, porque los Germanos, como apuntamos arriba, no cuidan de labrar los campos, resolvió no pasar adelante. Sinembargo para contener a los barbaros con el miedo de su vuelta, y embarazar el tránsito de sus tropas auxiliares, pasado el egercito, derribó doscientos pies de la punta del puente que terminaba en tierra de los Ubios, y en la otra levantó una torre de quatro altos, y puso en ella para guarnicion y defensa del puente doce cohortes, quedando bien pertrechado este puesto, y por su Gobernador el joven Cayo Volcacio Tulo. Él, quando ya los panes iban madurando, de partida para la guerra de Ambiórige, embia delante a Lucio Minucio Basilo con toda la caballeria por la selva Ardena, la mayor de la Ga-

que Trevirorum ad Nervios pertinet, millibusque amplius
quingentis in longitudinem patet, Lucium Minucium Basilum cum omni equitatu præmittit, si quid celeritate itineris, atque opportunitate temporis proficere possit: monet, ut ignes fieri in castris prohibeat; ne qua eius
adventus procul significatio fiat. Sese confestim subsequi
dicit.

Basilus, ut imperatum est, facit: celeriter contra-
que omnium opinionem confecto itinere, multos in agris
inopinantes deprehendit: eorum indicio ad ipsum Ambiorigem contendit, quo in loco cum paucis equitibus esse dicebatur. Multum quum in omnibus rebus, tum in
re militari fortuna potest. Nam sicut magno accidit
casu, ut in ipsum incautum atque imparatum incide-
ret; priusque eius adventus ab hominibus videretur,
quam fama ac nuntiis afferretur; sic magnæ fuit fortunæ, omni militari instrumento, quod circum se habebat, erepto, rhedis equisque comprehensis, ipsum effugere
mortem. Sed hoc eo factum est, quod, ædificio circum-
dato silva; ut sunt fere domicilia Gallorum, qui, vi-
tandi æstus causa, plerumque silvarum ac fluminum petunt propinquitates; comites familiaresque eius angusto
in loco equitum nostrorum vim paullisper sustinuerunt.
His pugnantibus, illum in equum quidam ex suis intulit:
fugientem silvæ texerunt. Sic ad subeundum periculum et
ad vitandum, multum fortuna valuit. Ambiorix copias
suas iudicione non conduxerit, quod prælio dimicandum
non existimaverit; an tempore exclusus, et repentino
equitum adventu prohibitus fuerit, quum reliquum exercitum subsequi crederet, dubium est. Sed certe, clam dimissis per agros nuntiis, sibi quemque consulere iussit:
quorum pars in Arduennam silvam, pars in continentes
paludes profugit. Qui proximi Oceano fuerunt, hi in in-

lia, que de las orillas del Rin y fronteras de los Trevirenses corre por mas de quinientas [23] millas, alargandose hasta los Nervios; y por ver si con la celeridad de la marcha y coyuntura del tiempo podia lograr algun buen lance, le previene no permita hacer lumbres en el campo a fin de que no aparezca de lejos señal de su venida: y añade, que presto le seguirá.

Egecutada por Basilo la orden, y hecho en diligencia y contra toda espectacion el viage, sorprehende a muchos en medio de sus labores; y por las señas que le dieron estos va volando al parage donde decian estar Ambiórige con unos quantos caballos. En todo vale mucho la fortuna, y mas en la guerra. Pues como fue gran ventura de Basilo cogerle descuidado y desprevenido, y ser visto de aquellos hombres antes que supiesen nada de su venida; asi fue no menor la de Ambiórige en poder escapar, despues de ser despojado de todo el tren de carrozas y caballos que tenia consigo. Su dicha estuvo en que sus compañeros y sirvientes detuvieron un rato el impetu de nuestra caballeria dentro del recinto de su palacio, el qual estaba cercado de un soto, como suelen estarlo las casas de los Galos, que para defenderse de los calores del estío, buscan la frescura de florestas y rios. Con esto mientras pelean los demas, uno de sus criados le sirvió un caballo; y él huyendo se perdió de vista en el bosque. Asi la fortuna mostró su mucho poder en meterle y sacarle del peligro. Dúdase si Ambiórige dejó de juntar sus tropas de proposito, por haber creido que no serian necesarias, o si por falta de tiempo y nuestra repentina llegada no pudo hacerlo; persuadido a que venía detrás el resto del egercito. Lo cierto es, que despachó luego secretamente correos por todo el pais, avisando que se salvasen como pudiesen. Con eso unos se refugiaron a la selva Ardena, otros entre las lagunas imediatas, los vecinos al Océano

sulis sese occultaverunt, quas æstus efficere consuerunt. Multi ex suis finibus egressi, se suaque omnia alienissimis crediderunt. Cativulcus Rex dimidiæ partis Eburonum, qui una cum Ambiorige consilium inierat, ætate iam confectus, quum laborem aut belli aut fugæ ferre non posset, omnibus precibus detestatus Ambiorigem, qui eius consilii auctor fuisset, taxo, cuius magna in Gallia Germaniaque copia est, se exanimavit.

Segni, Condrusique ex gente et numero Germanorum, qui sunt inter Eburones Trevirosque, legatos ad Cæsarem miserunt, oratum, 'ne se in hostium numero du-'ceret, neve omnium Germanorum, qui essent citra Rhe-'num, causam esse unam iudicaret: nihil se de bello co-'gitasse, nulla Ambiorigi auxilia misisse.' Cæsar explorata re quæstione captivorum, si qui ad eos Eburones ex fuga convenissent, ad se ut reducerentur, imperavit: si ita fecissent, fines eorum se violaturum negavit. Tum copiis in tres partes distributis, impedimenta omnium legionum Atuatucam contulit. Id castelli nomen est. Hoc fere est in mediis Eburonum finibus, ubi Titurius atque Aurunculeius, hiemandi causa, consederant. Hunc quum reliquis rebus locum probabat Cæsar, tum quod superioris anni munitiones integræ manebant, ut militum laborem sublevaret, præsidio impedimentis legionem quartam decimam reliquit, unam ex iis tribus, quas proxime conscriptas ex Italia transduxerat. Ei legioni castrisque Quintum Tullium Ciceronem præfecit, ducentosque equites attribuit. Partito exercitu, Titum Labienum cum legionibus tribus ad Oceanum versus in eas partes, quæ Menapios attingunt, proficisci iubet. Caium Trebonium cum pari legionum numero ad eam regionem, quæ Aduaticis adiacet, depopulandam mittit: ipse cum reliquis tribus ad flumen Scaldim, quod influit in Mosam, extre-

en los islotes que suelen formar los esteros. Muchos abandonada su patria, se pusieron con todas sus cosas en manos de las gentes mas estrañas. Cativulco, Rey de la mitad del pais de los Eburones, complice de Ambiórige, agobiado de la vegez, no pudiendo aguantar las fatigas de la guerra ni de la fuga, abominando de Ambiórige, autor de la conjura, se atosigó con zumo de tejo de que hay grande abundancia en la Galia y en la Germania.

Los Senos y Condrusos, descendientes de los Germanos, situados entre los Eburones y Trevirenses, embiaron legados a Cesar, suplicandole 'que no los contase entre los enemigos, ni creyese ser igualmente reos todos los Germanos, 'habitantes de esta parte del Rin: que ni se habian mezclado 'en esta guerra, ni favorecido el partido de Ambiórige.' Cesar averiguada la verdad examinando a los prisioneros, les ordenó que si se acogiesen a ellos algunos Eburones fugitivos, se los entregasen. Con esta condicion les dió palabra de no molestarlos. Luego distribuyendo el egercito en tres trozos, hizo conducir los equipages de todas las legiones a un castillo, que tiene por nombre Atuatica, situado casi en medio de los Eburones, donde Titurio y Arunculeyo estuvieron de ibernada. Prefirió Cesar este sitio asi por las demas conveniencias, como por estar aun en pie las fortificaciones del año antecedente, con que ahorraba el trabajo a los soldados. Para escolta del bagage dejó la legion decimaquarta, una de las tres alistadas ultimamente y traidas de Italia, y por Comandante a Quinto Tulio Ciceron con doscientos caballos a sus ordenes. En la reparticion del egercito da orden a Tito Labieno de marchar con tres legiones ácia las costas del Océano confinantes con los Menapios. Embia con otras tantas a Cayo Trebonio a talar la region adyacente de los Aduáticos: él con las tres restantes determina ir en busca de Ambiórige, que segun le decian, se habia retirado ácia el Sambra [24] con

masque Arduennæ partes, ire constituit, quo cum paucis equitibus profectum Ambiorigem audiebat. Discedens, post diem septimam sese reversurum confirmat: quam ad diem ei legioni, quæ in præsidio relinquebatur, deberi frumentum sciebat. Labienum Treboniumque hortatur, si reipublicæ commodo facere possint, ad eam diem revertantur; ut, rursus communicato consilio, exploratisque hostium rationibus, aliud initium belli capere possint.

Erat, ut supra demonstravimus, manus certa nulla, non præsidium, non oppidum, quod se armis defenderet, sed in omnes partes dispersa multitudo. Ubi cuique aut vallis abdita, aut locus silvestris, aut palus impedita spem præsidii aut salutis aliquam offerebat, consederat. Hæc loca vicinitatibus erant nota, magnamque res diligentiam requirebat, non in summa exercitus tuenda, (nullum enim poterat, universis perterritis ac dispersis, periculum accidere) sed in singulis militibus conservandis; quæ tamen ex parte res ad salutem exercitus pertinebat. Nam et prædæ cupiditas multos longius evocabat; ac silvæ incertis occultisque itineribus confertos adire prohibebant. Si negotium confici, stirpemque hominum sceleratorum interfici vellet, dimittendæ plures manus, diducendique erant milites. Si continere ad signa manipulos vellet, ut instituta ratio et consuetudo exercitus Romani postulabat; locus ipse erat præsidio barbaris: neque ex occulto insidiandi, et dispersos circumveniendi singulis deerat audacia. At in eiusmodi difficultatibus, quantum diligentia providi poterat, providebatur; ut potius in nocendo aliquid omitteretur, etsi omnium animi ad ulciscendum ardebant, quam cum aliquo detrimento militum noceretur. Cæsar ad finitimas civitates nuntios dimittit. Omnes evocat spe prædæ ad diripiendos Eburones; ut potius in silvis Gallorum vi-

algunos caballos, donde se junta este rio con el Mosa al remate de la selva Ardena. Al partir promete volver dentro de siete dias; en que se cumplia el plazo de la paga del trigo, que sabía deberse a la legion que quedaba en el presidio. Encarga a Labieno y Trebonio, que si buenamente pueden, vuelvan para el mismo dia con animo de comenzar otra vez con nuevos brios la guerra, conferenciando entre sí primero, y averiguando las ideas del enemigo.

Este, como arriba declaramos, ni andaba unido en tropas, ni estaba fortificado en plaza ni lugar de defensa, sino que por todas partes tenia derramadas las gentes. Cada qual se guarecia donde hallaba esperanza de asilo a la vida, o en la hondonada de un valle, o en la espesura de un monte, o entre lagunas impracticables. Estos parages eran conocidos solo de los naturales, y era menester gran cautela, no para resguardar el grueso del egercito (que ningun peligro podia temerse de hombres despavoridos y dispersos), sino por respeto a la seguridad de cada soldado, de que pendia en parte la conservacion de todo el egercito: siendo asi que por la codicia del pillage muchos se alejaban demasiado, y la variedad de los senderos desconocidos les impedia el marchar juntos. Si queria de una vez estirpar esta canalla de hombres foragidos, era preciso destacar varias partidas de tropa desmembrando el egercito; si mantener los batallones formados segun la disciplina militar de los Romanos, la situacion misma sería la mejor defensa para los barbaros, no faltandoles osadia para armar emboscadas y cargar a los nuestros en viendolos separados. Comoquiera en tales apuros se tomaban todas las providencias posibles, mirando siempre mas a precaver el daño propio, que a insistir mucho en el ageno, aunque todos ardian en deseos de venganza. Cesar despacha correos a las ciudades comarcanas convidandolas con el cebo del botin al saqueo de los Eburones, queriendo mas esponer la vida de

ta, quam legionariorum, periclitaretur; simul ut, magna multitudine circumfusa, pro tali facinore stirps ac nomen civitatis tollatur. Magnus undique numerus celeriter convenit.

Hæc in omnibus Eburonum partibus gerebantur; diesque appetebat septimus, quem ad diem Cæsar ad impedimenta legionemque reverti constituerat. Hic quantum in bello fortuna possit, et quantos afferat casus, cognosci potuit. Dissipatis ac perterritis hostibus, ut demonstravimus, manus erat nulla, quæ parvam modo timoris causam afferret. Trans Rhenum ad Germanos pervenit fama, diripi Eburones, atque ultro omnes ad prædam evocari. Cogunt equitum duo millia Sicambri, qui sunt proximi Rheno, a quibus receptos ex fuga Tenchtheros atque Usipetes, supra docuimus. Transeunt Rhenum navibus ratibusque, triginta millibus passuum infra eum locum ubi pons erat imperfectus, præsidiumque ab Cæsare relictum: primos Eburonum fines adeunt: multos ex fuga dispersos excipiunt: magno pecoris numero, cuius sunt cupidissimi barbari, potiuntur. Invitati præda, longius procedunt. Non hos palus in bello latrociniisque natos, non silvæ morantur: quibus in locis sit Cæsar, ex captivis quærunt: profectum longius reperiunt, omnemque exercitum discessisse cognoscunt. Atque unus ex captivis, 'Quid vos, inquit, hanc miseram 'ac tenuem sectamini prædam, quibus iam licet esse for-'tunatissimis? Tribus horis Atuatucam venire potestis: 'huc omnes suas fortunas exercitus Romanorum contulit. 'Præsidii tantum est, ut ne murus quidem cingi possit, 'neque quisquam egredi extra munitiones audeat.' Oblata spe, Germani, quam nacti erant prædam, in occulto relinquunt: ipsi Atuatucam contendunt, usi eodem duce, cuius hæc indicio cognoverant.

LIBRO SESTO. 281

los Galos en aquellos jarales, que la de sus soldados; tirando tambien a que oxeandolos el gran gentio, no quedase rastro ni memoria de tal casta en pena de su alevosia. Mucha fue la gente que luego acudió de todas partes a este oxeo.

Tal era el estado de las cosas en los Eburones en visperas del dia septimo, plazo de la vuelta prometida de Cesar a la legion que guardaba el bagage. En esta ocasion se pudo echar de ver, quánta fuerza tiene la fortuna en los varios accidentes de la guerra. Deshechos y atemorizados los enemigos, no quedaba ni una partida que ocasionase el mas leve rezelo. Vuela entretanto la fama del saqueo de los Eburones a los Germanos del otro lado del Rin, y cómo todos eran convidados a la presa. Los Sicambros vecinos al Rin, que recogieron, segun queda dicho, a los Tencteros y Usipetes fugitivos, juntan dos mil caballos, y pasando el rio en barcas y balsas treinta millas mas abajo del sitio donde estaba el puente cortado y la guarnicion puesta por Cesar, entran por las fronteras de los Eburones: cogen a muchos que huian descarriados, y juntamente grandes hatos de ganados de que ellos son muy codiciosos. Cebados en la presa, prosiguen adelante, sin detenerse por lagunas ni por selvas, como gente criada en guerras y ladronicios. Preguntan a los cautivos, dónde para Cesar. Respondiendoles que fue muy lejos, y con él todo su egercito, uno de los cautivos, 'para qué os cansais, dice, en 'correr tras esta ruin y mezquina ganancia, pudiendo ha'ceros riquisimos a poca costa? En tres horas podeis estar 'en Atuatica; donde han almacenado los Romanos todas sus 'riquezas. La guarnicion es tan corta que ni aun a cubrir 'el muro alcanza; ni hay uno que ose salir del cercado.' Los Germanos que esto supieron, ponen a recaudo la presa hecha, y vanse derechos al castillo, llevando a su consejero por guia.

Cicero, qui per omnes superiores dies praeceptis Caesaris summa diligentia milites in castris continuisset, ac ne calonem quidem quemquam extra munitionem egredi passus esset; septimo die diffidens Caesarem de numero dierum fidem servaturum, quod longius eum progressum audiebat, neque ulla de eius reditu fama afferebatur; simul eorum permotus vocibus, qui illius patientiam paene obsessionem appellabant; siquidem ex castris egredi non liceret; nullum huiusmodi casum expectans, quo, novem oppositis legionibus, maximoque equitatu, dispersis ac paene deletis hostibus, in millibus passuum tribus offendi posset; quinque cohortes frumentatum in proximas segetes misit, quas inter et castra unus omnino collis intererat. Complures erant in castris ex legionibus aegri relicti: ex quibus qui hoc spatio dierum convaluerant, circiter tercenti sub vexillo una mittuntur: magna praeterea multitudo calonum, magna vis iumentorum, quae in castris subsederat, facta potestate, sequitur. Hoc ipso tempore et casu Germani equites interveniunt, protinusque eodem illo, quo venerant cursu, ab Decumana porta in castra irrumpere conantur: nec prius sunt visi, obiectis ab ea parte silvis, quam castris appropinquarent, usque eo, ut, qui sub vallo tenderent mercatores, respiciendi sui non haberent facultatem. Inopinantes nostri re nova perturbantur: ac vix primum impetum cohors in statione sustinet. Circumfunduntur hostes ex reliquis partibus, si quem aditum reperire possent. Aegre nostri portas tuentur. Reliquos aditus locus ipse per se munitioque defendit. Totis trepidatur castris, atque alius ex alio causam tumultus quaerit: neque, quo signa ferantur, neque quam in partem quisque conveniat, provident. Alius iam capta castra pronuntiat: alius, deleto exercitu at-

Ciceron, que todos los dias precedentes segun las ordenes de Cesar habia contenido con el mayor cuidado a los soldados dentro de los reales, sin permitir que saliese de la fortaleza ni siquiera un furrier; el dia septimo desconfiando que Cesar cumpliese su palabra, por haber oido que se habia alejado mucho, ni tener la menor noticia de su vuelta; picado al mismo tiempo de los dichos de algunos que su teson calificaban con el nombre de asédio, pues no les era licito dar fuera un paso; sin rezelo de desgracia alguna, como que en espacio solo de tres millas estaban aquarteladas nueve legiones con un grueso cuerpo de caballeria, disipados y casi reducidos a nada los enemigos; destaca cinco cohortes a forragear en las mieses vecinas, entre las quales y los quarteles solo mediaba un collado. Muchos soldados de otras legiones habian quedado enfermos en los reales. De estos al pie de trescientos ya convalecidos son tambien enviados con su bandera: tras ellos va, obtenido el permiso, una gran cáfila de vivanderos que se hallaban en el campo con su gran recua de acémilas. A tal tiempo y coyuntura sobrevienen los Germanos acaballo, y a carrera abierta formados como venian forcejan a romper por la puerta de socorro en los reales, sin que por la interposicion de las selvas fuesen vistos de nadie hasta que ya estaban encima: tanto que los mercaderes, que tenian sus tiendas junto al campo, no tuvieron lugar de meterse dentro. Sorprehendidos los nuestros con la novedad, se asustan; y a duras penas las centinelas sufren la primera carga. Los enemigos se abalanzan a todas partes por si pueden hallar entrada por alguna. Los nuestros con harto trabajo defienden las puertas; que las esquinas bien guarnecidas estaban por situacion y por arte. Corren azorados, preguntandose unos a otros la causa de aquel tumulto; ni aciertan a dónde acudir con las banderas, ni a qué parte agregarse. Quien dice, que los reales han sido tomados; quien asevera, que

que Imperatore, victores barbaros venisse contendit: plerique novas sibi ex loco religiones fingunt: Cottæque et Titurii calamitatem, qui in eodem occiderint castello, ante oculos ponunt. Tali timore omnibus perterritis, confirmatur opinio barbaris, ut ex captivo audierant, nullum esse intus præsidium. Perrumpere nituntur, seque ipsi adhortantur, ne tantam fortunam ex manibus dimittant.

Erat æger in præsidio relictus Publius Sextius Baculus, qui primum pilum apud Cæsarem duxerat, cuius mentionem superioribus prœliis fecimus; ac diem iam quintum cibo caruerat. Hic, diffisus suæ ac omnium saluti, inermis ex tabernaculo prodit: videt imminere hostes, atque in summo esse rem discrimine: capit arma a proximis, atque in porta consistit. Sequuntur hunc centuriones eius cohortis, quæ in statione erat. Paullisper prœlium una sustinent. Relinquit animus Sextium, gravibus acceptis vulneribus. Ægre per manus tractus, servatur. Hoc spatio interposito, reliqui sese confirmant, tantum ut in munitionibus consistere audeant, speciemque defensorum præbeant. Interim, confecta frumentatione, milites nostri clamorem exaudiunt, præcurrunt equites; quanto res sit in periculo, cognoscunt. Hic vero nulla munitio est, quæ perterritos recipiat. Modo conscripti atque usus militaris imperiti, ad tribunum militum centurionesque ora convertunt: quid ab his præcipiatur, exspectant. Nemo est tam fortis, quin rei novitate perturbetur.

Barbari, signa procul conspicati, ab oppugnatione desistunt, rediisse primo legiones credunt, quas longius discessisse, ex captivis cognoverant. Postea, despecta paucitate, ex omnibus partibus impetum faciunt. Calones in proximum tumulum procurrunt. Hinc celeriter de-

degollado el egercito con el General, los barbaros vencedores se han echado sobre ellos: los mas se imaginan nuevos malos agüeros, representandoseles vivamente la tragedia de Cota y Titurio que allí mismo perecieron. Atonitos todos del espanto, los barbaros se confirman en la opinion de que no hay dentro guarnicion de provecho, como habia dicho el cautivo, y pugnan por abrir brecha exortandose unos a otros a no soltar de las manos dicha tan grande.

Habia quedado enfermo en los reales Publio Sestio Baculo, Ayudante mayor de Cesar, de quien hemos hecho mencion en las batallas anteriores, y habia ya cinco dias que estaba sin comer. Este desesperanzado de su vida y de la de todos, sale desarmado del pabellon: viendo a los enemigos encima y a los suyos en el ultimo apuro; arrebata las armas al primero que encuentra, y plántase en la puerta: siguenle los centuriones del batallon [25] que hacia la guardia, y juntos sustentan por un rato la pelea. Desfallece Sestio traspasado de graves heridas; y desmayado, aunque con gran pena, y en brazos le retiran vivo del combate. A favor de este intermedio los demas cobran aliento de modo que ya se atreven a dejarse ver en las barreras y aparentar defensa. En esto nuestros soldados a la vuelta del forrage oyen la gritería: adelántanse los caballos; reconocen lo grande del peligro; pero sobrecogidos del terror, no hay para ellos lugar seguro. Como todavia eran visoños y sin esperiencia en el arte militar, vuelven los ojos al tribuno y capitanes para ver qué les ordenan. Ninguno hay tan bravo que no esté sobresaltado con la novedad del caso.

Los barbaros descubriendo a lo lejos estandartes, desisten del ataque, creyendo a primera vista de retorno las legiones, que por informe de los cautivos suponian muy distantes. Mas despues, visto el corto numero, arremeten por todas partes. Los vivanderos suben corriendo a un altillo ve-

iecti, se in signa manipulosque coniiciunt: eo magis timidos perterrent milites. Alii, cuneo facto ut celeriter perrumpant, censent; quoniam tam propinqua sint castra: etsi pars aliqua circumventa ceciderit, at reliquos servari posse confidunt: alii, ut in iugo consistant, atque eundem omnes ferant casum. Hoc veteres non probant milites, quos sub vexillo una profectos docuimus: itaque, inter se cohortati, duce Caio Trebonio, equite Romano qui eis erat praepositus, per medios hostes perrumpunt, incolumesque ad unum in castra perveniunt omnes. Hos subsecuti calones, equitesque, eodem impetu, militum virtute servantur. At hi, qui in iugo constiterant, nullo etiam nunc usu rei militaris percepto, neque in eo, quod probaverant, consilio permanere, ut se loco superiore defenderent, neque eam, quam profuisse aliis vim celeritatemque viderant, imitari potuerunt; sed se in castra recipere conati, iniquum in locum demiserunt. Centuriones, quorum nonnulli ex inferioribus ordinibus reliquarum legionum, causa virtutis, in superiores erant ordines huius legionis transducti, ne ante partam rei militaris laudem amitterent, fortissime pugnantes, conciderunt. Militum pars, horum virtute summotis hostibus, praeter spem incolumis in castra pervenit; pars a barbaris circumventa, periit.

Germani, desperata expugnatione castrorum, quod nostros iam constitisse in munitionibus videbant, cum ea praeda, quam in silvis deposuerant, trans Rhenum sese receperunt. Ac tantus fuit etiam post discessum hostium terror, ut ea nocte, quum Caius Volusenus missus cum equitatu ad castra venisset, fidem non faceret, adesse cum incolumi Caesarem exercitu. Sic omnium animos timor praeoccupaverat, ut, paene alienata mente,

cino. Echados luego de alli, se dejan caer entre las banderas
y pelotones de los soldados, que ya intimidados, con eso se
asustan mas. Unos son de parecer, que pues tan cerca se hallan de los reales, cerrados en forma triangular [26] se arrojen
de golpe; que si algunos cayeren, siquiera los demas podrán
salvarse. Otros, que no se muevan de la colina, resueltos a
correr todos una misma suerte. No aprobaban este partido
aquellos soldados viejos que fueron tambien con su bandera
en compañia de los otros, como se ha dicho: y asi animandose reciprocamente, capitaneados de Cayo Trebonio su Comandante, penetran por medio de los enemigos, y todos sin
faltar uno entran en los reales. Los vivanderos y ginetes corriendo tras ellos por el camino abierto, amparados del valor
de los soldados, se salvan igualmente. Al contrario los que
se quedaron en el cerro; como visoños, ni perseveraron en
el proposito de hacerse fuertes en aquel lugar ventajoso, ni
supieron imitar el vigor y actividad que vieron haber sido
tan saludable a los otros; sino que intentando acogerse a los
reales, se metieron en un barranco. Algunos centuriones que
del grado inferior de otras legiones por sus meritos habian
sido promovidos [27] al superior de esta, por no amancillar el
honor antes ganado en la milicia, murieron peleando valerosamente. Por el denuedo de estos arredrados los enemigos,
una parte de los soldados contra toda esperanza llegó sin lesion a los reales; la otra rodeada de los barbaros, pereció.

Los Germanos, perdída la esperanza de apoderarse de los
reales, viendo que los nuestros pusieron pie dentro de las trincheras, se retiraron tras el Rin con la presa guardada en el
bosque. Pero el terror de los nuestros, aun despues de la retirada de los enemigos, duró tanto, que llegando aquella noche
Cayo Voluseno con la caballeria embiado a darles noticia de
la venida proxima de Cesar con el egercito entero, nadie se lo
creia. Tan atolondrados estaban del miedo, que sin escuchar

deletis omnibus copiis, equitatum tantum se ex fuga recepisse dicerent; neque, incolumi exercitu, Germanos castra oppugnaturos fuisse contenderent. Quem timorem Cæsaris adventus sustulit.

Reversus ille, eventus belli non ignarus, unum, quod cohortes ex statione et præsidio essent emissæ, questus, ne minimo quidem casu locum relinqui debuisse, multum fortunam in repentino hostium adventu potuisse iudicavit: multo etiam amplius, quod pæne ab ipso vallo portisque castrorum barbaros avertissent. Quarum omnium rerum maxime admirandum videbatur, quod Germani, qui eo consilio Rhenum transierant, ut Ambiorigis fines depopularentur, ad castra Romanorum delati, optatissimum Ambiorigi beneficium obtulerant.

Cæsar, ad vexandos rursus hostes profectus, magno coacto numero ex finitimis civitatibus, in omnes partes dimittit. Omnes vici atque omnia ædificia, quæ quisque conspexerat, incendebantur: præda ex omnibus locis agebatur: frumenta non solum a tanta multitudine iumentorum atque hominum consumebantur, sed etiam anni tempore atque imbribus procubuerant: ut, si qui etiam in præsentia se occultassent; tamen iis, deducto exercitu, rerum omnium inopia pereundum videretur. Ac sæpe in eum locum ventum est, tanto in omnes partes diviso equitatu, ut non modo visum ab se Ambiorigem in fuga captivi, sed nec plane etiam abiisse ex conspectu contenderent; ut, spe consequendi illata, atque infinito labore suscepto, qui se summam a Cæsare gratiam inituros putarent, pæne naturam studio vincerent; semperque paullum ad summam felicitatem defuisse videretur; atque ille latebris, ac silvis, aut saltibus se eriperet; et noctu occultatus, alias regiones partesque pe-

razones, se cerraban en decir, que destrozada toda la infantería, la caballeria sola habia podido salvarse; pues nunca los Germanos hubieran intentado el asalto, estando el egercito en pie. La presencia sola de Cesar pudo enfin serenarlos.

Vuelto este, haciendose cargo de los incidentes de la guerra, una cosa reprehendió no mas; que se hubiesen destacado las cohortes que debian estar de guardia en el campo: que por ningun caso convino aventurarse: por lo demas hizo esta reflexion; que si la fortuna tuvo mucha parte en el inopinado ataque de los enemigos, mucho mas propicia se mostró en que hubiesen rechazado a los barbaros, estando ya casi dentro del campo. Sobre todo era de admirar, que los Germanos salidos de sus tierras con el fin de saquear las de Ambiórige, dando casualmente en los reales de los Romanos, le viniesen a hacer el mayor beneficio que pudiera desear.

Marchando Cesar a molestar de nuevo a los enemigos, despachó por todas partes gran numero de tropas recogidas de las ciudades comarcanas. Quemaban quantos cortijos y caserias encontraban, entrando a saco todos los lugares. Las mieses no solo eran destruidas de tanta muchedumbre de hombres y bestias, sino tambien por causa de la estacion y de las lluvias estaban echadas: de suerte que aun los que por entonces se guareciesen, retrocediendo al egercito, se vieran necesitados a perecer de pura miseria. Y como tanta gente de acaballo dividida en piquetes discurria por todas partes, tal vez llegó la cosa a terminos, que los prisioneros afirmaban no solo haber visto como iba huyendo Ambiórige, sino estarle todavia viendo: conque por la esperanza de alcanzarle a costa de infinito trabajo muchos, que pensaban ganarse con eso suma estimacion de Cesar, hacian mas que hombres por salir con su intento: y siempre a punto de prenderle, por un si es no es erraban el golpe mas venturoso, escapandoseles de entre las manos en los escondrijos, matorrales

teret, non maiore equitum præsidio, quam quatuor, quibus solis vitam suam committere audebat. Tali modo vastatis regionibus, exercitum Cæsar, duarum cohortium damno, Durocortorum Remorum reducit; concilioque in eum locum Galliæ indicto, de coniuratione Senonum et Carnutum quæstionem habere instituit; et de Accone, qui princeps eius consilii fuerat, graviore sententia pronuntiata, more maiorum supplicium sumsit. Nonnulli, iudicium veriti, profugerunt: quibus quum aqua atque igni interdixisset, duas legiones ad fines Trevirorum, duas in Lingonibus, sex reliquas in Senonum finibus Agendici in hibernis collocavit; frumentoque exercitui proviso, ut instituerat, Italiam ad conventus agendos profectus est.

y sotos, favorecido de la oscuridad de la noche, huyendo a diversas regiones y parages sin mas guardia que la de quatro caballos, a quien unicamente osaba fiar su vida. Asoladas en la dicha forma las campiñas, Cesar recoge su egercito menoscabado de dos cohortes a la ciudad de Rems: donde llamando a Cortes de la Galia, deliberó tratar en ellas la causa de la conjuracion de los Senones y Chartreses; y pronunciada sentencia de muerte contra el Principe Acon, que habia sido su cabeza, la egecutó segun costumbre de los Romanos. Algunos por temor a la justicia, se ausentaron; y habiendolos desnaturalizado [18]; alojó dos legiones para aquel ibierno en tierra de Treveris, dos en Langres, las otras seis en Sens: y dejandolas todas provistas de bastimentos, partió para Italia a tener las acostumbradas juntas.

C. IULII CÆSARIS

COMMENTARIORUM

DE BELLO GALLICO

LIBER VII.

Quieta Gallia, Cæsar, ut constituerat, in Italiam ad conventus agendos proficiscitur. Ubi cognoscit de Publii Clodii cæde; de Senatusque consulto certior factus, ut omnes Italiæ iuniores coniurarent, delectum tota provincia habere instituit. Eæ res in Galliam Transalpinam celeriter perferuntur. Addunt ipsi et affingunt rumoribus Galli, quod res poscere videbatur; 'retine-'ri urbano motu Cæsarem, neque in tantis dissensio-'nibus ad exercitum venire posse.' Hac impulsi occasione, qui iam ante se Populi Romani imperio subiectos dolerent, liberius atque audacius de bello consilia inire incipiunt. Indictis inter se principes Galliæ conciliis silvestribus ac remotis locis queruntur de Acconis morte: hunc casum ad ipsos recidere posse, demonstrant: miserantur communem Galliæ fortunam: omnibus pollicitationibus ac præmiis deposcunt, qui belli initium faciant, et sui capitis periculo Galliam in libertatem vindicent. Eius in primis rationem habendam esse dicunt, 'prius quam eorum clandestina consilia effe-'rantur, ut Cæsar ab exercitu intercludatur: id esse 'facile, quod neque legiones, absente Imperatore, au-'deant ex hibernis egredi; neque Imperator sine præ-'sidio ad legiones pervenire possit. Postremo in acie 'præstare interfici, quam non veterem belli gloriam li-

COMENTARIOS

DE C. JULIO CESAR

DE LA GUERRA DE LAS GALIAS,

LIBRO VII.

Sosegada ya la Galia, Cesar conforme a su resolucion, parte para Italia a presidir las juntas. Aqui tiene noticia de la muerte de Publio Clodio. Sabiendo asimismo que por decreto del Senado todos los mozos de Italia eran obligados¹ a alistarse, dispone hacer levas en toda la provincia. Espárcense luego estas nuevas por la Galia Transalpina: abultandolas, y poniendo de su casa los Galos lo que parecia consiguiente; 'que detenido Cesar por las turbulen-'cias de Roma, no podia durante las diferencias venir al 'egercito.' Con esta ocasion los que ya de antemano estaban desabridos por el imperio del Pueblo Romano, empiezan con mayor libertad y descaro a tratar de guerra. Citandose los Grandes a consejo en los montes y lugares retirados, quéjanse de la muerte de Acon: y reflexionando que otro tanto puede sucederles a ellos mismos, laméntanse de la comun desventura de la Galia. No hay premios ni galardones que no prometan al que primero levante bandera y arriesgue su vida por la libertad de la patria. Ante todas cosas, dicen, 'mientras la conspiracion está secreta, se 'ha de procurar cerrar a Cesar el paso al egercito: esto es 'facil; porque ni las legiones en ausencia del General han 'de atreverse a salir de los quarteles, ni el General puede 'juntarse con las legiones sin escolta. En conclusion, mas 'vale morir en campaña, que dejar de recobrar nuestra anti-

'bertatemque, quam a maioribus acceperint, recuperare.'

His rebus agitatis, profitentur Carnutes, se nullum periculum communis salutis causa recusare; principesque se ex omnibus bellum facturos pollicentur; et, quoniam in præsentia obsidibus cavere inter se non possent, ne res efferatur, ut iureiurando ac fide sanciatur, petunt, collatis militaribus signis (quo more eorum gravissimæ cærimoniæ continentur) ne facto initio belli, a reliquis deserantur. Tunc, collaudatis Carnutibus, dato iureiurando ab omnibus, qui aderant, tempore eius rei constituto, ab concilio disceditur. Ubi ea dies venit, Carnutes, Cotuato et Conetoduno ducibus, desperatis hominibus, Genabum dato signo concurrunt; civesque Romanos, qui negotiandi causa ibi constiterant, in his Caium Fusium Cottam, honestum Equitem Romanum, qui rei frumentariæ iussu Cæsaris præerat, interficiunt; bonaque eorum diripiunt. Celeriter ad omnes Galliæ civitates fama perfertur. Nam, ubi maior atque illustrior incidit res, clamore per agros regionesque significant. Hunc alii deinceps excipiunt, et proximis tradunt; ut tunc accidit. Nam, quæ Genabi oriente Sole gesta essent, ante primam confectam vigiliam in finibus Arvernorum audita sunt: quod spatium est millium passuum circiter centum et sexaginta. Simili ratione ibi Vercingetorix, Celtilli filius, Arvernus (summæ potentiæ adolescens, cuius pater principatum Galliæ totius obtinuerat, et ob eam causam, quod regnum appetebat, ab civitate erat interfectus) convocatis suis clientibus, facile eos incendit. Cognito eius consilio, ad arma concurritur: ab Gobanitione, patruo suo, reliquisque principibus, qui hanc tentandam fortunam non existimabant, expellitur ex oppido Gergovia. Non tamen desistit; atque in agris habet delectum egentium ac perditorum.

'gua militar gloria, y la libertad heredada de los mayores.'

Ponderadas estas cosas, salen a la empresa los Chartreses, prometiendo esponerse a qualquier peligro por el bien comun, y dar principio a la guerra: y por quanto era imposible en el dia recibir y darse rehenes, por no propalar el secreto, piden pleyto homenage sobre las banderas (ceremonia para ellos la mas sacrosanta) que no serán desamparados de los demas una vez comenzada la guerra. Con efecto, entre los aplausos de los Chartreses, prestando juramento todos los circunstantes, y señalado el dia del rompimiento, se despide la junta. Llegado el plazo, los de Chartres acaudillados de Cotuato y Conetoduno, dos hombres desaforados; hecha la señal, van corriendo a Genabo, y matan a los ciudadanos Romanos que alli residian por causa del comercio, y entre ellos al noble Caballero Cayo Fusio Cota, que por mandado de Cesar cuidaba de las provisiones, y roban sus haciendas. Al instante corre la voz por todos los Estados de la Galia. Porque siempre que sucede alguna cosa ruidosa y muy notable, la pregonan por los campos y caminos: los primeros que oyen pasan a otros la noticia, y estos de mano en mano la van [2] comunicando a los imediatos, como entonces acaeció; que lo egecutado en Genabo al rayar el sol, antes de tres horas de noche [3] se supo en la frontera de los Alvernos a distancia de ciento y sesenta millas. De la misma suerte aqui Vercingetórige, (joven muy poderoso, cuyo padre fue Celtilo el mayor Principe de toda la Galia, y al fin muerto por sus nacionales, por querer hacerse Rey) convocando sus apasionados, los amotinó facilmente. Mas sabido su intento, ármanse contra él, y es echado de Gergovia [4] por Gobanicion su tio, y los demas Señores que desaprobaban este atentado: no se acobarda por eso: antes corre los campos enganchando a los desvalidos y facinorosos. Junta esta gavilla, induce a su partido a quantos encuentra de los ciudadanos.

Hac coacta manu, quoscumque adit ex civitate, in suam sententiam perducit. Hortatur, ut, communis libertatis causa, arma capiant: magnisque coactis copiis, adversarios suos, a quibus paullo ante erat eiectus, expellit ex civitate. Rex ab suis appellatur. Dimittit quoquo versus legationes. Obtestatur, ut in fide maneant. Celeriter sibi Senones, Parisios, Pictones, Cadurcos, Turones, Aulercos, Lemovices, Andes, reliquosque omnes, qui Oceanum attingunt, adiungit. Omnium consensu ad eum defertur imperium. Qua oblata potestate, omnibus iis civitatibus obsides imperat, certum numerum militum celeriter ad se adduci iubet. Armorum quantum quæque civitas domi, quodque ante tempus efficiat, constituit. In primis equitatui studet: summæ diligentiæ summam imperii severitatem addit: magnitudine supplicii dubitantes cogit. Nam maiore commisso delicto, igni atque omnibus tormentis necat: leviore de causa, auribus desectis, aut singulis effossis oculis, domum remittit; ut sint reliquis documento, et magnitudine pœnæ perterreant alios.

His suppliciis celeriter coacto exercitu, Lucterium Cadurcum summæ hominem audaciæ cum parte copiarum in Ruthenos mittit. Ipse in Bituriges proficiscitur. Eius adventu Bituriges ad Æduos, quorum erant in fide, legatos mittunt, subsidium rogatum, quo facilius hostium copias sustinere possint. Ædui de consilio legatorum, quos Cæsar ad exercitum reliquerat, copias equitatus peditatusque subsidio Biturigibus mittunt: qui quum ad flumen Ligerim venissent, quod Bituriges ab Æduis dividit, paucos dies ibi morati, neque flumen transire ausi, domum revertuntur: legatisque nostris renuntiant, se Biturigum perfidiam veritos, revertisse: quibus id consilii fuisse cognoverint, ut, si flumen transissent, una ex parte ipsi, altera Averni se circumsisterent.

Exortalos a tomar las armas en defensa de la libertad: conque abanderizada mucha gente, echa de la ciudad a sus contrarios que poco antes le habian a él echado de ella. Proclamanle Rey los suyos: despacha embajadas a todas partes conjurando a todos a ser leales. En breve hace de su bando a los de Sens, de Paris, del Poitú, Cuerci, Turena, a los Aulercos Limosínes, a los de Anjou y demas habitantes de las costas del Océano. Todos a una voz le nombran Generalisimo. Valiendose de esta potestad absoluta, exige rehenes de todas estas naciones, y manda que le acudan luego con cierto numero de soldados. A cada una de las provincias determina la cantidad de armas, y el tiempo preciso de fabricarlas. Sobre todo cuida de proveerse de caballos. Junta en su gobierno un sumo zelo con una severidad suma. A fuerza de castigos se hace obedecer de los que aun andaban perplejos. Por delitos graves son condenados al fuego y a todo genero de tormentos: por faltas ligeras cortadas las orejas, o sacado un ojo, los remite a sus casas para poner escarmiento y temor a los demas con el rigor del castigo.

Con el miedo de semejantes suplicios formado en breve un grueso egercito, destaca con parte de él a Lucterio de Cuerci, hombre sumamente arrojado, al pais de Ruerga, y él marcha al de Berri. Los Berrienses, sabiendo su venida, embian a pedir socorro a los Eduos sus protectores para poder mas facilmente resistir al enemigo. Los Eduos, de acuerdo con los Legados a quienes Cesar tenia encomendado el egercito, les embian de socorro algunos regimientos de apie y de acaballo: los quales ya que llegaron al rio Loire, que divide a los Berrienses de los Eduos, detenidos a la orilla algunos dias sin atreverse a pasarlo, dan a casa la vuelta, y por escusa a nuestros Legados el temor que tuvieron de la traicion de los Berrienses, que supieron estar conjurados con los Alvernos para cogerlos en medio, caso que pasasen el rio.

Id eane de causa, quam legatis pronuntiarunt, an perfidia adducti, fecerint, quod nihil nobis constat, non videtur pro certo esse ponendum. Bituriges eorum discessu statim se cum Arvernis coniungunt.

His rebus in Italiam Cæsari nuntiatis, quum iam ille virtute Cneii Pompeii urbanas res commodiorem in statum pervenisse intelligeret, in Transalpinam Galliam profectus est. Eo quum venisset, magna difficultate afficiebatur, qua ratione ad exercitum pervenire posset. Nam, si legiones in provinciam arcesseret, se absente, in itinere prælio dimicaturas intelligebat. Si ipse ad exercitum contenderet, ne his quidem, qui eo tempore pacati viderentur, suam salutem recte committi videbat. Interim Lucterius Cadurcus in Ruthenos missus, eam civitatem Arvernis conciliat. Progressus in Nitiobriges, et Gabalos, ab utrisque obsides accipit; et, magna coacta manu, in provinciam Narbonem versus eruptionem facere contendit. Qua re nuntiata, Cæsar omnibus consiliis antevertendum existimavit, ut Narbonem proficisceretur. Eo quum venisset, timentes confirmat; præsidia in Ruthenis Provincialibus, Volcis Arecomicis, Tolosatibus, circumque Narbonem, quæ loca erant hostibus finitima, constituit; partem copiarum ex provincia supplementumque, quod ex Italia adduxerat, in Helvios, qui fines Arvernorum contingunt, convenire iubet. His rebus comparatis, represso iam Lucterio et remoto, quod intrare intra præsidia periculosum putabat, in Helvios proficiscitur. Etsi mons Cebenna, qui Arvernos ab Helviis discludit, durissimo tempore anni, altissima nive iter impediebat; tamen discussa nive sex in altitudinem pedum, atque ita viis patefactis, summo militum labore ad fines Arvernorum pervenit. Quibus oppressis inopinantibus, quod se Cebenna, ut muro, munitos exi-

Si lo hicieron por el motivo que alegaron a los Legados y no por su propia deslealtad, no me parece asegurarlo; porque de cierto no me consta. Los Berrienses al punto que se retiraron los Eduos, se unieron con los Alvernos.

Cesar, informado en Italia de estas novedades, viendo que las cosas de Roma por la buena maña de Neo Pompeyo habian tomado mejor semblante, se puso en camino para la Galia Transalpina. Llegado allá, se vió muy embarazado para disponer el modo de hacer su viage al egercito. Porque si mandaba venir las legiones a la Provenza, consideraba que se tendrian que abrir el camino espada en mano en su ausencia: si él iba solo al egercito, veia no ser cordura el fiar su vida ni aun a los que de presente parecian estar en paz. Entretanto Lucterio el de Cuerci embiado a los Rodenses, los trae al partido de los Alvernos. De aqui pasando a los Nitióbriges y Gábalos, de ambas naciones saca rehenes; y reforzadas sus tropas, se dispone a romper por la Provenza del lado de Narbona: de cuyo designio avisado Cesar, juzgó ser lo mas acertado de todo el ir derecho a Narbona. Entrado en ella, los serena; pone guarniciones en los Rodenses pertenecientes a la Provenza[5], en los Volcas Arecómicos[6], en los Tolosanos, y en los contornos de Narbona, vecinos al enemigo. Parte de las milicias provinciales y las reclutas venidas de Italia manda pasar a los Helvios confinantes con los Alvernos. Dadas estas disposiciones, reprimido ya y vuelto atrás Lucterio, por considerar arriesgada la irrupcion en los presidios, Cesar dirige su marcha a los Helvios. Y no obstante que la montaña Cebéna, que separa los Alvernos de los Helvios, cubierta de altisima nieve por ser entonces lo mas rigoroso del ibierno, le atajaba el paso, sinembargo abriendose camino por seis pies de nieve con grandisima fatiga de los soldados, penetra en los confines de los Alvernos: los quales cogidos de sorpresa, porque se creian defen-

stimabant, ac ne singulari quidem homini umquam eo tempore anni semitæ patuerant; equitibus imperat, ut, quam latissime possent, vagentur, et quam maximum hostibus terrorem inferant. Celeriter hæc fama ac nuntiis ad Vercingetorigem perferuntur: quem perterriti omnes Arverni circumsistunt, atque obsecrant, 'ut suis 'fortunis consulat, neu se ab hostibus diripi patia- 'tur; præsertim quum videat omne ad se bellum trans- 'latum.' Quorum ille precibus permotus, castra ex Biturigibus movet in Arvernos versus. At Cæsar biduum in his locis moratus, quod hæc de Vercingetorige usu ventura, opinione præceperat, per causam supplementi, equitatusque cogendi, ab exercitu discedit: Brutum adolescentem his copiis præficit: hunc monet, ut in omnes partes equites quam latissime pervagentur: daturum se operam, ne longius triduo ab castris absit. His constitutis rebus, suis inopinantibus, quam maximis potest itineribus Viennam pervenit. Ibi nactus recentem equitatum, quem multis ante diebus eo præmiserat, neque diurno, neque nocturno itinere intermisso, per fines Æduorum in Lingones contendit; ubi duæ legiones hiemabant: ut, si quid etiam de sua salute ab Æduis iniretur consilii, celeritate præcurreret. Eo quum pervenisset, ad reliquas legiones mittit, priusque in unum locum omnes cogit, quam de eius adventu Arvernis nuntiari posset. Hac re cognita, Vercingetorix rursus in Bituriges exercitum reducit, atque inde profectus Gergoviam, Boiorum oppidum, quos ibi Helvetico prælio victos Cæsar collocaverat, Æduisque attribuerat, oppugnare instituit.

Magnam hæc res Cæsari difficultatem ad consilium capiendum afferebat, si reliquam partem hiemis uno in loco legiones contineret, ne, stipendiariis Æduorum ex-

didos del monte, como de un muro impenetrable, y en estacion tal que ni aun para un hombre solo jamas hubiera senda descubierta, da orden a la caballeria de correr aquellos campos a rienda suelta llenando de terror a los enemigos. Vuela la fama de esta novedad por repetidos correos a Vercingetórige; y todos los Alvernos le rodean espantados, y suplican, 'mire por sus cosas; que no permita sean destrozados 'de los enemigos, viendo convertida contra sí toda la guer-'ra.' Rendido enfin a sus amonestaciones, levanta el campo de Berri encaminandose a los Alvernos. Pero Cesar a dos dias de estancia en estos lugares, como quien tenia previsto lo que habia de hacer Vercingetórige, con motivo de reclutar nuevas tropas y caballos, se ausenta del egercito; cuyo mando entrega al joven Bruto con encargo de emplear la caballeria en correrias por todo el pais: que él haria lo posible para volver dentro de tres dias. Ordenadas asi las cosas, corriendo a todo correr, entra en Viena quando menos le aguardaban los suyos. Encontrandose aqui con la nueva caballeria dirigida mucho antes a esta ciudad, sin parar dia y noche por los confines de los Eduos marcha a los de Langres donde ibernaban las legiones, para prevenir con la presteza qualquiera trama, si tambien los Eduos por amor de su libertad intentasen urdirla. Llegado allá, despacha sus ordenes a las demas legiones, y las junta todas en un sitio antes que los Alvernos pudiesen tener noticia de su llegada. Luego que la entendió Vercingetórige, vuelve de contramarcha con su egercito a Berri; de donde pasó a sitiar a Gergovia, poblacion de los Boyos, que se la concedió Cesar con dependencia de los Eduos, quando los venció en la guerra Helvetica.

Este sitio daba mucho que pensar a Cesar; porque si mantenia en quarteles las legiones el tiempo que faltaba del ibierno, temia no se rebelase la Galia toda por la rendicion de

pugnatis, cuncta Gallia deficeret, quod nullum in eo amicis præsidium videretur positum esse: sin maturius ex hibernis educeret, ne ab re frumentaria duris subvectionibus laboraret. Præstare visum est tamen omnes difficultates perpeti, quam, tanta contumelia accepta, omnium suorum voluntates alienare. Itaque cohortatus Æduos de supportando commeatu, præmittit ad Boios, qui de suo adventu doceant, hortenturque ut in fide maneant, atque hostium impetum magno animo sustineant.

Duabus Agendici legionibus, atque impedimentis totius exercitus relictis, ad Boios proficiscitur. Altero die quum ad oppidum Senonum Vellaunodunum venisset, ne quem post se hostem relinqueret, quo expeditiore re frumentaria uteretur, oppugnare instituit. Idque biduo circumvallavit. Tertio die missis ex oppido legatis de deditione, arma proferri, iumenta produci, sexcentos obsides dari iubet. Ea qui conficeret, Caium Trebonium legatum relinquit. Ipse, ut quam primum iter faceret, Genabum Carnutum proficiscitur; qui tunc primum, allato nuntio de oppugnatione Vellaunoduni, quum longius eam rem ductum iri existimarent, præsidium Genabi tuendi causa, quod eo mitterent, comparabant. Huc biduo Cæsar pervenit; et, castris ante oppidum positis, diei tempore exclusus, in posterum oppugnationem differt; quæque ad eam rem usui sint militibus imperat; et, quod oppidum Genabum pons fluminis Ligeris continebat, veritus, ne noctu ex oppido profugerent, duas legiones in armis excubare iubet. Genabenses paullo ante mediam noctem silentio ex oppido egressi, flumen transire cœperunt. Qua re per exploratores nuntiata, Cæsar legiones, quas expeditas esse iusserat, portis incensis, intromittit, atque oppido potitur, perpaucis ex hostium nu-

los tributarios de los Eduos, visto que los amigos no hallaban en él ningun amparo; si las sacaba de los quarteles antes de sazon, esponiase a carecer de viveres por lo penoso de su conduccion. En todo caso le pareció menos mal, sufrir antes todas las incomodidades, que con permitir tan grande afrenta, enagenar las voluntades de todos sus aliados. En conformidad de esto exortando a los Eduos a cuidar del acarréo de vituallas, anticipa a los Boyos aviso de su venida alentandolos a mantenerse fieles, y resistir vigorosamente al asalto de los enemigos.

Dejadas pues en Agendico dos legiones con los equipages de todo el egercito, toma el camino de los Boyos. Al dia siguiente llegado a Velaunoduno, castillo de los Senones, determinó sitiarlo, por no dejar a las espaldas enemigo que impidiese las remesas de bastimentos. A los dos dias le tenia circunvalado: al tercero, saliendo de la plaza Comisarios a tratar de la entrega, les mandó presentar las armas, sacar fuera las cabalgaduras, y dar seiscientos rehenes. Encomienda la egecucion de esto a Cayo Trebonio su Legado: él por no perder un punto de tiempo, mueve contra Genabo, ciudad de los Chartreses: los quales acabando entonces de oir el cerco de Velaunoduno, y creyendo que iria muy despacio, andaban haciendo gente para meterla de guarnicion en Genabo; a donde llegó Cesar en dos dias, y plantando en frente sus reales, por ser ya tarde, difiere para el otro dia el ataque, haciendo que los soldados preparen lo necesario: y por quanto el puente del rio Loire estaba contiguo al muro, recelandose que a favor de la noche no huyesen los sitiados, ordena que dos legiones velen sobre las armas. Los Genabeses ácia la media noche saliendo de la ciudad con silencio, empezaron a pasar el rio: de lo qual avisado Cesar por las escuchas, quemadas las puertas, mete dentro las legiones, que por orden suya estaban alerta, y se apodera del castillo, que-

mero desideratis, quin cuncti caperentur, quod pontis atque itinerum angustiæ multitudinis fugam intercluderant. Oppidum diripit, atque incendit; prædam militibus donat: exercitum Ligerim transducit, atque in Biturigum fines pervenit.

Vercingetorix, ubi de Cæsaris adventu cognovit, oppugnatione desistit, atque obviam Cæsari proficiscitur. Ille oppidum Biturigum positum in via Noviodunum oppugnare instituerat. Quo ex oppido quum legati ad eum venissent oratum, 'ut sibi ignosceret, suæque 'vitæ consuleret;' ut celeritate reliquas res conficeret, qua pleraque erat consecutus, arma proferri, equos produci, obsides dari iubet. Parte iam obsidum transdita, quum reliqua administrarentur, centurionibus et paucis militibus intromissis, qui arma iumentaque conquirerent, equitatus hostium procul visus est, qui agmen Vercingetorigis antecesserat: quem simulatque oppidani conspexerunt, atque in spem auxilii venerunt, clamore sublato, arma capere, portas claudere, murum complere coeperunt. Centuriones in oppido quum ex significatione Gallorum novi aliquid ab his iniri consilii intellexissent, gladiis districtis portas occupaverunt, suosque omnes incolumes receperunt. Cæsar ex castris equitatum educi iubet, præliumque equestre committit: laborantibus iam suis Germanos equites circiter quatuorcentos submittit, quos ab initio secum habere instituerat. Eorum impetum Galli sustinere non potuerunt, atque in fugam coniecti, multis amissis, sese ad agmen receperunt: quibus profligatis, rursus oppidani perterriti, comprehensos eos, quorum opera plebem concitatam existimabant, ad Cæsarem perduxerunt, seseque ei dediderunt.

Quibus rebus confectis, Cæsar ad oppidum Avaricum, quod erat maximum munitissimumque in finibus

LIBRO SEPTIMO. 305

dando muy pocos de los enemigos que no fuesen presos, porque la estrechura del puente y de las sendas habian embarazado a tanta gente la huida. Saquéa la ciudad, y la quema: da los despojos a los soldados; pasa con ellos el Loire, y entra en el pais de Berri.

Quando Vercingetórige supo la venida de Cesar, levanta el cerco, y le sale al encuentro. Cesar habia pensado asaltar a Neuvy [7], fortaleza de los Berrienses, situada en el camino. Pero viniendo de ella diputados a suplicarle, 'les 'hiciese merced del perdon y de la vida;' por acabar lo que restaba con la presteza que tanto le habia valido en todas sus empresas, les manda entregar las armas, presentar los caballos, dar rehenes. Entregada ya de estos una parte, y estandose entendiendo en lo demas, y los centuriones con algunos soldados dentro para el reconocimiento de las armas y bestias, se dejó ver a lo lejos la caballeria enemiga que venía delante del egercito de Vercingetórige. Al punto que la divisaron los sitiados, con la esperanza del socorro alzan el grito, toman las armas, cierran las puertas, y cubren a porfia la muralla. Los centuriones que estaban dentro, conociendo por la bulla de los Galos, que maquinaban alguna novedad, desembaynadas las espadas tomaron las puertas, y se pusieron en salvo con todos los suyos. Cesar destaca su caballeria, que se traba con la enemiga: yendo ya los suyos de vencida, los refuerza con quatrocientos caballos Germanos, que desde el principio solia tener consigo. Los Galos no pudieron aguantar su furia, y puestos en huida, con pérdida de muchos se retiraron al egercito. Ahuyentados estos, atemorizados de nuevo los sitiados, condugeron presos a Cesar a los que creian haber alborotado la plebe, y se rindieron.

Acabadas estas cosas, púsose Cesar en marcha contra la ciudad de Avarico la mas populosa y bien fortificada en el

Biturigum, atque agri fertilissima regione, profectus est: quod, eo oppido recepto, civitatem Biturigum se in potestatem redacturum confidebat. Vercingetorix, tot continuis incommodis Vellaunoduni, Genabi, Novioduni acceptis, suos ad concilium convocat: 'docet, longe alia
'ratione esse bellum gerendum atque antea sit gestum:
'omnibus modis huic rei studendum, ut pabulatione et
'commeatu Romani prohibeantur. Id esse facile, quod
'equitatu ipsi abundent; et quod anni tempore subleven-
'tur. Pabulum secari non posse. Necessario dispersos
'hostes ex ædificiis petere: hos omnes quotidie ab equi-
'tibus deleri posse: præterea, salutis causa, rei fami-
'liaris commoda negligenda. Vicos atque ædificia incendi
'oportere hoc spatio a Boia quoquo versus, quo pa-
'bulandi causa adire posse videantur. Harum ipsis re-
'rum copiam suppetere, quod, quorum in finibus bellum
'geratur, eorum opibus subleventur. Romanos aut in-
'opiam non laturos, aut magno cum periculo longius a
'castris progressuros. Neque interesse, ipsosne interfi-
'ciant, impedimentisne exuant, quibus amissis bellum ge-
'ri non possit; præterea oppida incendi oportere, quæ
'non munitione et loci natura ab omni sint periculo tuta;
'neu suis sint ad detrectandam militiam receptacula, neu
'Romanis proposita ad copiam commeatus prædamque
'tollendam. Hæc si gravia aut acerba videantur, mul-
'to illa gravius æstimari debere, liberos, coniuges in ser-
'vitutem abstrahi, ipsos interfici; quæ sit necesse acci-
'dere victis.'

Omnium consensu hac sententia probata, uno die amplius viginti urbes Biturigum incenduntur. Hoc idem fit in reliquis civitatibus. In omnibus partibus incendia conspiciuntur: quæ etsi magno cum dolore omnes ferebant, tamen hoc sibi solatii proponebant, quod se, pro-

distrito de Berri, y de muy fertil campiña, con la confianza de que conquistada esta, facilmente se haria dueño de todo aquel Estado. Vercingetórige, escarmentado con tantos continuados golpes recibidos en Velaunoduno, Genabo, Neuvy, llama los suyos a consejo: propóneles, 'ser preciso mudar to-
'talmente de plan de operaciones: que se deben poner todas
'las miras en quitar a los Romanos forrages y bastimentos.
'Ser esto facil por la copia de caballos que tienen y por la
'estacion, en que no está para segarse la yerba: que forzosa-
'mente habian de esparcirse por los cortijos en busca de for-
'rage: y todos estos diariamente podian ser degollados por la
'caballeria. Añade que por conservar la vida, debian me-
'nospreciarse las haciendas y comodidades; resolviendose a
'quemar las aldeas y caserias que hay a la redonda de Bo-
'ya* hasta donde parezca poder estenderse los enemigos a for-
'ragear: que por lo que a ellos toca, todo les sobraba, pues
'serian abastecidos de los paisanos en cuyo territorio se ha-
'cia la guerra: los Romanos o no podrian tolerar la carestia,
'o con gran riesgo se alejarian de sus tiendas: que lo mismo
'era matarlos, que privarlos del bagage, sin el qual no se
'puede hacer la guerra: que asimismo convenia quemar los
'lugares que no estuviesen seguros de toda invasion por na-
'turaleza o arte, porque no sirviesen de guarida a los suyos
'para sustraerse de la milicia, ni a los Romanos surtiesen de
'provisiones y despojos. Si esto les parece duro y doloroso,
'mucho mas debia parecerles el cautiverio de sus hijos y mu-
'geres, y su propia muerte; conseqüencias necesarias del mal
'suceso en las guerras.'

Aplaudiendo todos este consejo, en un solo dia ponen fuego a mas de veinte ciudades en el distrito de Berri. Otro tanto hacen en los demas. No se ven sino incendios por todas partes: y aunque les causaba eso gran pena, sinembargo se consolaban conque, teniendo casi por cierta la victoria, muy

pe explorata victoria, celeriter amissa recuperaturos confidebant. Deliberatur de Avarico in communi concilio, incendi placeret, an defendi. Procumbunt Gallis omnibus ad pedes Bituriges, ne pulcherrimam prope totius Galliæ urbem, quæ et præsidio et ornamento sit civitati, suis manibus succendere cogerentur: facile se loci natura defensuros dicunt, quod prope ex omnibus partibus flumine et palude circumdata, unum habeat et perangustum aditum. Datur petentibus venia, dissuadente primo Vercingetorige, post concedente et precibus ipsorum, et misericordia vulgi. Defensores idonei oppido deliguntur. Vercingetorix minoribus Cæsarem itineribus subsequitur, et locum castris deligit, paludibus silvisque munitum, ab Avarico longe millia passuum quindecim. Ibi per certos exploratores in singula diei tempora quæ ad Avaricum agerentur, cognoscebat; et, quid fieri vellet, imperabat: omnes nostras pabulationes frumentationesque observabat, dispersosque, quum longius necessario procederent, adoriebatur, magnoque incommodo afficiebat, etsi, quantum ratione provideri poterat, ab nostris occurrebatur, ut incertis temporibus, diversisque itineribus iretur. Castris ad eam partem oppidi positis, Cæsar, quæ intermissa a flumine et palude aditum, ut supra diximus, angustum habebat, aggerem apparare, vineas agere, turres duas constituere cœpit; nam circumvallare loci natura prohibebat. De re frumentaria Boios, atque Æduos adhortari non destitit: quorum alteri, quod nullo studio agebant, non multum adiuvabant; alteri non magnis facultatibus, quod civitas erat exigua et infirma, celeriter, quod habuerunt, consumserunt. Summa difficultate rei frumentariæ affecto exercitu, tenuitate Boiorum, indiligentia Æduorum, incendiis ædificiorum, usque eo, ut complures dies milites

en breve recobrarian lo perdido. Viniendo a tratar en la junta si convendria quemar o defender la plaza de Avarico; échanse los Berrienses a los pies de todos los Galos, suplicando que no los fuercen a quemar con sus manos propias aquella ciudad la mas hermosa de casi toda la Galia, baluarte y ornamento de su nacion: dicen ser facil la defensa por naturaleza del sitio, estando, como está, cercada casi por todos lados del rio y de una laguna, con sola una entrada, y esa muy angosta. Otórgase la peticion oponiendose al principio Vercingetórige, y al cabo condescendió movido de sus ruegos, y de lástima del populacho. Guarnecenla con tropa valiente y escogida. Vercingetórige a paso lento va siguiendo las huellas de Cesar, y se acampa en un lugar defendido de lagunas y bosques a quince millas de Avarico. Aqui le informaban sus espias puntualmente y a todas horas de lo que se hacia en Avarico, y daba las ordenes correspondientes. Acechaba todas nuestras salidas al forrage, y en viendo algunos desbandados que por necesidad se alejaban, arremetia y causabales gran molestia, en medio de que los nuestros procuraban cautelarse todo lo posible, variando la horas y las veredas. Cesar, asentados sus reales enfrente de aquella parte de la plaza, que por no estar cogida del rio y de la laguna, tenia, segun se ha dicho, una subida estrecha, empezó a formar el terraplen, armar las baterias, y levantar dos bastidas: porque la situacion impedia el acordonarla. Instaba continuamente a los Boyos y a los Eduos sobre las provisiones; pero bien poco le ayudaban; estos, porque no hacian diligencia alguna; aquellos, porque no podian mucho, siendo como eran poca gente y sin medios: conque presto consumieron los Romanos lo que tenian. Reducido el egercito a suma escasez de viveres por la poquedad de los Boyos, negligencia de los Eduos, incendios de las granjas; en tanto grado que por varios dias carecieron de pan los soldados, y

frumento caruerint, et, pecore e longinquioribus vicis adacto, extremam famem sustentarent, nulla tamen vox est ab his audita Populi Romani maiestate et superioribus victoriis indigna. Quin etiam Cæsar, quum in opere singulas legiones appellaret, et, si acerbius inopiam ferrent, se dimissurum oppugnationem diceret; universi ab eo, ne id faceret, petebant: sic se complures annos, illo imperante, meruisse, ut nullam ignominiam acciperent, numquam infecta re discederent: hoc se ignominiæ laturos loco, si inceptam oppugnationem reliquissent: præstare omnes perferre acerbitates, quam non civibus Romanis qui Genabi perfidia Gallorum interiissent, parentarent. Hæc eadem centurionibus tribunisque militum mandabant, ut per eos ad Cæsarem deferrentur.

Quum iam muro appropinquassent turres, ex captivis Cæsar cognovit, Vercingetorigem, consumto pabulo, castra movisse propius Avaricum, atque ipsum, cum equitatu expeditisque, qui inter equites prœliari consuessent, insidiarum causa eo profectum, quo nostros postero die pabulatum venturos arbitrabatur. Quibus rebus cognitis, media nocte silentio profectus, ad hostium castra mane pervenit. Illi, celeriter per exploratores adventu Cæsaris cognito, carros impedimentaque sua in arctiores silvas abdiderunt, copias omnes in loco edito atque aperto instruxerunt. Qua re nuntiata, Cæsar celeriter sarcinas conferri, arma expediri iussit. Collis erat leniter ab infimo acclivis. Hunc ex omnibus fere partibus palus difficilis atque impedita cingebat, non latior pedibus quinquaginta. Hoc se colle, interruptis pontibus, Galli fiducia loci continebant, generatimque distributi in civitates, omnia vada ac saltus eius paludis certis custodiis obtinebant, sic animo parati, ut,

para no morir de hambre, tuvieron que traer de muy lejos carnes para alimentarse; con todo eso no se les escapó ni una palabra menos digna de la magestad del Pueblo Romano y de las pasadas victorias. Antes bien hablando Cesar a las legiones en medio de sus fatigas, y ofreciendose a levantar el cerco si les parecia intolerable aquel trabajo; todos a una voz le conjuraban, que no lo hiciese: que pues tantos años habian militado bajo su conducta sin la menor mengua, no dejando jamas por acabar empresa comenzada, desistir aora del asédio emprendido, seria para ellos la mayor ignominia: que mejor era sufrir todas las miserias del mundo, que dejar de vengar la muerte alevosa que dieron los Galos a los ciudadanos Romanos en Genabo. Estas mismas razones daban a los centuriones y tribunos, para que se las propusiesen a Cesar.

Arrimadas ya las bastidas al muro, supo Cesar de los prisioneros, que Vercingetórige, acabado el forrage, habia movido su campo mas cerca de Avarico, y él mismo en persona con la caballeria y los volantes, hechos a pelear al estribo de los caballos, se habia puesto en celada ácia el parage donde pensaba irian los nuestros a forragear el dia siguiente. Con esta noticia, Cesar a media noche marchando a la sordina, llegó por la mañana al campo de los enemigos. Estos, luego que fueron avisados por las escuchas, escondieron el carruage y las cargas entre la maleza del bosque, y ordenaron todas sus tropas en un lugar alto y despejado. Sabido esto, Cesar al punto mandó poner aparte los fardos y aprestar las armas. Estaba el enemigo en una colina, que se alzaba poco a poco del llano. Ceñiala casi por todas partes una laguna pantanosa, de cincuenta pies no mas en ancho. Aqui, rotos los pontones, se hacian fuertes los Galos, confiados en la ventaja del sitio; y repartidos por naciones, tenian apostadas sus guardias en todos los vados y tran-

si eam paludem Romani perrumpere conarentur, hæsitantes premerent ex loco superiore: ut qui propinquitatem loci videret, paratos prope æquo Marte ad dimicandum existimaret: qui iniquitatem conditionis perspiceret, inani simulatione sese ostentare cognosceret. Indignantes milites Cæsar, quod conspectum suum hostes ferre possent, tantulo spatio interiecto, et signum prælii exposcentes edocet; 'quanto detrimento, et quot virorum 'fortium morte necesse sit constare victoriam: quos quum 'sic animo paratos videat, ut nullum pro sua laude pe- 'riculum recusent, summæ se iniquitatis condemnari de- 'bere, nisi eorum vitam sua salute habeat cariorem.' Sic milites consolatus, eodem die reducit in castra; reliquaque, quæ ad oppugnationem oppidi pertinebant, administrare instituit.

Vercingetorix, quum ad suos redisset, proditionis insimulatus; 'quod castra propius Romanos movisset; 'quod cum omni equitatu discessisset; quod sine imperio 'tantas copias reliquisset; quod eius discessu Romani 'tanta opportunitate et celeritate venissent: non hæc 'omnia fortuito aut sine consilio accidere potuisse: re- 'gnum illum Galliæ malle Cæsaris concessu, quam ipso- 'rum habere beneficio:' Tali modo accusatus, ad hæc respondit: 'Quod castra movisset, factum inopia pabuli, 'etiam ipsis hortantibus: quod propius Romanos acces- 'sisset, persuasum loci opportunitate, qui se ipsum mu- 'nitione defenderet: equitum vero operam neque in loco 'palustri desiderari debuisse, et illic fuisse utilem, quo 'sint profecti: summam imperii se consulto nulli disce- 'dentem tradidisse, ne is multitudinis studio ad dimi- 'candum impelleretur; cui rei propter animi mollitiem 'studere omnes videret, quod diutius laborem ferre non 'possent: Romani si casu intervenerint, fortunæ; si ali-

cos de la laguna, con firme resolucion de cargar a los Romanos atollados, si tentasen atravesarla: por manera que quien viese la cercania de su posicion, pensaria que se disponian a pelear casi con igual partido; mas quien mirase la desigualdad del sitio, echaria de ver que todo era no mas que apariencia y vana ostentacion. Indignados los soldados de que los enemigos estuviesen firmes a su vista en tan corta distancia, y clamando por la señal de acometer, Cesar les representa, 'quánto daño se seguiria, y a quántos soldados vale-
'rosos costaria la vida, sin poderlo remediar, esta victoria:
'que pues ellos se mostraban tan prontos a qualquier peli-
'gro por su gloria, sería él tenido por el hombre mas in-
'grato del mundo, si no estimase la vida de ellos mas que la
'suya.' Contentando asi a los soldados, se retiró con ellos ese mismo dia a los reales, y prosiguió aparejando lo que faltaba para el ataque de la plaza.

Vercingetórige, quando a los suyos dió la vuelta, es acusado de traidor; 'por haberse acercado tanto a los Romanos;
'por haberse ido con toda la caballeria; por haber dejado el
'grueso del egercito sin cabeza; y haber sido causa con su par-
'tida de que los Romanos viniesen tan a punto y tan presto:
'no ser creible que todo este conjunto de cosas hubiese acaeci-
'do casualmente o sin trato: ser visto que queria mas ser Rey
'de la Galia por gracia de Cesar, que por beneficio de los
'suyos.' A tales acusaciones respondió él en esta forma: 'Que
'si partió, fue por falta de forrage y a instancias de ellos mis-
'mos: el haberse acercado a los Romanos fue por la segu-
'ridad que le daba la ventaja del sitio, que por sí mismo es-
'taba bien guardado: que la caballeria de nada hubiera ser-
'vido en aquellos pantanos, y fue utilmente empleada en el
' lugar de su destino: que de proposito al partirse a ninguno
'entregó el mando, temiendo no se arriesgase al combate por
'instigacion de la chusma; a lo qual veia inclinados a todos

'cuius indicio vocati, huic habendam gratiam, quod et
'paucitatem eorum ex loco superiore cognoscere, et vir-
'tutem despicere potuerint; qui dimicare non ausi, tur-
'piter se in castra receperint. Imperium se a Caesare
'per proditionem nullum desiderare, quod habere victo-
'ria posset, quae iam esset sibi ac omnibus Gallis ex-
'plorata: quin etiam ipsis remittere, si sibi magis ho-
'norem tribuere, quam ab se salutem accipere videan-
'tur. Quod ut intelligatis, inquit, sincere a me pro-
'nuntiari, audite Romanos milites.' Producit servos,
quos in pabulatione paucis ante diebus exceperat, et fame vinculisque excruciaverat. Hi iam ante edocti quae
interrogati pronuntiarent; 'milites se esse legionarios di-
'cunt: fame et inopia adductos, clam ex castris exis-
'se, si quid frumenti aut pecoris in agris reperire pos-
'sent: simili omnem exercitum inopia premi; nec iam
'vires sufficere cuiusquam, nec ferre operis laborem pos-
'se. Itaque statuisse Imperatorem, si nihil in oppugna-
'tione oppidi profecisset, triduo exercitum deducere. Haec
'a me, inquit Vercingetorix, beneficia habetis, quem
'proditionis insimulatis: cuius opera, sine vestro san-
'guine, tantum exercitum victorem fame paene consum-
'tum videtis: quem turpiter se ex hac fuga recipien-
'tem, ne qua civitas suis finibus recipiat, a me provi-
'sum est.' Conclamat omnis multitudo, et suo more armis concrepat, quod facere in eo consueverunt, cuius
orationem approbant: summum esse Vercingetorigem ducem; nec de eius fide dubitandum; nec maiore ratione
bellum administrari posse. Statuunt, ut decem millia
hominum delecta ex omnibus copiis in oppidum submit-
tantur: nec solis Biturigibus communem salutem commit-
tendam censent; quod penes eos, si id oppidum retinuis-
sent, summam victoriae constare intelligebant.

'por la demasiada delicadeza, y el poco aguante para el tra-
'bajo. Los Romanos, si es que vinieron por acaso, dad gracias
'a la fortuna; si alguien los convidó, dadselas a este; pues
'que mirandolos de alto, pudisteis enteraros de su corto nu-
'mero y valor, que no osando combatir, se retiraron vergon-
'zosamente a los reales: que muy lejos estaba de pretender el
'reyno de mano de Cesar, teniendole en la suya còn la vic-
'toria, que él y todos los Galos daban por cierta. Todavia les
'perdonaba, si pensaban no tanto recibir de él la libertad y la
'vida, quanto hacerle mucha honra. Y para que veais, dice,
'que hablo la pura verdad, escuchad a los soldados Roma-
'nos.' Saca unos prisioneros hechos pocos dias antes en las de-
hesas, transidos de hambre y de las cadenas: los quales de antemano instruidos de lo que habian de responder, dicen 'ser
'soldados legionarios: haber huido de los quarteles forzados
'del hambre y laceria, por si podian encontrar por esos cam-
'pos un pedazo de pan o carne: estar todo el egercito reduci-
'do a la misma miseria: ni hay quien pueda tenerse en pie, ni
'sufrir las fatigas: y asi el General está resuelto, si no se rinde
'la plaza dentro de tres dias, a levantar el cerco. Todo esto,'
dice entonces Vercingetórige, 'debeis al que acusais de trai-
'dor; por cuya industria, sin costaros gota de sangre, veis un
'egercito tan poderoso casi muerto de hambre; que si, huyen-
'do vergonzosamente, buscáre algun asilo, precavido tengo
'que no lo halle en parte ninguna.' Le vitorean todos, y ba-
tiendo las armas, como usan hacerlo en señal de que aprueban las razones del que habla, repiten a voces, que Vercingetórige es un Capitan consumado; que ni se debe dudar de
su fe, ni administrarse puede mejor la guerra; y ordenan,
que diez mil hombres escogidos entren en la plaza, no juzgando conveniente fiar de los Berrienses solos la comun libertad: porque de la conservacion de esta fortaleza pendia,
segun pensaban, toda la seguridad de la victoria.

Singulari militum nostrorum virtuti consilia cuiusque modi Gallorum occurrebant, ut est summæ genus sollertiæ, atque ad omnia imitanda, atque efficienda, quæ ab quoque traduntur, aptissimum. Nam et laqueis falces avertebant, quas quum destinaverant, tormentis introrsus reducebant, et aggerem cuniculis subtrahebant, eo scientius, quod apud eos magnæ sunt ferrariæ, atque omne genus cuniculorum notum atque usitatum est. Totum autem murum ex omni parte turribus contabulaverant, atque has coriis intexerant. Tum crebris diurnis nocturnisque eruptionibus aut aggeri ignem inferebant, aut milites occupatos in opere adoriebantur; et nostrarum turrium altitudinem, quantum has quotidianus agger expresserat, commissis suarum turrium malis, adæquabant; et apertos cuniculos præusta, et præacuta materia, et pice fervefacta, et maximi ponderis saxis morabantur, mœnibusque appropinquare prohibebant.

Muris autem omnibus Gallicis hæc fere forma est: Trabes directæ perpetuæ in longitudinem, paribus intervallis, distantes inter se binos pedes, in solo collocantur: hæ revinciuntur introrsus; et multo aggere vestiuntur. Ea autem, quæ diximus, intervalla grandibus in fronte saxis effarciuntur. His collocatis et coagmentatis, alius insuper ordo adiicitur, ut idem illud intervallum servetur, neque inter se contingant trabes, sed paribus intermissæ spatiis, singulæ singulis saxis interiectis, arte contineantur. Sic deinceps omne opus contexitur, dum iusta muri altitudo expleatur. Hoc quum in speciem varietatemque opus deforme non est alternis trabibus aut saxis, quæ rectis lineis suos ordines servant; tum ad utilitatem et defensionem urbium summam habet opportunitatem, quod et ab incendio la-

Los Galos [9], siendo como son gente por estremo mañosa, y habilisima para imitar y practicar las invenciones de otros, con mil artificios eludian el valor singular de nuestros soldados. Unas veces con lazos corredizos [10] se llevaban a los sitiadores las hoces, y teniendolas prendidas, las tiraban adentro con ciertos instrumentos; otras veces con minas desbarataban el vallado: en lo que son muy diestros por los grandes minerales de hierro que tienen, para cuya cava han ideado y usan toda suerte de ingenios. Todo el muro estaba guarnecido con torres de tablas cubiertas de pieles. Demas de esto con salidas continuas de dia y de noche, o arrojaban fuego a las trincheras, o sorprehendian a los soldados ocupados en las maniobras: y quanto subian nuestras torres sobre el terraplen que de dia en dia se iba levantando, otro tanto alzaban las suyas trabando postes con postes [11]: y contraminando nuestras minas, impedian a los minadores ya con vigas tostadas y puntiagudas, ya con pez derretida, ya con cantos muy gruesos el arrimarse a las murallas.

La estructura de todas las de la Galia viene a ser esta: Tiendense en el suelo vigas de una pieza derechas y pareadas, distantes entre sí dos pies, y se enlazan por dentro con otras al través, llenos de fagina los huecos: la fachada es de gruesas piedras encajonadas. Colocado esto y hecho de todo un cuerpo, se levanta otro en la misma forma y distancia paralela de modo, que nunca se toquen las vigas, antes queden separadas por trechos iguales con la interposicion de las piedras bien ajustadas. Asi prosigue la fabrica hasta que tenga el muro competente altura. Este por una parte no es desagradable a la vista por la variedad con que alternan vigas y piedras, unas y otras en linea recta paralela sin perder el nivel: por otra parte es de muchisimo provecho para la defensa de las plazas; por quanto las piedras resisten al fuego, y la madera defiende de las baterias; que

pis, et ab ariete materia defendit, quæ, perpetuis trabibus pedes quadragenos plerumque introrsus revincta, neque perrumpi, neque distrahi potest.

His tot rebus impedita oppugnatione, milites quum toto tempore luto, frigore, et assiduis imbribus tardarentur, tamen continenti labore omnia hæc superaverunt, et diebus quinque et viginti aggerem latum pedes tercentos et triginta, altum pedes octoginta, exstruxerunt. Quum is murum hostium pæne contingeret, et Cæsar ad opus consuetudine excubaret, militesque cohortaretur, ne quod omnino tempus ab opere intermitteretur; paullo ante tertiam vigiliam est animadversum fumare aggerem, quem cuniculo hostes succenderant. Eodemque tempore toto muro clamore sublato, duabus portis ab utroque latere turrium eruptio fiebat. Alii faces atque aridam materiam de muro in aggerem eminus iaciebant; picem alii reliquasque res, quibus ignis excitari potest, fundebant; ut, quo primum occurreretur, aut cui rei ferretur auxilium, vix ratio iniri posset. Tamen, quod instituto Cæsaris duæ semper legiones pro castris excubabant, pluresque partitis temporibus in opere erant, celeriter factum est, ut alii eruptionibus resisterent, alii turres reducerent, aggeremque interscinderent, omnis vero ex castris multitudo ad restinguendum concurreret. Quum in omnibus locis, consumta iam reliqua parte noctis, pugnaretur, semperque hostibus spes victoriæ redintegraretur, eo magis, quod deustos pluteos turrium videbant, nec facile adire apertos ad auxiliandum animadvertebant, semperque ipsi recentes defessis succederent, omnemque Galliæ salutem in illo vestigio temporis positam arbitrarentur; accidit inspectantibus nobis, quod, dignum memoria visum, prætermittendum non existimavimus. Quidam ante portam oppidi Gallus, qui

como está por dentro asegurada con las vigas de una pieza por la mayor parte de quarenta pies, ni se puede romper, ni desunir.

En medio de tantos embarazos, del frio y de las lluvias continuas que duraron toda esta temporada, los soldados a fuerza de incesante trabajo todo lo vencieron, y en veinte y cinco dias construyeron un baluarte de trescientos y treinta pies en ancho con ochenta de alto. Quando ya este pegaba casi con el muro, y Cesar segun costumbre velaba sobre la obra, metiendo priesa a los soldados, porque no se interrumpiese ni un punto el trabajo; poco antes de media noche se reparó que humeaba el terraplen minado de los enemigos; que al mismo tiempo alzando el grito sobre las almenas, empezaban a salir por dos puertas de una y otra banda de las torres. Unos arrojaban desde los adarves teas y materias combustibles al terraplen, otros pez derretida y quantos betunes hay propios para cebar el fuego: de suerte que apenas se podia resolver adónde se acudiria primero, o qué cosa pedia mas pronto remedio. Con todo eso por la providencia de Cesar que tenia siempre dos legiones alerta delante del campo, y otras dos por su turno empleadas en los trabajos, se logró que al instante unos se opusiesen a las surtidas, otros retirasen[12] las torres y cortasen el fuego del terraplen, y todos los del campo acudiesen a tiempo de apagar el incendio. Quando en todas partes se peleaba, pasada ya la noche, creciendo siempre mas y mas en los enemigos la esperanza de la victoria, mayormente viendo quemadas las cubiertas de las torres, y no ser facil que nosotros fuesemos al socorro a cuerpo descubierto, mientras ellos a los suyos cansados embiaban sin cesar gente de refresco; y considerando que toda la fortuna de la Galia pendia de aquel momento; aconteció a nuestra vista un caso que por ser tan memorable, he creido no deberlo omitir. Cierto Galo que a la puerta del castillo las

per manus sevi ac picis transditas glebas in ignem e regione turris proiiciebat, scorpione ab latere dextro transiectus exanimatusque concidit: hunc ex proximis unus iacentem transgressus, eodem illo munere fungebatur: eadem ratione ictu scorpionis exanimato altero, successit tertius, et tertio quartus: nec ille prius est a propugnatoribus vacuus relictus locus; quam restincto aggere, atque omni parte submotis hostibus, finis est pugnandi factus.

Omnia experti Galli, quod res nulla successerat, postero die, consilium ceperunt ex oppido profugere, hortante et iubente Vercingetorige. Id silentio noctis conati, non magna iactura suorum sese effecturos sperabant: propterea quod neque longe ab oppido castra Vercingetorigis aberant; et palus, quæ perpetua intercedebat, Romanos ad insequendum tardabat. Iamque hoc facere noctu apparabant, quum matresfamilias repente in publicum procurrerunt, flentesque proiectæ ad pedes suorum, omnibus precibus petierunt, ne se, et communes liberos hostibus ad supplicium dederent, quos ad capiendam fugam natura et virium infirmitas impediret. Ubi eos perstare in sententia viderunt, quod plerumque in summo periculo timor misericordiam non recipit, conclamare, et significare de fuga Romanis cœperunt. Quo timore perterriti Galli, ne ab equitatu Romanorum viæ præoccuparentur, consilio destiterunt.

Postero die Cæsar promota turre, directisque operibus, quæ facere instituerat, magno coorto imbri, non inutilem hanc ad capiendum consilium tempestatem arbitratus est; quod paullo incautius custodias in muro dispositas videbat: suosque languidius in opere versari iussit, et quid fieri vellet, ostendit. Legiones intra vi-

pelotas de sebo y pez que le iban dando de mano en mano las tiraba en el fuego contra nuestra torre, atravesado el costado derecho con un venablo [15], cayó muerto: uno de sus compañeros, saltando sobre el cadaver, proseguia en hacer lo mismo: muerto este segundo de otro golpe semejante, sucedió el tercero, y al tercero el quarto; sin que faltase quien ocupase sucesivamente aquel puesto, hasta que apagado el incendio, y rechazados enteramente los enemigos, se puso fin al combate.

Convencidos los Galos con tantas esperiencias de que nada les salia bien, tomaron al dia siguiente la resolucion de abandonar la plaza por consejo y mandato de Vercingetórige. Como su intento era hacerlo en el silencio de la noche, esperaban egecutarlo sin pérdida considerable, porque los reales de Vercingetórige no estaban lejos de la ciudad, y una laguna continuada que habia de por medio los cubria de los Romanos en la retirada. Yaque venida la noche disponian la partida, salieron derepente las mugeres corriendo por las calles, y postradas a los pies de los suyos con lagrimas y sollozos, les suplicaban, que ni a sí ni a los hijos comunes, incapaces de huir por su natural flaqueza, los entregasen al furor enemigo. Mas viendolos obstinados en su determinacion (porque de ordinario en un peligro estremo puede mas el miedo que la compasion) empezaron a dar voces y hacer señas a los Romanos de la fuga intentada. Por cuyo temor asustados los Galos desistieron del intento, recelandose que la caballeria Romana no les cerrase los caminos.

Cesar el dia imediato, adelantada la torre y perfeccionadas las baterias, conforme las habia trazado, cayendo a la sazon una lluvia deshecha, se aprovechó de este incidente, pareciendole al caso para sus designios, por haber notado algun descuido en las centinelas apostadas en las murallas; y ordenó a los suyos aparentasen flogedad en las maniobras, de-

neas in occulto expeditas cohortatus, ut aliquando pro tantis laboribus fructum victoriæ perciperent, his, qui primi murum adscendissent, præmia proposuit, militibusque signum dedit. Illi subito ex omnibus partibus evolaverunt, murumque celeriter compleverunt. Hostes re nova perterriti, muro turribusque deiecti, in foro ac locis patentioribus cuneatim constiterunt hoc animo, ut, si qua ex parte obviam contra veniretur, acie instructa, depugnarent. Ubi neminem in æquum locum sese demittere, sed toto undique muro circumfundi viderunt, veriti, ne omnino spes fugæ tolleretur, abiectis armis, ultimas oppidi partes continenti impetu petiverunt: parsque ibi, quum angusto exitu portarum se ipsi premerent, a militibus, pars iam egressa portis, ab equitibus est interfecta. Nec fuit quisquam, qui prædæ studeret. Sic et Genabensi cæde, et labore operis incitati, non ætate confectis, non mulieribus, non infantibus pepercerunt. Denique ex omni eo numero, qui fuit circiter quadraginta millium, vix octingenti, qui primo clamore audito se ex oppido eiecerant, incolumes ad Vercingetorigem pervenerunt. Quos ille, multa iam nocte, silentio sic ex fuga excepit, (veritus, ne qua in castris ex eorum concursu et misericordia vulgi seditio oriretur) ut procul in via dispositis familiaribus suis principibusque civitatum, disparandos, deducendosque ad suos curaret, quæ cuique civitati pars castrorum ab initio obvenerat. Postero die concilio convocato, consolatus cohortatusque est, 'ne se admodum animo demitte'rent, neve perturbarentur incommodo: non virtute ne'que acie vicisse Romanos, sed artificio quodam et 'scientia oppugnationis; cuius rei fuerint ipsi imperiti: 'errare, si qui in bello omnes secundos rerum eventus 'exspectent: sibi numquam placuisse Avaricum defendi,

clarandoles su intencion. Exortando pues a las legiones, que ocultas en las galerias estaban listas, a recoger de una vez en recompensa de tantos trabajos el fruto de la victoria; propuso premios a los que primero escalasen el muro, y dió la señal del asalto. Imediatamente los soldados volaron de todas partes, y en un punto cubrieron la muralla. Los enemigos sobresaltados de la novedad, desalojados del muro y de las torres, se acuñaron [14] en la plaza y sitios espaciosos con animo de pelear formados, si por algun lado los acometian. Mas visto que nadie bajaba al llano, sino que todos se atropaban en los adarves; temiendo no hallar despues escape, arrojadas las armas, corrieron de tropel al ultimo barrio de la ciudad: alli unos, no pudiendo coger las puertas por la apretura del gentio, fueron muertos por la infanteria, otros despues de haber salido, degollados por la caballeria. Ningun Romano cuidaba del pillage: encolerizados todos por la matanza de Genabo y por los trabajos del sitio, no perdonaban ni a viejos, ni a mugeres, ni a niños. Baste decir que de quarenta mil personas se salvaron apenas ochocientas, que al primer ruido del asalto echando a huir, se refugiaron en el campo de Vercingetórige: el qual sintiendolos venir ya muy entrada la noche, y temiendo algun alboroto por la concurrencia de ellos y la compasion de su gente, los acogió con disimulo, disponiendo les saliesen lejos al camino personas de su confianza y los principales de cada nacion, y separandolos alli unos de otros, llevasen a cada qual a los suyos para que los alojasen en los quarteles correspondientes, segun la division hecha desde el principio. Al dia siguiente convocando a todos, los consoló y amonestó, 'que no se amilanasen ni apesa'dumbrasen demasiado por aquel infortunio: que no vencie'ron los Romanos por valor ni por armas, sino con cierto ar'did y pericia en el modo de asaltar una plaza, de que no te'nian ellos práctica: yerran los que se figuran que todos los

'cuius rei testes ipsos haberet; sed factum impruden-
'tia Biturigum, et nimia obsequentia reliquorum, uti
'hoc incommodum acciperetur: id tamen se celeriter ma-
'ioribus commodis sanaturum. Nam, quæ ab reliquis
'Gallis civitates dissentirent, has sua diligentia ad-
'iuncturum; atque unum consilium totius Galliæ effe-
'cturum; cuius consensu ne orbis quidem terrarum pos-
'sit obsistere: idque se prope iam effectum habere. In-
'terea æquum esse, ab his communis salutis causa impe-
'trari, ut castra munire instituerent, quo facilius ho-
'stium repentinos impetus sustinere possent.' Fuit hæc
oratio non ingrata Gallis, maxime quod ipse animo non
defecerat, tanto accepto incommodo, neque se in occultum
abdiderat, neque conspectum multitudinis fugerat: plus-
que animo providere et præsentire existimabatur, quod
re integra primo incendendum Avaricum, post deseren-
dum censuerat. Itaque ut reliquorum imperatorum res
adversæ auctoritatem minuunt; sic huius ex contrario
dignitas, incommodo accepto, in dies augebatur. Simul
in spem veniebant eius affirmatione de reliquis adiun-
gendis civitatibus: primumque eo tempore Galli castra
munire instituerunt; et sic sunt animo consternati homines insueti laboris, ut omnia, quæ imperarentur, sibi
patienda et perferenda existimarent. Nec minus, quam
est pollicitus, Vercingetorix animo laborabat, ut reliquas civitates adiungeret; atque earum principes do-
nis pollicitationibusque alliciebat. Huic rei idoneos homines deligebat, quorum quisque aut oratione subdola,
aut amicitia facillime capi posset. Qui, Avarico expu-
gnato, refugerant, armandos vestiendosque curat. Simul, ut deminutæ copiæ redintegrarentur, imperat certum numerum militum civitatibus: quem, et quam ante diem in castra adduci velit; sagittariosque omnes,

'sucesos en la guerra les han de ser favorables: que él nunca
'fue de dictamen que se conservase Avarico, de que ellos mis-
'mos le podian ser testigos: la imprudencia de los Berrien-
'ses y la condescendencia mal entendida de los demas ocasio-
'naron este daño: bienque presto lo resarciria él con venta-
'jas; pues con su diligencia uniria las demas provincias de la
'Galia disidentes hasta aora, formando de todas una liga ge-
'neral, que sería incontrastable al orbe todo: y ya la tenia
'casi concluida: entretanto era razon, que por amor de la co-
'mun libertad no se negasen a fortificar el campo para mas
'facilmente resistir a los asaltos repentinos del enemigo.' No
fue mal recibido de los Galos este discurso, mayormente viendo que despues de una tan grande rota, no habia caido de
animo, ni escondídose, ni avergonzádose de parecer en publico: demas que concebian que a todos se aventajaba en pro-
videnciar y prevenir las cosas; pues antes del peligro habia
sido de parecer que se quemase Avarico, y despues, que se
abandonase. Asique al revés de otros Generales, a quien los
casos adversos disminuyen el credito, el de este se aumenta-
ba mas cada dia despues de aquel mal suceso: y aun por sola su palabra esperaban atraer los demas Estados de la Galia:
y esta fue la primera vez que los Galos barrearon el egercito: y quedaron tan consternados, que siendo como son enemigos del trabajo, estaban determinados a sufrir quanto se
les ordenase. No menos cuidaba Vercingetórige de cumplir
la promesa de coligar consigo las demas naciones, ganando
a sus Gefes con dadivas y ofertas. A este fin valiase de sugetos abonados, que con palabras alagüeñas o muestras de amistad fuesen los mas diestros en grangearse las voluntades. A
los de Avarico refugiados a su campo proveyó de armas y
vestidos. Para completar los regimientos desfalcados, pide a
cada ciudad cierto numero de soldados; declarando quántos
y en qué dia se los deben presentar en los reales: manda tam-

quorum erat permagnus numerus in Gallia, conquiri, et ad se mitti iubet. His rebus celeriter id, quod Avarici deperierat, expletur. Interim Teutomatus Ollovico-nis filius rex Nitiobrigum, cuius pater ab Senatu nostro amicus erat appellatus, cum magno equitum suorum numero, et quos ex Aquitania conduxerat, ad eum pervenit.

Cæsar Avarici complures dies commoratus, summamque ibi copiam frumenti et reliqui commeatus nactus, exercitum ex labore atque inopia refecit. Iam prope hieme confecta, quum ipso anni tempore ad gerendum bellum vocaretur, et ad hostem proficisci constituisset; sive eum ex paludibus silvisque elicere, sive obsidione premere posset; legati ad eum principes Æduorum veniunt oratum, 'ut maxime necessario tempore civitati subveniat: 'summo esse in periculo rem; quod, quum singuli magis-'tratus antiquitus creari, atque regiam potestatem an-'num obtinere consuessent, duo magistratum gerant; et 'se uterque eorum legibus creatum esse dicat. Horum es-'se alterum Convictolitanem, florentem et illustrem ado-'lescentem; alterum Cotum antiquissima familia natum, 'atque ipsum hominem summæ potentiæ et magnæ cogna-'tionis, cuius frater Vedeliacus proximo anno eundem ma-'gistratum gesserit: civitatem omnem esse in armis: di-'visum Senatum, divisum populum in suas cuiusque eorum 'clientelas. Quod si diutius alatur controversia, fore uti 'pars cum civitatis parte confligat: id ne accidat positum 'in eius diligentia atque auctoritate.' Cæsar, etsi a bello atque hoste discedere detrimentosum esse existimabat; tamen non ignorans, quanta ex dissensionibus incommoda oriri consuessent; ne tanta et tam coniuncta Populo Romano civitas, quam ipse semper aluisset, omnibusque rebus ornasset, ad vim atque ad arma descenderet; atque

bien buscar todos los ballesteros, que habia muchisimos en la Galia, y embiarselos. Con tales disposiciones en breve queda restaurado lo perdido en Avarico. A este tiempo Teutomato hijo de Olovicon Rey de los Nitióbriges, cuyo padre mereció de nuestro Senado el renombre de Amigo, con un grueso cuerpo de caballeria suya y de Aquitania, se juntó con Vercingetórige.

Cesar, con la detencion de muchos dias en Avarico y la gran copia de trigo y demas abastos que alli encontró, reparó su egercito de las fatigas y miserias. Acabado ya casi el ibierno, quando la misma estacion convidaba a salir a campaña, y él estaba resuelto a ir contra el enemigo, por si pudiese o bien sacarle fuera de las lagunas y bosques, o forzarle con cercos; se halla con una embajada solemne de los Eduos principales suplicandole; 'que ampáre a la nacion en 'las circunstancias mas criticas: que se vé en el mayor peli-'gro, por quanto siendo antigua costumbre crear anualmen-'te un solo Magistrado, que con potestad regia gobierne la 'republica, dos aora se arrogan el gobierno, pretendiendo 'cada uno que su eleccion es la legitima. Uno de estos es 'Convictolitan, mancebo bien quisto y de grandes creditos: 'el otro Coto, de antiquisima prosapia, hombre asimismo 'muy poderoso y de larga parentela; cuyo hermano Ve-'deliaco tuvo el año antecedente la misma dignidad: que 'toda la nacion estaba en armas: dividido el Senado y el 'pueblo en bandos, cada uno por su favorecido. Que si pa-'sa adelante la competencia, será inevitable una guerra ci-'vil: Cesar es quien con su diligencia y autoridad puede 'atajarla.' Este, sibien consideraba el perjuicio que se le seguia de interrumpir la guerra y alejarse del enemigo; todavia conociendo quántos males suelen provenir de las discordias, juzgó necesario precaverlos; impidiendo que una nacion tan ilustre, tan unida con el Pueblo Romano, a quien

ea pars, quæ minus sibi confideret, auxilia a Vercingetorige arcesseret; huic rei prævertendum existimavit: et, quod legibus Æduorum, iis, qui summum magistratum obtinerent, excedere ex finibus non liceret; ne quid de iure aut legibus eorum diminuisse videretur, ipse in Æduos proficisci statuit, senatumque omnem et quos inter controversia esset, Decetiam ad se evocavit. Quum prope omnis civitas eo convenisset, docereturque, paucis clam vocatis, alio loco, alio tempore atque oportuerit, fratrem a fratre renuntiatum; quum leges duos ex una familia, vivo utroque, non solum magistratus creari vetarent, sed etiam in senatu esse prohiberent; Cotum magistratum deponere coegit; Convictolitanem, qui per Sacerdotes more civitatis, intermissis magistratibus, esset creatus, potestatem obtinere iussit. Hoc decreto interposito, cohortatus Æduos, ut controversiarum ac dissensionum obliviscerentur, atque, omnibus omissis rebus, huic bello servirent, eaque, quæ meruissent, præmia ab se, devicta Gallia, exspectarent, equitatumque omnem, et peditum millia decem sibi celeriter mitterent, quæ in præsidiis rei frumentariæ causa disponeret; exercitum in duas partes divisit. Quatuor legiones in Senones Parisiosque Labieno ducendas dedit: sex ipse in Arvernos ad oppidum Gergoviam secundum flumen Elaver duxit. Equitatus partem illi attribuit, partem sibi reliquit. Qua re cognita, Vercingetorix, omnibus interruptis eius fluminis pontibus, ab altera Elaveris parte iter facere cœpit. Quum uterque utrique esset exercitus in conspectu, fereque e regione castris castra poneret, dispositis exploratoribus, necubi effecto ponte Romani copias transducerent; erat in magnis Cæsari difficultatibus res, ne maiorem æstatis partem flumine impediretur; quod non fere ante autumnum Elaver vado trans-

él siempre habia favorecido y honrado muchisimo, viniese a empeñarse en una guerra civil; y el partido que se creyese mas flaco solicitase ayuda de Vercingetórige. Mas porque segun las leyes de los Eduos no era licito al magistrado supremo salir de su distrito; por no contravenir a ellas, quiso él mismo ir allá, y en Decisa convocó el Senado y a los competidores. Congregada casi toda la nacion, y enterado por las declaraciones secretas de varios, que Vedeliaco habia proclamado por sucesor a su hermano donde y quando no debiera contra las leyes que prohiben, no solo el nombrar por magistrados a dos de una misma familia, viviendo actualmente ambos, sino tambien el tener asiento en el Senado; depuso a Coto del gobierno, y se lo adjudicó a Convictolitan, creado legalmente por los Sacerdotes conforme al estilo de la republica, asistiendo los magistrados inferiores [15]. Dada esta sentencia, y exortando a los Eduos a que olvidadas las contiendas y disensiones, y dejandose de todo, sirviesen en la guerra presente (seguros de recibir el premio merecido, conquistada la Galia) con remitirle quanto antes toda la caballeria y diez mil infantes, para ponerlos en varias partes de guardia por razon de los bastimentos; dividido el egercito en dos trozos, quatro legiones dió a Labieno, para que las condugese al pais de Sens y al de Paris: él marchó a los Arvernos llevando seis a Gergovia el rio Alier abajo. De la caballeria dió una parte a Labieno, otra se quedó consigo. Noticioso Vercingetórige de esta marcha, cortando todos los puentes del rio, empezó a caminar por su orilla opuesta. Estando los dos egercitos a la vista, acampados casi frente a frente, y apostadas atalayas para impedir a los Romanos hacer puente por donde pasar a la otra banda; hallabase Cesar muy a pique de no poder obrar la mayor parte del verano por el embarazo del rio, que ordinariamente no se puede vadear hasta el otoño. Para evitar

iri soleat. Itaque, ne id accideret, silvestri loco castris positis, e regione unius eorum pontium, quos Vercingetorix rescindendos curaverat, postero die cum duabus legionibus in occulto restitit: reliquas copias cum omnibus impedimentis, ut consueverat, misit, demtis quartis quibusque cohortibus, uti numerus legionum constare videretur. His quam longissime possent progredi iussis; quum iam ex diei tempore coniecturam caperet, in castra perventum; iisdem sublicis, quarum pars inferior integra remanebat, pontem reficere coepit. Celeriter effecto opere, legionibusque transductis, et loco castris idoneo delecto, reliquas copias revocavit. Vercingetorix, re cognita, ne contra suam voluntatem dimicare cogeretur, magnis itineribus antecessit.

Caesar ex eo loco quintis castris Gergoviam pervenit; equestrique proelio eo die levi facto, perspecto urbis situ, quae posita in altissimo monte omnes aditus difficiles habebat, de expugnatione desperavit: de obsessione non prius agendum constituit, quam rem frumentariam expedisset. At Vercingetorix, castris prope oppidum in monte positis, mediocribus circum se intervallis, separatim singularum civitatum copias collocaverat; atque omnibus eius iugi collibus occupatis, qua despici poterat, horribilem speciem praebebat; principesque earum civitatum, quos sibi ad consilium capiendum delegerat, prima luce ad se quotidie convenire iubebat; seu quid communicandum, seu quid administrandum videretur: neque ullum fere diem intermittebat, quin, equestri proelio, interiectis sagittariis, quid in quoque esset animi ac virtutis suorum, periclitaretur. Erat e regione oppidi collis sub ipsis radicibus montis egregie munitus, atque ex omni parte circumcisus: quem si tenerent nostri, et aquae magna parte, et pabulatione li-

este inconveniente, trasladados los reales a un boscage enfrente de uno de los puentes cortados por Vercingetórige, al dia siguiente se ocultó con dos legiones [16] formadas de la quarta parte de las cohortes de cada legion con tal arte, que pareciese cabal el numero de las seis legiones, a las quatro embió como solia con todo el bagage; y ordenandoles que avanzasen todo lo que pudiesen, quando le pareció era ya tiempo de que se hubiesen acampado, empezó a renovar el puente roto con las mismas estacas que por la parte inferior todavia estaban en pie. Acabada la obra con diligencia, trasportadas sus dos legiones, y delineado el campo, mandó venir las demas tropas. Vercingetórige, sabido el caso, por no verse obligado a pelear mal de su grado, se anticipó a grandes jornadas.

Cesar, levantando el campo, al quinto [17] dia llegó a Gergovia; y en el mismo despues de una ligera escaramuza de la caballeria, registrada la situacion de la ciudad, que por estar fundada en un monte muy empinado, por todas partes era de subida escabrosa, desconfió de tomarla por asalto: el sitio no lo quiso emprender hasta estar surtido de viveres. Pero Vercingetórige, asentados sus reales cerca de la ciudad en el monte, colocadas con distincion las tropas de cada pueblo a mediana distancia unas de otras, y ocupados todos los cerros de aquella cordillera, en quanto alcanzaba la vista, presentaba un objeto de horror. Cada dia en amaneciendo, convocaba los Gefes de diversas naciones que habia nombrado por consejeros, ya para consultar con ellos, ya para egecutar lo que fuese menester: y casi no pasaba dia sin hacer prueba del corage y valor de los suyos mediante alguna escaramuza de caballos entreverados con los flecheros. Habia enfrente de la ciudad un ribazo a la misma falda del monte harto bien pertrechado, y por todas partes desmontado; que cogido una vez por los nuestros, parecia facil cortar a los enemigos el

bera prohibituri hostes videbantur. Sed is locus præsidio ab his non nimis firmo tenebatur. Tamen silentio noctis Cæsar ex castris egressus, prius quam subsidium ex oppido venire posset, deiecto præsidio, potitus loco, duas ibi legiones collocavit; fossamque duplicem duodenum pedum a maioribus castris ad minora perduxit: ut tuto ab repentino hostium incursu etiam singuli commeare possent.

Dum hæc ad Gergoviam geruntur, Convictolitanis Æduus, cui magistratum adiudicatum a Cæsare demonstravimus, sollicitatus ab Arvernis pecunia, cum quibusdam adolescentibus colloquitur, quorum erat princeps Litavicus, atque eius fratres, amplissima familia nati adolescentes. Cum iis præmium communicat, hortaturque eos, 'ut se liberos, et imperio natos, meminerint; unam 'esse Æduorum civitatem, quæ certissimam Galliæ vi-'ctoriam distineat; eius auctoritate reliquas contineri; 'qua transducta, locum consistendi Romanis in Gallia 'non fore: esse nonnullo se Cæsaris beneficio affectum, 'sic tamen, ut iustissimam apud eum causam obtinue-'rit; sed plus communi libertati tribuere. Cur enim po-'tius Ædui de suo iure, et de legibus ad Cæsarem di-'sceptaturi, quam Romani ad Æduos veniant?' Celeriter adolescentibus et ratione magistratus, et præmio deductis, quum se vel principes eius consilii fore profiterentur, ratio perficiendi quærebatur; quod civitatem temere ad suscipiendum bellum adduci posse non confidebant. Placuit, ut Litavicus decem illis millibus, quæ Cæsari ad bellum mitterentur, præficeretur, atque ea ducenda curaret, fratresque eius ad Cæsarem præcurrerent: reliqua, qua ratione agi placeat, constituunt. Litavicus, accepto exercitu, quum millia passuum circiter triginta ab Gergovia abesset, convocatis subito mi-

agua en gran parte, y las salidas libres al forrage. Pero tenian puesta en él guarnicion aunque no muy fuerte. Comoquiera Cesar en el silencio de la noche saliendo de los reales, desalojada la guarnicion primero que pudiese ser socorrida de la plaza, apoderado del puesto, puso en él dos legiones, y tiró dos fosos de a doce pies, que sirviesen de comunicacion a entrambos reales, para que pudiesen sin miedo de sorpresa ir y venir aun quando fuesen uno a uno.

Mientras esto pasa en Gergovia, Convictolitan el Eduo, a quien, como digimos, adjudicó Cesar el gobierno, sobornado por los Alvernos, se manifiesta con ciertos jovenes, entre los quales sobresalian Litavico y sus hermanos, nacidos de nobilisima sangre. Dales parte de la recompensa, exortandolos 'a que se acuerden que nacieron libres, y pa-'ra mandar a otros: ser solo el Estado de los Eduos el que 'sirve de rémora a la victoria indubitable de la Galia; que 'por su respeto se contenian los demas; con su mudanza no 'tendrian en la Galia donde asentar el pie los Romanos: no 'negaba él haber recibido algun beneficio de Cesar, sibien 'la justicia estaba de su parte; pero en todo caso mas estima-'ba la comun libertad. Porque qué razon hay para que los 'Eduos en sus pleytos vayan a litigar en los estrados de Ce-'sar, y los Romanos no vengan al Consejo de los Eduos.?' Persuadidos sin dificultad aquellos mozos no menos de las palabras de su Magistrado, que de la esperanza del premio, hasta ofrecerse por los primeros egecutores de este proyecto; solo dudaban del modo, no esperando que la nacion se moviese sin causa a emprender esta guerra. Determinóse que Litavico fuese por Capitan de los diez mil hombres que se remitian a Cesar, encargandose de conducirlos; y sus hermanos se adelantasen para verse con Cesar: establecen asimismo el plan de las demas operaciones. Litavico al frente del egercito, estando como a treinta millas de Gergovia, con-

*litibus, lacrimans, 'Quo proficiscimur,' inquit, 'milites?
'Omnis noster equitatus, nobilitas omnis interiit; prin-
'cipes civitatis Eporedorix, et Viridomarus insimulati
'proditionis ab Romanis, indicta causa, interfecti sunt.
'Hæc ab iis cognoscite, qui ex ipsa cæde fugerunt.
'Nam ego, fratribus atque omnibus propinquis meis in-
'terfectis, dolore prohibeor, quæ gesta sunt, pronuntia-
're.' Producuntur hi, quos ille edocuerat, quæ dici vellet: atque eadem, quæ Litavicus pronuntiaverat, multitudini exponunt: 'multos equites Æduorum interfectos,
'quod collocuti cum Arvernis dicerentur; ipsos se inter
'multitudinem militum occultasse, atque ex media cæde
'profugisse.' Conclamant Ædui, et Litavicum obsecrant,
'ut sibi consulat. 'Quasi vero,' inquit ille, 'consilii sit
'res, ac non necesse sit nobis Gergoviam contendere, et
'cum Arvernis nosmet coniungere. An dubitamus quin,
'nefario facinore admisso, Romani iam ad nos interfi-
'ciendos concurrant? Proinde, si quid in nobis animi
'est, persequamur eorum mortem, qui indignissime inte-
'rierunt; atque hos latrones interficiamus.' Ostendit ci-
ves Romanos, qui eius præsidii fiducia una erant. Continuo magnum numerum frumenti commeatusque diripit:
ipsos crudeliter excruciatos interficit: nuntios tota civitate Æduorum dimittit: eodem mendacio de cæde equitum, et principum, permovet: hortatur, ut simili ratione
atque ipse fecerit, suas iniurias persequantur. Eporedorix Æduus summo loco natus adolescens, et summæ
domi potentiæ, et una Viridomarus, pari ætate et gratia, sed genere dispari, quem Cæsar sibi ab Divitiaco transditum ex humili loco ad summam dignitatem per-
duxerat, in equitum numero convenerant, nominatim ab
eo evocati. His erat inter se de principatu contentio:
et in illa magistratuum controversia alter pro Convicto-*

vocando al improviso su gente; 'adónde vamos,' dice llorando, 'soldados mios? Toda nuestra caballeria, la nobleza toda
'acaba de ser degollada: los Principes de la nacion Eporedó-
'rige y Virdomaro, calumniados de traidores, sin ser oidos,
'han sido condenados a muerte. Informaos mejor de los que
'han escapado de la matanza; que yo con el dolor de la pér-
'dida de mis hermanos y de todos mis parientes, ya no puedo
'hablar mas.' Preséntanse los que tenia él bien instruidos de
lo que habian de decir; y con sus aseveraciones confirman en
publico quanto habia dicho Litavico: 'que muchos Caballe-
'ros Eduos habian sido muertos por achacarseles secretas inte-
'ligencias con los Alvernos; que ellos mismos pudieron ocul-
'tarse entre el gentio, y librarse asi de la muerte.' Claman a
una voz los Eduos instando a Litavico, 'que mire por sí. Co-
'mo si el caso,' replíca él, 'pidiese deliberacion, no restando-
'nos otro arbitrio, sino ir derechos a Gergovia, y unirnos con
'los Alvernos. No es claro que los Romanos despues de un
'desafuero tan alevoso, están afilando las espadas para dego-
'llarnos? Por tanto, si somos hombres, vamos a vengar la
'muerte de tantos inocentes; y acabemos de una vez con esos
'asesinos.' Señala con el dedo a los ciudadanos Romanos que
por mayor seguridad venian en su compañia. Quitales al
punto gran cantidad de trigo y otros comestibles, y los mata cruelmente a fuerza de tormentos: despacha mensageros
por todos los lugares de los Eduos, y los amotina con la misma patraña del degüello de los Caballeros y Grandes; incitandolos a que imiten su egemplo en la venganza de sus injurias. Venía entre los Caballeros Eduos [18] por llamamiento
espreso de Cesar Eporedórige, joven nobilisimo y de alta
gerarquia en su patria, y con él Virdomaro de igual edad
y valimiento, bienque de linage inferior, a quien Cesar por
recomendacion de Diviciaco de bajos principios habia elevado a suma grandeza. Estos se disputaban la primacia: y en

litane, alter pro Coto summis opibus pugnaverat. Ex his Eporedorix, cognito Litavici consilio, media fere nocte rem ad Cæsarem defert; orat, ne patiatur, civitatem pravis adolescentium consiliis ab amicitia Populi Romani deficere: quod futurum provideat, si se tot hominum millia cum hostibus coniunxerint, quorum salutem neque propinqui negligere, neque civitas levi momento æstimare posset.

Magna affectus sollicitudine hoc nuntio Cæsar, quod semper Æduorum civitati præcipue indulserat, nulla interposita dubitatione, legiones expeditas quatuor, equitatumque omnem ex castris educit. Nec fuit spatium tali tempore ad contrahenda castra; quod res in celeritate posita esse videbatur. Caium Fabium legatum cum legionibus duabus castris præsidio relinquit. Fratres Litavici, quum comprehendi iussisset, paullo ante reperit ad hostes profugisse. Adhortatus milites, ne necessario tempore itineris labore permoveantur; cupidissimis omnibus, progressus millia passuum quinque et viginti, agmen Æduorum conspicatus, immisso equitatu, iter eorum moratur atque impedit; interdicitque omnibus, ne quemquam interficiant. Eporedorigem et Viridomarum, quos illi interfectos existimabant, inter equites versari, suosque appellare, iubet. His cognitis, et Litavici fraude perspecta, Ædui manus tendere, et deditionem significare, et, proiectis armis, mortem deprecari incipiunt. Litavicus cum suis clientibus (quibus nefas more Gallorum est, etiam in extrema fortuna, deserere patronos) Gergoviam profugit. Cæsar, nuntiis ad civitatem Æduorum missis, qui suo beneficio conservatos docerent, quos iure belli interficere potuisset, tribusque horis noctis exercitui ad quietem datis, castra ad Gergoviam movit. Medio fere itinere equites a Fabio missi, quanto res

aquel pleyto de la magistratura echaron el resto, uno por Convictolitan, otro por Coto. Eporedórige, sabida la trama de Litavico, casi a media noche se la descubre a Cesar; rogandole no permita que su nacion por la mala conducta de aquellos mozos se rebelase contra el Pueblo Romano: lo que infaliblemente sucederia, si tantos millares de hombres llegasen a juntarse con los enemigos; pues ni los parientes descuidarian de su vida, ni la republica podrá menospreciarla.

Cesar, que siempre se habia esmerado en favorecer a los Eduos, entrando en gran cuidado con esta novedad, sin detenerse saca de los reales quatro legiones a la ligera y toda la caballeria. Por la priesa no tuvo tiempo para reducir a menos espacio los alojamientos[19]; que el lance no sufria dilacion. Al Legado Cayo Fabio con dos legiones deja en ellos de guarnicion. Mandando prender a los hermanos de Litavico, halla que poco antes se habian huido al enemigo. Hecha una exortacion a los soldados sobre que no se les hiciese pesado el camino siendo tanta la urgencia, yendo todos gustosisimos, andadas veinte y cinco millas, como avistase el egercito de los Eduos, disparada la caballeria, detiene y embaraza su marcha; y echa bando que a ninguno maten. A Eporedórige y Virdomaro, a quienes tenian ellos por muertos, dá orden de mostrarse acaballo, y saludar a los suyos por su nombre. Con tal evidencia descubierta la maraña de Litavico, empiezan los Eduos a levantar las manos, y hacer señas de su rendicion, y depuestas las armas, a pedir por merced la vida. Litavico con sus devotos (que segun fuero de los Galos juzgan alevosia desamparar a sus patronos aun en la mayor desventura) se refugió en Gergovia. Cesar, despues de haber advertido por cartas a la republica Eduana, que por beneficio suyo vivian los que pudiera matar por justicia, dando tres horas de la noche para reposo al egercito, dió la vuelta a Gergovia. A la mitad casi del camino unos caballos despa-

*in periculo fuerit, exponunt: 'summis copiis castra op-
'pugnata demonstrant: quum crebro integri defessis suc-
'cederent, nostrosque assiduo labore defatigarent, qui-
'bus, propter magnitudinem castrorum, perpetuo esset
'iisdem in vallo permanendum: multitudine sagittarum
'atque omnis generis telorum multos vulneratos: ad hæc
'sustinenda magno usui fuisse tormenta: Fabium dis-
'cessu eorum, duabus relictis portis, obstruere cete-
'ras, pluteosque vallo addere, et se in posterum diem
'similem ad casum parare.' His rebus cognitis, Cæsar
summo studio militum ante ortum solis in castra pervenit.*

*Dum hæc ad Gergoviam geruntur, Ædui, primis
nuntiis a Litavico acceptis, nullum sibi ad cognoscendum spatium relinquunt. Impellit alios avaritia, alios
iracundia et temeritas, quæ maxime illi hominum gene-
ri est innata, ut levem auditionem habeat pro re com-
perta. Bona civium Romanorum diripiunt, cædes faciunt, in servitutem abstrahunt. Adiuvat rem proclina-
tam Convictolitanis, plebemque ad furorem impellit, ut,
facinore admisso, ad sanitatem reverti pudeat. Marcum Aristium tribunum militum iter ad legionem facien-
tem, fide data, ex oppido Cabillono educunt: idem facere cogunt eos, qui negotiandi causa ibi constiterant.
Hos continuo in itinere adorti, omnibus impedimentis
exuunt; repugnantes diem noctemque obsident: multis
utrimque interfectis, maiorem multitudinem ad arma con-
citant. Interim, nuntio allato, omnes eorum milites in
potestate Cæsaris teneri, concurrunt ad Aristium: 'ni-
'hil publico factum consilio demonstrant:' quæstionem de
bonis direptis decernunt: Litavici fratrumque bona pu-
blicant: legatos ad Cæsarem, sui purgandi gratia, mittunt: hæc faciunt recuperandorum suorum causa: sed*

chados por Fabio, le traen la noticia 'del peligro grande en
'que se han visto; los reales asaltados con todas las fuerzas del
'enemigo, que de continuo embiaba gente de refresco a la que
'se iba cansando, sin dejar respirar a los nuestros de la fatiga,
'precisados por lo espacioso de los reales a estar fijos todos ca-
'da uno en su puesto: ser muchos los heridos por tantas fle-
'chas y tantos dardos de todas suertes: bien que contra esto les
'habian servido mucho las baterias: que Fabio a su partida,
'dejadas solas dos puertas, tapiaba las demas y añadia nuevos
'pertrechos al vallado, apercibiendose para el asalto del dia
'siguiente.' En vista de esto Cesar, seguido con gran denuedo de los soldados, antes de rayar el sol, llegó a los reales.

Tal era el estado de las cosas en Gergovia quando los
Eduos, recibido el primer mensage de Litavico, sin mas ni
mas, instigados unos de la codicia, otros de la colera y temeridad (vicio sobre todos conatural a esta gente, que qualquier hablilla cree como cosa cierta) meten a saco los bienes
de los Romanos, dando a ellos la muerte o haciendolos esclavos. Atiza el fuego Convictolitan, encendiendo mas el furor del populacho, para que despeñado en la rebelion, se
avergüence de volver atrás. Hacen salir sobre seguro de Chalon a Marco Aristio Tribuno de los soldados que iba a juntarse con su legion: obligan a lo mismo a los negociantes de
la ciudad: y asaltandolos al improviso en el camino, los des-
pojan de todos sus fardos: a los que resisten cercan dia y noche, y muertos de ambas partes muchos, llaman en su ayuda mayor numero de gente armada. En esto, viniendoles
la noticia de que toda su gente estaba en poder de Cesar,
corren a escusarse con Aristio diciendo; 'que nada de esto se
'habia hecho por autoridad publica:' mandan que se haga
pesquisa de los bienes robados: confiscan los de Litavico y
sus hermanos: despachan embajadores a Cesar en orden a disculparse; todo con el fin de recobrar a los suyos. Pero envuel-

contaminati facinore, et capti compendio ex direptis bonis, quod ea res ad multos pertinebat, et timore pœnæ exterriti, consilia clam de bello inire incipiunt, civitatesque reliquas legationibus sollicitant. Quæ tametsi Cæsar intelligebat, tamen, quam mitissime potest, legatos appellat: 'nihil se, propter inscientiam levitatem-'que vulgi, gravius de civitate iudicare, neque de sua 'in Æduos benevolentia deminuere.' Ipse maiorem Galliæ motum exspectans, ne ab omnibus civitatibus circumsisteretur, consilia inibat quemadmodum a Gergovia discederet, ac rursus omnem exercitum contraheret; ne profectio nata a timore defectionis, similis fugæ videretur.

Hæc cogitanti accidere visa est facultas bene rei gerendæ. Nam quum minora in castra, operis perspiciendi causa, venisset, animadvertit collem, qui ab hostibus tenebatur, nudatum hominibus, qui superioribus diebus vix præ multitudine cerni poterat. Admiratus, quærit ex perfugis causam, quorum magnus ad eum quotidie numerus confluebat. Constabat inter omnes, quod iam ipse Cæsar per exploratores cognoverat, dorsum esse eius iugi prope æquum, sed silvestre et angustum qua esset aditus ad alteram partem oppidi. Vehementer huic illos loco timere, nec iam aliter sentire, uno colle ab Romanis occupato, si alterum amisissent, quin pæne circumvallati, atque omni exitu et pabulatione interclusi viderentur. Ad hunc muniendum locum omnes a Vercingetorige evocatos. Hac re cognita, Cæsar mittit complures equitum turmas eo de media nocte. His imperat, ut paullo tumultuosius omnibus in locis pervagarentur. Prima luce magnum numerum impedimentorum ex castris mulorumque produci, deque his stramenta detrahi, mulionesque cum cassidibus, equitum specie ac simulatione,

tos ya en la traicion, y bien hallados con la ganancia del saqueo, en que interesaban muchos, y temerosos del castigo, tornan clandestinamente a mover especies de guerra, y empeñar en ella con embajadas a las demas provincias. Lo qual dado que Cesar no lo ignoraba, todavia respondió con toda blandura a los embiados; 'que no por la inconsideracion y li'gereza del vulgo formaba él mal concepto de la republica, 'ni disminuiria un punto su benevolencia para con los Eduos.' Él por su parte temiendo mayores revoluciones de la Galia, para no ser cogido en medio por todos los nacionales, andaba discurriendo, cómo retirarse de Gergovia, y reunir todo el egercito de suerte que su retirada, ocasionada del miedo de la rebelion, no tuviese visos de huida.

Estando en estos pensamientos, presentósele ocasion al parecer de un buen lance. Porque yendo a reconocer los trabajos del campo menor, reparó que la colina, ocupada de los enemigos estaba sin gente, quando los dias anteriores apenas se podia divisar por la muchedumbre que la cubria. Maravillado, pregunta la causa a los desertores que cada dia pasaban a bandadas a su campo. Todos convenian en afirmar lo que ya el mismo Cesar tenia averiguado por sus espias; que la loma de aquella cordillera era casi llana; mas por donde comunicaba con la otra parte de la plaza, fragosa y estrecha: que temian mucho perder aquel puesto persuadidos a que, si los Romanos, dueños ya del uno, los echaban del otro, forzosamente se verian como acorralados y sin poder por via alguna salir al forrage: que por eso Vercingetórige los habia llamado a todos a fortalecer aquel sitio. En conseqüencia Cesar manda ir allá varios piquetes de caballos a media noche, ordenandoles que corran y metan ruido por todas partes. Al rayar del dia, manda sacar de los reales muchas recuas de mulos sin albardas, y a los arrieros montados encima con sus capacetes, correr alderredor de las co-

collibus circumvehi iubet. His paucos addit equites, qui latius ostentationis causa vagarentur. Longo circuitu easdem omnes iubet petere regiones. Hæc procul ex oppido videbantur, ut erat a Gergovia despectus in castra: neque tanto spatio, certi quid esset, explorari poterat. Legionem unam eodem iugo mittit, et paullum progressam inferiore loco constituit, silvisque occultat. Augetur Gallis suspicio: atque omnes illo ad munitionem copiæ transducuntur. Vacua castra hostium Cæsar conspicatus, tectis insignibus suorum, occultatisque signis militaribus, raros milites, ne ex oppido animadverterentur, ex maioribus castris in minora transducit: legatisque, quos singulis legionibus præfecerat, quid fieri vellet, ostendit: in primis monet, ut contineant milites, ne studio pugnandi aut spe prædæ longius progrediantur. Quid iniquitas loci habeat incommodi, proponit. Hoc una celeritate posse vitari. Occasionis esse rem, non prœlii. His rebus expositis, signum dat, et ab dextera parte alio adscensu eodem tempore Æduos mittit.

Oppidi murus ab planitie atque initio adscensus, recta regione, si nullus amfractus intercederet, mille et ducentos passus aberat. Quidquid huic circuitus ad molliendum clivum accesserat, id spatium itineris augebat. At medio fere colle in longitudinem, ut natura montis ferebat, ex grandibus saxis sex pedum murum, qui nostrorum impetum tardaret, præduxerant Galli; atque, inferiore omni spatio vacuo relicto, superiorem partem collis usque ad murum oppidi densissimis castris compleverant. Milites, signo dato, celeriter ad munitionem perveniunt, eamque transgressi, trinis castris potiuntur. Ac tanta fuit in capiendis castris celeritas, ut Teutomatus rex Nitiobrigum subito in tabernaculo oppres-

linas, como si fueran unos diestros ginetes. Mezcla con ellos algunos caballos, que con alargar mas las cabalgadas, representen mayor numero; mandandoles caracolear y meterse todos en un mismo termino. Esta maniobra se alcanzaba a ver desde la plaza, como que tenia las vistas a nuestro campo, aunque a tanta distancia no se podia bien distinguir el verdadero objeto. Cesar destaca una legion por aquel cerro, y a pocos pasos apuestala en la bajada oculta en el bosque. Crece la sospecha en los Galos, y vanse a defender aquel puesto todas las tropas. Viendo Cesar evacuados los reales enemigos, cubriendo las divisas de los suyos y plegadas las banderas, hace desfilar de pocos en pocos [20], porque no fuesen notados de la plaza, los soldados del campo mayor al menor; y declara su intento a los Legados Comandantes de las legiones: sobre todo les encarga repriman a los soldados: no sea que por la gana de pelear o codicia del pillage se adelanten demasiado: háceles presente quánto puede incomodarles lo fragoso del sitio; a que solo se puede obviar con la presteza: ser negocio este de ventura, no de combate. Dicho esto da la señal, y al mismo tiempo a mano derecha por otra subida destaca los Eduos.

El muro de la ciudad distaba del llano y principio de la cuesta por linea recta, si no fuese por los rodeos, mil y doscientos pasos: todo lo que se rodeaba para suavizar la pendiente, alargaba el camino. En la mitad del collado a lo largo habian los Galos fabricado de grandes piedras una cortina de seis pies contra nuestros asaltos; y desocupada la parte inferior del collado, la superior hasta tocar con el muro de la plaza estaba toda herizada de municiones y gente armada. Los soldados dada la señal, llegan de corrida a la cortina, y saltandola se apoderan de tres diversas estancias [21]: pero con tanta aceleracion, que Teutomato Rey de los Nitióbriges, cogido de sobresalto en su pabellon durmiendo la siesta, medio desnudo apenas pudo escapar, herido el caba-

sus, *ut meridie conquieverat, superiore corporis parte nudata, vulnerato equo, vix se ex manibus prædantium militum eriperet. Consecutus id, quod animo proposuerat, Cæsar receptui cani iussit: legionisque decimæ, quacum erat concionatus, signa constitere. At reliquarum milites legionum, non exaudito tubæ sono, quod satis magna vallis intercedebat, tamen a tribunis militum legatisque, ut erat a Cæsare præceptum, retinebantur. Sed elati spe celeris victoriæ et hostium fuga, superiorumque temporum secundis prœliis, nihil adeo arduum sibi existimabant, quod non virtute consequi possent: neque prius finem sequendi fecerunt, quam muro oppidi portisque appropinquarent. Tum vero ex omnibus urbis partibus orto clamore, qui longius aberant repentino tumultu perterriti, quum hostes intra portas esse existimarent, sese ex oppido eiecerunt. Matresfamilias de muro vestem argentumque iactabant; et pectore nudo prominentes, passis manibus obtestabantur Romanos, ut sibi parcerent; neu, sicut Avarici fecissent, ne mulieribus quidem atque infantibus abstinerent. Nonnullæ de muris per manus demissæ, sese militibus transdebant. Lucius Fabius centurio legionis octavæ, quem inter suos eo die dixisse constabat, excitari se Avaricensibus præmiis, neque commissurum, ut prius quisquam murum adscenderet; tres suos nactus manipulares, atque ab his sublevatus, murum adscendit. Eos ipse rursus singulos exceptans, in murum extulit. Interim hi, qui ad alteram partem oppidi, ut supra demonstravimus, munitionis causa, convenerant, primo exaudito clamore, inde etiam crebris nuntiis incitati, oppidum ab Romanis teneri; præmissis equitibus, magno concursu eo contenderunt. Eorum ut quisque primus venerat, sub muro consistebat, suorumque pugnantium numerum augebat.*

llo, de las manos de los soldados que saqueaban las tiendas. Cesar, yaque consiguió su intento, mandó tocar la retirada, y la legion decima, que iba en su compañia, hizo alto. A los soldados de las otras legiones, bienque no percibieron el sonido de la trompeta a causa de un gran valle intermedio, todavia los Tribunos y Legados, conforme a las ordenes de Cesar, los tenian a raya. Pero inflamados con la esperanza de pronta victoria, con la fuga de los enemigos, y con los buenos sucesos de las batallas anteriores, ninguna empresa se proponian tan ardua que fuese a su valor insufrible; ni desistieron del alcance hasta tropezar con las murallas y puertas de la ciudad. Aqui fueron los alaridos que resonaban por todas partes, tanto que los de los ultimos barrios asustados con el repentino alboroto, creyendo a los enemigos dentro de la plaza, echaron a huir corriendo. Las mugeres desde los adarves arrojaban sus galas y joyas, y descubiertos los pechos, con los brazos abiertos, suplicaban a los Romanos, las perdonasen, y no hiciesen lo que en Avarico, donde no respetaron ni al sexo flaco ni a la edad tierna. Algunas, descolgadas por las manos de los muros, se entregaban a los soldados. Lucio Fabio centurion de la legion octava, a quien se oyó decir este mismo dia, que se sentia estimulado de los premios que se dieron en Avarico, ni consentiria que otro escalase primero el muro; tomando a tres de sus soldados, y ayudado de ellos, montó la muralla; y dandoles despues la mano, los fue subiendo uno a uno. Entretanto los enemigos, que segun arriba se ha dicho, se habian reunido a la parte opuesta de la plaza para guardarla, oido el primer rumor, y sucesivamente aguijados de continuos avisos de la toma de la ciudad; con la caballeria delante corrieron allá de tropel. Conforme iban llegando, parábanse al pie de la muralla, y aumentaban el numero de los combatientes. Juntos ya muchos a la defensa, las mugeres que poco antes

Quorum quum magna multitudo convenisset, matresfamilias, quæ paullo ante Romanis de muro manus tendebant, suos obtestari, et, more Gallico, passum capillum ostentare, liberosque in conspectum proferre cœperunt. Erat Romanis nec loco nec numero æqua contentio: simul et cursu et spatio pugnæ defatigati, non facile recentes atque integros sustinebant. Cæsar, quum iniquo loco pugnari, hostiumque augeri copias videret, præmetuens suis, ad Titum Sextium legatum, quem minoribus castris præsidio reliquerat, mittit, ut cohortes ex castris celeriter educeret, et sub infimo colle ab dextro latere hostium constitueret: ut, si nostros depulsos loco vidisset, quo minus libere hostes insequerentur, terreret. Ipse paullum ex eo loco cum legione progressus, ubi constiterat, eventum pugnæ exspectabat. Quum acerrime cominus pugnaretur, hostes loco et numero, nostri virtute confiderent; subito sunt Ædui visi ab latere nostris aperto; quos Cæsar ab dextra parte alio adscensu, manus distinendæ causa, miserat. Hi similitudine armorum vehementer nostros perterruerunt: ac, tametsi dextris humeris exsertis animadvertebantur, quod insigne pacatis esse consueverat, tamen id ipsum sui fallendi causa milites ab hostibus factum existimabant. Eodem tempore Lucius Fabius centurio, quique una murum adscenderant, circumventi atque interfecti, de muro præcipitantur. Marcus Petreius eiusdem legionis centurio, quum portas exscindere conatus esset, a multitudine oppressus, ac sibi desperans, multis iam vulneribus acceptis, manipularibus suis, qui illum secuti erant, 'Quoniam,' inquit, 'me una vobiscum servare non pos-'sum, vestræ quidem certe saluti prospiciam, quos cupi-'ditate gloriæ adductus, in periculum deduxi. Vos, da-'ta facultate, vobis consulite.' Simul irrupit in medios

LIBRO SEPTIMO. 347

pedian merced a los Romanos, volvian a los suyos las plegarias, y desgreñado el cabello al uso de la Galia, les ponian sus hijos delante. Era para los Romanos desigual el combate asi por el sitio, como por el numero: demas que cansados de correr y de tanto pelear, dificultosamente contrastaban a los que venian de refresco y con las fuerzas enteras. Cesar viendo la desigualdad del puesto, y que las tropas de los enemigos se iban engrosando, muy solícito de los suyos, embia orden al Legado Tito Sestio, a quien encargó la guarda de los reales menores, que sacando prontamente algunos batallones, los apueste a la falda del collado ácia el flanco derecho de los enemigos; a fin de que si desalojasen a los nuestros del puesto, pudiese rebatir su furia en el alcance. Cesar, adelantandose un poco con su legion, estaba a la mira del suceso. Trabado el choque cuerpo a cuerpo con grandisima porfia, los enemigos confiados en el sitio y en el numero, los nuestros en sola su valentia, derepente por el costado abierto de los nuestros remanecieron los Eduos destacados de Cesar por la otra ladera a mano derecha para divertir al enemigo. Esos por la semejanza de las armas Gálicas espantaron terriblemente a los nuestros, y aunque los veian con el hombro derecho desarmado, que solia ser la contraseña de gente de paz, eso mismo atribuian los soldados a estratagema de los enemigos para deslumbrarlos. En aquel punto el centurion Lucio Fabio y los que tras él subieron a la muralla, rodeados de los enemigos y muertos, son tirados el muro abajo. Marco Petreyo, centurion de la misma legion, queriendo romper las puertas, viendose rodeado de la muchedumbre, y desesperando de su vida por las muchas heridas mortales, vuelto a los suyos, 'Yaque no puedo,' les dijo, 'salvarme 'con vosotros, por lo menos aseguraré vuestra vida, que yo 'he puesto a riesgo por amor de la gloria. Vosotros aprove-
'chad la ocasion de poneros en salvo.' Con esto se arroja en

hostes; duobusque interfectis, reliquos a porta paullum submovit. Conantibus auxiliari suis, 'Frustra, inquit, 'meæ vitæ subvenire conamini, quem iam sanguis vi-'resque deficiunt. Proinde hinc abite, dum est facultas, 'vosque ad legionem recipite.' Ita pugnans post paullum concidit, ac suis saluti fuit. Nostri, quum undique premerentur, sex et quadraginta centurionibus amissis, deiecti sunt loco: sed intolerantius Gallos insequentes legio decima tardavit, quæ pro subsidio paullo æquiore loco constiterat. Hanc rursus tertiædecimæ legionis cohortes exceperunt; quæ ex castris minoribus eductæ, cum Tito Sextio legato ceperant locum superiorem. Legiones ubi primum planitiem attigerunt, infestis contra hostes signis constiterunt. Vercingetorix ab radicibus collis suos intra munitiones reduxit. Eo die milites sunt paullo minus septingenti desiderati.

Postero die Cæsar, concione advocata, 'temerita-'tem cupiditatemque militum reprehendit, quod sibi ipsi 'iudicavissent, quo procedendum, aut quid agendum vi-'deretur; neque, signo recipiendi dato, constitissent; ne-'que a tribunis militum legatisque retineri potuissent:' exposuit, 'quid iniquitas loci posset, quid ipse ad Ava-'ricum sensisset, quum, sine duce et sine equitatu deprehensis hostibus, exploratam victoriam dimisisset, ne 'parvum modo detrimentum in contentione propter iniqui-'tatem loci acciperet. Quantopere eorum animi magnitu-'dinem admiraretur, quos non castrorum munitiones, non 'altitudo montis, non murus oppidi tardare potuisset; 'tantopere licentiam arrogantiamque reprehendere, quod 'plus se, quam imperatorem, de victoria atque exitu 'rerum sentire existimarent: nec minus se in milite mo-'destiam et continentiam, quam virtutem atque animi 'magnitudinem desiderare.' Hac habita concione, et ad

medio de los enemigos, y matando a dos, aparta los demas de la puerta. Esforzandose á socorrerle los suyos: 'En vano, 'dice, intentais salvar mi vida; que ya me faltan la sangre y 'las fuerzas. Por tanto ídos de aqui, mientras hay tiempo, a 'incorporaros con la legion.' Asi peleando, poco despues cae muerto, y dió a los suyos la vida. Los nuestros apretados por todas partes, perdidos quarenta y seis centuriones, fueron rechazados de allí; pero siguiendolos desapoderadamente los Galos, la decima legion, que estaba de respeto en lugar menos incómodo, los detuvo: al socorro de esta legion concurrieron las cohortes de la decimatercia, que al mando de Tito Sestio sacadas de los reales menores, estaban apostadas en lugar ventajoso. Las legiones luego que pisaron el llano, se pusieron en orden de batalla contra el enemigo. Vercingetórige retiró de las faldas del monte los suyos dentro de las trincheras. Este dia perecieron poco menos de setecientos hombres.

Al siguiente Cesar, convocando a todos, 'reprehendió la 'temeridad y desenfreno de los soldados, que por su capricho 'resolvieron hasta dónde se habia de avanzar, o lo que se de'bia hacer; sin haber obedecido al toque de la retirada, ni po'dido ser contenidos por los Tribunos y Legados: púsoles delante, 'quánto daño acarrea la mala situacion, y su egemplo 'mismo en Avarico, donde sorprehendido el enemigo sin cau'dillo y sin caballeria, quiso antes renunciar a una victoria 'cierta, que padecer en la refriega ningun menoscabo, por 'pequeño que fuese, por la fragura del sitio. Quanto mas 'admiraba su magnanimidad, que ni por la fortificacion de 'los reales, ni por lo encumbrado del monte, ni por la for'taleza de la muralla se habian acobardado; tanto mas desapro'baba su sobrada libertad y arrogancia en presumirse mas pro'vidos que su General en la manera de vencer y dirigir las em'presas: que él no apreciaba menos en un soldado la docilidad 'y obediencia, que la valentia y grandeza de animo.' A esta

extremam orationem confirmatis militibus, 'ne ob hanc cau-
'sam animo permoverentur, neu, quod iniquitas loci at-
'tulisset, id virtuti hostium tribuerent;' eadem de profectione cogitans, quæ ante senserat, legiones ex castris eduxit, aciemque idoneo loco constituit. Quum Vercingetorix nihilo magis in æquum locum descenderet, levi facto equestri prœlio, atque eo secundo, in castra
exercitum reduxit. Quum hoc idem postero die fecisset,
satis ad Gallicam ostentationem minuendam, militum-
que animos confirmandos factum existimans, in Æduos
castra movit. Ne tum quidem insecutis hostibus, tertia die ad flumen Elaver pontem refecit, atque exercitum transduxit. Ibi a Viridomaro, atque Eporedori-
ge Æduis appellatus, discit, cum omni equitatu Litavicum ad sollicitandos Æduos profectum: opus esse et
ipsos præcedere ad confirmandam civitatem. Etsi multis iam rebus perfidiam Æduorum Cæsar perspectam
habebat, atque horum discessu admaturari defectionem
civitatis existimabat; tamen retinendos eos non censuit;
ne aut inferre iniuriam videretur, aut dare timoris aliquam suspicionem. Discedentibus his, breviter sua in
Æduos merita exposuit, 'quos, et quam humiles acce-
'pisset: compulsos in oppida, multatos agris, omnibus
'ereptis copiis, imposito stipendio, obsidibus summa cum
'contumelia extortis, quam in fortunam quamque in am-
'plitudinem deduxisset; ut non solum in pristinum sta-
'tum rediissent, sed omnium temporum dignitatem et gra-
'tiam antecessisse viderentur.' His datis mandatis, eos
ab se dimisit.

Noviodunum erat oppidum Æduorum, ad ripas Ligeris opportuno loco positum. Huc Cæsar omnes obsides Galliæ, frumentum, pecuniam publicam, suorum atque exercitus impedimentorum magnam partem contule-

amonestacion añadiendo por ultimo para confortar a los soldados, 'que no por eso se desanimasen, ni atribuyesen al 'valor del enemigo la desgracia originada del mal sitio;' firme en su resolucion de partirse, movió el campo, y ordenó las tropas en lugar oportuno. Como ni aun asi bajase Vercingetórige al llano, despues de una escaramuza de la caballeria, y esa con ventaja suya, retiró el egercito a sus estancias. Hecho al dia siguiente lo mismo, juzgando bastar esto para humillar el orgullo de los Galos y alentar a los suyos, tomó la via de los Eduos. No moviendose ni aun entonces los enemigos, al tercer dia, reparado el puente del Alier, pasó el egercito. Imediatamente los dos Eduos Virdomaro y Eporedórige le hacen saber, que Litavico con toda su caballeria era ido a cohechar a los Eduos: que sería bien se anticipasen los dos, para confirmar en su fe a la nacion. Comoquiera que ya por las muchas esperiencias tenia Cesar bien conocida la deslealtad de los Eduos, y estaba cierto que con la ida de estos se apresuraba la rebelion; con todo no quiso negarles la licencia, porque no pareciese o que les hacia injuria, o que daba muestras de miedo. Al despedirse, les recordó en pocas palabras, 'quánto le de'bian los Eduos: quáles y quán abatidos los habia encontra'do "; forzados a no salir de los castillos, despojados de sus 'labranzas, robadas todas sus haciendas, cargados de tribu'tos, sacandoles por fuerza con sumo vilipendio los rehenes; 'y a qué grado de fortuna los habia sublimado: tal que no 'solo recobraron su antiguo estado, sino que nunca se vie'ron en tanta pujanza y estimacion.' Con estos recuerdos los despidió.

En Nevers, fortaleza de los Eduos, fundada sobre el Loire en un buen sitio, tenia Cesar depositados los rehenes de la Galia, los granos, la caja militar con gran parte de los equipages suyos y del egercito; sin contar los muchos caballos,

rat. Huc magnum numerum equorum huius belli causa in Italia atque Hispania coemtorum miserat. Eo quum Eporedorix Viridomarusque venissent, et de statu civitatis cognovissent, Litavicum Bibracte ab Æduis receptum, quod est oppidum apud eos maximæ auctoritatis, Convictolitanem Magistratum, magnamque partem Senatus ad eum convenisse, legatos ad Vercingetorigem de pace et amicitia concilianda publice missos; non prætermittendum tantum commodum existimaverunt. Itaque, interfectis Novioduni custodibus, quique eo negotiandi aut itineris causa convenerant, pecuniam atque equos inter se partiti sunt; obsides civitatum Bibracte ad Magistratum deducendos curaverunt; oppidum, quod ab se teneri non posse iudicabant, ne cui esset usui Romanis, incenderunt; frumenti quod subito potuerunt, navibus avexerunt; reliquum flumine atque incendio corruperunt; ipsi ex finitimis regionibus copias cogere, præsidia custodiasque ad ripas Ligeris disponere, equitatumque omnibus locis, iniiciendi timoris causa, ostentare cœperunt; si aut re frumentaria Romanos excludere, aut adductos inopia ex Provincia expellere possent. Quam ad spem multum eos adiuvabat quod Liger ex nivibus creverat, ut omnino vado transiri non posse videretur. Quibus rebus cognitis, Cæsar maturandum sibi censuit, si esset in perficiendis pontibus periclitandum, ut prius, quam essent maiores eo copiæ coactæ, dimicaret. Nam ut, commutato consilio, iter in provinciam converteret, id ne tum quidem necessario faciendum existimabat, quum infamia atque indignitas rei, et oppositus mons Cebenna viarumque difficultas impediebat; tum maxime, quod adiungi Labieno atque iis legionibus, quas una miserat, vehementer cupiebat. Itaque admodum magnis diurnis atque nocturnis itineribus

que con ocasion de esta guerra comprados en Italia y España, habia remitido a este pueblo. A donde habiendo venido Eporedórige y Virdomaro, e informadose en orden al estado de la republica, cómo Litavico habia sido acogido por los Eduos en Bribacte, ciudad entre ellos principalisima; Convictolitan el Magistrado y gran parte de los Senadores unidose con él; y que de comun acuerdo eran embiados embajadores a Vercingetórige a tratar de paces y liga; les pareció no malograr tan buena coyuntura. En razon de esto degollados los guardas de Nevers con todos los negociantes y pasageros, repartieron entre sí el dinero y los caballos: los rehenes de los pueblos remitiéronlos a Bibracte a manos del Magistrado: al castillo, juzgando que no podrian defenderlo, porque no se aprovechasen de él los Romanos, pegaronle fuego: del trigo, quanto pudieron de pronto, lo embarcaron, el resto lo echaron a perder en el rio o en las llamas: ellos mismos empezaron a levantar tropas por la comarca, a poner guardias y centinelas a las riberas del Loire, y a correr toda la campiña con la caballeria para meter miedo a los Romanos, por si pudiesen cortarles los viveres o el paso para la Provenza, quando la necesidad los forzase a la vuelta. Confirmábase su esperanza con la crecida del rio, que venía tan caudaloso por las nieves derretidas, que por ningun parage parecia poderse vadear. Enterado Cesar de estas cosas, determinó darse priesa, para que si al echar puentes [13] se viese precisado a pelear, lo hiciese antes de aumentarse las fuerzas enemigas. Porque dar a la Provenza la vuelta, eso ni aun en el ultimo apuro pensaba egecutarlo: pues que se lo disuadian la infamia y vileza del hecho, y tambien la interposicion de las montañas Cebénas y aspereza de los senderos: sobre todo deseaba con ansia ir a juntarse con Labieno y con sus legiones. Asique a marchas forzadas, continuadas dia y noche, arribó quando menos se le esperaba, a las orillas del Loire, y hallado por los

confectis, contra omnium opinionem ad Ligerim pervenit; vadoque per equites invento, pro rei necessitate, opportuno, ut brachia modo atque humeri ad sustinenda arma liberi ab aqua esse possent, disposito equitatu, qui vim fluminis refringeret, atque hostibus primo adspectu perturbatis, incolumem exercitum transduxit: frumentumque in agris, et copiam pecoris nactus, repleto iis rebus exercitu, iter in Senones facere instituit.

   Dum hæc apud Cæsarem geruntur, Labienus eo supplemento, quod nuper ex Italia venerat, relicto Agendici, ut esset impedimentis præsidio, cum quatuor legionibus Lutetiam proficiscitur. Id est oppidum Parisiorum, positum in insula fluminis Sequanæ. Cuius adventu ab hostibus cognito, magnæ ex finitimis civitatibus copiæ convenerunt. Summa imperii transditur Camulogeno Aulerco; qui prope confectus ætate, tamen propter singularem scientiam rei militaris ad eum est honorem evocatus. Is, quum animadvertisset, perpetuam esse paludem, quæ influeret in Sequanam, atque illum omnem locum magnopere impediret, hic consedit; nostrosque transitu prohibere instituit. Labienus primo vineas agere, cratibus atque aggere paludem explere, atque iter munire conabatur. Postquam id difficilius confieri animadvertit, silentio e castris tertia vigilia egressus, eodem, quo venerat, itinere Metiosedum pervenit. Id est oppidum Senonum in insula Sequanæ positum, ut paullo ante Lutetiam diximus. Deprehensis navibus circiter quinquaginta, celeriterque coniunctis, atque eo militibus impositis, et rei novitate perterritis oppidanis, quorum magna pars erat ad bellum evocata, sine contentione oppido potitur. Refecto ponte, quem superioribus diebus hostes resciderant, exercitum transducit, et secundo flumine ad Lutetiam iter facere cœpit. Hostes, re cogni-

caballos un vado, segun la urgencia, pasadero, donde los brazos y los hombros quedaban libres fuera del agua lo bastante para sostener las armas, puesta en orden la caballeria [14] para quebrantar el impetu de la corriente, y desconcertados a la primera vista los enemigos, pasó sano y salvo el egercito: y hallando a mano en las campiñas trigo y abundancia de ganado, abastecido de esto el egercito, dispónese a marchar la vuelta de Sens.

Mientras pasa esto en el campo de Cesar, Labieno, dejadas en Agendico para seguridad del bagage las reclutas recien venidas de Italia, marcha con quatro legiones a Paris, ciudad situada en una isla del rio Sena. A la noticia de su arríbo acudieron muchas tropas de los partidos comarcanos; cuyo mando se dió a Camulogeno Aulerco: que sinembargo de su edad muy avanzada fue nombrado para este cargo por su singular inteligencia en el arte militar. Habiendo este observado alli una laguna contigua que comunicaba con el rio, y servia de grande embarazo para la entrada en todo aquel recinto; púsose al borde con la mira de atajar el paso a los nuestros. Labieno al principio valiendose de [15] andamios, tentaba cegar la laguna con zarzos y fagina, y hacer camino. Mas despues, vista la dificultad de la empresa, moviendo el campo a media noche sin ruido, por la misma senda que habia traido, llegó a Meudon, ciudad de los Seneses, asentada en otra isla del Sena, bien asi como Paris. Cogidas aqui cincuenta barcas, trabadas prontamente unas con otras, y metidos en ellas los soldados; atonito de la novedad el poco vecindario, porque la mayor parte se habia ido a la guerra, se apodera de la ciudad sin resistencia. Restaurado el puente que los dias atrás habian roto los enemigos, pasa el egercito, y empieza rio abajo a marchar a Paris. Los enemigos, sabiendolo por los fugitivos de Meudon, mandan quemar a Paris y cortar sus puentes; y dejando [16] la laguna se acampan

ta ab his, qui a Metiosedo profugerant, Lutetiam incendi, pontesque eius oppidi rescindi iubent: ipsi profecti palude, in ripis Sequanæ, e regione Lutetiæ, contra Labieni castra considunt. Iam Cæsar a Gergovia discessisse audiebatur: iam de Æduorum defectione, et secundo Galliæ motu rumores afferebantur: Gallique in colloquiis, interclusum itinere et Ligere Cæsarem, inopia frumenti coactum, in provinciam contendisse confirmabant. Bellovaci autem, defectione Æduorum cognita, qui ante erant per se infideles, manus cogere, atque aperte bellum parare cœperunt. Tum Labienus, tanta rerum commutatione, longe aliud sibi capiendum consilium atque antea senserat, intelligebat. Neque iam, ut aliquid acquireret, prœlioque hostes lacesseret, sed ut incolumem exercitum Agendicum reduceret, cogitabat. Namque altera ex parte Bellovaci, quæ civitas in Gallia maximam habet opinionem virtutis, instabant: alteram Camulogenus parato atque instructo exercitu tenebat. Tum legiones a præsidio atque impedimentis interclusas maximum flumen distinebat. Tantis subito difficultatibus obiectis, ab animi virtute auxilium petendum videbat: itaque sub vesperum concilio convocato, cohortatus, ut ea, quæ imperasset, diligenter industrieque administrarent, naves, quas a Metiosedo deduxerat, singulas equitibus Romanis attribuit; et, prima confecta vigilia, quatuor millia passuum secundo flumine progredi silentio, ibique se exspectari, iubet. Quinque cohortes, quas minime firmas ad dimicandum esse existimabat, castris præsidio relinquit. Quinque eiusdem legionis reliquas de media nocte cum omnibus impedimentis adverso flumine magno tumultu proficisci imperat. Conquirit etiam lintres. Has magno sonitu remorum incitatas, in eandem partem mittit. Ipse post paullo, silentio egressus cum tri-

a las margenes del rio enfrente de Paris y los reales de La‑
bieno. Ya corrian voces de la retirada de Cesar lejos de Ger‑
govia; igualmente que del alzamiento de los Eduos, y de la
dichosa [27] revolucion de la Galia: y los Galos en sus corrillos
afirmaban, que Cesar, cortado el paso del Loire, y forzado
del hambre, iba desfilando ácia la Provenza. Los Beoveses al
tanto, sabida la rebelion de los Eduos, siendo antes de suyo
poco fieles, comenzaron a juntar gente, y hacer a las claras
preparativos para la guerra. Entonces Labieno, viendo tan
mudado el teatro, conoció bien ser preciso seguir otro plan
muy diverso del que antes se habia propuesto. Ya no pen‑
saba en conquistas ni en provocar al enemigo a batalla, si‑
no en cómo retirarse con su egercito sin pérdida a Agendi‑
co: puesto que por un lado le amenazaban los Beoveses, fa‑
mosisimos en la Galia por su valor; el otro le guardaba Ca‑
mulogeno con mano armada. Demas que un rio caudalosisi‑
mo cerraba el paso de las legiones al quartel general donde
estaban los bagages. A vista de tantos tropiezos, el unico re‑
curso era encomendarse a sus brios. En efecto, llamando al
anochecer a consejo, los animó a egecutar con diligencia y
maña lo que ordenaria: reparte a cada Caballero Romano una
de las barcas traidas de Meudon, y a las tres horas de la no‑
che les manda salir en ellas de callada rio abajo, y aguardar‑
le alli a quatro millas: deja de guarnicion en los reales cin‑
co cohortes que le parecian las menos aguerridas: a las otras
cinco de la misma legion manda, que a media noche se pon‑
gan en marcha rio arriba con todo el bagage, metiendo mu‑
cho ruido. Procura tambien coger unas canoas; las quales
agitadas con gran retumbo de remos hace dirigir ácia la mis‑
ma banda. Él poco despues moviendo a la sorda con tres le‑
giones, va derecho al parage donde mandó parar las barcas.
Arribado allá, los batidores de los enemigos distribuidos co‑
mo estaban por todas las orillas del rio, fueron sorprehendi‑

bus legionibus, eum locum petit, quo naves appelli iusserat. Eo quum esset ventum, exploratores hostium, ut omni fluminis parte erant dispositi, inopinantes, quod magna subito erat coorta tempestas, ab nostris opprimuntur: exercitus equitatusque, equitibus Romanis administrantibus, quos ei negotio præfecerat, celeriter transmittitur. Uno fere tempore sub lucem hostibus nuntiatur, in castris Romanorum præter consuetudinem tumultuari, et magnum ire agmen adverso flumine, sonitumque remorum in eadem parte exaudiri, et paullo infra milites navibus transportari. Quibus rebus auditis, quod existimabant tribus locis transire legiones, atque omnes perturbatos defectione Æduorum, fugam parare; suas quoque copias in tres partes distribuerunt. Nam et præsidio e regione castrorum relicto, et parva manu Metiosedum versus missa, quæ tantum progrederetur, quantum naves processissent, reliquas copias contra Labienum duxerunt. Prima luce et nostri omnes erant transportati, et hostium acies cernebatur. Labienus, milites cohortatus, 'ut suæ pristinæ virtutis et tot secun- 'dissimorum præliorum memoriam tenerent, atque ipsum 'Cæsarem, cuius ductu sæpenumero hostes superassent, 'adesse existimarent;' dat signum prælii. Primo concursu, ab dextero cornu, ubi septima legio constiterat, hostes pelluntur, atque in fugam coniiciuntur: ab sinistro, quem locum duodecima legio tenebat, quum primi ordines hostium transfixi pilis, concidissent; tamen acerrime reliqui resistebant, nec dabat suspicionem fugæ quisquam. Ipse dux hostium Camulogenus suis aderat, atque eos cohortabatur. At, incerto etiam nunc exitu victoriæ, quum septimæ legionis tribunis esset nuntiatum, quæ in sinistro cornu gererentur, post tergum hostium legionem ostenderunt, signaque intulerunt. Ne eo quidem tempore

dos por los nuestros a causa de una recia tempestad que se levantó derepente; a la hora es trasportada la infantería y la caballería mediante la industria de los Caballeros Romanos escogidos para este efecto. Al romper del dia, casi a un tiempo vienen nuevas al enemigo de la estraordinaria bataola que traian los Romanos en su campo; que un grueso esquadron iba marchando rio arriba; que alli mismo se sentia estruendo de remos; y que poco mas abajo trasportaban en barcas a los soldados. Con estas noticias, creyendo que las legiones pasaban en tres divisiones, y que aturdidos todos con la sublevacion de los Eduos, se ponian en huida; dividieron tambien ellos sus tropas en tres tercios: porque dejando uno de guardia enfrente de los reales, y destacando ácia Meudon [20] una partida pequeña, que fuese siguiendo paso a paso nuestras naves, el resto del egercito llevaronlo sobre Labieno. Al amanecer ya los nuestros estaban desembarcados, y se divisaban las tropas enemigas. Labieno despues de haber exortado a los soldados, 'que se acordasen de su antiguo es-'fuerzo y de tantas victorias ganadas, haciendo aora cuenta 'que Cesar, bajo cuya conducta inumerables veces habian 'vencido a los enemigos, los estaba mirando,' da la señal de acometer. Al primer encuentro por el ala derecha, donde la septima legion peleaba, son derrotados y ahuyentados los enemigos: por la izquierda, que cubria la legion duodecima, cayendo en tierra las primeras filas de los enemigos atravesados con los dardos, todavia los demas se defendian vigorosamente, sin haber uno que diese señas de querer huir. El mismo General de los enemigos Camulogeno acudia a todas partes, animando a los suyos. Mas estando aun suspensa la victoria, llegando a saber los Tribunos de la legion septima la resistencia porfiada en el ala izquierda, cogieron y cargaron a los enemigos por la espalda. Ni tampoco entonces se movió ninguno de su puesto; sino que cogidos todos en me-

quisquam loco cessit, sed circumventi omnes interfectique sunt. Eandem fortunam tulit Camulogenus. At hi, qui praesidio contra castra Labieni erant relicti, quum proelium commissum audissent, subsidio suis ierunt, collemque ceperunt, neque nostrorum militum victorum impetum sustinere potuerunt. Sic, cum suis fugientibus permixti, quos non silvae montesque texerunt, ab equitatu sunt interfecti. Hoc negotio confecto, Labienus revertitur Agendicum, ubi impedimenta totius exercitus relicta erant. Inde cum omnibus copiis ad Caesarem pervenit.

Defectione Aeduorum cognita, bellum augetur. Legationes in omnes partes circummittuntur. Quantum gratia, auctoritate, pecunia valent, ad sollicitandas civitates nituntur. Nacti obsides, quos Caesar apud eos deposuerat, horum supplicio dubitantes territant. Petunt a Vercingetorige Aedui, ut ad se veniat, rationesque belli gerendi communicet. Re impetrata, contendunt, ut ipsis summa imperii transdatur: et, re in controversiam deducta, totius Galliae concilium Bibracte indicitur. Eodem conveniunt undique frequentes. Multitudinis suffragiis res permittitur. Ad unum omnes Vercingetorigem probant Imperatorem. Ab hoc concilio Remi, Lingones, Treviri abfuerunt: illi, quod amicitiam Romanorum sequebantur; Treviri, quod aberant longius, et ab Germanis premebantur; quae fuit causa, quare toto abessent bello, et neutris auxilia mitterent. Magno dolore Aedui ferunt se deiectos principatu: queruntur fortunae commutationem, et Caesaris indulgentiam in se requirunt: neque tamen, suscepto bello, suum consilium ab reliquis separare audent. Inviti summae spei adolescentes Eporedorix, et Viridomarus, Vercingetorigi parent. Ille imperat reliquis civitatibus obsides. Denique ei rei constituit diem: huc omnes equites quindecim millia nu-

dio, fueron muertos; y con ellos tambien Camulogeno. El cuerpo de observacion, apostado contra los reales de Labieno, a la nueva del choque corrió a socorrer a los suyos, y tomó un collado; mas no pudo aguantar la carga cerrada de los vencedores. Conque asi mezclados en la fuga con los suyos, los que no se salvaron en las selvas y montes, fueron degollados por la caballeria. Concluida esta accion, vuelve Labieno a la ciudad de Agendico, donde habian quedado los bagages de todo el egercito. Desde alli con todas sus tropas vino a juntarse con Cesar.

Divulgado el levantamiento de los Eduos, se aviva mas la guerra. Van y vienen embajadas por todas partes. Echan el resto de su valimiento, autoridad y dinero en cohechar los Estados. Con el suplicio de los rehenes, confiados a su custodia por Cesar, atierran a los indecisos. Ruegan los Eduos a Vercingetórige, se sirva de venir a tratar con ellos del plan de operaciones. Logrado esto, pretenden para sí la Superintendencia: puesto el negocio en litigio, convócanse Cortes de toda la Galia en Bibracte. Congréganse alli de todas partes en gran numero. La decision se hace a pluralidad de votos. Todos sin faltar uno quieren por General a Vercingetórige. No asistieron a la junta los Remenses, Langreses, ni Trevirenses: aquellos, por razon de su amistad con los Romanos: los Trevirenses, por vivir lejos y hallarse infestados de los Germanos; que fue la causa de no aparecer en toda esta guerra, y de mantenerse neutrales. Los Eduos sienten en el alma el haber perdido la soberania: quéjanse del revés de la fortuna; y aora echan menos la benignidad de Cesar para consigo: mas ya empeñados en la guerra, no tienen valor para separarse de los demas. Eporedórige y Virdomaro, mozos de grandes esperanzas, se sujetan de mala gana a Vercingetórige: el qual exige rehenes de los demas pueblos, señalandoles plazo: manda que le acu-

mero celeriter convenire iubet. Peditatu, quem ante habuerit, se fore contentum dicit; neque fortunam tentaturum, neque acie dimicaturum; sed, quoniam abundet equitatu, perfacile esse factu, frumentationibus pabulationibusque Romanos prohibere: æquo modo animo sua ipsi frumenta corrumpant, ædificiaque incendant: qua rei familiaris iactura perpetuum imperium libertatemque se consequi videant. His constitutis rebus, Æduis, Segusianisque, qui sunt finitimi provinciæ, decem millia peditum imperat. Huc addit equites octingentos. His præficit fratrem Eporedorigis, bellumque inferre Allobrogibus iubet. Altera ex parte Gabalos, proximosque pagos Arvernorum in Helvios, item Ruthenos, Cadurcosque ad fines Volcarum Arecomicorum depopulandos mittit. Hic nihilo minus clandestinis nuntiis legationibusque Allobroges sollicitat, quorum mentes nondum a superiore bello resedisse sperabat. Horum principibus pecunias, civitati autem imperium totius provinciæ pollicetur. Ad hos omnes casus provisa erant præsidia cohortium duarum et viginti, quæ ex ipsa coacta provincia, ab Lucio Cæsare legato ad omnes partes opponebantur. Helvii sua sponte cum finitimis prælio congressi, pelluntur, et Caio Valerio Donotauro Caburi filio principe civitatis, compluribusque aliis interfectis, intra oppida murosque compelluntur. Allobroges, crebris ad Rhodanum dispositis præsidiis, magna cum cura et diligentia suos fines tuentur. Cæsar, quod hostes equitatu superiores esse intelligebat, et interclusis omnibus itineribus, nulla re ex Provincia atque Italia sublevari poterat, trans Rhenum in Germaniam mittit ad eas civitates, quas superioribus annis pacaverat; equitesque ab his arcessit; et levis armaturæ pedites, qui inter eos præliari consueve-

dan luego todos los soldados de acaballo hasta el numero de quince mil; diciendo que se contentaria con la infanteria que hasta entonces habia tenido: que no pensaba aventurarse ni dar batalla, sino estorbar a los Romanos las salidas a las mieses y pastos: cosa muy facil, teniendo tanta caballeria; solo conque tengan ellos mismos por bien malear sus granos y quemar las caserias, atrueque de conseguir para siempre con el menoscabo de sus haciendas el imperio y la independencia. Determinadas estas cosas, da orden a los Eduos y Segusianos, que confinan con la Provenza, de aprontar diez mil infantes; y a mas ochocientos caballos. Dales por Capitan un hermano de Eporedórige, y le manda romper por los Alóbroges. Por otra parte embia los Gabalos y los Alvernos de los contornos contra los Helvios, como los de Ruerga y Cuerci contra los Volcas Arecómicos. En medio de esto no pierde ocasion de ganar ocultamente con emisarios y mensages a los Alóbroges, cuyos animos sospechaba estar aun resentidos por la guerra precedente. A los Grandes promete dineros, y a la republica el señorio de toda la provincia. Para prevenir todos estos lances estaban alerta veinte y dos batallones, que formados de las milicias, el Legado Lucio Cesar tenia distribuidos por todas partes. Los Helvios adelantandose a pelear con los pueblos comarcanos, son batidos; y muerto con otros muchos el Principe de aquel Estado Cayo Valerio Donotauro, hijo de Caburo: se ven forzados a encerrarse dentro de sus fortalezas. Los Alóbroges, poniendo guardias a trechos en los pasos del Ródano, defienden con gran solicitud y diligencia sus fronteras. Cesar reconociendo la superioridad de la caballeria enemiga, y que por estar tomados todos los caminos, ningun socorro podia esperar de la Provenza y de Italia, procúralos en Germania de aquellas naciones, con quien los años atrás habia sentado paces, pidiendoles soldados de acaballo con los peones ligeros, hechos a

rant. Eorum adventu, quod minus idoneis equis utebantur, a tribunis militum reliquisque, sed et equitibus Romanis, atque evocatis, equos sumit, Germanisque distribuit.

Interea dum hæc geruntur, hostium copiæ ex Arvernis, equitesque, qui toti Galliæ erant imperati, conveniunt. Magno horum coacto numero, quum Cæsar in Sequanos per extremos Lingonum fines iter faceret, quo facilius subsidium Provinciæ ferri posset, circiter millia passuum decem ab Romanis trinis castris Vercingetorix consedit; convocatisque ad concilium præfectis equitum, 'venisse tempus victoriæ' demonstrat: 'fugere in Provin-
'ciam Romanos, Galliaque excedere: id sibi ad præ-
'sentem obtinendam libertatem satis esse: ad reliqui tem-
'poris pacem atque otium parum profici. Maioribus
'enim coactis copiis reversuros, neque finem bellandi fa-
'cturos. Proinde agmine impeditos adoriantur. Si pe-
'dites suis auxilium ferant, atque in eo morentur, iter
'confici non posse: sin, id quod magis futurum confidat,
'relictis impedimentis, suæ saluti consulant, et usu re-
'rum necessariarum, et dignitate spoliatum iri. Nam
'de equitibus hostium, quin nemo eorum progredi modo
'extra agmen audeat, ne ipsos quidem debere dubitare.
'Id quo maiore faciant animo, copias se omnes pro ca-
'stris habiturum, et terrori hostibus futurum.' Conclamant equites, 'sanctissimo iureiurando confirmari oportere, ne
'tecto recipiatur, ne ad liberos, ne ad parentes, ne ad
'uxorem aditum habeat, qui non bis per hostium agmen
'perequitasset.' Probata re, atque omnibus ad iusiurandum adactis, postero die in tres partes distributo equitatu, duæ se acies a duobus lateribus ostendunt; una a primo agmine iter impedire cœpit. Qua re nuntiata, Cæsar suum quoque equitatum tripartito divisum ire

pelear entre ellos. Llegados que fueron, por no ser castizos sus caballos, toma otros de los Tribunos, de los demas Caballeros Romanos, y de los soldados veteranos [19], y los reparte entre los Germanos.

En este entretanto se unen las tropas de los enemigos venidas de los Alvernos con la caballeria que se mandó aprontar a toda la Galia. Junto este grueso cuerpo, Vercingetórige, al pasar Cesar por las fronteras de Langres a los Sequanos, para estar mas a mano de poder cubrir la Provenza, se acampó como a diez millas de los Romanos en tres divisiones, y llamando a Consejo a los Gefes de caballeria; 've-
'nido es,' les dice, 'ya el tiempo de la victoria: los Roma-
'nos van huyendo a la Provenza, y desamparan la Galia: si
'esto nos basta para quedar libres por aora, no alcanza para
'vivir en paz y sosiego en adelante: pues volverán con ma-
'yores fuerzas, ni jamas cesarán de inquietarnos. Esta es la
'mejor ocasion de cerrar con ellos en la faena de la marcha.
'Que si la infanteria sale a la defensa y en ella se ocupa, no
'pueden proseguir el viage: si tiran, lo que parece mas cier-
'to, a salvar sus vidas, abandonado el bagage, quedarán pri-
'vados de las cosas mas necesarias y sin honra. Pues de la ca-
'balleria enemiga ninguno aun de nosotros duda, que no
'habrá un solo ginete que ose dar paso fuera de las filas. Pa-
'ra mas animarlos les promete tener ordenadas sus tropas de-
'lante de los reales, y poner asi espanto a los enemigos.' Los Caballeros aplaudiendole añaden, 'que deben todos juramen-
'tarse solemnisimamente a no dar acogida, ni permitir que
'jamas vea sus hijos, sus padres, su esposa, quien no atrave-
'sase dos veces acaballo por las filas de los enemigos.' Aprobada la propuesta, y obligados todos a jurar en esta forma, el dia imediato dividida la caballeria en tres cuerpos, dos se presentan a los dos flancos; el tercero por la frente comenzó a cortar el paso. Al primer aviso Cesar da tambien orden

contra hostem iubet. Pugnatur una omnibus in partibus. Consistit agmen. Impedimenta inter legiones recipiuntur. Si qua in parte nostri laborare, aut gravius premi videbantur, eo signa inferri Cæsar, aciemque converti iubebat. Quæ res et hostes ad insequendum tardabat, et nostros spe auxilii confirmabat. Tandem Germani ab dextro latere summum iugum nacti, hostes loco depellunt: fugientes usque ad flumen, ubi Vercingetorix cum pedestribus copiis consederat, persequuntur, compluresque interficiunt. Qua re animadversa, reliqui, ne circumvenirentur, veriti, se fugæ mandant. Omnibus locis fit cædes. Tres nobilissimi Ædui capti ad Cæsarem perducuntur: Cotus præfectus equitum, qui controversiam cum Convictolitane proximis comitiis habuerat; et Cavarillus, qui post defectionem Litavici pedestribus copiis præfuerat; et Eporedorix, quo duce ante adventum Cæsaris Ædui cum Sequanis bello contenderant. Fugato omni equitatu, Vercingetorix copias suas, ut pro castris collocaverat, reduxit; protinusque Alesiam, quod est oppidum Mandubiorum, iter facere coepit; celeriterque impedimenta ex castris educi, et se subsequi iussit. Cæsar, impedimentis in proximum collem deductis, duabusque legionibus præsidio relictis, sequutus, quantum diei tempus est passum, circiter tribus millibus hostium ex novissimo agmine interfectis, altero die ad Alesiam castra fecit. Perspecto urbis situ, perterritisque hostibus, quod equitatu, qua maxime parte exercitus confidebant, erant pulsi; adhortatus ad laborem milites, Alesiam circumvallare instituit.

Ipsum erat oppidum in colle summo, admodum edito loco, ut nisi obsidione expugnari non posse videretur. Cuius collis radices duo duabus ex partibus flumina subluebant. Ante oppidum planities circiter millia

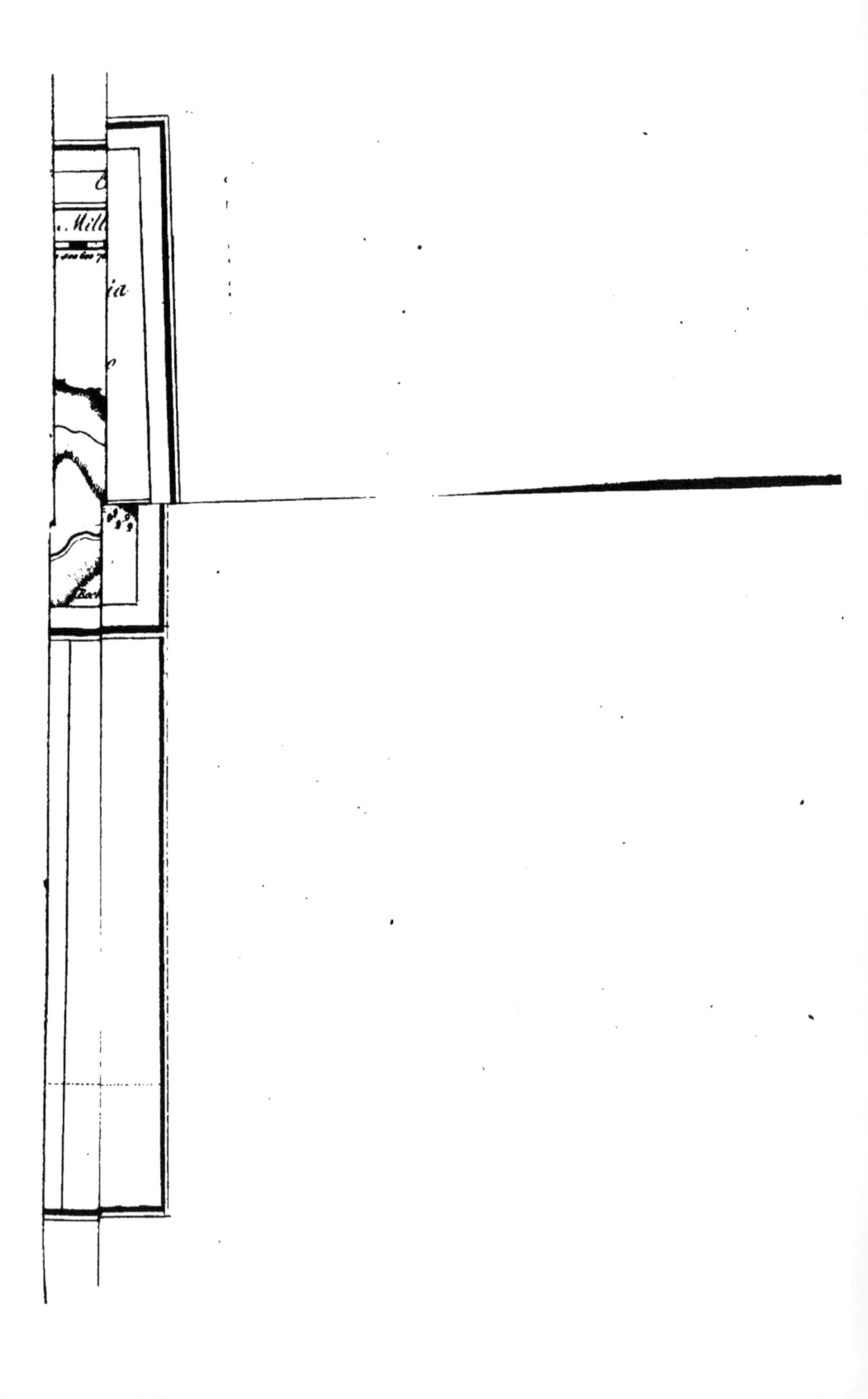

que su caballeria en tres divisiones avance contra el enemigo. Empiezase un combate general: detienese la marcha: recógese el bagage en medio de las legiones. Dondequiera que los nuestros iban de caida o se veian mas acosados, Cesar estaba encima, revolviendo allá todas sus fuerzas. Con eso cejaban los enemigos, y con la esperanza del refuerzo se rehacian los nuestros. Al cabo los Germanos por la banda derecha ganando un repecho, derrocan a los enemigos, y echando tras ellos, matan a muchos hasta el rio, donde acampaba Vercingetórige con la infanteria. Lo qual visto, los demas temiendo ser cogidos en medio, huyen de rota batida, y es general el estrago. Tres de los Eduos mas nobles son presentados a Cesar: Coto, General de la caballeria, el competidor de Convictolitan en la ultima creacion de Magistrados; Cavarílo, que despues de la rebelion de Litavico, mandaba la infanteria; y Eporedórige, que antes de la venida de Cesar fue caudillo en la guerra de los Eduos con los Sequanos. Desbaratada toda la caballeria, Vercingetórige recogió sus tropas segun las tenia ordenadas delante los reales; y sin detencion tomó la via de Alesia, plaza fuerte de los Mandubios; mandando alzar luego los bagages y conducirlos tras sí. Cesar, puestos a recaudo los suyos en un collado cercano con la escolta de dos legiones, siguiendo el alcance quanto dió de sí el dia, muertos al pie de tres mil hombres de la retaguardia enemiga, al otro dia sentó sus reales cerca de Alesia. Reconocida la situacion de la ciudad, y amedrentados los enemigos con la rota de la caballeria, en que ponian su mayor confianza; alentando los soldados al trabajo, empezó a delinear el cerco formal de Alesia [30].

 Estaba esta ciudad fundada en la cumbre de un monte muy elevado; por manera que parecia inespugnable sino por bloqueo. Dos rios por dos lados bañaban el pie de la montaña. Delante la ciudad se tendia una llanura quasi de

passuum tria in longitudinem patebat. Reliquis ex omnibus partibus colles, mediocri interiecto spatio, pari altitudinis fastigio oppidum cingebant. Sub muro, quæ pars collis ad orientem spectabat, hunc omnem locum copiæ Gallorum compleverant; fossamque et maceriam sex in altitudinem pedum præduxerant. Eius munitionis, quæ ab Romanis instituebatur, circuitus undecim millia passuum tenebat. Castra opportunis locis erant posita; ibique castella tria et viginti facta, in quibus interdiu stationes disponebantur, ne qua subito irruptio fieret. Hæc eadem noctu excubitoribus ac firmis præsidiis tenebantur. Opere instituto, fit equestre prœlium in ea planitie, quam intermissam collibus trium millium passuum in longitudinem patere supra demonstravimus. Summa vi ab utrisque contenditur. Laborantibus nostris Cæsar Germanos submittit, legionesque pro castris constituit, ne qua subito irruptio ab hostium peditatu fiat. Præsidio legionum addito, nostris animus augetur: hostes in fugam coniecti, se ipsi multitudine impediunt; atque angustioribus portis relictis coartantur. Germani acrius usque ad munitiones sequuntur. Fit magna cædes. Nonnulli, relictis equis, fossam transire, et maceriam transcendere conantur. Paullum legiones Cæsar, quas pro vallo constituerat, promoveri iubet. Non minus, qui intra munitiones erant, Galli perturbantur. Veniri ad se confestim existimantes, ad arma conclamant. Nonnulli perterriti, in oppidum irrumpunt. Vercingetorix iubet portas claudi, ne castra nudentur. Multis interfectis, compluribus equis captis, Germani sese recipiunt. Vercingetorix, priusquam munitiones ab Romanis perficiantur, consilium capit, omnem a se equitatum noctu dimittere. Discedentibus mandat, 'ut suam 'quisque eorum civitatem adeat, omnesque, qui per ætatem

tres millas a lo largo. Por todas las demas partes la ceñian de trecho en trecho varias colinas de igual altura. Debajo del muro toda la parte oriental del monte estaba cubierta de tropas de los Galos, defendidos de un foso y de una cerca de seis pies en alto. Las trincheras trazadas por los Romanos ocupaban once millas de ambito. Los alojamientos estaban dispuestos en lugares convenientes, fortificados con veinte y tres baluartes, donde nunca faltaban entre dia cuerpos de guardia contra qualquier asalto repentino: por la noche se aseguraban con centinelas y buenas guarniciones. Comenzada la obra, trábanse los caballos en aquel valle que por entre las colinas se alargaba tres millas, segun queda dicho. Peléase con sumo esfuerzo de una y otra parte. Apretados los nuestros, Cesar destaca en su ayuda los Germanos, y pone delante de los reales las legiones, para impedir toda subita irrupcion de la infanteria contraria. Con el socorro de las legiones se aviva el corage de los nuestros. Los enemigos huyendo a todo huir, se atropellan unos a otros por la muchedumbre, y quédanse acinados a las puertas demasiado angostas. Tanto mas los aguijan los Germanos hasta las fortificaciones. Hácese gran riza. Algunos apeandose, tientan a saltar el foso y la cerca. Cesar manda dar un avance a las legiones apostadas delante los reales. No es menor entonces la turbacion de los Galos que dentro de las fortificaciones estaban. Creyendo que venian derechos a ellos, todos se alarman. Azorados algunos entran de tropel en la plaza. Vercingetórige manda cerrar las puertas, porque no queden sin defensa los reales. Muertos muchos, y cogido buen numero de caballos, los Germanos retíranse al campo. Vercingetórige, primero que los Romanos acabasen de atrincherarse, toma la resolucion de despachar una noche toda la caballeria; ordenandoles al partir, 'vaya cada qual a su patria, y fuerce para la guerra 'a todos los que tuvieren edad. Represéntales sus meritos

'*arma ferre possint, ad bellum cogant. Sua in illos me-*
'*rita proponit; obtestaturque, ut suæ salutis rationem*
'*habeant; neu se de communi libertate optime meritum*
'*in cruciatum hostibus dedant: qui si indiligentiores fue-*
'*rint, millia hominum octoginta delecta secum interitura*
'*demonstrat: ratione inita, frumentum se exigue dierum*
'*triginta habere, sed paullo etiam longius tolerare pos-*
'*se parcendo.*' *His datis mandatis, qua erat nostrum
opus intermissum, secunda vigilia silentio equitatum dimittit: frumentum omne ad se ferri iubet: capitis pœnam iis, qui non paruerint, constituit: pecus, cuius magna erat ab Mandubiis compulsa copia, viritim distribuit: frumentum parce et paullatim metiri instituit: copias omnes, quas pro oppido collocaverat, in oppidum
recipit. His rationibus auxilia Galliæ exspectare, et
bellum administrare parat.*

*Quibus rebus cognitis ex perfugis et captivis, Cæ-
sar hæc genera munitionis instituit. Fossam pedum viginti directis lateribus duxit; ut eius solum tantum-
dem pateret, quantum summa labra distabant. Reliquas
omnes munitiones ab ea fossa pedibus quadringentis reduxit: id hoc consilio quoniam tantum esset necessario
spatium complexus, nec facile totum opus militum corona cingeretur; ne de improviso, aut noctu ad munitiones hostium multitudo advolaret, aut interdiu tela in
nostros operi destinatos coniicere possent. Hoc intermisso spatio, duas fossas quindecim pedes latas eadem altitudine perduxit: quarum interiorem campestribus
ac demissis locis, aqua ex flumine derivata, complevit.
Post eas aggerem et vallum duodecim pedum exstru-
xit. Huic loricam pinnasque adiecit, grandibus cervis
eminentibus ad commissuras pluteorum atque aggeris;
qui adscensum hostium tardarent: et turres toto ope-*

'para con ellos, y los conjura que tengan cuenta con su vi-
'da, y no lo abandonen a la saña cruel de los enemigos pa-
'ra ser despedazado con tormentos, siendo tan benemerito de
'la pública libertad: que por poco que se descuiden, verán
'perecer consigo ochenta mil combatientes la flor de la Ga-
'lia: que por su cuenta escasamente le quedan viveres para
'treinta dias; bienque podrán durar algunos mas cercenando
'la racion.' Con estos encargos despide la caballeria sin ruido antes de media noche por la parte que aun no estaba cerrada con nuestro vallado: manda le traigan todo el trigo,
poniendo pena de la vida a los desobedientes: reparte por
cabeza las reses recogidas con abundancia por los Mandubios: el pan lo va distribuyendo poco a poco y por tasa.
Todas las tropas acampadas delante de la plaza las mete dentro. Tomadas estas providencias, dispone aguardar los refuerzos de la Galia, y proseguir asi la guerra.

Informado Cesar de estos proyectos por los desertores y
prisioneros, formó de esta suerte las lineas. Cavó un foso de
veinte pies en ancho con las margenes aniveladas, de arte que
el suelo fuese igual en anchura al borde. Todas las otras fortificaciones tirólas a distancia de quatrocientos pies de este
foso; por razon de que habiendo abarcado por necesidad tanto espacio, ni siendo facil poner cordon de soldados en todas
partes, queria evitar los ataques improvisos o nocturnos del
enemigo, y entre dia los tiros contra los soldados empleados
en las obras. Despues de este espacio intermedio abrió dos
zanjas, anchas de quince pies y de igual altura: la interior
llenó de agua guiada del rio por sitios llanos y bajos. Tras
estas levantó el terraplen y estacada de doce pies, guarnecida
con su parapeto y almenas con grandes horquillas a manera
de astas de ciervo sobresalientes entre las junturas de la empa-
lizada, para estorbar al enemigo la subida. Todo el terraplen
cercó de cubos distantes entre sí ochenta pies. Era forzoso

re circumdedit, quæ pedes octoginta inter se distarent. Erat uno tempore et materiari, et frumentari, et tantas munitiones fieri necesse, deminutis nostris copiis, quæ longius ab castris progrediebantur: et nonnumquam opera nostra Galli tentare, atque eruptionem ex oppido pluribus portis facere summa vi conabantur. Quare ad hæc rursus opera addendum Cæsar putavit, quo minore numero militum munitiones defendi possent. Itaque truncis arborum, aut admodum firmis ramis abscisis, atque horum dolabratis atque præacutis cacuminibus, perpetuæ fossæ quinos pedes altæ ducebantur. Huc illi stipites demissi, et ab infimo revincti, ne revelli possent, ab ramis eminebant. Quini erant ordines coniuncti inter se atque implicati; quo qui intraverant, se ipsi acutissimis vallis induebant. Hos Cippos appellabant. Ante hos, obliquis ordinibus in quincuncem dispositis, scrobes trium in altitudinem pedum fodiebantur, paullatim angustiore ad infimum fastigio. Huc teretes stipites feminis crassitudine, ab summo præacuti et præusti, demittebantur; ita ut non amplius quatuor digitis ex terra eminerent. Simul confirmandi et stabiliendi causa, singuli ab infimo solo pedes terra exculcabantur: reliqua pars scrobis ad occultandas insidias viminibus ac virgultis integebatur. Huius generis octoni ordines ducti, ternos inter se pedes distabant. Id ex similitudine floris Lilium appellabant. Ante hæc taleæ pedem longæ, ferreis hamis infixis, totæ in terram infodiebantur; mediocribusque intermissis spatiis, omnibus locis disserebantur, quos Stimulos nominabant. His rebus perfectis, regiones secutus, quam potuit, æquissimas pro loci natura, quatuordecim millia passuum complexus, pares eiusdem generis munitiones diversas ab his contra exteriorem hostem perfecit, ut ne magna quidem multitudi-

a un tiempo ir a cortar madera, buscar trigo, y fabricar tan grandes obras, divididas las tropas, que tal vez se alejaban demasiado de los reales; y los Galos no perdian ocasion de atajar nuestras labores, haciendo salidas de la plaza con gran furia por varias puertas. Por lo qual a las obras dichas trató Cesar de añadir nuevos reparos, para poder cubrir las trincheras con menos gente. Para esto cortando troncos de arboles o ramas muy fuertes, acepilladas y bien aguzadas las puntas, tirábanse fosas seguidas, cuya hondura era de cinco pies. Aqui se hincaban aquellos leños, y afianzados por el pie para que no pudiesen ser arrancados, sacaban las puntas sobre las enramadas. Estaban colocados en cinco hileras, tan unidos y enlazados entre sí, que quien alli entraba, él mismo se clavaba con aquellos agudisimos espolones, a que daban el nombre de Cepos [31]. Delante de estos se cavaban unas hoyas puestas en forma de agedrez [32] al sesgo, su hondura de tres pies, que poco a poco se iban estrechando ácia bajo [33]. Aqui se metian estacas rollizas del grueso del muslo, aguzadas y tostadas sus puntas de arriba; de modo que no saliesen fuera del suelo mas de quatro dedos. Asimismo a fin de asegurarlas y que no se moviesen, cada pie desde el hondon se calzaba [34] con tierra: y para ocultar el ardid, se tapaba la boca de la hoya con mimbres y matas. Ocho eran las hileras de este genero de hoyas distantes entre sí tres pies, que llamaban Lirios por la semejanza con su flor. Delante las hoyas se soterraban unos zoquetes del tamaño de un pie erizados [35] con puas de hierro, sembrados a trechos por todas partes con el nombre de abrojos. Concluidas estas cosas, siguiendo las veredas mas acomodadas que pudo segun la calidad del terreno, abarcando catorce millas, dió traza como se hiciesen otras fortificaciones [36] semejantes, vueltas a la otra banda contra los enemigos de fuera, para que ni aun con mucha gente, si llegase el caso de su retirada, pudie-

ne, si ita accidat eius discessu, munitionum præsidia circumfundi possent: neu cum periculo ex castris egredi cogerentur, dierum triginta pabulum frumentumque habere omnes convectum iubet.

Dum hæc ad Alesiam geruntur, Galli, concilio principum indicto, non omnes, qui arma ferre possent, ut censuit Vercingetorix, convocandos statuunt, sed certum numerum cuique civitati imperandum; ne, tanta multitudine confusa, nec moderari, nec discernere suos, nec frumentandi rationem habere possent. Imperant Æduis, atque eorum clientibus Segusianis, Ambivaretis, Aulercis Brannovicibus, Brannoviis millia quinque et triginta: parem numerum Arvernis, adiunctis Eleutheris Cadurcis, Gabalis, Velaunis, qui sub imperio Arvernorum esse consueverunt: Senonibus, Sequanis, Bituригibus, Santonibus, Ruthenis, Carnutibus duodecim millia; Bellovacis decem: totidem Lemovicibus; octona Pictonibus, et Turonis, et Parisiis, et Helviis: Suessionibus, Ambianis, Mediomatricis, Petrocoriis, Nerviis, Morinis, Nitiobrigibus quina millia; Aulercis Cenomanis totidem; Atrebatibus quatuor millia: Bellocassis, Lexoviis, Aulercis Eburonibus terna; Rauracis, et Boiis triginta: universis civitatibus, quæ Oceanum attingunt, quæque eorum consuetudine Armoricæ appellantur (quo sunt in numero Curiosolites, Rhedones, Ambibari, Caletes, Osismii, Lemovices, Veneti, Unelli) sena. Ex his Bellovaci suum numerum non contulerunt; quod se suo nomine atque arbitrio cum Romanis bellum gesturos dicerent, neque cuiusquam imperio obtemperaturos. Rogati tamen a Commio, pro eius hospitio duo millia miserunt. Huius opera Commii, ita ut antea demonstravimus, fideli atque utili superioribus annis erat usus in Britannia Cæsar: pro quibus meritis civitatem eius

sen acordonar las guarniciones de las trincheras: y tambien porque no se viesen obligados a salir de ellas con riesgo, manda que todos hagan provision de pan y heno para treinta dias.

Mientras iban asi las cosas en Alesia, los Galos en una junta de Grandes determinan nó lo que pretendia Vercingetórige, que todos los que fuesen de armas tomar, se alistasen; sinoque cada nacion contribuyese con cierto numero de gente: temiendo que con la confusion de tanta chusma no les seria posible refrenar ni distinguir a los suyos, ni hallar medio de abastecerse. A los Eduos y a sus dependientes los Segusianos, Ambivaretos, Aulercos Branovices [37] y Branovios echan la qüota de treinta y cinco mil hombres: igual numero a los Alvernos, y a sus vasallos que solian ser los Eleuteros [38] de Caors, los Gabalos y Velaunos: a los de Sens, los Sequanos, los de Berri, del Santonge, de Rodes, de Chartres doce mil: a los Beoveses diez mil: otros tantos a los Lemosines: cada ocho mil a los de Potiers, de Turs, Paris y Helvios: a los de Soisons, a los Amienses, los Metenses, los Perigordenses, Nervios, Morinos, Nitióbriges a cinco mil: otros tantos a los Aulercos de Maine: quatro mil a los de Artois: a los Belocases, Lisienses, Eulercos Eburones cada tres mil: a los Rauracos y Boyos treinta mil: a seis mil a todas las merindades de la costa del Océano, llamadas en su lenguage Armoricas, a que pertenecen los de Cornuaille, de Renes, los Ambibaros, Caletes, Osismios, Vaneses y Unélos. De estos los Beoveses solos rehusaron contribuir con su qüota, diciendo querian hacer la guerra a los Romanos por sí y como les pareciese sin dependencia de nadie: no obstante a ruegos de Comio y por su amistad, embiaron dos mil hombres. Este Comio es el mismo que los años pasados hizo fieles e importantes servicios a Cesar en Bretaña; por cuyos meritos habia declarado libre a su repu-

immunem esse iusserat; iura legesque reddiderat, atque ipsi Morinos attribuerat. Tanta tamen universæ Galliæ consensio fuit libertatis vindicandæ, et pristinæ belli laudis recuperandæ, ut neque beneficiis neque amicitiæ memoria moverentur; omnesque et animo et opibus in id bellum incumberent, coactis equitum octo millibus, et peditum circiter ducentis quadraginta. Hæc in Æduorum finibus recensebantur; numerusque inibatur: præfecti constituebantur: Commio Atrebati, Viridomaro, et Eporedorigi Æduis, Vergasillauno Arverno consobrino Vercingetorigis summa imperii transditur. His delecti ex civitatibus attribuuntur, quorum consilio bellum administraretur. Omnes alacres et fiduciæ pleni ad Alesiam proficiscuntur. Nec erat omnium quisquam, qui adspectum modo tantæ multitudinis sustineri posse arbitraretur, præsertim ancipiti prælio; quum ex oppido eruptione pugnaretur, et foris tantæ copiæ equitatus peditatusque cernerentur.

At hi, qui Alesiæ obsidebantur, præterita die, qua suorum auxilia exspectaverant, consumto omni frumento, inscii, quid in Æduis gereretur, concilio coacto, de exitu fortunarum suarum consultabant. Ac variis dictis sententiis, quarum pars deditionem, pars, dum vires suppeterent, eruptionem censebant; non prætereunda videtur oratio Critognati propter eius singularem ac nefariam crudelitatem. Hic summo in Arvernis natus loco, et magnæ habitus auctoritatis, 'Nihil,' inquit, 'de 'eorum sententia dicturus sum, qui turpissimam servi- 'tutem deditionis nomine appellant; neque hos habendos 'civium loco, neque ad consilium adhibendos censeo. Cum 'iis mihi res sit, qui eruptionem probant: quorum in 'consilio omnium vestrum consensu pristinæ residere vir- 'tutis memoria videtur. Animi est ista mollities, non

blica, restituídole sus fueros y leyes, sujetando a su jurisdicion los Morinos. Pero fue tan universal la conspiracion de toda la Galia en orden a defender su libertad y recuperar su primera gloria militar, que ninguna fuerza les hacian ni los beneficios recibidos ni las obligaciones de amigos: sinoque todos con todo su corazon y con todas sus fuerzas se armaban para esta guerra; en que se contaban ocho mil caballos y cerca de doscientos quarenta mil infantes. Hacíase la masa del egercito y la revista general en las fronteras de los Eduos: nombrábanse Capitanes: fiase todo el peso del gobierno a Comio el de Artois, a los Eduos Virdomaro y Eporedórige, a Vergasilauno Alverno, primo de Vercingetórige; dandoles por Consejeros varones escogidos de todos los Estados. Alborozados todos y llenos de confianza, van camino de Alesia. Ni habia entre todos uno solo que pensase hallar quien se atreviese a sufrir ni aun la vista de tan numeroso egercito; y mas estando entre dos fuegos [39]; de la plaza con las salidas; de fuera con el terror de tantas tropas de acaballo y de apie.

Pero los sitiados de Alesia, pasado el plazo en que aguardaban el socorro, consumidos todos los viveres, ignorantes de lo que se trataba en los Eduos, juntandose a Consejo, consultaban acerca del remedio de sus desventuras. Entre los varios partidos propuestos, inclinandose unos a lo entrega, otros a una salida mientras se hallaban con fuerzas; no me pareció pasar en silencio el que promovió Critoñato por su inaudita y barbara crueldad. Este nacido en Albernia de nobilisimo linage, y tenido por hombre de grande autoridad: 'Ni to-
'mar quiero en boca (dice) el parecer de aquellos que lla-
'man entrega la mas infame servidumbre: estos tales para mí
'no son ciudadanos, ni deben ser admitidos a Consejo. Hablo
'sí con los que aconsejan la salida: cuyo dictamen a juicio de
'todos vosotros parece mas conforme a la hidalguia de nues-
'tro valor heredado. Mas yo no tengo por valor sino por fla-

„virtus, inopiam paullisper ferre non posse. Qui se ul-
„tro morti offerant, facilius reperiuntur, quam qui do-
„lorem patienter ferant. Atque ego hanc sententiam pro-
„barem; nam apud me multum dignitas potest; si nul-
„lam, praeterquam vitae nostrae, iacturam fieri viderem.
„Sed in consilio capiendo omnem Galliam respiciamus,
„quam ad nostrum auxilium concitavimus. Quid, homi-
„num millibus octoginta uno loco interfectis, propinquis
„consanguineisque nostris animi fore existimatis, si pae-
„ne in ipsis cadaveribus praelio decertare cogentur? Noli-
„te hos vestro auxilio spoliare, qui vestrae salutis causa
„suum periculum neglexerint, nec stultitia ac temerita-
„te vestra, aut imbecillitate animi omnem Galliam pro-
„sternere ac perpetuae servituti addicere. An, quod ad
„diem non venerint, de eorum fide constantiaque dubi-
„tatis? Quid ergo? Romanos in illis ulterioribus muni-
„tionibus animine causa quotidie exerceri putatis? Si il-
„lorum nuntiis confirmari non potestis, omni aditu prae-
„septo, iis utimini testibus, appropinquare eorum ad-
„ventum; cuius rei timore exterriti, diem noctemque
„in opere versantur. Quid ergo mei consilii est? Facere
„quod nostri maiores nequaquam pari bello Cimbrorum
„Teutonumque fecerunt: qui in oppida compulsi, ac si-
„mili inopia subacti; eorum corporibus, qui aetate inuti-
„les ad bellum videbantur, vitam toleraverunt, neque
„se hostibus transdiderunt. Cuius rei exemplum si non
„haberemus, tamen libertatis causa institui et posteris
„prodi pulcherrimum iudicarem. Nam quid huic simile
„bello fuit? Depopulata Gallia, magnaque illata cala-
„mitate, Cimbri finibus nostris aliquando excesserunt,
„atque alias terras petierunt: iura, leges, agros, li-
„bertatem nobis reliquerunt. Romani vero quid petunt
„aliud, aut quid volunt, nisi invidia adducti, quos fama

'queza el no poder sufrir un tanto la carestia. Mas facil es
'hallar quien se ofrezca de grado a la muerte, que quien su-
'fra con paciencia el dolor. Yo por mí acetaria este partido
'por lo mucho que aprecio la honra, si viese que solo se ar-
'riesgaba en él nuestra vida; pero antes de resolvernos, vol-
'vamos los ojos a la Galia, la qual tenemos toda empeñada
'en nuestro socorro. Quál, si pensais, será la consternacion de
'nuestros allegados y parientes al ver tendidos en tierra ochen-
'ta mil ciudadanos, y haber por fuerza de pelear entre sus
'mismos cadaveres? No querais, os ruego, privar del auxi-
'lio de vuestro brazo a los que por salvar vuestras vidas han
'aventurado las suyas, ni arruinar a toda la Galia condenan-
'dola a perpetua esclavitud por vuestra inconsideracion y te-
'meridad, o mejor diré, por vuestra cobardia. Acaso dudais
'de su lealtad y firmeza porque no han venido al plazo se-
'ñalado? Cómo? creis que los Romanos se afanan tanto en
'hacer aquellas lineas de circunvalacion por mero entreteni-
'miento? Si no podeis haber nuevas de ellos, cerradas todas
'las vias, recibid de su proxima venida el anuncio de los mis-
'mos enemigos, que con el temor de ser sobresaltados, no
'cesan de trabajar dia y noche. Direisme; pues qué nos acon-
'sejas tu? Que se haga lo que ya hicieron nuestros mayores
'en la guerra de los Cimbros y Teutones, harto diferente de
'esta: que sitiados y apretados de semejante necesidad, sus-
'tentaron su vida con la carne de la gente a su parecer inutil
'para la guerra, por no rendirse a los enemigos. Aunque no
'tuvieramos egemplo de esto, yo juzgaria cosa muy loable
'el darlo por amor de la libertad para imitacion de los veni-
'deros. Y qué tuvo que ver aquella guerra con esta? Los
'Cimbros, saqueada toda la Galia y hechos grandes estragos,
'al fin salieron de nuestras tierras y marcharon a otras, de-
'jandonos nuestros fueros, leyes, posesiones y libertad: mas
'los Romanos qué otra cosa pretenden o quieren, sino por

'nobiles, potentesque bello cognoverunt, horum in agris
'civitatibusque considere, atque his æternam iniungere
'servitutem? Neque enim umquam alia conditione bella
'gesserunt. Quod si ea, quæ in longinquis nationibus
'geruntur, ignoratis; respicite finitimam Galliam, quæ
'in provinciam redacta, iure et legibus commutatis, se-
'curibus subiecta, perpetua premitur servitute.' Sententiis dictis, constituunt, 'ut, qui valetudine, aut ætate
'inutiles sunt bello, oppido excedant; atque omnia prius
'experiantur, quam ad Critognati sententiam descendant:
'illo tamen potius utendum consilio, si res cogat atque
'auxilia morentur, quam deditionis aut pacis subeundam
'conditionem.' Mandubii, qui eos oppido receperant, cum
liberis atque uxoribus exire coguntur. Hi, quum ad munitiones Romanorum accessissent, flentes, omnibus precibus orabant, ut se in servitutem receptos cibo iuvarent. Hos Cæsar, dispositis in vallo custodiis, recipi
prohibebat.

 Interea Commius et reliqui duces, quibus summa imperii permissa erat, cum omnibus copiis ad Alesiam perveniunt, et colle exteriore occupato, non longius quingentis
passibus a nostris munitionibus considunt. Postero die
equitatu ex castris educto, omnem eam planitiem, quam
in longitudinem tria millia passuum patere demonstravimus, complent; pedestresque copias, paullum ab eo loco,
abditas in locis superioribus constituunt. Erat ex oppido
Alesia despectus in campum. Concurritur, his auxiliis visis; fit gratulatio inter eos; atque omnium animi ad læ-
titiam excitantur. Itaque, productis copiis, ante oppidum
considunt; et proximam fossam cratibus integunt atque
aggere explent; seque ad eruptionem atque omnes casus
comparant. Cæsar, omni exercitu ad utramque partem
munitionum disposito, ut, si usus veniat, suum quisque

'envidia de nuestra gloria y superioridad esperimentada en
'las armas, usurparnos las heredades y poblaciones, y sen-
'tenciarnos a eterna servidumbre, puesto que nunca hicie-
'ron a otro precio la guerra? Y si ignorais lo que sucedió a
'las naciones lejanas, ahí teneis vecina la Galia, que conver-
'tida en provincia suya, mudado el gobierno, sugeta a su
'tirania, gime bajo el yugo de perpetua servidumbre.' Tomados los votos, deciden, 'que los inutiles por sus ages o
'edad despejen la plaza; y que se pruebe todo, primero que
'seguir el consejo de Critoñato; pero a mas no poder, si
'tarda el socorro, se abrace, antes que admitir condicion al-
'guna de rendicion o de paz.' Los Mandubios, que los habian recibido en la ciudad, son echados fuera con sus hijos
y mugeres. Los quales arrimados a las trincheras de los
Romanos, deshechos en lagrimas, les pedian rendidamente
que les diesen un pedazo de pan, y serian sus esclavos. Mas
Cesar, poniendo guardias en la barrera, no queria darles
quartel.

Entretanto Comio y los demas Comandantes llegan con
todas sus tropas a la vista de Alesia: y ocupada la colina de
afuera, se acampan a media milla de nuestras fortificaciones. Al dia siguiente, sacando la caballeria de los reales, cubren toda aquella vega, que como se ha dicho, tenia de largo tres millas; y colocan la infanteria detrás de este sitio
en los recuestos. Las vistas de Alesia caìan al campo. Visto el socorro, búscanse unos a otros; dánse mil parabienes,
rebosando todos de alegria. Salen pues armados de punta
en blanco, y plántanse delante de la plaza: llenan de zarzos
y tierra el foso imediato; conque se disponen para el ataque
y qualquier otro trance. Cesar, distribuido el egercito por
las dos bandas de las trincheras de suerte que cada qual en
el lance pudiese conocer y guardar su puesto; echa fuera
la caballeria con orden de acometer. De todos los reales que

locum teneat, et noverit; equitatum ex castris educi, et prælium committi iubet. Erat ex omnibus castris, quæ summum undique iugum tenebant, despectus, atque omnium militum intenti animi pugnæ eventum exspectabant. Galli inter equites raros sagittarios, expeditosque levis armaturæ interiecerant, qui suis cedentibus auxilio succurrerent, et nostrorum equitum impetum sustinerent. Ab his complures de improviso vulnerati, prœlio excedebant. Quum suos pugna superiores esse Galli confiderent, et nostros premi multitudine viderent; ex omnibus partibus et ii, qui munitionibus continebantur, et ii, qui ad auxilium convenerant, clamore et ululatu suorum animos confirmabant. Quod in conspectu omnium res gerebatur, neque recte, aut turpiter factum celari poterat: utrosque et laudis cupiditas, et timor ignominiæ ad virtutem excitabat. Quum a meridie prope ad Solis occasum dubia victoria pugnaretur, Germani una in parte confertis turmis in hostes impetum fecerunt, eosque propulerunt. Quibus in fugam coniectis, sagittarii circumventi, interfectique sunt. Item ex reliquis partibus nostri cedentes usque ad castra insecuti, sui colligendi facultatem non dederunt. At hi, qui ab Alesia processerant, mœsti, prope victoria desperata, se in oppidum receperunt.

Uno die intermisso, Galli, atque hoc spatio magno cratium, scalarum, harpagonum numero effecto, media nocte silentio ex castris egressi, ad campestres munitiones accedunt. Subito clamore sublato, qua significatione, qui in oppido obsidebantur, de suo adventu cognoscere possent, crates proiicere, fundis, sagittis, lapidibus nostros de vallo deturbare, reliquaque, quæ ad oppugnationem pertinent, administrare. Eodem tempore, clamore exaudito, dat tuba signum suis Vercingetorix, atque ex oppido educit. Nostri, ut superioribus diebus suus cuique

ocupaban los cerros de toda aquella cordillera se descubria el campo de batalla: y todos los soldados estaban en grande espectacion del suceso. Los Galos habian entre los caballos mezclado a trechos flecheros y volantes armados a la ligera, que los protegiesen al retroceder, y contuviesen el impetu de los nuestros. Por estos tales heridos al improviso varios, se iban retirando del combate. Con eso los Galos animados por la ventaja de los suyos, y viendo a los nuestros cargados de la muchedumbre, tanto los sitiados como las tropas auxiliares con gritos y alaridos atizaban por todas partes el corage de los suyos. Como estaban a la vista de todos, que no se podia encubrir accion alguna o bien o mal hecha; a los unos y a los otros daba brios no menos el amor de la gloria, que el temor de la ignominia. Continuandose la pelea desde mediodia hasta ponerse el sol con la victoria en balanzas, los Germanos cerrados en pelotones, arremetieron de golpe y rechazaron a los enemigos: por cuya fuga los flecheros fueron cercados y muertos. En tanto los nuestros persiguiendo por las demas partes a los fugitivos hasta sus reales, no les dieron lugar a rehacerse. Entonces los que habian salido fuera de la plaza, perdída la esperanza de la victoria, se recogieron muy mustios adentro.

Un dia estuvieron los Galos sin pelear, gastandolo todo en aparejar gran numero de zarzos, escalas, garabatos; conque saliendo a media noche a sordas de los reales, se fueron arrimando a la linea de circunvalacion: y derepente alzando una gran griteria que sirviese a los sitiados por seña de su acometida, empiezan a tirar zarzos; y con hondas, saetas y piedras a derribar de las barreras a los nuestros, y aprestar los demas instrumentos para el asalto. Al mismo punto Vercingetórige, oida la grita, toca a rebato, y saca su gente de Alesia. De los nuestros cada qual corre al puesto que

erat locus attributus, ad munitiones accedunt; fundis librilibus sudibusque quas in opere disposuerant, ac glandibus Gallos perterrent. Prospectu tenebris ademto, multa utrimque vulnera accipiuntur; complura tormentis tela coniiciuntur. At Marcus Antonius, et Caius Trebonius legati, quibus eæ partes ad defendendum obvenerant, qua ex parte premi nostros intellexerant, iis auxilio ex ulterioribus castellis deductos submittebant. Dum longius ab munitione aberant Galli, plus multitudine telorum proficiebant: postea quam propius successerunt, aut se ipsi stimulis inopinantes induebant; aut in scrobes delapsi, transfodiebantur; aut ex vallo et turribus transiecti pilis muralibus, interibant. Multis undique vulneribus acceptis, nulla munitione perrupta, quum lux appeteret; veriti, ne ab latere aperto ex superioribus castris eruptione circumvenirentur, se ad suos receperunt. At interiores, dum ea, quæ a Vercingetorige ad eruptionem præparata erant, proferunt: priores fossas explent; diutius in his rebus administrandis morati, prius suos discessisse cognoverunt, quam munitionibus appropinquarent. Ita, re infecta, in oppidum reverterunt.

Bis magno cum detrimento repulsi Galli, quid agant, consulunt. Locorum peritos adhibent. Ab his superiorum castrorum situs munitionesque cognoscunt. Erat a Septemtrionibus collis, quem quia, propter magnitudinem circuitus, opere circumplecti non potuerant; nostri necessario pæne iniquo loco, et leniter declivi, castra fecerunt. Hæc Caius Antistius Reginus, et Caius Caninius Rebilus legati cum duabus legionibus obtinebant. Cognitis per exploratores regionibus, duces hostium quinquaginta quinque millia ex omni numero deligunt earum civitatum, quæ maximam virtutis opinionem habebant: quid,

de antemano le estaba señalado en las trincheras; donde con hondas que arrojaban piedras de a libra [40], con espontones puestos a mano, y con balas de plomo [41] arredran al enemigo. Los golpes dados y recibidos eran a ciegas por la oscuridad de la noche; muchos los tiros de las baterias. Pero los Legados Marco Antonio y Cayo Trebonio, encargados de la defensa por esta parte, donde veian ser mayor el peligro de los nuestros, iban destacando en su ayuda de los fortines de la otra soldados de refresco. Mientras los Galos disparaban de lejos, hacian mas efecto con la gran cantidad de tiros : despues que se fueron arrimando a las lineas, o se clavaban con los abrojos, o caidos en las hoyas, quedaban empalados en las estacas, o atravesados desde las barreras y torres con los rejones, rendian el alma. Enfin recibidas de todas partes muchas heridas, sin poder abrir una brecha, rayando ya el dia, por miedo de ser cogidos por el flanco de las tropas de la cuesta, tocaron la retirada. En esto los de la plaza, mientras andan afanados en manejar las maquinas preparadas por Vercingetórige para el asalto, en cegar los primeros fosos, gastado gran rato en tales maniobras; entendieron la retirada de los suyos antes de haberse acercado ellos a nuestras fortificaciones. Asi volvieron a la plaza sin hacer cosa de provecho.

Rebatidos por dos veces con pérdida los Galos, deliberan sobre lo que conviene hacer. Consultan con los prácticos del pais. Infórmanse de ellos sobre la posicion y fortificaciones de nuestro campamento de arriba. Yacia por la banda setentrional una colina que no pudiendo abrazarla con el cordon los nuestros por su gran circunferencia, se vieron forzados a fijar sus estancias en sitio menos igual y algun tanto costanero. Guardábanlas los Legados Cayo Antistio Regino y Cayo Caninio Rebilo con dos legiones. Batidas las estradas, los Gefes enemigos entresacan cincuenta y cinco mil combatientes de las tropas de aquellas naciones que

quoque pacto, agi placeat, occulte inter se constituunt. Adeundi tempus definiunt, quum meridies esse videatur. His copiis Vergasillaunum Arvernum, unum ex quatuor ducibus, propinquum Vercingetorigis, præficiunt. Ille ex castris prima vigilia egressus, prope confecto sub lucem itinere, post montem se occultavit, militesque ex nocturno labore sese reficere iussit: quum iam meridies appropinquare videretur, ad ea castra, quæ supra demonstravimus, contendit; eodemque tempore equitatus ad campestres munitiones accedere, et reliquæ copiæ sese pro castris ostendere cœperunt. Vercingetorix ex arce Alesiæ suos conspicatus, ex oppido egreditur, ac crates longurios, musculos, falces, reliquaque, quæ eruptionis causa paraverat, profert. Pugnatur uno tempore omnibus locis, atque omnia tentantur. Quæ minime visa est pars firma esse, huc concurritur. Romanorum manus tantis munitionibus distinetur, nec facile pluribus locis occurrit. Multum ad terrendos nostros valuit clamor, qui post tergum pugnantibus exstitit, quod suum periculum in aliena vident virtute consistere. Omnia enim plerumque quæ absunt, vehementius hominum mentes perturbant. Cæsar idoneum locum nactus, quid quaque in parte geratur, cognoscit; laborantibus auxilium submittit. Utrisque ad animum occurrit, unum illud esse tempus, quo maxime contendi conveniat. Galli, nisi perfregerint munitiones, de omni salute desperant. Romani, si rem obtinuerint, finem laborum omnium exspectant. Maxime ad superiores munitiones laboratur, quo Vergasillaunum missum demonstravimus. Exiguum loci ad declivitatem fastigium, magnum habet momentum. Alii tela coniiciunt, alii, testudine facta, subeunt; defatigatis in vicem integri succedunt. Agger ab universis in munitionem coniectus, et adscensum dat Gallis, et quæ in terram occultave-

corrian con mayor fama de valerosas, y forman entre sí en secreto el plan de operaciones. Determinan para la empresa la hora del mediodia; y nombran por Cabo de la faccion a Vergasilauno Alverno, uno de los quatro Generales, pariente de Vercingetórige. Sale pues de los reales a prima noche, y terminada su marcha cerca del amanecer, se oculta tras del monte, y ordena a los soldados que descansen de la fatiga nocturna. Al hilo ya del mediodia, va derecho sobre los reales arriba mencionados, y a la misma hora empieza la caballeria a desfilar ácia las trincheras del llano, y el resto del egercito a esquadronarse delante de sus tiendas. Vercingetórige, avistando desde el alcazar de Alesia a los suyos, sale de la plaza, llevando consigo zarzos, puntales, árganos, hoces, y las demas baterias aparejadas para forzar las trincheras. Embisten a un tiempo por todas partes, y hacen todos los esfuerzos posibles. Si ven algun sitio menos pertrechado, allá se abalanzan. La tropa de los Romanos se halla embarazada con tantas fortificaciones, ni es facil acudir a un tiempo a tan diversos lugares. Mucho contribuyó al terror de los nuestros la voceria que sintieron en el combate a las espaldas; midiendo su peligro por el ageno orgullo. Y es asi, que los objetos distantes hacen de ordinario mas vehemente impresion en los pechos humanos. Cesar desde un alto registra quanto pasa, y refuerza a los que peligran. Unos y otros se hacen la cuenta de ser esta la ocasion en que se debe echar el resto. Los Galos si no fuerzan las trincheras, se dan por perdidos: los Romanos con la victoria esperan poner fin a todos sus trabajos. Su mayor peligro era en los reales altos, atacados, segun referimos, por Vergasilauno. Un pequeño recuesto cogido favorece mucho a los contrarios. Desde alli unos arrojan dardos; otros avanzan empavesados: rendidos unos, suceden otros de refresco: la fagina, que todos a una echan contra la estacada, asi facilita el paso a los Ga-

rant Romani, contegit. Nec iam arma nostris, nec vires suppetunt. His rebus cognitis, Cæsar Labienum cum cohortibus sex subsidio laborantibus mittit. Imperat, si sustinere non possit, deductis cohortibus, eruptione pugnet. Id, nisi necessario, ne faciat. Ipse adit reliquos: cohortatur, ne labori succumbant: omnium superiorum dimicationum fructum in eo die atque hora docet consistere. Interiores, desperatis campestribus locis, propter magnitudinem munitionum, loca præerupta ex adscensu tentant. Huc ea, quæ paraverant, conferunt: multitudine telorum ex turribus propugnantes deturbant: aggere, et cratibus aditus expediunt: falcibus vallum ac loricam rescindunt. Cæsar mittit primo Brutum adolescentem cum cohortibus sex: post cum aliis septem Fabium legatum: postremo ipse, quum vehementius pugnaretur, integros subsidio adducit. Restituto prælio, ac repulsis hostibus, eo, quo Labienum miserat, contendit. Cohortes quatuor ex proximo castello educit. Equitum se partem sequi, partem circumire exteriores munitiones, et ab tergo hostes adoriri iubet. Labienus, postquam neque aggeres, neque fossæ vim hostium sustinere poterant, coactis una de quadraginta cohortibus, quas ex proximis præsidiis deductas fors obtulit, Cæsarem per nuntios facit certiorem, quid faciendum existimet. Adcelerat Cæsar, ut prælio intersit.

Eius adventu ex colore vestitus cognito, quo insigni in præliis uti consueverat, turmisque equitum et cohortibus visis, quas se sequi iusserat (ut de locis superioribus hæc declivia et devexa cernebantur) hostes committunt prælium. Utrimque clamore sublato, excipit rursus ex vallo atque omnibus munitionibus clamor. Nostri, emissis pilis, gladiis rem gerunt. Repente post

los, como inutiliza los pertrechos que tenian tapados en tierra los Romanos. Ya no pueden mas los nuestros, faltos de armas y fuerzas. En vista de esto Cesar destaca en su amparo a Labieno con seis batallones: ordénale, que si dentro no puede sufrir la carga, rompa fuera arremetiendo con su gente: pero no lo haga, sino a mas no poder. Él mismo va recorriendo las demas lineas, esforzando a todos a que no desfallezcan; que aquel era el dia y la hora de recoger el fruto de tantos sudores. Los de la plaza, desconfiando de abrir brecha en las trincheras del llano por razon de su estension tan vasta, trepan lugares escarpados, donde ponen su armeria: con un granizo de flechas derriban de las torres a los defensores: con terrones y zarzos allanan el camino: con las hoces destruyen estacada y parapetos. Cesar destaca primero al joven Bruto con seis batallones, y tras él al Legado Fabio con otros siete. Por ultimo él mismo en persona, arreciandose mas la pelea, acude con nuevos refuerzos. Reintegrado el combate, y rechazados los enemigos, corre a unirse con Labieno. Saca del baluarte imediato quatro batallones. Una parte de la caballeria ordena que le siga; otra, que rodeando la linea de circunvalacion, acometa por las espaldas al enemigo. Labieno, visto que ni estacadas ni fosos eran bastantes a contener su furia, juntando treinta y nueve cohortes, que por dicha [42] se le presentaron de los baluartes mas cercanos, da parte a Cesar de lo que pensaba egecutar. Cesar viene a toda priesa, por hallarse presente a la batalla.

No bien hubo llegado, quando fue conocido por la vistosa sobreveste [43] que solia traer en las batallas; vistos tambien los esquadrones de caballeria y el cuerpo de infanteria que venía tras él por su orden, (pues se descubria desde lo alto lo que pasaba en la bajada de la cuesta) los enemigos traban combate. Alzado de ambas partes el grito, responden al eco iguales clamores del vallado y de todos los bastiones.

tergum equitatus cernitur. Cohortes aliæ appropinquant. Hostes terga vertunt. Fugientibus equites occurrunt. Fit magna cædes. Sedulius dux et princeps Lemovicum occiditur: Vergasillaunus Arvernus vivus in fuga comprehenditur. Signa militaria quatuor et septuaginta ad Cæsarem referuntur. Pauci ex tanto numero se incolumes in castra recipiunt. Conspicati ex oppido cædem et fugam suorum, desperata salute, copias a munitionibus reducunt. Fit protinus, hac re audita, ex castris Gallorum fuga. Quod nisi crebris subsidiis, ac totius diei labore milites fuissent defessi, omnes hostium copiæ deleri potuissent. De media nocte missus equitatus, novissimum agmen consequitur. Magnus numerus capitur, atque interficitur: reliqui ex fuga in civitates discedunt.

Postero die Vercingetorix, concilio convocato, 'id 'se bellum suscepisse non suarum necessitatum, sed com- 'munis libertatis causa demonstrat; et quoniam sit for- 'tunæ cedendum, ad utramque rem se illis offerre; seu 'morte sua Romanis satisfacere, seu vivum transdere 'velint.' Mittuntur de his rebus ad Cæsarem legati. Iubet arma transdi, principes produci. Ipse in munitione pro castris consedit. Eo duces producuntur. Vercingetorix deditur. Arma proiiciuntur. Reservatis Æduis, atque Arvernis, si per eos civitates recuperare posset: ex reliquis captivis toto exercitu capita singula prædæ nomine distribuit.

His rebus confectis, in Æduos proficiscitur; civitatem recipit. Eo legati ab Arvernis missi, quæ imperaret, se facturos pollicentur. Imperat magnum numerum obsidum. Legiones in hiberna mittit. Captivorum circiter viginti millia Æduis, Arvernisque reddit. Titum Labienum cum duabus legionibus, et equitatu in Se-

Los nuestros, tirados sus dardos, echan mano de las espadas. Déjase ver derepente la caballeria sobre el enemigo. Avanzan los otros batallones: los enemigos echan a huir; y en la huida encuentran con la caballeria. Es grande la matanza. Sedulio, caudillo y Principe de los Limosines, es muerto: Vergasilauno en la fuga preso vivo: setenta y quatro banderas presentadas a Cesar: pocos los que de tanta muchedumbre vuelven sin lesion a los reales. Viendo desde la plaza el estrago y derrota de los suyos, desesperados de salvarse, retiran sus tropas de las trincheras. Entendido esto, sin mas aguardar los Galos desamparan sus reales. Y fue cosa que a no estar los nuestros rendidos de tanto correr a reforzar los puestos y del trabajo de todo el dia, no hubieran dejado hombre a vida. Sobre la media noche destacada la caballeria, dió alcance a su retaguardia prendiendo y matando a muchos: los demas huyen a sus tierras.

Al otro dia Vercingetórige, convocada su gente, protesta, 'no haber emprendido él esta guerra por sus propios intereses, 'sino por la defensa de la comun libertad: mas ya que es for-'zoso ceder a la fortuna, él está pronto a que lo sacrifiquen, 'o dandole si quieren la muerte, o entregandolo vivo a los 'Romanos, para satisfacerles.' Despachan diputados a Cesar. Mándales entregar las armas y las cabezas de partido. Él puso su pabellon en un baluarte delante los reales. Aqui se le presentan los Generales. Vercingetórige es entregado [44]. Arrojan a sus pies las armas. Reservando los Eduos y Alvernos a fin de valerse de ellos para recobrar sus Estados, de los demas cautivos da uno a cada soldado a titulo de despojo.

Hecho esto, marcha a los Eduos, y se le rinden. Alli recibe embajadores de los Alvernos que se ofrecen a estar en todo a su obediencia. Mándales dar gran numero de rehenes. Restituye cerca de veinte mil prisioneros a los Eduos y Alvernos. Embia las legiones a quarteles de ibierno. A Tito Labieno manda ir con dos y la caballeria a los Sequanos

quanos proficisci iubet. Huic Marcum Sempronium Rutilum attribuit. Caium Fabium, et Lucium Minucium Basilum cum duabus legionibus in Remis collocat, ne quam a finitimis Bellovacis calamitatem accipiant. Caium Antistium Reginum in Ambivaretos, Titum Sextium in Bituriges, Caium Caninium Rebilum in Ruthenos cum singulis legionibus mittit; Quintum Tullium Ciceronem, et Publium Sulpicium Cabilloni et Matiscone in Æduis ad Ararim, rei frumentariæ causa, collocat. Ipse Bibracte hiemare constituit. His rebus Cæsaris literis cognitis, Romæ dierum viginti supplicatio indicitur.

dandole por Ayudante a Marco Sempronio Rutilo. A Cayo Fabio y a Lucio Minucio Basilo aloja con dos legiones en los Remenses, para defenderlos de toda invasion contra los Beoveses sus fronterizos. A Cayo Antistio Regino remite a los Ambivaretos: a Tito Sestio a los Berrienses, a Cayo Caninio Rebilo a los Rodenses, cada uno con su legion. A Quinto Tulio Ciceron y a Publio Sulpicio aquartela en Chalon y Macon, ciudades de los Eduos a los riberas del Arar, para el acópio y conduccion del trigo. Él determina pasar el ibierno en Bibracte. Sabidos estos sucesos por cartas de Cesar, se mandan celebrar en Roma fiestas por veinte dias.

NOTAS

PARA LA MEJOR INTELIGENCIA

DE JULIO CESAR,

Y JUSTIFICACION DE LA VERSION CASTELLANA.

LIBRO PRIMERO

DE LA GUERRA GALICANA.

1 *Comentarios.* La voz Latina *commentarius*, o *commentarium*, significa en Castellano tanto como *Diarios*, *Apuntamientos*, o *Memorias* de cosas que se escriben con brevedad y priesa, para que despues sirvan a obra mas estensa. Los Griegos llaman a este género de escritos ὑπομνήματα que equivalen a nuestras *memorias*. Cesar en estos Comentarios escribió unos como *Diarios* de lo que le iba sucediendo en sus jornadas durante la guerra: y así Plutarco los llama con propiedad ἐφημερίδας. En la version se ha retenido la voz Latina por ser tan conocida y admitida en Castellano.

2 *Cayo Julio Cesar.* Acostumbraban los Romanos apellidarse con varios nombres: sobre lo qual el Serenísimo Señor Infante de España Don Gabriel de Borbon escribe en la nota primera a su Catilina en Español: 'Este era el constante uso de los Romanos, poner el *nombre* 'gentílico entre el *pronombre* y el *cognombre*, como se ve en *M. T. Ci-* '*ceron*, en *M. Porcio Caton*, en *C. J. Cesar*, y otros.' En quanto al origen y significaciones de la palabra *Cesar*, aun no convienen entre sí los Escritores: con este cognombre se titularon los Emperadores Romanos sucesores de C. Julio, y los poseedores de otros Imperios hasta nuestros dias. Vease a Francisco Oudendorpio en su nota a la voz *Cesar*, a Bulengero *de Imperat. et Imperio Romanor. lib. 1. cap. 4.*; y léase tambien la erudita contienda literaria entre Carlos Sigonio y Francisco Robortelo sobre el origen y significacion de la misma palabra.

NOTAS.   395

3 *La Galia.* De intento se conservan en la traduccion casi todos los nombres Latinos de montes, rios, pueblos y regiones: lo uno, porque los vulgares, posteriormente inventados, rara vez responden a los antiguos; lo otro, porque siendo estílo de los mejores Historiadores dejar las ciudades, las provincias, los rios &c. con aquellos diferentes nombres que tenian segun los diversos tiempos de la historia; no es lícito al traductor sustituir nombres dudosos, o suponer que los modernos se conforman con los antiguos. Julio Cesar, a juicio de Tácito, es en puntos geográficos *summus auctorum.* Por eso quien quiera evitar la censura que los Diaristas de Trevoux hicieron de una traduccion Francesa de Cesar, publicada en el año de 1755., donde todos, o los mas de los nombres antiguos se traducen por los corrientes en el dia, debe seguir el método prudente de Mr. d'Anville en su *Notice de l'Ancienne Gaule*, y el medio seguro que el Señor Infante adoptó en la nota 35. al Catilina. Dice S. A. R.: 'En la ver-'sion de los nombres propios de lugares no hemos podido seguir re-'gla fixa; y así a unos damos el nombre que actualmente tienen, y 'a otros conservamos el antiguo, siempre que no nos hace disonancia.' La censura de los Diaristas citados se lee en la pag. 2866., tom. I. de Oct. año de 1755.

4 *en tres partes.* Se debe tener presente lo que el Sr. Luis XIV. nota sobre la division de las Galias: 'Cesar ne comprend point en 'cette division les autres parties de la Gaule qui estoient desia sujettes 'à l'Empire Romain, comme la Gaule Narbonnoise, et la Cisalpine.'

5 *y en la nuestra Galos.* Por eso siempre que Çesar los contrapone con este nombre a los Belgas y Aquitanos, entiende por antonomásia los Celtas. Del mismo modo quando nombra la Galia sin otro aditamento, quiere significar la Celtica. El traductor Griego y los Escritores de su nacion llaman generalmente Κελτική y Γαλατία a la Galia. De esta ultima voz se ignora el origen cierto, y hasta el propio significado, segun Juan Bodino en su Método para la Historia pag. 372., edicion de Amsterdam, año de 1650.: sinembargo se debe leer a Cluverio lib. I. cap. 10. de su Antigua Germania; y al mismo Señor d'Anville y el Diccionario Etimológico de Vosio.

6 *de nuestra Provincia.* La Provincia Romana respeto de la Galia Belgica tenía de por medio toda la Galia Celtica de un lado, y del otro toda el Aquitania. Su cultura provenía no solo de la dominacion de los Romanos, sino tambien de la vecindad de Marsella, Colonia de los Griegos. De ella escribe Plinio Hist. nat. lib. III.

cap. 4. *Agrorum cultu, virorum, morumque dignatione, amplitudine opum, nulli provinciarum postferenda, breviterque Italia verius, quam provincia.* Lo que hoy llaman *Condado de Provenza* no es mas que una parte de la Provincia antigua, ni la mas culta que se diga de la *Galia* moderna o de la Francia.

7 *a los otros Galos.* Esto es, segun se ha dicho, de la Galia Celtica, que comprehendia tambien á los Helvecios. Se cree que los llamados hoy Suizos habitan poco mas o menos el país, que en tiempo de Cesar fue de los Helvecios.

En la pag. 2 se pone *Pyrinæos montes*; puede ser que haya mas razon para que se escriba *pyrenæos, o pyrenæos*, como en otras partes de esta obra se escribe esa voz: la de *octaginta* de la pag. 4. ya se vé que debe decir *octoginta*. Por *Lemanno lacu* leen algunos *Lemano*. Veasé el Analísis geográfica de Italia del mismo Anville pag. 92.

8 *siendo Consules Marco Mesala y Marco Pison.* Este consulado fue el año de 693, de Roma, 60. antes de Jesuchristo.

9 *persuadió al pueblo:* Cesar; *civitati persuasit. Civitas* en este lugar, como tambien en otros muchos de los Comentarios, no significa algun lugar, o ciudad particular, sino *nacion, pueblo, region,* que compone Estado o Republica bajo de un mismo gobierno y leyes: como quando en este mismo libro dice Cesar: *omnis civitas Helvetia in quatuor pagos divisa est:* y mas abajo: *urbes incenduntur in reliquis civitatibus.... Galli generatim distributi in civitates.*

10 *tenian doscientas quarenta millas en largo.* Mr. d' Anville en el prefacio de su citada obra prueba claramente que despues de muchos inutiles cálculos y observaciones de varios eruditos en ajustar las millas Romanas con las que en el dia se llaman leguas Francesas (lo mismo pudieramos decir de las Españolas), nada se ha sacado en limpio. Por tanto se ha dejado a las millas su significado, y a los lectores la libertad de juzgar como les parezca.

11 *obligaron a Orgetórige a que diese sus descargos aprisionado segun estilo.* Quiere decir que le obligaron a que atado con cadenas, amarrado con prisiones, o aherrojado como estaba, se justificase y diese razon de sí. Este modo de proceder en las causas graves no fue particular de los Helvecios, sino conocido tambien entre los Romanos. Tito Livio refiere un egemplar en el lib. XXIX. cap. 9.

12 *en numero de diez mil personas.* Cesar: *familiam ad hominum millia decem.* Este numero no debe parecer exorbitante: porque la *familia* se componia de esclavos, horros o libertos, y criados que

servian en casa, cultivaban los campos, pastoreaban los ganados, y atendian a las demas haciendas y negocios, que crecian y se multiplicaban a proporcion del poder y riquezas del dueño. Igual estension da Suetonio a la voz *familia* in Cæs. cap. 10.

13 *no sin sospecha, en opinion de los Helvecios, de que se dió él a sí mismo la muerte.* Algunos notadores se detienen a inquirir la causa porqué los Helvecios trataron con tanta severidad a un Principe de la nacion, que les persuadia proyectos no menos conformes a su genio de ellos, que ventajosos al Estado. El mismo Cesar la insinúa con decir, que aquel Principe Helvecio se dejó llevar de la *ambicion de reynar*: y otros Historiadores como Dion y Paulo Orosio la declaran espresamente. Orgetórige aspiraba a la soberanía universal de la Galia; rezeláronse de esto los Grandes que entraron en la conjura; y como aborreciesen toda superioridad, le malquistaron con el pueblo hasta el termino de darse la muerte. 'El Señor Felipe III. dice en pocas palabras lo que sucedió en esta ocasion. *Invidia: valuit mortui consilium, non vivi.* El mismo fin que en Orgetórige tuvieron semejantes intentos de alzarse con el reyno en Celtilo, padre de Vercingetórige, como refiere Cesar en el lib. VII. de estos Comentarios. Parece haber quedado memoria de Orgetórige en una moneda de plata que copia Bouteroe en la pag. 51. de sus Averiguaciones sobre las monedas Galicanas: en el reverso se lee OPΓITIPIX.

14 *No por eso dejaron ellos de llevar adelante la resolucion concertada.* 'Orgetórige correpto, et ad mortem coacto, ceteri optima-
'tes cohibere tamen semel animatas in prædam plebes nequiverunt:' escribe Orosio lib. VII. cap. 6. Vease el dicho del Señor Felipe III. citado en la nota antecedente.

15 *para que perdida la esperanza de volver a su patria* &c. Tan determinada fue en esta gente la resolucion de dejar su patria, que dice Floro juraron no volver jamas a ella: *Hoc sacramentum fuit ne redirent.* Lib. III. cap. 10. Este egemplo de tanto valor y determinacion casi temeraria, engendró en el pecho de varios Generales la misma resolucion heroyca de imitar a los antiguos, y tal vez sobrepujarlos: el hecho de nuestro Hernan Cortés en America quando echada toda su gente en tierra desconocida, mandó dar barreno a las naves, parece que ni antes tuvo muchos egemplos, ni ha sido despues seguido jamas o imitado. 'Resolucion fue aquella (como dice el Historiador) dignamente
'ponderada por una de las mayores de aquella conquista; y no sabemos
'(añade Solís) si de su género se hallará mayor alguna en todo el cam-

'po de las Historias.' Por eso, propuesta por asunto de un Canto por la Real Academia Española, ésta en la distribucion de premios del año de 1778., dió uno, qual era justo, al noble y armonioso Canto de Don Joseph Maria Vaca de Guzman, sacando cierto el presagio que en boca del mismo Cortés hizo el Poeta a los soldados en la octava LIII. diciendo:

'Morir famosos, o vencer valientes;
'Pompa triunfal, o decorosa pira
'Solo os aguarda: a las futuras gentes
'Ya el pierio coro vuestro aplauso inspira:
'La fuga, que evitamos diligentes,
'Será el objeto de la hispana lira,
'Dando asunto a sus numeros suaves
'La destruccion gloriosa de las naves.'

16 *harina*: Cesar: *molita cibaria*. No parece se deben entender aquí otras viandas: ἄλφιτα traduce el Griego; nuestro Henriquez *harina*: Luis XIV. *farines*; y *farina* el Italiano de Albrici. Ni se debe tener por insoportable tanta carga para un soldado, quando de los de Escipion dice Mariana, 'que en España llevaban en sus hombros 'trigo para treinta dias, y cada siete estacas para las trincheras, con que 'cercaban y barreaban los reales.' Hist. de España lib. III. cap. 9.

En lugar de *Noricamque* que se ha puesto en la pag. 8. leen algunos *Noreiamque*, como en la edicion de Oudendorpio en Leyden año de 1740.

17 *los Alóbroges, con quien poco antes se habian hecho paces*. Esto es, dos años antes que los Helvecios saliesen de su patria. Vease el Epítome de Livio lib. CIII.

18 *a marchas forzadas*. Tanta fue en este viage la celeridad de Cesar, que al octavo dia de su partida de Roma se puso en la Galia ulterior: Plutarco en su vida.

19 *lo hicieron pasar bajo del yugo*. Esto se hacia para demostrar que los enemigos quedaban sojuzgados, haciendolos pasar debajo de una lanza puesta en alto, atravesada sobre otras dos fijas en el suelo, como lo declara T. Livio lib. III. cap. 28. *Ut exprimatur tandem confessio, subiectam domitamque esse gentem...... tribus hastis iugum fit; humi defixis duabus, superque eas transversa una deligata. Sub hoc iugo Dictator Æquos misit.* De aquí se deriva el verbo *subiugare*, y el Castellano *sojuzgar*.

20 *que tomaria tiempo*. Cesar; *diem se...... sumturum*. Bien se

NOTAS. 399

echa de ver que por *diem* no se significa aquí el natural, ni el civil, ni artificial, sino tiempo indeterminado: como quando mas abajo en este mismo libro escribe: *se, quod in longiorem diem collaturus esset, repræsentaturum.* Sabido es tambien aquello de Virgilio Æneid. XI. 5.

*Multa dies, variique labor mutabilis ævi
Retulit in melius.....*

y lo que se enseña en el Arte poetica de Horacio:

*......... carmen reprehendite, quod non
Multa dies, et multa litura coërcuit.*

21 *tira un vallado a manera de muro.* Este no sería muro de cal y canto, sino un cordon, cerca o pared en seco: así lo entendió el Señor Felipe III. quando advirtió que la obra era *maceria sine cæmento.* Sinembargo, los que escriben de Milicia Romana citan este vallado para testimonio de la suma diligencia y laboriosidad de los soldados legionarios. Vease a Justo Lips. de *Milicia Romanor.* lib. V. Dial. 13.

En la pag. 10. si no quadrase como se ha impreso la cláusula, *interea ea legione*; puede ponerse de otro modo: *interea ea legione, quam secum habebat, militibusque, qui ex provincia convenerant, a lacu Lemanno, qui in flumen Rhodanum influit, ad montem &c.*

22 *en muchas balsas que formaron.* Cesar; *ratibusque compluribus factis.* Por el ningun arte con que los Helvecios trabajarian aquellas barcas, se podrán llamar *balsas*; que es un género de embarcacion tosca, fabricada de muchos maderos atados unos con otros con fuertes bejucos y flexibles mimbres; como se puede ver en el cap. 1. lib. I. del Persiles de nuestro Cervantes, que las llama *enmaderamientos* y las describe con claridad. Floro en el lib. III. cap. 8. dice, que los *Baleares ascendere etiam inconditas rates*: cuya espresion me persuade mas y mas a que así las barcas Helvéticas como las Baleáricas, dichas en Latin *rates*, equivalen a las *balsas*, o a las *almadías*, bien conocidas en Navarra y Aragon ácia Jaca y Sangüesa, y de grande uso en los rios que desembocan en Ebro, por donde bajan hasta Tortosa. Si alguno quisiere noticias puntuales y muy eruditas sobre el lugar *Ocelum*, de que luego habla Cesar, sobre los *Centrones, Grayocelos, Caturiges* y otros pueblos que habitaban los Alpes; puede ver a d'Anville pag. 34. de la citada Analísis de Italia.

23 *sino el suelo desnudo de sus campos.* Cesar; *præter agri solum.* Quiere decir que solo les quedaba escueta, monda, rasa la tierra; talado, gastado y arrasado todo el campo.

24 *corriendo tan mansamente, que apenas &c.* Mela en el lib. III.

cap. 4. escribe: *Rhodanus fluvius ex Alpibus sese rapiens per Lemannum lacum, segnemque deferens Ararim. &c.* Silio Italico hablando de cómo el lago Lemáno se ceba o crece con las aguas del Arar, en el lib. III. vers. 451. dice:

Auget opes stanti similis, tacitoque liquore
Mixtus Arar.

Ambas descripciones demuestran, que en el testo de Cesar se debe escribir *lenitate*, como advierte nuestro Chacon, y no *levitate* o *celeritate*, como quieren otros Anotadores.

25 *sobre la media noche*. Cesar; *de tertia vigilia*. Los Romanos dividian la noche en quatro partes de a tres horas, que llamaban *vigilias*: y segun la variedad del tiempo eran ya mas cortas, ya mas largas. Nosotros las entendemos por *mudas, velas, guardas* o *rondas*, por ser este el tiempo en que hacia su guardia cada soldado, y despues era relevado de otro. La primera vela se contaba de 6 a 9; de 9 a 12 la segunda; hasta las 3 la tercera; de 3 a 6 la quarta. 'Ahora tene-'mos (escribe Ambrosio Morales) repartidas las velas en tres partes 'llamadas *Prima, Modorra* y *Alba*.' Rep. Rom.: tambien en las Investigaciones militares de Mr. Lo-Looz pag. 111. se leen algunas curiosidades sobre las *velas* nocturnas, *horas diurnas &c.* de la milicia Romana en tiempo de Cesar. Y segun Salustio en la guerra de Jugurta (pag. 264. de la traduccion del Señor Infante D. Gabriel) acostumbraban los Romanos tocar trompetas al mudar las guardias por la noche, y cada ronda tenia las suyas así como la caballería sus cornetas.

26 *deshizo una gran parte de ellos*. Plutarco no atribuye esta rota de los Tigúrinos Helvecios al mismo Cesar, sino a su Lugarteniente Labieno; pues dice espresamente: Τιγυρινοὺς μὲν οὐκ αὐτὸς, ἀλλὰ Λαβινὸς πεμφθεὶς ὑπ' αὐτοῦ περὶ τὸν Ἀραρα ποταμὸν συνέτριψεν in Cæsare.

27 *en quatro Cantones*. Cesar; *in quatuor pagos*. No nombra mas que dos, el Tigurino, y mas abajo el Verbigeno. Nosotros podriamos llamar a los *Pagos, Merindades, Alcaldías, Partidos, Valles* o *Cendéas*. Quien gustase de saber quáles eran los otros dos Cantones Helvecios con sus nombres antiguos, y los que hoy se les dan en los Suizos, puede leer la erudita Disertacion de Mr. de Francheville de la Real Academia de Berlin en el tomo correspondiente al año de 1779. pag. 480. y siguientes.

28 *que tenia muy presente &c.* Se observa que los discursos y arengas de Cesar (aun las dichas por él mismo) casi siempre se escriben

en boca de tercero o en obliquo; pocas veces en recto o en persona de quien las pronunció. Y comoquiera que esto diga bien con las leyes de la Historia (*in qua*, segun Tulio, *nihil est pura et illustri brevitate dulcius*), todavía es mas conforme a la naturaleza y concision de Comentarios. *Trogus* (dice Justino cap. 3. lib. XXXVIII.) *in Livio, et Sallustio reprehendit, quod conciones directas pro sua oratione operi suo inserendo, historia modum excesserint.* Diodoro Siculo comienza el libro XX. de su Biblioteca en esta forma: Τοῖς εἰς τὰς ἱστορίας ὑπερμήκεις δημηγορίας παρεμβάλλουσιν, ἢ πυκναῖς χρωμένοις ῥητορείαις, δικαίως ἄν τις ἐπιτιμήσειεν. οὐ μόνον γὰρ τὸ συνεχὲς τῆς διηγήσεως διὰ τὴν ἀκαιρίαν τῶν ἐπεισαγομένων λόγων διασπῶσιν, ἀλλὰ καὶ τῶν φιλοτίμως ἐχόντων πρὸς τὴν τῶν πράξεων ἐπίγνωσιν. καίτοιγε τοὺς ἐπιδείκνυσθαι βουλομένους λόγου δύναμιν ἕξεστι κατ᾽ ἰδίαν δημηγορίας καὶ πρεσβευτικοὺς λόγους, ἔτι δὲ ἐγκώμια καὶ ψόγους καὶ τἄλλα τὰ τοιαῦτα συντάττεσθαι.... νῦν δ᾽ ἔνιοι πλεονάσαντες ἐν τοῖς ῥητορικοῖς λόγοις, προσθήκην ἐποιήσαντο τὴν ὅλην ἱστορίαν τῆς δημηγορίας cet.: que es decir en Castellano: 'Son dignos de reprehension los que con largas oracio-
'nes y arengas retóricas embuten las historias. Porque ademas que con
'la mezcla importuna de ellas cortan el hilo de la narracion, hacen
'perder inutilmente el tiempo a quien lo desea emplear en el conoci-
'miento de los hechos. Los que quieran lucir su ingenio en la orato-
'ria, hagan coleccion aparte de semejantes piezas. Mas hay algunos que
'presumiendo de Retóricos, hacen que la historia venga a ser un puro
'apéndice de discursos &c.' Por estos inconvenientes no se ha seguido en esta traduccion al Intérprete Griego (sea Planudes, Gaza u otro) que como de nuevo y a su modo funde las oraciones, arrastrando a primera persona las que el autor esplicó por tercera; sino que se ha dejado el testo de Cesar en el tono y ayre mismo que él le dió. En las arengas de este Emperador, así como él las escribió, supo encontrar Mr. Guill. Benger bien practicadas las reglas que de lo Sublime en la oratoria prescribió Longino. Del Anónimo Griego dijo su notador y corrector Gotofredo Jungermano: *noster rhetoricatur..... ut oratiunculas funditet.* Vease la nota 3. al lib. I. de *Bell. Gall.*: y del P. Mariana que dió escrita a su gusto en estilo mas culto la arenga de S. Leandro (no la de Recaredo como pensó D. Diego Saavedra) al Concilio III. de Toledo, dijo Baronio Annal. 589. 11. *que habia faltado al respeto que se debe a la antigüedad. Auctor licet stylo inculto, erudito tamen veluti rudi rastro vertit auri fodinam: cuius rei gratia putamus ista carius accipienda, quo simplicius atque fidelius dicta leguntur; haud*

probantes eum (Marianam), *qui cultiori sermone eandem orationem illustrandam putavit, minime hac ex parte de antiquitate (pace ipsius dixerim) bene meritus. Ipse autem &c.*

29 *suelen los Dioses imortales &c.* Bien conocido es el tratado de Plutarco περὶ τῶν ὑπὸ τοῦ θεοῦ βραδέως τιμωρουμένων de aquellos en quien prolonga Dios el castigo. Con la misma sentencia animaba a los Turdetanos el Español Baucio Capeto quando los vió armados contra los Fenicios, y resueltos a vengar sus injurias. 'No hay para que temer '(les decia) la felicidad y buena andanza de que tanto tiempo gozan 'nuestros enemigos; antes debeis pensar que Dios acostumbra dar ma-'yor felicidad, y sufrir mas largo tiempo a aquellos de quien pretende 'tomar mas entera venganza, y en quien quiere hacer mayor castigo, pa-'ra que sientan mas la mudanza y miseria en que caen.' Mariana Historia de España lib. I. cap. 18.

30 *de que los Romanos eran testigos.* Recuerda Divicon a Cesar la rota que él mismo a la frente de los Tigurinos dió al egercito Romano y al Consul Casio; como se puede ver en Orosio lib. V. cap. 15. El pedírseles ahora rehenes por parte de Cesar llevaron tan a mal los Helvecios, que despues de tal proposicion nunca mas quisieron dar oidos a tratados de paz, por el sumo desdoro que creían ser para su nacion el entregar rehenes a ninguna otra: ἐπειδὴ γὰρ ὁμήρους ᾐτήθησαν, ἠγανάκτησαν..... ὅτι ἀπηξίουν ὁμήρους τισὶ δοῦναι καὶ τῶν μὲν σπονδῶν κατεφρόνησαν. Dion lib. XXXVIII. num. 33.

31 *advirtiendo él que era entretenerle no mas.* Cesar; *ubi se diutius duci intellexit*: esto es, viendo que le entretenian, le traían en palabras, o engañaban. Del verbo *ducere* en el mismo sentido usa Terencio Phorm. Act. III. scæ. 2. y Simon Abril lo traduce por *engañar*.

32 *que tenia el supremo Magistrado*: Cesar; *qui summo Magistratu præerat*. No se debe estrañar que en todas las ediciones mas correctas de Cesar el dativo en los nombres de la quarta declinacion acabe en *u*, como aquí *Magistratu*, luego mas abajo *equitatu*, despues *exercitu, usu, portu &c.* porque: *Cesar in Anticatone, et in libris analogicis omnia istiusmodi sine i littera dicenda censet.* Gell. Noct. Attic. lib. IV. cap. 16.

En la pag. 24. lin. 5. se puso *Sequarum* por *Sequanorum*.

33 *al primer Comandante Tito Labieno.* Cesar; *legatum pro Prætore*. Consta de las medallas antiguas que los Proconsules en las provincias solian tener entre los Legados señalado uno que precedia a los demas en dignidad, egecutaba las principales comisiones, y en ausencia

del Proconsul mandaba con poderes de Pretor, así en lo político como en lo militar. Fulvio Ursino en este lugar alega una en que M. Bruto se intitula PROCOS. y su legado Cayo Fulvio LEG. PROPR. Tal era Labieno respeto de Cesar, como se puede observar en varios lugares de estos Comentarios. Tambien se ha de saber que los Romanos llamaban *Prætor* al Capitan General en guerra, y a su primer Teniente o Comandante *Proprætor*. Como al Capitan General por lo comun llamaban *Pretor*, de ahí era llamarse *Pretorio* su tienda, pavellon o casa: y porque los Legados de los Romanos llevaban el mando y el poderio de Pretor, los podemos llamar Tenientes o Lugartenientes de él.

34 *decurion de la caballeria.* Cada compañia de caballos se componia de treinta hombres, y el primero de cada diez se llamaba Decurion, semejante a nuestros Sargentos: bien que aun despues de varias reformas en la Milicia Romana se dió igual nombre al que mandaba toda la compañia: Vegecio lib. II. cap. 14. 'Decuriones eran tam- 'bien los que, como en Roma los Senadores, así en las colonias y mu- 'nicipios consultaban en la gobernacion, como nuestros Regidores:' dice Morales en la Repub. Romana. Sobre la ciudad de Bibracte, de la qual habla Cesar con tanta individualidad, se puede ver a d'Anville en la Notice de la Gaule pag. 156.

35 *haciendo empavesada.* Cesar; *phalange facta.* En Cesar, Livio, Curcio, Orosio y otros Historiadores así Latinos como Griegos, ocurre frecuente memoria de esta antiquísima formacion militar. Los Griegos, donde parece haberse inventado (si ya no fueron autores de ella los Egipcios, como insinúa el Señor Infante nota 149. al Jugurta) la llamaron φάλαγξ y συνασπισμὸς: los Latinos *phalanx* y *conscutatio*: los Franceses ya entienden por lo mismo que un *gros bataillon carré*, ya por *escadron fort serré*: los Italianos la llaman *falange* y *grosso squadrone*: los Españoles *haz bien apretada*, *peloton cerrado* &c. Parece que de ninguna de estas maneras se esplica ni tan propia ni tan brevemente como con la voz castellana *pavesada* o *empavesada*, que es formacion hecha de *paveses*, esto es, *broqueles* o *escudos*. Con ella se espresa de todo punto el significado de la voz Latina *conscutatio*, y la Griega συνασπισμὸς. Vease a Saavedra Coron. Got. en Wamba, donde describiendo tan elegantemente, como suele, el famoso cerco que aquel Rey puso a Nimes, dice: 'que unos (de los espugnadores) 'arrimaban escalas, y otros levantando sobre las cabezas los escudos ha- 'cian *empavesadas.*' Pag. 193. tom. II. edic. de Amber. año de 1681. Si tal vez se usa en la presente traduccion de la palabra falange, es por-

que está introducida en castellano, como lo advierte el Padre Alcaraz en el Perfecto Latino. De las varias especies de esta formacion, su diversa figura y úso, han escrito casi todos los que han tratado de Milicia Romana. Just. Lips. Dial. 5 lib. I. Poliorcet. cita a muchos. Entre los sabios militares modernos que han tratado de esta formacion de la falange y sus especies, es muy digno de leerse Carlos Guischardt, Oficial Holandes, en varias partes de sus Memorias Militares impresas en la Haya año de 1758. Y ya se sabe que como para la individual esplicacion de la *Legion* Romana compuso Modesto un vocabulario apropósito, así ni mas ni menos escribió otro Urbicio para la cabal inteligencia de las partes de la falange.

36 *asaltaron sobre la marcha el flanco de los nuestros.* Cesar; *latere aperto.* Quiere decir, que acometieron a los nuestros por el costado descubierto, es a saber, por el lado derecho, que no tenian defendido con los escudos, como lo estaba el izquierdo; y esto se debe tener presente siempre que se háble de atáque por el lado descubierto.

37 *en doble batalla.* Cesar; *ancipiti prælio.* Se usa ordinariamente de esta frase Latina para significar que *la victoria no se declara o inclina; que está pendiente, en peso o en balanzas con suceso dudoso:* mas en este lugar de Cesar, es de creer por las circunstancias, que la batalla se daba en dos distintas partes, y que esto es lo que dice Cesar, *que era doble el combate.* Así se debe entender tambien esta frase en el septimo de estos Comentarios, quando en el sítio de Alesia Cesar escribe así: *Nec erat omnium (Gallorum) quisquam, qui aspectum modo tantæ multitudinis sustineri posse arbitraretur, præsertim ancipiti prælio; quum ex oppido eruptione pugnaretur, et foris tanta copia cernerentur.* Cornelio Nepote, Curcio y Livio en lugar de *prælio* suelen decir *ancipiti pugna, acie, periculo.* Salustio hablando de Ciceron escribe en el Catilina, que descubierta aquella conjuracion, *ancipiti malo permotus &c.*; y el Real Intérprete traduce; *Ciceron, viendose entre dos males &c.* pag. 37.

38 *pasadores.* Cesar; *tragulas.* Así traduce el Señor Felipe III. y el Diccionario de la Lengua Castellana dice, que pasador es cierto género de flecha o saeta muy aguda que se dispara con ballesta. El Vosio en su Etimológico dice que estas palabras *matara, o materes sunt Celticum lanceæ genus; eoque origo eius in Latio quæri non debet.* Vease allí lo demas tocante a esto y a la *tragula* del testo: y con mas estension en el cap. 2. lib. I. de *Vitiis Latini sermonis*, del mismo Vosio.

39 *mandóles que volviesen a poblar sus tierras.* Plutarco in Cæs.

escribe que eran mas de cien mil los que volvieron a su pais; y que esta accion heroyca de Cesar le grangeó mucho mayor gloria que la victoria misma. Floro en el lib. III. cap. 10. añade, que en tal manera domó Cesar y humilló a los Helvecios, que los hizo retirar a su patria, bien así como un pastor acorrala su ganado: *bellicosissimam gentem sic in sedes suas, quasi greges in stabula reduxit.*

40 *en caractares griegos.* Cesar; *litteris græcis.* Los autores discurren con variedad acerca del modo en que estaban escritas aquellas Memorias: si en carácter e idioma griego, o solo con letras griegas. Unos creen que todo era griego; otros se persuaden a que solas las letras. Yo me inclíno a esta segunda opinion, aunque reconozco muchos fundamentos en apoyo de la primera. Vease a Aldo Manucio en la nota 29. al lib. I. de Bello Gall.: a Cluverio lib. I. cap. 3. de su Germania antigua, y especialmente a Mr. Duclós sobre este punto tratado eruditamente en el tomo XV. pag. 560. y los siguientes de la Academia de las Inscripciones de Paris.

41 *Cimbros y Teutones.* Naciones bárbaras del setentrion, que entrando por Italia y la Galia las arrasaron cruelmente. Dos veces se empeñaron en penetrar las Españas, y otras tantas fueron rebatidos por los naturales Celtiberos, como escribe Mariana lib. III. cap. 11. El que guste saber de qué pais setentrional salieron aquellas gentes, quán temidas fueron en occidente, y quántos estragos causaron, puede leer su historia en el tomo correspondiente al año de *1779.* pag. 382, y siguientes de la Academia de Berlin.

42 *que si por su parte pretendiese algo de Cesar.* Nuestro Floro en el cap. 10. lib. III. pinta brevemente este orgullo y altanería de Ariovisto: *quæ Ariovisti superbia? Quum legati dicerent: veni ad Cæsarem: quis est autem Cæsar? et si vult, veniat, inquit: et quid ad illum, quid agat nostra Germania? Num ego me interpono Romanis?*

43 *beneficio suyo.* Dice espresamente Dion, que el título de Amigo del Pueblo Romano se confirió a Ariovisto en el Consulado de Cesar: ὡς τοὺς φίλους.... ὑπ' αὐτοῦ τοῦ Καίσαρος ὑπατεύοντος ἐγέγραπτο. Lib. XXXVIII. num. 34. Me parece advertir aquí y tambien para lo sucesivo, que esta locucion Latina *quod commodo Reipublicæ facere posset,* que por primera vez se lee en la pag. 44. y en otras posteriores, y se ha traducido *en quanto buenamente pudiese*; tal vez se dirá mas propiamente; *en quanto permita la causa pública &c.*

44 *el rio Dubis. Corrupte in Cæsaris libris Alduabis,* vel *Aldua-*

dubis legitur; *quum geminum nomen a Strabone*, *Ptolomæo*, *aliisque* Δȣ͂ßıs *duabus syllabis scribatur: hodie le Doux.* Celario en el lib. IV. de su Geografía.

45 *no se pensaba sino en otorgar testamentos.* Cesar; *vulgo totis castris testamenta obsignabantur.* El modo privilegiado de testar los Romanos mientras estaban en campaña se lee en el paragr. inicial de *Militari testamento* de las Instituciones de Justiniano. El adverbio *vulgo* en este lugar significa lo mismo que en el lib. I. de *Bello Civili* quando se dice: *nacti milites colloquiorum facultatem*, *vulgo procedunt*. Y lo mismo que en Ciceron lib. II. Epist. 1. ad Att.: *vulgo qui instabant.... iam exhibere mihi molestiam destiterunt*. Denota este adverbio la *tropelía*, *priesa*, *empeño o aceleracion*, con que se egecuta alguna cosa sin pensar ni entender en otra. Floro muestra claramente el azoramiento de los visoños Romanos en hacer sus testamentos: *tantus gentis novæ terror in castris, ut testamenta passim etiam in principiis scriberentur*. Lib. III. cap. 10.

46 *con motivo de la guerra servil.* Cesar; *servili tumultu.* Los esclavos eran Galos y Germanos en gran número, acaudillados de Crixo, Enomao y Espartaco. Hicieron temblar a toda Roma, no menos que quando Hanibal estuvo a sus puertas. Al fin los derrotó el Pretor M. Craso. Vease el Epítome de Livio lib. IIIC., y Orosio lib. V. cap. 24. El alzamiento de los esclavos fue ácia el año de 680. de Roma. Llámase *guerra servil*, porque de hecho fue mas que alboroto o motin; y Livio, Paterculo, Ciceron y otros le nombran *servile bellum*. Cesar usa propisimamente de la palabra *tumultu*, como se colige de este lugar de Ciceron, Philipp. 8. *Quid est aliud tumultus, nisi perturbatio tanta, ut maior timor* (acaso se debe leer *tumor*) *oriatur*, *unde etiam nomen ductum est tumultus? Itaque maiores nostri, tumultum Italicum, quod erat domesticus, tumultum Gallicum, quod erat Italiæ finitimus, nominabant.* Mr. Brosses, Presidente de la Academia de las Inscripciones de Paris, ha ilustrado a deséo las circunstancias de la guerra de los esclavos, en el tomo XXXVII. pag. 23. a la 86.

47 *he aquí que nos hace Caballeros.* Cesar; *Ad equum rescribere.* Algunos notadores se mortifican en averiguar el verdadero sentido del verbo *rescribere* en el testo. Parece claro que equivale a *transcribere* o *traducere*, mudar, pasar de una clase a otra. Ciceron lib. I. Epist. ad Att. 16. *Ærennius sæpe iam de P. Clodio* (que era del Orden Patricio) *ad plebem traducendo agere cæpit.*

48 *embiandole esplendidos regalos.* Quando los Romanos conce-

dian a algun Principe el título de Amigo o Aliado, le embiaban costosos regalos: las alhajas en que consistian pueden leerse en Tito Livio, lib. XXX. cap. 17., y en Tácito Annal. IV.

49 *en la ultima guerra con los Alóbroges*. En la nota 17. queda dicho haber sido aquella guerra unos dos años antes de estas novedades.

50 *no los redujo a provincia, ni hizo tributarios*. La rota de los Albernos por Fabio Máximo sucedió por los años de 628. de Roma, Epítome Livian. lib. LXI. Quando los Romanos reducian alguna nacion en forma de provincia, la sujetaban al vasallage, privándola de sus fueros, y nombrando un Magistrado que la gobernase y cobrase los tributos en nombre del Pueblo Romano. Sigon. de *Antiq. jur. prov.* lib. I. cap. 1.

51 *ser cierta usanza* &c. Estaban persuadidos los Germanos a que las mugeres eran buenas adivinas, como escribe Tácito lib. IV. Hist. cap. 61. *Vetere apud Germanos more, quo plerasque fœminarum fatidicas arbitrantur.* De las que estaban en el campo de Ariovisto refiere Plutarco *in Cæsare*, que hacian sus observaciones mirando los remolinos del agua en los rios, su movimiento, figura y ruido: αἱ ποταμῶν δίναις προσβλέπουσαι, καὶ ῥευμάτων ἑλιγμοῖς προσθεσπίζον. Vease sobre este punto al erudito Jorge Keysler en su Disertacion *de mulieribus fatidicis veterum Celtarum, gentiumque septentrionalium*.

52 *los Qüestores*. En Roma eran como Tesoreros y Contadores de la República, que llevaban la cuenta y razon de las rentas, y qualquiera otra hacienda de ella. Tambien con los Capitanes Generales del egercito de tierra y mar embiaban los Romanos sus Qüestores que tenian cuenta de la paga del sueldo y de todos los otros gastos: a ellos se entregaba lo que pertenecia a la República de la presa que se tomaba de los enemigos. Acaso los Qüestores eran semejantes a nuestros Intendentes de egercito, Tesoreros, Comisarios, y aun a los Sargentos mayores: porque se vé que tal vez mandaban la tropa. Vease sobre esto al citado Ambrosio Morales.

53 *Huvo varios de los nuestros &c*. Nuestro Orosio cuenta el lance en esta forma: *Postquam aliqui Romanorum militum, agilitate, audaciaque insignes, supra obductam saliere testudinem, scutisque singillatim velut squammis revulsis, desuper nudos deprehenderunt, detectorumque humeros perfoderunt, deterriti hostes novo mortis periculo, terribilem dissolvere compagem*, lib. VI. cap. 7.

54 *Uno de estos fue Ariovisto*. Julio Celso en la vida de Cesar

escribe: *Quæ ex numero ipse fuit Ariovistus; qui deposita, credo, superbiæ suæ sarcina, quæ tanta erat, ut eam nec Germania caperet, nec Gallia toleraret, cimba unica casu in ripa citeriori amnis inventa, solus in adversam ripam proripuit.* De este General o Régulo no queda otra memoria, que la que se conserva en una moneda que Bouteroe copia a la pag. 54. de la citada obra con el nombre de ARIVOS: en el reverso se vé un caballo desenfrenado por simbolo de la libertad con la palabra SANTONOS.

55 *todos los demas fueron pasados a cuchillo*. Plutarco escribe ser fama, que en esta jornada murieron ochenta mil Germanos: Estrabon aumenta notablemente el número: mas probable parece lo que dice Orosio lib. VI. cap. 7. *In fugam versi, per quinquaginta millia passuum insatiabiliter cæsi sunt: neque coniici potuit numerus Germanorum, vel quantus pugnæ adfuerit, vel quantus fuerit occisorum.* En la ultima línea de este párrafo *Me-ttius* está mal dividido: claro es que se debe partir Met-tius. Sobre si esta palabra se debe escribir con una o dos tt, vealo quien guste en las Controversias de Sigonio con Robortelo.

56 *a presidir las juntas*. Los Proconsules y Pretores empleaban el ibierno, tiempo en que cesaban las operaciones militares, en decidir pleytos, y administrar justicia dentro de sus provincias.

LIBRO SEGUNDO.

1 *Que todos los Belgas.* La guerra con los Belgas comenzó por los años de 697. de Roma, 56. antes de Jesuchristo. Sobre el origen de la palabra *Belgæ* hay diversas opiniones. Despues que Cluverio las refiere con estension lib. II. cap. 3. acaba diciendo: *Ego sane ignorare origines eiusmodi malo, quam ridicule in eorum enodatione ineptire, ac turpiter errare.* Esto que Cluverio confiesa de sí mismo en orden a los *Belgas*, me ha sucedido a mí en un sin-número de vocablos de ciudades, pueblos, regiones &c. que es la causa de no traducirlos en Castellano, como dije en la nota 3. lib. I.

2 *sosegadas una vez las otras provincias*. Esto es, la Galia Celtica, segun se advirtió en la nota 5. y 7. lib. I., y luego se vé que Cesar habla de los Galos confinantes con los Belgas.

3 *a lo interior de la Galia*. Traducese así, por entenderse que se debe leer en el testo *in interiorem Galliam*, como sienten Escalígero, Davisio y otros.

NOTAS. 409

4 *que solos ellos impidieron la entrada en sus tierras a los Teutones y Cimbros.* Estrabon lib. IV. refiere lo propio; ὥς τι μόνους ἀντίχειν πρὸς τὴν τῶν Γερμανῶν ἔφοδον Κίμβρων καὶ Τευτόνων &c.

5 *los Nervios son reputados por los mas bravos.* Plutarco *in Cesare* dice de ellos, que eran ferocísimos y grandes guerreros: ἀγριωτάτους καὶ μαχιμωτάτους τῆδε Νερβίους.

6 *haciendo empavesada.* Cesar; *testudine facta.* Tito Livio en el lib. XXXVII. espresa como se hacia: *sublatis super capita scutis continuatisque, testudine facta, subibant.* Esta descripcion demuestra que *testudo* es lo mismo que *phalanx*; que una y otra formacion admite indistintamente la voz *conscutatio* ὁ συνασπισμος; y que entrambas se esplican bien por la palabra Castellana *empavesada*, segun queda dicho en la nota 38. lib. I. Mas no siempre las que los Romanos decian *testudo* era formacion de broqueles, sino a las veces venían a ser 'ciertas máquinas o galerías de tablas, que en forma de *tortugas* camina-'ban sobre ruedas secretas: unas eran sencillas, otras rostradas, y otras 'arietarias &c.' que dice Saavedra en Wamba. Dábanles el nombre de *tortugas* por la semejanza con aquel animal, así en el movimiento tardo, como en el cascaron o concha que lo defiende. Nótese que el número 6. que en la pag. 77. se puso en la palabra *Germanos*, debe estar en la pag. 79. línea 14.

7 *honderos Baleares.* Por las razones insinuadas en la nota 3. lib. I. y 1. de este segundo, no llámo Mallorquines a los Baleares, como algunos hacen. La isla sola de Mallorca no corresponde a las que decian los Griegos *Gymnetas*, y los Romanos *Baleares*. Ni se sabe dedónde vino el llamarlas Baleares. Sus naturales se hicieron famosos por las hondas: se egercitaban en su manejo desde niños: y tan certeros habian de ser, que para alcanzar de las madres la vianda, puesta en alto, tenian que herirla a golpe de la honda: así lo refiere nuestro Floro lib. III. cap. 8. Otras noticias curiosas sobre los Baleares y sus hondas puedense leer en Justo Lipsio lib. IV. Polior. Dial. 2.: y en la reciente obra del erudito Masdeu, España Cartaginesa lib. VI. num. 21.

8 *y del gran concepto que se hacia de su valor.* Los Belgas eran reputados por los mas valientes entre todos los Galos: τούτων δὲ τοὺς βέλγας ἀρίςους φασὶν: Estrabon lib. IV.

En la pag. 80. se ha escrito: *leviter fastigiatus collis*: si pareciese que se diga *fastigatus*, no habrá dificultad en ello. En la pag. 81. se ha puesto equivocadamente *fosos de quatrocientos pies*, siendo *pasos*.

TOMO I. FFF

9 *la ciudad de Novio.* Cesar; *Noviodunum.* Seis por lo menos son las ciudades de este nombre sin salir de las Galias: *Noviodunum Veromanduorum*, Noyon en Vermandois; *Noviodunum Æduorum*, Nevers; *Noviodunum in Biturigibus*, Neuvy sobre Baranjon; *Noviodunum Diablintum*, Nogent le Retrou en Perche; *Noviodunum in Helvetiis*, Nyon: y esta de que habla Cesar; *Noviodunum Suessonum*, capital de los Suesones, que corresponde hoy a Soisons. Sobre los nombres de ciudades acabados en *dunum*, que dicen ser palabra Celtica, y significa *eminencia, collado, monte, puebla &c.* ha hecho esquisitas investigaciones Mr. Lancellot, y pueden verse en la Academia de las Inscripciones de Paris tomo VI. pag. 635. y siguientes. En la traduccion no se dice mas que *Novio*, porque la terminacion *dunum* queda esplicada con la *ciudad de.*

10 *trató de armar las galerías.* Cesar; *vineas agere..... cœpit.* Eran movedizas; por eso dice *vineas agere*: dentro de ellas metidos los soldados se iban acercando al muro para batirlo a su salvo. Vegecio de *Re Militari* lib. IV. describe así su estructura: *e lignis levioribus machina colligatur, alta pedibus octo, lata pedibus septem, longa pedibus sexdecim. Huius tectum munitione duplici, tabulatis, cratibusque contexitur, latera quoque vimine sepiuntur, ne saxorum, telorumque impetu penetrentur. Extrinsecus autem, ne immisso concrementur incendio, crudis at recentibus coriis, vel centonibus operitur. Ita, quum plures factæ fuerunt, iunguntur in ordinem; sub quibus subsidentes tuti ad subruenda murorum penetrant fundamenta.* Los traductores Italianos, Franceses y Españoles, que han puesto en lengua vulgar a los autores Romanos, que hacen mencion de esta máquina, han trabajado no poco en esplicarla con vocablo propio. Los Italianos le dan el nombre *Gatti*; los Franceses *Mantelets*; los Españoles antiguos *mantas y bancos pinjados*; los modernos *manteletes*, que, segun nuestro Diccionario, se acercan bastante a significar las *vineas*. En vista de la descripcion copiada de Vegecio, no hay duda que se les pudiera acomodar muy bien el termino Castellano *crugías*. Pero si este no quadra enteramente, a lo menos parece cierto que el de *galerías* se les puede aplicar con toda propiedad. D. Diego de Saavedra describiendo con su puro y elegante estílo las máquinas destinadas por Wamba contra la ciudad de Nimes, dice así: 'Sobre ruedas secretas se mo'vian unas *galerías* largas de madera, cubiertas de cueros y betu'nes, que resisten a las piedras y al fuego &c.' Por ventura estas *galerías* son las mismas que desmenuza por partes Vegecio, y los Histo-

riadores llaman *vineas*. Vease tambien el Diccionario de Facciolati, donde al pie de la descripcion de Vegecio las llama *viñas*; y otros se contentan con decir *ingenios*, o *máquinas apropósito para batir las murallas*.

11 *formado el terraplen*. Cesar; *aggere iacto*. Los materiales del terraplen no solo eran terrones, sino tambien piedras, leña, y todo género de fagina: *dictus agger, quod aggerebant terram, lapides, ligna &c.* Sobre él levantaban las torres que ordinariamente fabricaban de madera: y a veces su altura era de 120. codos. Sobre la verdadera inteligencia de *agger, vallus, crates, vineas &c.* los Militares, los Ingenieros, y demas Tácticos bien tienen que estudiar en Guischardt, Lo-Looz, Follard y otros modernos; no solo en Cesar, Vitruvio, Vegecio &c.

12 *levantadas las bastídas*. Cesar; *turribus constitutis*. Así se llama propiamente este género de torres para la espugnacion; y así las entendió el Señor Felipe III. quando advirtió a la márgen; *turris bastída apud Hispanos*. Vease tambien nuestro Diccionario. En la línea sesta de la pag. 86. se divide así *pote-statem*, y en alguna otra parte se advertirá el propio defecto de ortografía: mejor se guardaron sus reglas en la pag. 20. lin. 4. pag. 40. lin. penúltima, pag. 94. lin. 14. dividiendo *pot-erat, pot-est* y *pot-erant*.

13 *tendidas las manos*. Cesar; *passis manibus*, y poco antes *tendere manus*. En quanto a la frase Castellana *tender las manos*, por ser de significacion equívoca, será bien tener presente lo que notó el insigne Luis de Leon en sus Comentarios a Job pag. 222. de la moderna edicion de Madrid: 'tender las manos, unas veces es señal de 'humildad, como las tienden los que suplican y adoran; y otras de 'presuncion y soberbia, como las tienden los que en alguno las ponen.' El Venerable Granada y Cervantes para dar a entender la primera de estas dos significaciones, no suelen decir mas que *puestas las manos*; esto es, o cruzándolas al pecho, o tendiéndolas, o levantándolas, segun la usanza de diversas naciones. *Puesta de hinojos con las manos puestas, y junto al pecho*, dice Cervantes en su Persiles.

14 *que a ningun mercader daban entrada*. Aun en aquellos tiempos rudos, y entre naciones tenidas por bárbaras, se negaba la entrada a todo lo que podia servir al fausto y a estragar las costumbres. Así merecieron los Nervios crédito de grandes guerreros; bien como por la misma causa dice Cesar en el lib. I. que eran los Belgas los mas valientes de todos los Galos: *omnium fortissimi sunt Belga, quod mi-*

nime.... ad tos mercatores sæpe commeant, atque ea, quæ ad effeminandos animos pertinent, important.

15 *embarazada con la carga.* Cesar; *sub sarcinis*: esto es, con las cargas acuestas. Los soldados Romanos quando marchaban con las armas solas, se decian *expediti*, o *in expeditionem* (pues, segun escribe Ciceron, las armas no se tenian entre ellos por carga); quando iban cargados de las mochilas, utensilios y estacas para el vallado, *impediti* o *sub sarcinis*. Vease la estampa pag. 89.

16 *el estandarte, que es la llamada a tomar las armas*; o señal de próximo combate. Cesar; *vexillum, quod erat insigne, quum ad arma concurri oporteret*. Colocábase sobre la estancia del General, y tenía la figura de un sayo de grana.

17 *dar la contraseña.* Cesar; *signum dandum*. Esto se hacia por medio de los soldados destinados para semejante oficio. Vegecio lib. II. cap. 7.: *Tesserarii, qui tesseram per contubernia militum nuntiant*. Servio intérprete de Virgilio lib. VII. Æneid. v. 637. *It bello tessera signum*, nota: *Tessera symbolum bellicum, quod ad pugnam exeuntibus datur propter confusionem vitandam.... ut fuit in bello Marii, Lar Deus; in Sullæ, Apollo Delphicus; in Cæsaris, Venus Genitrix*. Nosotros decimos *dar el Santo* por la costumbre de dar los Generales a los soldados el nombre de algun Santo, para que se reconozcan entre sí a distincion de los enemigos. Hoy dia a mas del *Santo* se da tambien la *seña*, y tambien en campaña la *reseña*. Nuestro Luis de Leon en la pag. 53. edicion moderna de Valencia de los Nombres de Christo dice: 'la *tesera* militar, o lo que en la guerra decimos *dar nom-'bre*, está secreto entre solos el Capitan y los soldados que hacen cuer-,po de guardia.' Vease a Lipsio lib. IV. Milit. Dial. 11.

18 *no dieron lugar a los nuestros*. El Anónimo de la vida de Cesar dice así: *Tam nihil spatii fuit, ut, ne dicam consuetæ solemnitates præliorum omitterentur, sed vix galeas induendi licentia superesset*, lib. II. pag. 49.

19 *quitar las fundas a los escudos*. Cesar; *scutis tegmenta detrahenda*. Suetonio en la vida de Cesar dá bien a entender el aseo y cuidado con que sus soldados conservaban las armas: *habebatque* (milites) *tam cultos, ut argento et auro politis armis ornaret: simul et ad speciem, quo tenaciores eorum in prælio essent metu damni, &c.*

20 *la puerta trasera*. Cesar; *decumana porta*. Vease la nota 3. lib. III.

21 *El principal de ellos* (los Centuriones) *P. Sextio Baculo*.

NOTAS. 413

Cesar; *primopilo P. Sextio Baculo*. El Centurion, o Capitan dicho entre los Romanos *primipilus* o *primopilus*, era un Oficial de primera graduacion. Cesar, Livio, Paterculo y Salustio le dan el nombre *Centurio primopili*; algunos le llaman *primus Centurio*. De los Griegos unos le nombran ϛρατοπεδάρχης τοῦ τάγματος, que es Gefe de la legion; y a su empleo ϛρατοπεδαρχία, que podriamos llamar *Comandancia*. Sus honores y empleo pueden verse en Polibio, Vegecio, Lipsio, Juan Rosini &c. La dificultad está en saber qué voz Castellana es la que responde a la Latina, y quál de los cargos de estos tiempos se asemeja mas al del Primipilo. 'Entre los Centuriones (escribe Morales) 'habia unos que llamaban Primipilos, porque se ponian en la delantera 'de la batalla, y allí estaban a su gobierno otros Centuriones, y eran 'como los soldados que aora llamamos de primera hilera. Estos Primi- 'pilos tenian a cargo el Aguila, que era la bandera general de toda la 'legion.' Rep. Rom. El P. Mariana lib. II. cap. 19., entiende lo mismo que *Capitan de las principales compañías*. El Real Intérprete de Salustio traduce: *Centurion de la primera columna*, pag. 164. No se les puede llamar Capitanes de granaderos, porque aun dado que nuestros granaderos se parezcan a aquellos soldados de primera hilera o coluna, los Capitanes poco se asemejan a los Primipilos. Aquí se ha traducido *el primero o el principal de los Centuriones, Comandante, Alferez, o Ayudante mayor*.

22 *arrebatando el escudo a un soldado*. Nuestro Floro, hablando de esta jornada, dice así: *Hic quum multa Romanorum militum insignia, tum illud egregium ipsius ducis; quod nutante in fugam exercitu, rapto fugientis e manu scuto, in primam volitans aciem, manu pralium restituit*, lib. III. cap. 10.

23 *apenas llegaban a quinientos*. Plutarco *in Cæsare* atribuye esta costosísima victoria, si bien a la pericia de los soldados, mucho mas al estremado valor del mismo Cesar; y su relacion es conforme en todo con esta de los Comentarios.

24 *Eran los Aduáticos descendientes de los Cimbros y Teutones*. Esto mismo escribe Dion lib. XXXIX. n. 4. Ἀτουατίκοι.... τὸ γένος τὸ τι φρόνημα τὸ τῶν Κίμβρων ἔχοντες &c.

25 *antes de batir la muralla*. Cesar; *priusquam aries murum attigisset*. Esto es, antes de dar la primera morocada contra el muro. Sinembargo Ciceron lib. de *Off.* era de dictámen: *Qui, armis positis, ad imperatoris fidem confugiunt, quamvis aries murum percusserit, recipiendos esse*. El *ariete*, que nosotros podemos llamar *morueco*, y

su golpe *morocada*, era una gran batería gruesa y larga con la testa de fierro a semejanza de la de un carnero, para romper con ella a repetidos y fuertes golpes la muralla. En el cerco que los Cartagineses pusiéron a Cadiz, que la tenian los Fenicios, 'pretenden algunos (dice Mariana 'lib. I. cap. 19.) que Petasmeno, un artífice natural de Tiro, inventó 'de nuevo para batir los muros el ingenio que llaman ariete. Colgaban 'una viga de otra viga atravesada, para que puesta como en balanzas se 'moviese con mayor facilidad, e hiciese mayor golpe en la muralla.' A mí me parece que el pretender la invencion del ariete en España es muy conforme a lo que leemos en las historias antiguas; y que estos *algunos* de Mariana bien pueden por sí solos dar autoridad a la opinion. Vitruvio lib. X. cap. 19. de Arquitectura, y Ateneo en el principio de su tratado de máquinas cuentan la invencion del ariete en Cadiz; y Ateneo se remite a Agesistrato en los tratados Poliorcéticos donde decia lo mismo. Vease el manuscrito de Ateneo publicado por la Biblioteca Real de Paris año de 1693. Esta máquina fue recibiendo perfeccion progresiva hasta los Godos, que la usaron tambien, como Wamba contra la ciudad de Nimes, segun refiere Saavedra en la Corona Gótica. En Vascuence no tiene otro nombre el carnero, o morueco; que el de *aria*: y parece verosimil que el de *ariete* se tomó de la lengua del pais donde se inventó, antes que irlo a buscar en Tiro ni en Cartago. Vease el tomo II. de las Memorias de Guischardt desde la pag. 2. y el Diccionario Etimológico de Vosio.

26 *se mandaron hacer fiestas solemnes por quince dias*. Estas fiestas, dichas por los Romanos *supplicationes* (y tambien *supplicia*, como se lee en Jugurta de Salustio pag. 191. de la edicion del Sr. Infante), se hacian por decreto del Senado, abriendo todos los templos de los Dioses, y cerrando los Tribunales y Oficinas; para que hombres y mugeres acudiesen libres de otros negocios, a los sacrificios en accion de gracias por la victoria conseguida. Plutarco en la vida de Cesar lo pondera mas: ταῦτα ἡ σύνκλητος πυθομένη πέντε καὶ δέκα ἡμέρας ἐψηφίσατο θύειν τοῖς θεοῖς, καὶ σχόλαζειν ἑορτάζοντας, ὅσας ἐπ' οὐδεμίᾳ νίκῃ πρότερον. A Pompeyo, a quien se hicieron mas honores que a todos los Generales precedentes, se concediéron solamente doce dias.

LIBRO TERCERO.

1 *Octoduro*. Creen muchos que este pueblo es el que se llama hoy *Martigni* o *Martinach* a la falda de los Alpes. Otro pueblo del mis-

mo nombre se vé entre Avila y Salamanca en el mapa del Africa y España, que publicó S. A. R. pag. 132. de su Salustio.

En la pag. 108. línea siguiente a la que se hace esta nota, y en alguna otra parte se escribe *planicies* con c por error, debiendo ser con t, como se puso tres veces en la pag. 54. 80. y otras muchas.

2 *dardos.* Cesar; *gæsa.* Servio al verso 662. lib. VIII. de la Eneida dice: *Gæsa, hasta viriles; nam etiam viros fortes Galli gæsos vocant.* Vease a Lipsio Poliorc. IV. Dial. 4.: y al Sr. Infante en la nota 74. pag. 302. al Catilina.

3 *por todas las puertas.* Quatro solian ser las de los reales: la *Prætoria*, en la frente de ellos, donde alojaba el General; la *Decumana*, al lado opuesto en las espaldas; la *Principal*, por donde solian entrar y salir los Oficiales de la plana mayor; la *Quintana*, por donde se introducian las provisiones. La *Decumana*, que se llama *trasera o de socorro*, tenía tambien los nombres *extraordinaria*, *quæstoria*.

4 *algunos prefectos.* Muchos tenian este nombre en la milicia Romana. *Præfecti castrorum*, Maeses o Mariscales de Campo, y Aposentadores: *Præfecti fabrum*, Ingenieros: *Præfecti equitum*, Brigadieres, o Comandantes de la caballería: *Præfecti militum*, Sargentos mayores. Estas son puras conjeturas fundadas en lo verosimil. Lo mas seguro es dejar los cargos, empleos y dignidades con sus propios nombres, como lo hacen los traductores mas exactos. Los PP. Mohedanos en la pag. 31. tomo IV. de su Historia Literaria, siguiendo a Ablancourt traductor Frances de Cesar, entienden que el llamado *Præfectus fabrum*, era lo mismo que *Intendente de las máquinas de guerra*. Tal vez la palabra *Ingenieros* corresponde con mas propiedad.

5 *las quillas algo mas planas.* Estrabon en el lib. IV. no hace mas que copiar en menos palabras esta descripcion de aquellos bajeles: Πλατύπυγα δὲ ποίουσι καὶ ὑψηπρυμνα καὶ ὑψόπρωρα διὰ τὰς ἀμπώτεις δρυίνης ὕλης, ἧς ἐστὶν ἀπορία. Vease a Sigonio Emendat. lib. I. cap. 28. sobre este pasage del lib. III. y el otro del lib. VII. sobre la calidad, porte y diferencia de las naves antiguas, sus nombres y construccion: vease tambien a Guischardt en el tomo II. desde la pag 180. y a Lo-Looz desde la pag. 199. de sus Investigaciones.

6 *un pie de tabla, y otro de canto.* Cesar; *pedalibus in latitudinem trabibus:* entiendese que quiere decir que las vigas tenían un pie de grosor y otro de anchura, esto es, tanto de tabla como de canto, sin hablar de lo largo que vendrian a tener.

7 *ciertas hoces.* Qué cosa fuesen estas hoces, se deja entender por

lo que dice Vegecio lib. IV. ácia el fin: *Falx dicitur acutissimum ferrum curvatum ad similitudinem falcis, quod contis longioribus inditum, collatorios funes, quibus antenna suspenditur, repente præcidit, collapsisque velis liburnam pigriorem et inutilem reddit.* Estas hoces o guadañas serian de diferente arte que las otras llamadas *murales*, de que habla Cesar en el lib. VII. de estos Comentarios. Vease a Guischardt en el tomo I. pag. 14. 65. 69. y 80.

8 *no podian menearse ni atras ni adelante*. Refiere Dion en el lib. XXXIX., que mientras estaban así estancadas las naves de los Vaneses, el Director de la esquadra Romana Bruto a salvamano entraba y salia de en medio de ellas, embistiendo, tomando, o echándolas a pique.

En la pag. 128. la cláusula que empieza: *Locus erat castrorum &c.* se podría puntuar de estotro modo: *Locus erat castrorum editus, et paullatim ab imo acclivis circiter passus mille. Huc magno cursu &c.*

9 *desde las quatro del dia.* Esto es, desde las diez de la mañana. Se sabe que los Romanos dividian el dia en doce horas empezando dé las seis de la mañana, o desde que sale el sol hasta que se pone; por consiguiente la noche en otras doce horas, a contar desde su puesta hasta su salida: las quales eran ya mayores, ya menores, segun las estaciones del año.

10 *los Aulercos Ebreusenses.* Dos especies de Aulercos menciona Plinio lib. IV. cap. 18. *Aulercos Eburovices*, los de Ebreux, y *Aulercos Cenomanos*, los de Mans: *Aulerci, qui cognominantur Eburovices, et qui Cenomani.* Algunos Geógrafos añaden otra tercera especie, *Aulercos Diablintes*, los de la Perche.

11 *mal sufridos en las desgracias.* Dion pondera mas la inconsideracion de los Galos en esta jornada, su falta de tino en resolver, la mucha temeridad en egecutar, y el sumo caimiento de ánimo en los reveses de fortuna: lib. XXXIX. pag. 214. edicion moderna de Hamburgo.

12 *ciudades de nuestra provincia, confinantes con dichas regiones.* Tolosa y Narbona estaban ciertamente dentro de la provincia Romana: y así parece verdadera la leccion de nuestro Pedro Chacon, el qual no lee *ex his regionibus*, sino seguidamente *finitimæ his regionibus.* Clarke dice así; *totam denique difficultatem tollit MS. Regius* (de la Biblioteca de Paris), *in quo ita plane scriptum est quomodo legendum coniecit Ciacconius, quæ sunt civitates Galliæ provinciæ, finitimæ his regionibus.* Ni se debe omitir entre Tolosa y Narbona la

ciudad de Carcasona, que se halla tambien en el Intérprete Griego Καρκασῶνος.

El testo *vineas turresque agere.... cuniculos ad aggerem, vineas agere* de la pag. 130. se ha traducido; *armar las baterías..... minar las trincheras y obras*, como se vé en la pag. 131. cuya traduccion si no quadrase de todo en todo, se pudiera tal vez mejorar por lo que trae Guischardt tomo II. desde la pag. 5. y 22. y Lo-Looz desde la pag. 14.

13 *a quienes llaman ellos Soldurios.* Esta casta de gentes que se consagraban a su Capitan con las veras que escribe Cesar, no solo se conoció en la Galia, mas tambien en la Grecia, Germania y España. De los Griegos dice Diodoro Siculo lib. XI. que juraban en esta forma; ὀυ καταλείψω τοὺς Ἡγεμόνας ὄντι ζῶντας ὄντι ἀποθανόντας. De los Germanos escribe Tácito: *est illis infame in omnem vitam, ac probrosum, superstitem principi suo ex acie recessisse.* De los Españoles Celtiberos y Cantabros Dion, Estrabon y Valerio Máximo citados por Ambrosio Morales lib. VIII. cap. 52. de la Crónica general, cuentan; 'que se solían consagrar a algun Capitan: que tenían por gran 'maldad y afrenta salir vivos de la batalla, si habian ofrecido su vida 'por la de su Capitan..... He querido (prosigue Morales) dar aquí no-'ticia del orígen de todo esto, porque en la mucha lealtad de los Viz-'caynos, y constancia en sus amistades, dura todavía gran parte desto.'

14 *Habiendo pues hecho su surtida con estos.* Se ha repetido en la version este pedazo de periodo, porque a causa del paréntesis interpuesto, tambien Cesar lo repitió en el texto: tal es el estílo de los Historiadores, que para anudar el hilo roto de la Historia, repiten en gracia del lector, y por amor de la claridad, el principio de la cláusula, y aun del capítulo pendiente. Sobre esto vease al erudito J. Fr. Gronovio lib. XXV. de Livio.

LIBRO QUARTO.

1 *Cien merindades.* Cesar; *centum pagos.* Vease la nota 27. del lib. I. Lo que Cesar refiere aquí del vestuario de los Germanos puede ver el que guste en la estampa pag. 263.

2 *aunque de mala traza y catadura.* Cesar; *prava, atque deformia.* El Intérprete Griego leyó sin duda *parva*, pues traduce μικρούς καὶ δύσμορφους (τοὺς ἵππους) *jacas* o *jacos*, como se llaman en algunas provincias de España; y es tambien la leccion del Cujacio. Tal vez

prava significa que eran de *mala casta* o *raza*. Sobre que los Suevo-Germanos no usaban de jaeces, como aquí escribe Cesar, y las ventajas que esto traía en los combates; vease a Guischardt pag. 91. tomo I.

3 *en espacio de seiscientas millas*. El Intérprete Griego lee ςάδια πεντακισχίλια διακοσίων Νοττα: cuyo número de estadios corresponde a las seiscientas millas de Cesar. Sinembargo creen algunos Comentadores, que la cifra está errada: y que se debe leer o *sexaginta* o *centum*.

4 *los Galos son voltarios en sus resoluciones, y por lo comun noveleros*. Sobre esto se puede leer lo que escribe el Frances Juan Bodino pag. 121. y 122. de la obra citada.

5 *a los Suevos ni aun los Dioses imortales pueden contrastar*. Este era un género de ponderacion con que los Gentiles ensalzaban una cosa hasta lo sumo. Homero cuenta que los Dioses fueron vencidos por los hombres en aquella batalla que figuró su imaginacion de él. Con razon dijo de ellos Davisio en sus notas a Cesar: *Sic Ethnici, ancipiti furore acti, quos impie in Deorum numerum asciverunt, hominibus imbecilliores, dum Deos esse crederent, inepte finxerunt.*

6 *no siendo conforme a razon*. Cesar; *neque verum esse*. El *verum* aquí significa lo mismo que *æquum*; como luego mas abajo se vé en la respuesta de los Germanos, quando dicen a Cesar: *Si, se invito, Germanos in Galliam transire non æquum existimaret &c. Metiri se quemque suo modulo ac pede verum est*, dice Horacio lib. I. Epist. 7. verso último.

La descripcion del rio Mosa que aquí cae en la pag. 148. se lee en otras ediciones de esta manera: *Mosa profluit ex monte Vosego, qui est in finibus Lingonum, et parte quadam ex Rheno recepta, quæ appellatur Vahalis, insulamque efficit Batavorum, in Oceanum influit; neque longius ab Oceano millibus passuum LXXX. in Rhenum transit.*

7 *por muchas bocas entra (el Rin) en el Océano*. Cesar; *multis capitibus in Oceanum influit*. *Capita* por *ostia* significando las *bocas* por donde el rio desagua, no es tan frecuente; mas no se deja de encontrar en Autores clásicos. Lucano lib. XXX. verso 201. dice:

..... *sparsamque profundo*
Multifidi Peucen unum caput adluit Istri.

Virgilio en el lib. VIII. de la Eneida llama *bicornem* al Rin. Estrabon lib. IV. δίςομον; tambien decimos nosotros *bocas*: y esto ya se vé que

es con referencia a la cabeza, que en los rios podemos considerar en el estremo, bien así como decimos de los árboles.

8 *el parage donde se unen el Mosa y el Rin.* Este lugar de Cesar ha mortificado a varios Geógrafos y Comentadores suyos. Quien guste de leer las nuevas Investigaciones que se han hecho sobre aquel confluente o confluencia, podrá acudir al tomo XVIII. de la Academia de las Inscripciones de Paris desde la pag. 212.

9 *mandó que los arrestasen.* Caton por esto pretendia que Cesar habia violado el Derecho de gentes; y con toda seriedad propuso en el Senado que fuese luego entregado a los bárbaros mismos en pena de su desafuero. Vease á Plutarco *in Cæsare.*

Los números de estas dos notas están trocados: y esto sirva de advertencia a los Lectores.

10 *la traza, pues, que dió fue esta*: Cesar esplica y desmenuza por partes este famoso puente, quizás el primero que se vió sobre el Rin. No hay Comentador ni Intérprete de Cesar que no haya trabajado sobremanera por entender y aclarar tan célebre fábrica. Muchos han grabado curiosas láminas, que representan ya el puente concluido, ya a medio hacer, ya cada parte de por sí (así como se ha procurado en la estampa de la pag. 156.): algunos han glosado palabra por palabra todas las del testo para dar a entender la obra y su traza: en suma, tanto como Cesar se esmeró en la estructura, han trabajado los Intérpretes en esplicarla. De mí sé decir que me ha costado mucho el entenderla, y no poco el traducir con palabras significantes y propias, esperimentando ser muy cierto lo que Ciceron escribía a su íntimo amigo Atico: Γεωγραφικὰ *non tam possunt,* ἀνθρωπογραφεῖσθαι *quam videntur*: y ya se sabe que nuestro Mela principiando su Geografía, dice: *Orbis situm dicere aggredior, impeditum opus, et facundiæ minime capax.* Acerca del parage donde se levantó el puente se han hecho prolíjas, pero sábias observaciones, que se leen en el tomo citado de la Academia de las Inscripciones.

11 *largos quanto era hondo el rio.* Cesar; *dimensa ad altitudinem fluminis.* No quiere decir que la longura o longitud era solo desde el hondon del rio hasta el haz o flor del agua, sino que era proporcionada a la profundidad y a la altura competente que debian tener sobre el agua.

12 *como machones resistian a la fuerza de la corriente.* Esto es sin duda lo que quiere significar el autor con la palabra *pro ariete* (así se debria haber escrito); como si dijeramos, en ademan de un

carnero dispuesto a mochar, o en acto de dar y recibir morocada o mochada: δίκην κριοῦ dice el Griego. Si pareciese mejor el que se diga *pro pariete*, como algunos quieren, entenderiamos ni mas ni menos *machones o estribos* de puente. Justo Lipsio lib. II. Dial. 5. confiesa no poder comprehender esto.

13 *habiéndose detenido algunos dias.* Plutarco escribe que la detencion de Cesar a la otra parte del Rin fue de 18. dias, como lo dice el mismo Cesar; Dion que de veinte.

14 *pareciéndole haberse grangeado bastante reputacion.* En efecto, si se lee a Plutarco, se verá quánta gloria mereció a Cesar la construccion del puente, y haber pasado por él con su egercito.

15 *intentó hacer un desembarco en Bretaña.* Veleyo Paterculo, Floro, Plutarco, Lucano, Tácito escriben que esta nueva empresa de pasar a Bretaña, solo pudo trazar un ingenio como el de Cesar, acometerla ningun otro valor sino el suyo, acabarla sola su felicidad esperimentada y sin contraste.

16 *cosas por la mayor parte ignoradas de los Galos.* Tambien ignoraban todo esto los Romanos y Griegos: y aunque Cesar llama siempre Isla a la Bretaña; hasta los tiempos de Agrícola no se sabía de cierto que lo fuese, como refiere Tácito en la vida de este Emperador.

17 *desde los Morinos era el paso mas corto para la Bretaña.* Cesar; *inde erat brevissimus in Britanniam transiectus.* Leemos en Dion, que el Estrecho era de 56. millas.

18 *cerca de las quatro* horas *del dia:* esto es, como a las diez de la mañana. Vease la nota 9. lib. III.; y Floro dice: *quum tertia vigilia Morino solvisset a portu, minus quam medio die insulam ingressus est.* Lib. III. cap. 10.

19 *si no quereis ver el águila en poder de los enemigos.* El estandarte principal de cada legion era una águila de plata o de oro, que miraban los Romanos como cosa sagrada, y el perderla como la mayor ignominia del egercito. El que la llevaba se decia *Aquilifer*, y de aquí el Español *Alferez.* Acerca de los diversos estandartes que habia en cada legion se han juntado eruditas noticias por Mr. Le-Beau tomo XXXV. pag. 227. y siguientes de la Academia de las Inscripciones. Veanse tambien los Comentadores de Polibio sobre el cap. 3. de *Militia Romana*: y tambien a Lo-Looz desde la pag. 86. y sus notas infraescritas; donde se refieren varios egemplos de Generales que por poner corage y alentar mas y mas a los soldados, arrojaron el águila en medio de los enemigos, y lograron el suceso que en esta ocasion se vió, que

tum (los soldados) *cohortati inter se, ne tantum dedecus admitteretur, universi ex navi desilierunt.*

20 *desde el puerto superior*. Entiende un puerto situado mas arriba, o a la derecha del puerto Iccio, de donde habia salido el grueso de la armada.

21 *fue luna llena, que suele en el Océano causar muy grandes maréas; lo que ignoraban los nuestros.* No es mucho que lo ignorasen, porque no tenian práctica sino del mar Mediterráneo, donde las maréas son poco sensibles. En el Océano las mociones crecen quando la luna está llena, por razon de que hallándose a la hora en su *perigéo*, esto es, en su menor distancia de la tierra, imprime con su peso mayor impulso a los cuerpos sublunares: *J. Cleric. Phys.* lib. XI. cap. 8.

22 *alargar hasta el ibierno la campaña*. Si eso lograban, estaban ciertos de que los Romanos perecerian de hambre y de frio.

23 *carricoches armados*. Estos carricoches o carros militares, segun los pinta Cesar, no eran falcados o *de los exes tajantes*, que les da nuestro Gaditano Pomponio Mela lib. III. cap. 2. diciendo: *dimicant non equitatu modo, aut pedite, verum et bigis et curribus, Gallice armati. Covinos vocant, quorum falcatis axibus utuntur.* Toda la ventaja de estos, a lo menos en tiempo de Cesar, consistia en la destreza y agilidad del conductor, y en la valentía del soldado que peleaba en el carricoche: a que yo llámo así, porque se me representa como un género de las que llamamos *galeras*, *carretas*, o un carruco ligero con quatro ruedas, visto lo que cuentan del *Essedo* los antiguos. Ciceron y Séneca hablan de ellos, y Facciolati los cita; y Vosio dice que estas palabras *esseda*, *essedarii &c.* son estrañas en la lengua Latina, tomadas de las naciones con quien los Romanos trataban.

24 *acercándose ya el Equinoccio*. Es el de otoño; y por consiguiente el ibierno que comienza presto en el Norte.

25 *formados en círculo:* esto es, abroquelados *a la redonda* o *en rueda*. Salustio en la guerra de Jugurta dice: *Romani veteres...... orbes facere*; y S. A. R. traduce así: ,,Nuestros veteranos..... formaban un 'círculo.' En varias partes de estos Comentarios se habla de la formacion de la tropa *en rueda, en círculo* o *a la redonda*; *orbe facto*; *in orbem pugnare*; *in orbem coniici*; *in orbem consistere*: no se hacia esto sino en casos muy apurados quando pocos eran cercados de muchos, y para no dar las espaldas a los enemigos, los así formados, regularmente a pie quieto, hacian frente a todas partes. Quizás la formacion moderna *en quadro* corresponde de algun modo a la antigua *en círculo*. Veanse so-

bre esto los citados Guischardt y Lo-Looz en varias partes de sus obras.

16 *veinte dias de solemnes fiestas.* En la nota final del lib. II. queda dicho a qué se reducian semejantes fiestas.

LIBRO QUINTO.

1 E*n el mediterráneo.* Cesar; *mari nostro.* Los Romanos llamaban *mar nuestro* al Mediterráneo, porque solo éste baña la Italia. Mela, despues de haberlo descrito con la elegancia y concision que suele, concluye lib. I. cap. 1.: *id omne, quæ venit, quaque dispergitur, uno vocabulo Nostrum mare dicitur.* Mariana, imitando a los Latinos, le da el mismo nombre en la Historia de España.

2 *manda traer el aparejo de España.* Principalmente quiere significar el esparto (de que abunda) para sogas, gomenas y maromas. Del esparto de España habla Estrabon, Justino, Plinio y los PP. Mohedanos por estenso.

3 *quarenta naves fabricadas en los Meldas.* Algunos leen *in Belgis;* teniendo por absurdo que fuesen fabricadas en Meaux, que no es puerto de mar. Pero ¿qué inconveniente hay en que dos pueblos diversos tuviesen antiguamente el mismo nombre, pues tantas veces lo vemos en estos Comentarios? Los Meldas de que habla Cesar, no serán los de Meaux, sino antes otros marítimos. Lo cierto es, que tambien el Intérprete Griego leyó *in Meldis* ὑπὸ τῶν Μίλδων. Hay algunas observaciones curiosas sobre la verdadera leccion en el tomo XXXI. pag. 220. y siguientes de la Academia de las Inscripciones.

4 *del año antecedente.* Esto parece que significa el adjetivo *annotinis:* y del mismo modo entendió el Griego: σὺν ταῖς τοῦ πρόσθεν ἔτους. Añino decimos en Castellano el cordero de un año, y su lana. El número de la nota 4. de este lib. V. se puso por equivocacion en la pag. 187. entre estas palabras; *de mucho espíritu y autoridad entre los Galos,* donde no hay necesidad de nota; la qual con su número 4. debe estar en la pag. 191. donde se dice: *con las naves del año antecedente*; *cum annotinis navibus.*

5 *sin equipage alguno.* Quiere decir que los embió armados a la ligera, sin otro tren que las armas: eso significa la palabra *in expeditionem,* segun queda dicho en la nota 15. lib. II. La nota 5. debe ponerse así: *por ser ya tarde, y querer que le quedáse tiempo para fortificar su campo.* Esta cláusula y la anterior de Cesar ha dado materia a la refle-

xion de muchos Militares sabios, y tambien de Comentadores eruditos: y nótese que este número 5. se debe poner entre aquellas palabras *sin equipage alguno* una línea mas abajo de la misma pag. 191.

6 *usan por moneda cobre* acuñado, o *anillos de hierro.* En confirmacion de esto decía Ciceron Epist. 7. *ad Famil.* lib. VII.: *In Britannia nihil esse audio neque auri neque argenti.* Y en la carta 15. lib. IV. *ad Atticum*, le escribe: *Illud iam cognitum est, neque argenti scrupulum esse ullum in illa insula, neque ullam spem prædæ, nisi ex mancipiis.* Estrabon y Tácito digeron encontrarse en Bretaña oro, plata y otros metales; mas esto pudo ser por descubrimientos posteriores a Cesar. Los anillos Britanos serían parecidos a las monedas que usan los Chinos con el nombre de *Chapecas.* En el Museo de esta Real Biblioteca hay várias de ellas agujereadas, de suerte que a poco úso vendrian a ser unos como anillos.

7 *isla llamada Man.* Entre la Bretaña y la Hibernia hay dos islas de este nombre: una de que habla Tácito *in Agricola*, muy cercana a la parte inferior de la Bretaña; y otra mas arriba como en medio del Estrecho: ambas se vén con toda distincion en el mapa exactísimo que precede a la traduccion Francesa del *Agrícola* de Tácito por el Sr. Felipe V. donde la primera se llama *Mona Taciti*; y *Mona Cæsaris* la segunda.

8 *ser aquí mas cortas las noches que en el Continente.* Era, ya se vé, tiempo de verano: lo contrario sucede en el ibierno: de que solo se infiere que la Inglaterra es mas setentrional que la Francia.

9 *con el zumo de gualda.* Cesar; *vitro se inficiunt.* Otros leen (y tal vez con mas razon) *glasto*: porque dos cosas parecen ciertas: primera, que el *glasto* es planta, y así no hay que llamarlo *vitriolo*, o *caparrosa* como el traductor Italiano: segunda, que ésta palabra entra en la confeccion del vidrio, y por eso leen muchos *vitro*; y de aquí naceria la equivocacion de otros escribiendo *nitro*, y traduciéndolo *vitriolo.* El *glasto* es nombre Británico, y significa lo mismo que *vitro* en Latin, y uno y otro se toma por yerba *vidriera.* En lo que a mi parecer no puede haber engaño es, en llamarla *flor de pastel*, como lo hace Laguna sobre Dioscórides, citando este lugar de Cesar. El Intérprete Griego lo declara elegantemente φυτὸν δ' ἐςὶ τὸ γλαςὸν κυανοῦν χρείαν ἀπεργαζόμενον: los Franceses la llaman *pastel*, como nuestro Laguna; y al cristal *glace*, que parece derivado del *glasto*; si ya no es del *glacies* Latino por la semejanza. Pudierase traducir tambien *zumo de barrilla*; porque el P. Luis de Granada en el Símbolo dice:

'la yerba llamada *barrilla*, de que se labran tantas piezas de vidrio 'cristalino &c.' La costumbre de afear los cuerpos con varios tintes y colores, creyendo que se hacían horribles y ponian grima a sus enemigos, sirviéndose de la fealdad para la fiereza, [se conoció tambien entre algunas naciones de la Germania, segun refiere Tácito, y entre los Americanos, como leemos en Don Antonio Solís lib. I. cap. 19. Conquista de la Nueva-España.

10 *y otras semejantes clavadas en el hondo del rio*. A maravilla se puede tener lo que cuenta Beda lib. I. cap. 11. de su Historia Anglicana: *quarum vestigia sudium ibidem usque hodie visuntur; quod singulæ earum ad modum humani fæmoris grossæ, et circumfusæ plumbo, immobiliter hæreant, in profundum fluminis infusæ.*

11 *gobernaban quatro Regulos*. Serian feudatarios de Casivelauno, si ya no estaban obligados a obedecerle durante la guerra, por haberle nombrado el cuerpo de la nacion por su Generalísimo.

12 *al noble caudillo Cingetórige*. Cesar; *nobili duce Cingetorige*. Esta es la verdadera leccion confirmada por el Intérprete Griego: των Κιγγετόριγα λαβόντες. En el texto se ha puesto *Lugotorige* por leerse así en várias o en las mas de las ediciones.

13 *en Samarobriva*. Sobre la antigua ciudad de este nombre y su orígen Celtico, veanse las Actas Miscelaneas Lipsienses, vol. IX. parte 4. pag. 615.

14 *al pais mas quieto y pacífico*. Por tal se tenía entonces el de los Eduos, como tan amigos y favorecidos del Pueblo Romano.

15 *y el Qüestor*. Me inclíno con la autoridad de Pedro Chacon, a que en el texto se debe leer *quæstoreque*, y no *quæstoribusque*: porque Cesar nombra poco mas arriba varios Legados, pero un Qüestor solo. No obstante leyéndose en el lib. I. de estos Comentarios: *singulis legionibus singulos legatos et quæstorem præfecit*, no sería error leer tambien aquí *quæstoribus* en plural.

16 *Capitanes principales*. Cesar; *primorum ordinum centuriones*. Estos eran el primer Centurion de los *Triarios* en la primera fila, *Primipilus*: el primer Centurion del Regimiento, digamoslo así, de los *Principes*, *primus Princeps*: el primer Centurion de los *piqueros*, *primus hastatus*. Vease a Jorge Poeschel. sobre el cap. 1. de Polibio de *Milit. Rom*.

El primer periodo que en la pag. 216. empieza *erant*, se debe puntuar de esta manera: *Erant et virtute et numero pugnando pares nostri: tametsi a duce et a fortuna deserebantur, tamen omnem spem salutis*

in virtute ponebant: et quoties &c. Y un poco mas abajo en la misma pag. donde se lee: *Interim ea parte nudari necesse erat*, Oudendorpio pone *eam partem*. En la pag. siguiente lin. 22. se puso *costrastes* por *contrastes*.

17 *hasta las ocho*; *ad horam octavam*: que segun la cuenta indicada de los Romanos, corresponde a las dos de la tarde nuestras.

18 *entonces fue la grande algazára y el gritar descompasado a su usanza*. Tito Livio lib. V. atribuye a los Galos no solo *trucem cantum, et horrendum sonum* en las batallas, sino tambien despues de la victoria, *ululatus, et cantus dissonos*.

19 *ciento y veinte torres*. Este número parecerá inverosimil para sola una noche: por eso dice *con presteza increible*; y el anónimo Griego, porque no se crea yerro de amanuense, lo espresa con las palabras ἑκατὸν καὶ ἐικόσι.

20 *Pónenle delante a Ambiórige*: poco antes amigo de Cesar y obligado con tantos beneficios; ahora enemigo declarado y cabeza de los rebeldes.

21 *segun es de benigno*. Esto me parece significa aquí *iustitia*, como quando su hermano Tulio en la oracion *pro M. Marcell.* decía al mismo Cesar: *hæc tua iustitia et lenitas animi florescet quotidie magis*.

22 *bodoques caldeados*. Cesar; *ferventes fusili ex argilla glandes*. Pelotas caldeadas, o especie de balas rojas. Nuestro Paulo Orosio lib. VI. cap. 10. las pinta vivamente; *testas ferventes intorsere fundis, flammataque foci tela, ac mox concepta igne rutilantia* (como cohetes) *intra castra iecerunt*. Vosio dice: *Ego recta esse Cæsaris verba arbitror, et innuere illud argillæ genus, unde hodieque statuæ funduntur*: y el Griego traduce; ἐξ ἀργύλλης τετυγμένης. Parece que aquellas balas rugientes o rojas se entienden por los que en Castellano decimos *bodoques*: los quales, dice nuestro Diccionario, que son *pelotas o bolas de barro hechas en turquesa y endurecidas al ayre del tamaño de las de mosquete*. Adviértase de paso que tal vez el nuevo vocablo *presencia de ánimo* que se vá introduciendo en Castellano para significar la *serenidad, entereza, igualdad de ánimo, o intrepidez* (como aquí se ha traducido) puede fundar su orígen legítimo en la *præsentia animi* de Cesar, que se lee a la septima línea de los bodoques, esto es, *glandes* en la pag. 224. El Señor Infante Don Gabriel traduce; *balas de plomo*, y pone nota sobre el lugar de Jugurta donde dice Salustio: *Romani pro ingenio quisque, pars eminus glande, aut lapidibus pugnare*. En la misma pag. despues de las palabras *con-*

flagrare intelligerent; se debe poner punto y coma en lugar de los dos puntos.

23 *acude a su defensa el competidor Vareno*. El Griego dice a la letra ὁ ἀνταγωνιστὴς Βαρῖνος: Cesar; *inimicus illi Varenus*, esto es, el coopositor, el antagonista, émulo, el contendor: que el *inimicus* aquí no significa otra cosa.

Este pasage del testo en algunas ediciones se lee así: *Hæc quum dixisset, procedit extra munitiones; quaque pars hostium confertissima visa est, in eam irrumpit. Ne Varenus quidem tum vallo sese continet, sed omnium veritus existimationem, subsequitur. Mediocri spatio relicto, Pulfio pilum..... hunc scutis protegunt hostes, in illum universi tela coniiciunt; neque dant regrediundi facultatem &c.*

24 *batidores*. Cesar; *antecursoribus*: acaso los podriamos llamar *citotes*; o añadir *de estrada*: porque *batir las estradas*, aunque suena a frase estrangera, no es sino muy Castellana, como a cada paso se lee en la guerra de Granada de Mendoza; y se encuentra tambien en Mariana, Saavedra y otros: hoy se dice *reconocer la tierra* o *la campaña*; *y hacer la descubierta*, como leemos en el Jugurta de S. A. R. pag. 277.

La fórmula Latina *quod commodo Reipublicæ*, o *si Reipublicæ commodo facere posset*, se traduce aquí en la pag. 229. y en algun otro lugar, *si buenamente pudiese*: si no quadrase este modo de traducir en Castellano por parecer familiar, o acomodado a negocios particulares o privados; se podria decir, y tal vez con mas propiedad; *sin perjuicio, o con ventaja, o en bien de la causa pública*.

25 *El contenido era este*. Estaba escrita en Griego; y las palabras formales se hallan en Polieno lib. VIII. Stratag. cap. 23. Καῖσαρ Κικέρωνι θάρσει. Προσδέχου βοήθειαν. Es decir: *Cesar a Ciceron: Confianza (o Buen ánimo): Aguarda el socorro*.

26 *estrechando todo lo posible las calles de entre las tiendas*. Las de los reales Romanos eran ordinariamente de cincuenta, y aun de cien pasos en ancho: conque se podian estrechar mucho en las ocurrencias. Véanse los Comentadores de Polibio al cap. 7. de *Viis et intervallis castrorum*.

27 *antes de la hora tercia*. Segun nuestra cuenta, *a las nueve de la mañana*.

En la palabra *pote-statem* de la pag. 232. lin. 29. está errada la particion: debe dividirse *pot-estatem*: lo qual se tendrá entendido en algunos otros casos semejantes: y en el verbo *exuo*, que en la pag. 234.

lin. 4. se escribe con *s*, algunos Gramáticos, como Vosio, Celario, Noltenio piensan que se debe quitar.

28 *y mas viendo que aquel sitio quedaba señalado con no pequeña pérdida del enemigo.* Los Comentadores y Traductores de Cesar no están acordes en la leyenda e inteligencia de este pasage. A mí me ha parecido seguir como corriente y bien escrito el testo de la edicion Elzeviriana: y creo que el pensamiento de Cesar queda bien esplicado en Castellano, traduciendo como se ha traducido.

29 *pueblos llamados Armoricos.* Esto es, marítimos, porque en su lengua Celtica *Ar mor*, dicen, que significa lo mismo que *ad mare*.

30 *al vadear un rio.* Es el Mosa, que separa los *Trevirenses* de los *Remenses*, donde ibernaba Labieno.

LIBRO SESTO.

1 *Por negocios de la República se hallaba mandando cerca de Roma*: Cesar; *quoniam ipse ad urbem cum imperio reipublicæ causa maneret.* No podia entrar en ella, segun el fuero Romano, por estar nombrado Proconsul de las Españas. No obstante despues de la muerte de Clodio se le dió facultad para velar desde los arrabales a la tranquilidad de la República, como lo refiere Asconio en las notas sobre la oracion de Tulio *pro Milone: Senatusconsultum factum erat, ut interrex* (estaba el Consulado vacante), *tribuni plebis et Cneius Pompeius, qui Proconsule ad urbem erat, viderent, nequid detrimenti Respublica caperet; delectus autem Pompeius tota Italia haberet.*

2 *habia alistado siendo Consul.* Los alistamientos de los Romanos se hacian con mucha solemnidad, jurando los soldados Obediencia, Valor y Constancia. Vease a Livio lib. XXII. cap. 38. y a Polibio de *Militia Rom.* cap. 1.

3 *les dan fiadores.* Los Trevirenses a las Comunidades atraidas con promesas de dinero a su partido.

4 *se viese obligado a unirse con los Germanos.* Habla de Ambiórige: y parece cosa sin duda que el *congredi* en este lugar significa lo mismo que *coire*: por eso dice mas abajo: *ne Ambiorix receptum ad eos haberet*.

5 *un rio de difícil paso.* Ya se ha dicho que era el Mosa.

6 *En la Galia no solo todos los Estados &c.* Sobre el gobierno político de los Galos y sus usos particulares a la entrada de Cesar, hay noticias esquisitas en el tomo XL. de la Academia de las Inscripciones de Paris.

7 *empeñándoles en su partido a costa de grandes dádivas y promesas.* Cesar; *eos ad se magnis iacturis pollicitationibusque perduxerant. Iacturis* significa *gastos, dispendios, regalos*: como quando en el lib. III. de la Guerra Civil dice Cesar: *magnis enim iacturis sibi quisque eorum animos conciliabat.*

8 *uno es el de los Druidas.* Acerca del orígen, etimología, profesion, sacrificios, y secta de los Druidas, se encuentran largas y erudítas noticias en várias partes de la Academia de las Inscripciones, y singularmente en la Memoria de Mr. Duclós tomo XIX. pag. 483. y siguientes: vease tambien á Vosio en la palabra *Druides*, donde se observa que no hay para que cansarse en averiguar la etimología de muchísimos vocablos, que pueden mirarse como bárbaros o estraños respeto del Lacio.

9 *A su escuela concurre gran número de jóvenes.* Entiéndese de sola la nobleza, como lo espresa nuestro Mela lib. III. cap. 2. *docent multa nobilissimos gentis clam, et diu, et vicenis annis.*

10 *todos se esquivan de ellos, rehuyendo su encuentro y conversacion.* Cesar; *his omnes decedunt, aditum eorum sermonemque defugiunt*: quiere decir con el verbo *decedunt* que se arredran y apartan, o rehuyen de ellos. Decía Ciceron a Catilina I. 7.: *quid quod adventu tuo ista subsellia vacuefacta sunt? quod omnes Consulares simulatque adsedisti, partem istam subselliorum nudam atque inanem reliquerunt?*

11 *en un lugar sagrado.* Cesar; *in loco consecrato.* Si, como parece verosimil, se lee *luco*, entenderemos *bosque*, conforme a lo que escribe Lucano del parage donde se juntaban los Druidas. Lib. I. v. 453. *nemora alta remotis incolitis lucis.*

12 *Esméranse sobre todo en persuadir la imortalidad de las almas y su transmigracion de unos cuerpos en otros.* Es la μετεμψύχωσις de Pitágoras; y *metensicose*, o *metensicosis* pudieramos decir tambien en Castellano, como se dice *metamorfosis*, o *metamorfoseos* de Ovidio. Origen. Filósofo cap. 2. dice ser fama que Zamolxis enseñó a los Druidas la secta de Pitágoras su maestro: ὁ τοῦ Πυθαγόρου ἀκέτης Ζάμολξις τοὺς παρὰ Κελτοῖς Δρυΐδας λέγεται διδάξαι φιλοσοφεῖν τὴν Πυθαγόρειον φιλοσοφίαν.

13 *poniendo aparte el temor de la muerte.* Creían que las almas eran imortales y eternas: *ut (Galli) forent ad bella meliores, æternas esse animas, vitamque alteram ad manes Druidæ docebant.* Mela lib. III. cap. 2.

14 *dependientes y criados.* Cesar; *Ambactos clientesque.* Festo dice, que la palabra *Ambacti* de orígen Galicano se lee en Enio en significacion de *esclavo.* Cluverio lib. I. cap. 8. Germ. antiq. afirma que tambien la usaban los Germanos en el mismo sentido. Mr. Tercier en su Disertacion pag. 23. tomo XXIV. de la Academia de las Inscripciones, escribe que es palabra Germánica, y que significa: 'Es-'pece de cavaliers qui se devovoient au service d' un Grand, et qui 'dans les combats etoient toujours a ses côtés.' Nosotros podriamos llamarlos *escuderos.*

15 *ídolos colosales* o *de gigantea estatura.* Mas breve, *colósos,* como los llama Strabon lib. IV. Geogr. Κολοσσόν. Vease la figura en la estampa de la pag. 263.

16 *En su estimacion los sacrificios de ladrones, salteadores, y otros delinqüentes, son los mas gratos á los Dioses. Supplicia,* significa la ofrenda, el voto, o la víctima que se ofrece en sacrificio. Salustio en el Catilina, celebrando las costumbres de los antiguos Romanos, muy diferentes de las de su tiempo, dice así: *in suppliciis Deorum magnifici, domi parci, in amicos fideles erant.* En otra parte dice el mismo Salustio: *non votis, neque suppliciis mulierum:* 'no con votos, ni plega-'rias de mugeres:' como traduce el Real Intérprete pag. 80.: *supplicia veteres quædam sacrificia a supplicando vocabant.* Festo.

17 *Blasónan los Galos de tener todos por padre a Pluton.* Muchos modernos Franceses y Alemanes pretenden que Cesar escribió con poca puntualidad de la teología de los Galos, y que erró en el número y nombres de sus Dioses: veanse las Actas Lipsienses vol. IX. parte 4. tomos XVIII. y XXIV. de la Academia de las Inscripciones &c. Yo a imitacion de Juan Bodino pag. 45. de la citada obra, *libenter Cæsari de Gallorum moribus scribenti assentior, qui eorum antiquitates plane cognitas habuit.*

18 *se visten de pellícos y zamarras.* Cesar; *pellibus aut parvis renonum tegumentis utuntur.* Pudiéramos decir tambien *capotillos;* porque San Isidoro escribe: *Rhenones sunt velamina humerorum et pectoris usque ad umbilicum.* Lib. XIX. Orig. Tal vez se debe escribir *rhenones* con aspiracion.

19 *con jurisdiccion de horca y cuchillo.* Tradúcese así por variar de locucion, y porque parece que esta frase Española se acerca mucho a significar el poder o jurisdiccion que los Romanos llamaban; *vitæ ac necis potestas.*

20 *Volcas Tectosages.* Creese que saliéron de las tierras de Nar-

bona y de Tolosa. Otra colonia embiaron al Asia menor, y la provincia que poblaron se llamó por ellos *Gallatia*, o *Gallogræcia*. Los Volcas Arecómicos eran distintos de estos de la merindad de *Nemauso*, hoy Nimes.

21 *La selva Hercinia tiene de ancho nueve largas jornadas*: quales suelen ser las que anda uno que va horro, o a la ligera: y eso es lo que Cesar quiere significar con decir: *latitudo novem dierum iter expedito patet*.

22 *La tercera raza*. Las figuras de los tres animales que nombra Cesar se vén bellamente grabadas en la estampa pag. 134.

23 *corre por mas de quinientas millas*. Este número de millas corresponde a los quatrocientos estadios que pone Estrabon. Nuestro Pedro Chacon prueba claramente ser ésta la verdadera leccion.

24 *se habia retirado ácia el Sambra donde se junta este rio con el Mosa*. Así ha de ser, atento que hoy el Escalda, como se lee vulgarmente *Scaldim*, no desagua en el Mosa, y acaso tampoco antiguamente: el Intérprete Griego leyó *Sabim*, pues dice: τὸν ὓς τὴν μόσαν ἐισβάλλοντα σάβιν ποταμὸν.

En la pag. 282. en lugar de *recipiendi sui non haberent facultatem*, se puso por equivocacion *respiciendi*.

25 *síguenle los Centuriones del batallon &c.* La cohorte que a veces constaba de quinientos hombres, corresponde poco mas o menos al batallon de un Regimiento de los nuestros.

26 *cerrados en forma triangular*. Cesar; *cuneo facto*. El Griego: ὓς τριγώνον σχῆμα. Vease la nota 14. lib. VII.

27 *habian sido promovidos*. Justo Lips. de *Milit. Rom.* lib. II. cap. 8. refiere estensamente el orden que se guardaba en las promociones y ascensos de los Oficiales y Centuriones.

En la pag. 289. se dice *retrocediendo al egercito* en vez de *retrocediendo el egercito*; *deducto exercitu*.

28 *habiéndolos desnaturalizado*. Cesar; *quum aqua et igni interdixisset*. Quiere decir, que los estrañó, o espatrió. Serv. in lib. VII. Æneid.: *quos arcere volumus e nostro consortio, eis aqua et igni interdicimus*. Qué orígen tuvo entre los Romanos tal esterminio, y el modo con que se hacia, se lee en las Antigüedades Romanas de Heinnec. lib. I. tit. 16. n. 10.

LIBRO SEPTIMO.

1 *Eran obligados a alistarse.* Cesar, *ut omnes Italiæ iuniores coniurarent*: donde se echa de ver que este verbo Latino a las veces se toma a buena parte, como en el lib. VIII. de la Eneida, en el XXII. cap. 38 de Livio &c.: en cuyos pasages significa lo mismo que *acudir* o *concurrir* muchos a prestar o dar juntos el juramento: lo qual entre los Romanos se practicaba con las ceremonias militares prescritas con mucha solemnidad. Vease la nota 2. del lib. VI.

2 *de mano en mano van comunicando la noticia a los imediatos.* Semejantes a estos correos parecen aquellos de que usaban los Mexicanos quando entraron allá las armas Españolas. El autor de la Historia lib. II. cap. 2. dice de ellos: 'Mudábanse de lugar en lugar, co-'mo los caballos de nuestras postas, y hacian mayor diligencia, por-'que se iban sucediendo unos a otros antes de fatigarse: con que dura-'ba sin cesar el primer ímpetu de la carrera.'

3. *antes de tres horas de noche.* Cesar; *ante primam confectam vigiliam.* Vease la nota 25. lib. I. de estos Comentarios.

4 *Gergovia.* No se sabe con certeza si este famoso pueblo corresponde hoy a Clermont, St. Flour, u otro. Parece hubo dos del mismo nombre; uno en los Boyos, otro en los Alvernos. Vease a Mr. Lancelot tomo VI. pag. 648. de la Academia de las Inscripciones.

5 *Rodenses pertenecientes a la Provenza*, o *Provenzales.* Cesar; *Ruthenis provincialibus.* De los Rutenos unos estaban en la provincia Romana, otros en la Aquitania, como se puede ver en Mr. d'Anville.

6 *Volcas Arecómicos.* Queda dicho que estos eran distintos de los Volcas Tectosages. Vease a d'Anville en la pag. 491. de su citada obra geográfica de la Galia antigua.

7 *Neuvy.* Cesar; *Noviodunum.* En la nota 9. lib. II. se advirtió lo necesario acerca de la terminacion Celtica *dunum*, que es comun a muchas ciudades. La primera diccion *Novio* es propia de algunas. Aquí es *Neuvy* en el Ducado de Berry.

8 *a la redonda de Boya.* Cesar; *spatio a Boia quoquoversus.* En vano ciertos Comentadores quisieran substituir otra diccion en lugar de *Boia.* El Intérprete Griego dice ἀπὸ τῆς βοίας. Boya es el pais de los Boyos incluido en el de los Eduos; unos y otros protegidos de Cesar, lib. I.: *Boios , petentibus Æduis...... ut in finibus collocarent , concessit.*

9 *Los Galos, siendo como son, gente &c.* Examinado el contesto de

toda la narracion, se verá que nada falta en el autor, como muchos han pensado. Ni se halla rastro de interrupcion en los MS. Latinos, ni en el Anónimo Griego, ni en Celso, que vá siguiendo la historia por este mismo orden de Cesar. Vease a Carlos Sigonio sobre las *hoces* de que habla Cesar, y de que ya se hizo mencion en otra parte.

10 *Unas veces con lazos corredizos se llevaban a los sitiadores las hoces &c.* Al volver en Castellano este pasage de Cesar, se ha tenido presente lo que Saavedra escribió, refiriendo las artes con que los de Nimes se defendian contra Wamba: 'Los de dentro (dice) se defendian 'con el ingenio y con las manos, y echando lazos y correas a las cabe-'zas de las vigas, divertian al uno y otro lado sus baterías &c.'

11 *trabando postes con postes.* Cesar; *commissis suarum turrium malis.* No hace al caso que para levantar las torres, las uniesen entre sí con galerías tiradas de una torre a otra, como han entendido algunos traductores; sí que se hiciesen nuevos tablados o altos, *trabando entre sí los postes*, o pies derechos con travesaños, y poniendo encima tablas y fagina: así levantando tablados, se pueden alzar las torres quanto se quiera: y esto es lo que nota aquí Vosio: *illud autem committere malos Cæsaris nihil aliud, quam ut hodie in tabulatis fieri videmus, transversariis tignis coniungere malos, seu facies exteriores turris, et novum iis tabulatum superstruere.*

12 *otros retirasen las torres*: eran movedizas con ruedas por debajo.

13 *atravesado el costado derecho con un venablo.* Cesar; *scorpione ab latere dextro transiecto.* Vegecio lo describe así: *id spiculum et fistula, est patula tenuitate; id vulnus et virus, qua figit, effundit.*

14 *se acuñaron.* Cesar; *cuneatim constiterunt.* Esta evolucion se hacia en forma triangular por la frente angosta, y ensanchándose poco a poco por los lados que cubria por detras una línea de banda a banda en forma de cuña; de donde le dieron el nombre de *cuneus, trigonum, caput porcinum.*

En la pag. 324. *civitatibus* corríjase con *civi-tatibus*, y *magis-tratus* de la pag. 326. con *magi-stratus*, como se dividió bien en la pag. 328. línea quarta.

15 *asistiendo los Magistrados.* Tradúcese así porque al parecer se debe leer; *intromissis Magistratibus*, y no *intermissis*, como piensan algunos. Y es así que Cesar dice, que Convictolitan habia sido creado legitimamente por autoridad de los Sacerdotes, y con intervencion de los Magistrados inferiores, a quien presidia el supremo Vergobreto.

NOTAS. 433

16 *dos legiones formadas de la quarta parte de las cohortes de cada legion*. Teniendo cada legion diez cohortes, las seis legiones venian a tener sesenta; de que la quarta parte son quince cohortes, que bastaban para muestra contrahecha de dos legiones: y *parecia cabal el número de las seis legiones*, quedando cada una con las tres partes de sus cohortes, o siete cohortes y media; mayormente si cada cohorte se componia de quinientos hombres.

17 *al quinto dia*. Cesar; *quinque castris*. Lo que Polibio quiere significar con la diccion δικάταιμος, esplíca Tito Livio por las palabras *decimis castris*. Ni una sola noche pasaban los Romanos sin barrear el campo: y como este se solia asentar al cabo de cada jornada diaria, de aí es que se puede entender tambien por lo mismo que *jornada*.

18 *Venia entre los Caballeros Eduos*. Entiéndese de los que ya estaban incorporados con el egercito de Cesar.

19 *Por la priesa no tuvo tiempo para reducir a menos espacio los alojamientos*. Siendo el ámbito grande y pocos los soldados, se hacia mas dificil la defensa, como se vió poco despues.

20 *hace desfilar de pocos en pocos*. Cesar; *raros milites*. El Griego a la letra ὀλίγους κατ' ὀλίγους; *a la deshilada*.

21 *se apoderan de tres diversas estancias*. Cesar; *trinis castris*. Quiere decir, que se apoderaron de tres *estacadas*, tres *porciones de tiendas*, o tres *divisiones de estancias*, o como si dijéramos *tres manzanas*: porque mas arriba se dice que los sitiados *superiorem partem collis densissimis castris compleverant*: de suerte que mirando de parage proporcionado, se verian muchas tiendas unidas como las casas en las manzanas de una ciudad o pueblo grande. Y tal vez las podriamos llamar tambien *islas*, como Cervantes las nombra en su Quixote: y nuestro Diccionario dá este nombre al *conjunto de casas cercado por todas partes de calles*.

La cláusula *matresfamilias* que en la pag. 344. se ha puesto como se vé, en algunas ediciones se escribe destotro modo: *Matresfamilia de muro vestem argentumque iactabant: et pectoris fine prominentes, passis manibus obtestabantur Romanos, ut sibi parcerent; neu, sicut Avarici fecissent, ne mulieribus quidem atque infantibus abstinerent: nonnullæ, de muris per manus demissæ, sese militibus transdebant.*

22 *quáles y quán abatidos los habia encontrado*. Para saber el estado infeliz en que se hallaban los Eduos al tiempo que llegó Cesar, basta leer la arenga que el Eduo Diviciaco le hizo ponderando sus calamidades lib. I.

TOMO I. III

23 *para que si al echar puentes se viese precisado a pelear &c.* El Griego entendió bien, a mi juicio, este pasage algo obscuro: ἐπὶς γε ἐν τῷ κατασκευάζειν πεύρας μάχεσθαι ἀναγκασθείη, ἀλλὰ γοῦν πρὶν ἢ τῶν πολεμίων ἄλλων αὐξηθῆναι δύναμιν μάχοιτο. Vease la estampa de la forma en que los Romanos construían los puentes, pag. 257.

24 *puesta en orden la caballería para quebrantar el ímpetu de la corriente.* Este modo de esguazar los rios declara Vegecio lib. III. (y es el mismo que hoy se usa): *explorato vado, duae acies equitum ordinantur, intervallis competentibus separatae, ut per medium pedites et impedimenta transeant: nam acies superior aquarum impetum frangit; inferior, qui rapti submersique fuerint, colligit atque transponit.* Téngase esto presente para otras ocasiones; y aunque en algunas Cesar los llama *jumentos* como en Lerida; son caballos, y no mulos ni acémilas.

25 *Labieno.... valiéndose de andamios.* Yo no sé de qué otro modo se pueda entender el *vineas agere* de este lugar.

26 *dejando la laguna.* Me parece que en el testo se puede leer sin error: *profecti palude, in ripis Sequanae..... considunt.* Si con nuestro Pedro Chacon, a quien siguen muchos, se tuviese por mas segura estotra leccion: *protecti palude ac ripis*, traduciremos en Romance: *amparados de la laguna y de las riberas, se acampan* &c.

27 *de la dichosa revolucion de la Galia.* Cesar; *secundo Galliae motu.* El Griego; ὅτι τε Γάλλοι νικᾷν ἐλέγοντα: y esto es lo que significa la palabra *secundo*.

28 *destacando ácia Meudon una partida pequeña.* Cesar; *parva manu Metiosedum versus missa.* Se equivocan los que confunden este lugar con *Melun, Melodunum.* Melun está sobre Paris, en la jurisdicion de los Senones; Meudon, quatro millas mas abajo de Paris, y en su distrito; rio abajo cabalmente en el sitio donde mandó Labieno le aguardasen los Caballeros Romanos con las barcas: *IV. millia passuum secundo flumine progredi, ibique se exspectare iubet.*

29 *soldados veteranos.* Cesar; *evocatis.* Así se decian aquellos que despues de haber servido los años de la Ley, se retiraban de la Milicia como *jubilados.* Si alguna vez, atenta la urgencia, eran llamados al egercito, acudian como *voluntarios*, por atencion al Cónsul, *in gratiam Consulis.* El Real Intérprete de Salustio los llama *veteranos voluntarios* pag. 92. del Catilina.

30 *empezó a delinear el cérco formal de Alesia.* En que, como dice Veleyo Paterculo, y se colige de esta sencilla narracion; *tanta*

res gestæ, quantas audere vix hominis, perficere nullius, nisi Dei fuerit. Yo no tendré empacho de repetir tambien aquí lo mismo que ya dije con Ciceron sobre la inteligencia y descripcion del puente del Rin: Γεωγραφικά *non tam possunt* ἀνθρωπογραφεῖσθαι*, quam videntur:* siendo cierto que no es menos difícil traducir bien, que el describir semejantes obras. Los Militares bien tienen que observar en la estampa que representa este cérco cotejándola con lo que dice Cesar: en aquel sitio *se hicieron obras casi increibles*, como escribe Carlos Guischardt; de quien se ha copiado el plano, que tan acremente ha sido censurado por Lo-Looz. Quién de estos dos eruditos Tácticos funde mejor su opinion, y quién se haya acercado mas a la genuina inteligencia de Cesar, lo juzgarán y decidirán con mas acierto que yo los Oficiales o Militares instruidos, que no faltan en España. Vease a Guischardt cap. XVI. pág. 225. y a Lo-Looz desde la pag. 38. de las Investigaciones Militares.

31 *a que daban el nombre de cepos:* Cesar; *Hos cippos appellabant.* Ya se sabe que en Castellano se llama cepo, no solo el de las prisiones o cárceles, sino tambien la trampa que se arma en los montes para coger lobos y otros animales.

32 *puestas en agedréz.* Cesar; *obliquis ordinibus in quincuncem dispositis.* No sé que en Castellano tengamos voz alguna, que con propiedad responda al orden que los Romanos llamaban *in quincuncem* hablando de plantíos de arboles, cepas, y otras especies. La figura que los Latinos querian significar con la palabra *in quincuncem* es la misma que grabó Mr. Bois en las notas a su traduccion Francesa del tratado *de Senectute* de Ciceron, y la misma que trae con mas puntualidad el Facciolati. Vistas ambas figuras, cotégense con la que presenta el tablero del *Agedréz*; y se echará de vér, que las casillas y piezas de él corresponden al orden que daban los Romanos a los arboles y vides quando las plantaban *in quincuncem*. Diráse que la locucion Castellana es nueva: de aquí a cien años será vieja: otras mil se introducen con mas facilidad y menos necesidad. Es nueva la que se ha usado, sí; pero como los Sabios la tengan por oportuna, propia y espresiva, saben ellos que semejante licencia para inventar está concedida por Horacio y Quintiliano: y se ha querido mas vér si se acertaba en la esplicacion verdadera con una sola diccion Española nuevamente inventada, que no andar por rodéos; dar vueltas y revueltas a la letra V mayuscula; ajustar ángulos con sus inversos; conjeturar mucho, y no concluir nada. Decimos en Castellano *en canal, en teja, en punta*

de diamante, en rueda &c. por semejanza de estas cosas con las que se hacen en figura y a imitacion suya; porqué no diremos *en agedréz*, queriendo dar a entender lo que tanto se parece a ese juego, o su tablero? Carlos Guischardt desde la pag. 13. hasta la 18. de su tomo primero censura al Caballero Follard, probando que este no comprehendió la significacion de la palabra *in quincuncem*: a Guischardt reprehende Lo-Looz apologista de Follard: por manera que tambien este punto se habrá de remitir al juicio y crítica de Militares sabios. Lo mismo digo de las palabras *plutei, loricæ, pinnæ, crates, cervi*: ni estoy del todo satisfecho de la traduccion de las voces *vallum, aggerem &c.*

33 *que poco a poco se iban estrechando ácia abajo.* Cesar; *paullatim angustiore ad infimum fastigio*: serían como un embudo al revés. Pero diciendo Cesar que les daban nombre de lirio por la semejanza, parece que se debe leer *angustiore ad imum fastigio*: pues dicha flor ácia abajo se vá estrechando, y dilatándose ácia arriba, lo mismo que sucede con la letra V: así se vé como con las estaquillas metidas en medio figuran perfectamente un azucena: *fovea enim expansa* (dice Lanstenio) *et in orbem patens, cui medius deinde stipes inseritur, est velut lilium patens cum stamine suo ac stilo.* Por eso leen algunos; *paullulum ad summum fastigio.*

34 *cada pie desde el hondon se calzaba con tierra.* De forma que los tres pies de la hoya se llenaban de tierra bien apretada o apisonada al rededor de las estacas, como lo entendió el Intérprete Griego: ἅμα δὲ πρὸς τὸ ϛεροῦντε, καὶ βεβαιοῦν ταύτας πρὸς τὸ γέπεδον τρεῖς πόδας γῆς ἐπιχώννυε.

35 *erizados con puas de hierro.* Cesar; *ferreis hamis infixis*: esto es, armados por todo el sobrehaz, como lo está el erizo de la castaña, y el animal de este nombre.

36 *otras fortificaciones semejantes vueltas a la otra banda.* Quiere decir en menos palabras; *líneas de circunvalacion* semejantes; de arte que el campo de Cesar quedáse igualmente pertrechado por parte de afuera que por la de la ciudad: *pares eiusdem generis munitiones diversas ab his contra exteriorem hostem perfecit.* Se sabe que ésta se llama línea de *circunvalacion*, y de *contravalacion* la del cérco de la plaza sitiada. Sinembargo algunas veces se toma la una por la otra.

37 *Aulercos Branovices.* Estos Aulercos se pueden añadir a los otros que ya distinguimos: así como hay dos especies de *Lemovices*; unos sobre la costa del Océano entre los *Armoricos, Osismios y Vaneses*; los

otros que corresponden a los que ahora se llaman *Limosines*. Los que aquí se nombran Aulercos *Brannovices*, creo con nuestro Chacon, que se deben llamar Aulercos *Eburovices*.

38 *los Eleuteros de Caors*. Por ventura se decian así porque fueron antiguamente libres; pues eso significa en Griego *Eleutheri*.

39 *y mas estando entre dos fuegos*. Cesar; *præsertim ancipiti prælio*. Bien veo que esta locucion Castellana lleva un género de anacronismo respeto del tiempo en que habla Cesar, y del en que comenzaron en la guerra las bocas de fuego; muchos siglos pasaron del uno al otro. Con todo eso ha parecido esplicar así el *ancipiti prælio*, pues da a entender que Cesar cogido enmedio, tendria que atender a su defensa por las dos bandas, peleando contra los sitiados de Alesia, y contra estas numerosas tropas que le atacarian por defuera: así se vé mas abajo que Cesar recibió a los enemigos *omni exercitu ad utramque partem munitionum disposito*. Vease lo que queda dicho en la nota 37. lib. I.

40 *con hondas que arrojaban piedras de a libra*. Cesar; *fundis librilibus*. Algunos distinguen las hondas de *librilibus*; y tambien las distinguió el Intérprete Griego: σφενδόναις, μεγάλοις τε λίθοις. En efecto *librilia* son instrumentos diversos de las hondas, segun la descripcion de Festo: *Librilia appellantur instrumenta bellica, saxa scilicet ad brachii crassitudinem, in modum flagellorum, loris revincta*.

41 *con pelotas de plomo: glandibus*. No se puede dudar que fuesen balas o bolas de plomo estas *glandes*, segun la esplicacion del Griego: μολυβδίνοις τε βώλοις. Pero vease la nota 22. lib. V.

42 *treinta y nueve cohortes que por dicha se le presentaron*. Número parece éste increible para encontrado de paso; pero así está en el testo: *coactis una de o unde quadraginta cohortibus..... quas sors obtulit*, en letra y no en cifra; porque no se piense ser yerro del amanuense. Tambien el Griego pone τριάκοντα καὶ ἐννέα, treinta y nueve.

43 *por la vistosa sobreveste*. Así se llama en buen romance Castellano lo que hoy vulgarmente dicen *sortú*; diccion toda Francesa que empalága a los amantes del lenguage Castellano, mientras que con la misma parece paladean su *bellò gusto* los pantomimos del habla Francés. Lean estos a Mariana, el Quixote de Cervantes, y el Diccionario de la Lengua; y verán si hay necesidad de mendigar y prohijar voces estrañas, teniéndolas muy propias dentro de casa. En el Diccionario se cita á Cervantes. Mariana en el lib. III. cap. 22. de la Historia de Es-

paña hablando de un combate entre Polion y Sesto Pompeyo, dice así: 'ayudó mucho para ganar la victoria la *sobreveste* de Polion.' Tambien se dice *sobrevesta*.

44 *Vercingetórige es entregado.* Floro lib. III. describe las circunstancias de esta entrega: *Ipse ille Rex, maximum victoriæ decus, supplex quum in castra venisset, tum et phaleras et sua arma ante Cæsaris genua proiecit. Habes, inquit, fortem virum, vir fortissime. Vicisti.*

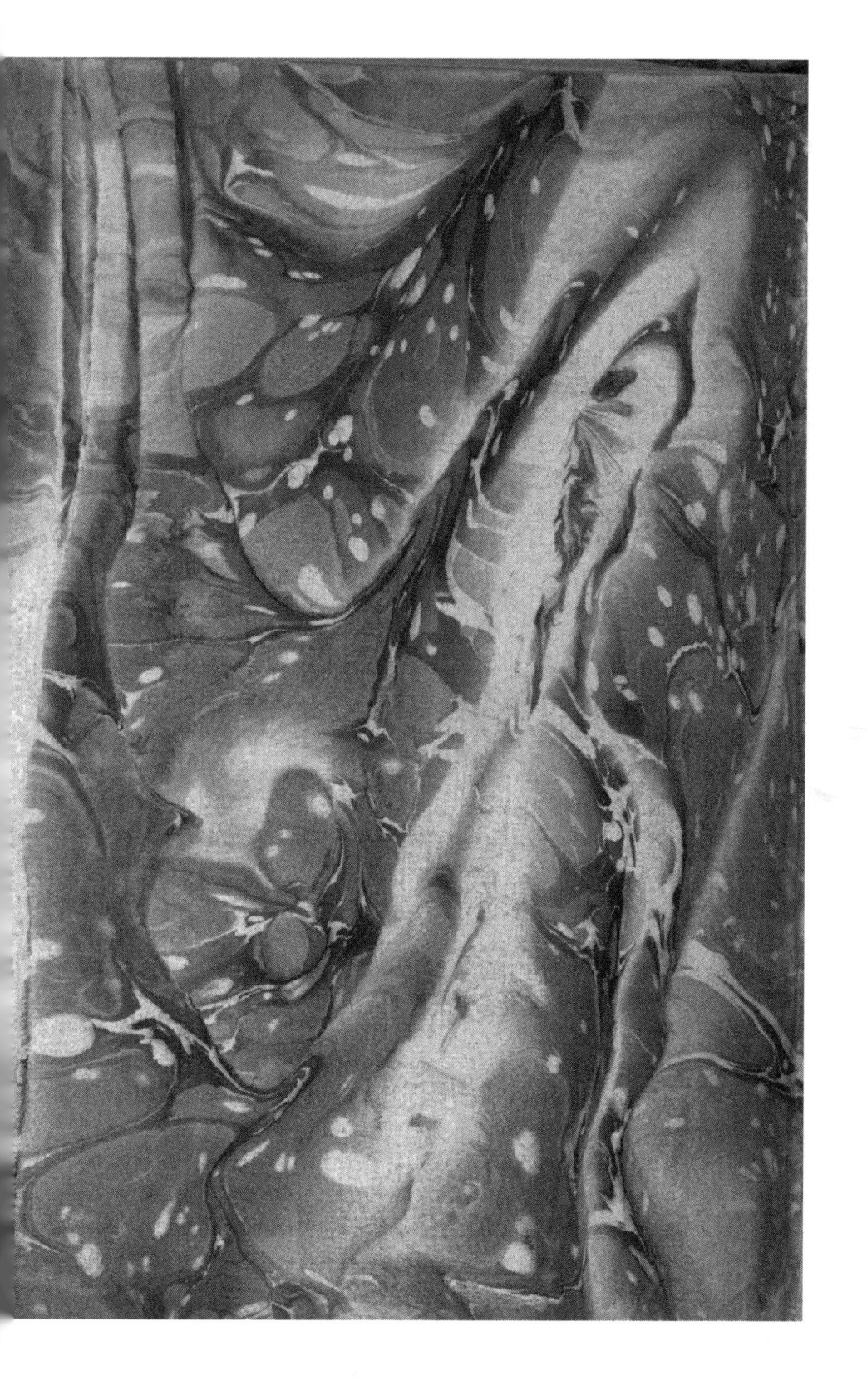

Lightning Source UK Ltd.
Milton Keynes UK
UKHW021836301222
414659UK00005B/163